A Disposição Para o Assombro

Coleção Estudos
Dirigida por J. Guinsburg

Equipe de realização – Edição de texto: Denise Pegorim; Revisão: Margarida Goldsztajn; Produção: Ricardo W. Neves, Sergio Kon, Luiz Henrique Soares e Elen Durando.

Leopold Nosek

A DISPOSIÇÃO
PARA O ASSOMBRO

CIP-Brasil. Catalogação-na-Fonte
Sindicato Nacional dos Editores de Livros, RJ

N782d

    Nosek, Leopold
    A disposição para o assombro / Leopold Nosek. – 1. ed. –
São Paulo : Perspectiva, 2017.
    416 p. : il. ; 23 cm.   (Estudos ; 354)

    Inclui índice
    ISBN 978-85-273-1117-5

    1. Psicanalise. 2. Psicologia. I. Título. II. Série.

17-45445   CDD: 150.195
                                     CDU: 159,964,2

18/10/2017   18/10/2017

1ª edição
[PPD]
Direitos reservados à
EDITORA PERSPECTIVA LTDA.

Av. Brigadeiro Luís Antônio, 3025
01401-000 São Paulo SP Brasil
Telefax: (011) 3885-8388
www.editoraperspectiva.com.br

2019

Para Raquel,
meu solo e meu horizonte.

Para os que portam o futuro:
Júlia, Heloisa, Andrea, Helena e Rafael, meus filhos,
e Luiza, Laura, Sofia, Beatriz, Antônio, Arthur, Carolina,
Henrique, Teresa, Lorena e…, meus netos queridos.

*For last year's words belong to last year's language
And next year's words await another voice.*

T.S. ELIOT, Quatro Quartetos

AGRADECIMENTOS

Por sua inestimável colaboração, sou grato aos meus companheiros de viagens clínicas, teóricas e institucionais. Eles testemunham minhas inevitáveis transformações e insuficiências. Com isso, renovam cotidianamente o sentido do meu trabalho.

Sou profundamente grato à Denise Pegorim, a quem, desde 2009, tenho a tranquilidade de entregar a edição dos meus trabalhos.

Sumário

Introdução xv

I. TRÊS CONFERÊNCIAS
1. Corpo e Infinito:
   Notas Para Uma Teoria da Genitalidade............. 3
   1. Um Anseio Metapsicológico 3
   2. O Paradoxo do Objeto 5
   3. M. e o Fundo Cego 8
   4. A Genitalidade Como Entrada Para o Infinito... 10
   5. Desejo Metafísico 12
   6. Anseios Por Uma Clínica "Bem-Sucedida"...... 14
   7. Objeto Incapturável 15
   8. Lévinas: O Rosto, o Infinito e a Ética........... 18
   9. O Infinito Silêncio das Entranhas.............. 22
   10. B. e a Fertilização Sem Intercurso.............. 24
   11. O Traumático e o Infinito 26

2. Angústia e Narrativa Alegórica:
   Notas Sobre a Construção de Sentidos na Análise ... 31
   1. Introdução 31

- 2. Primeira Sessão ... 33
- 3. Segunda Sessão ... 36
- 4. A Situação Analítica ... 38
- 5. Narrativa e Alegoria ... 39

3. O Cotidiano Traumático ... 45
- 1. Introdução ... 45
- 2. Modernidade Tardia ... 48
- 3. Um Breve Trajeto Teórico ... 52
- 4. Dois Recortes Clínicos ... 55
- 5. Finalizando ... 59

II. TRAJETOS DE REFLEXÃO

4. O Método Analítico: Uma Metáfora Musical ... 65
- 1. O "Magnífico Sonho" de um Pai ... 65
- 2. Acervo Onírico ... 68
- 3. Um Tema Psíquico e Suas Variações ... 72
- 4. Projetos em Conflito ... 77
- 5. Entre o Hábito e o Novo ... 80

5. Psicanálise e Arte Contemporânea ... 85
- 1. Introdução: Onde Havia o Consciente, Que Possa Haver o Inconsciente ... 85
- 2. "A Arte É o Sonho da Humanidade" ... 89
- 3. Tentemos, no Século XXI, ao Menos Chegar ao Século XX ... 90
- 4. Uma Experiência: "Fale Com o Psicanalista" ... 92
- 5. A Arte da Clínica Como Instalação, Performance e Alegoria ... 94

6. Variações Sobre um Tema de Antonino Ferro: Alfabetizar as Emoções ... 101
- 1. Introdução ... 101
- 2. História de uma Aproximação Singular ... 104
- 3. Leituras da Psicanálise ... 105

4. Primeira Variação: "São Tantas as Verdades" ... 109
5. Segunda Variação: "O Pescador de Palavras" ... 116
6. Terceira Variação: "Jogos Perigosos" 122
7. Quarta Variação: Uma Narrativa Construída Por Imagens: "Leo Não Consegue Mudar o Mundo" .. 129
8. Na Língua dos Sonhos ou da Arte 133

7. Vicissitudes da Imagem 147
   1. Abertura: A Comissão de Frente............. 148
   2. Alegorias e Adereços 150
   3. Ficções 153
   4. Arqueologias 154
   5. Abertura Para o Infinito................... 158

8. Tempo e Subjetividade 163
9. Desaparecidos: Uma História de Dor (I) 173
   1. A Luz do Passado 173
   2. "e beija as terríveis mãos homicidas" 176
   3. Tempos Que Coexistem.................... 179
   4. A Necessidade do Corpo 184

III. NA INSTITUIÇÃO
10. O Analista e Sua Circunstância 191
11. O Tal Complexo de Édipo...................... 205
    1. Apresentação 205
    2. Senhor e Escravo.......................... 208
    3. Figuração *Versus* Abstração................. 209
    4. Recorte de Uma Análise.................... 212

12. Entrevista: Uma Conversa Sobre Formação....... 217
13. A Pesquisa Empírica e a Especificidade da Psicanálise 237
14. A Primeira Vez? 243
15. Violência 245

16. Psicanálise no Brasil: Uma Fotografia Virtual 249
    1. A História Como Abrigo 249
    2. As Imagens Como Ruínas 251
    3. Um Instantâneo do Passado 253

17. Apontamentos de Viagem: Comentário Sobre
    Supervisões de Bion. 261

IV. DENTRO DA PSICANÁLISE,
    DENTRO DA CULTURA, DENTRO DA HISTÓRIA
18. Entrevista: Doutor Freud Vem Aí 273
19. Freud, o Estrangeiro 281
    1. Uma Ciência de Estranhos. 282
    2. Crise e Globalização 283

20. Dor, Forma, Beleza 285
21. Surfar a Onda dos Tempos 289
22. Desaparecidos: Uma História de Dor (II) 295
23. Schumann e a Possibilidade de Sonhar:
    Sinfonia n. 2 em Dó Maior, Opus 61 299
24. Entrevista: Entre Amigos 303

Índice Remissivo 377

Introdução

Esta introdução, como a maioria delas, estará assentada numa contradição se ceder à pretensão de apresentar o que virá adiante, pois ela de fato foi escrita pouco antes de se finalizar a produção do livro. Seu momento de criação é posterior a tudo o que se lerá na sequência, nestes escritos que pretendem representar apenas um período singular e pessoal do meu trabalho como psicanalista. Se me arriscasse a sumarizar o conteúdo do volume, creio que seria uma tentativa frustrada de capturar e imobilizar o que é avesso à domesticação. O destino de manuais, resumos, sinopses, sínteses é tristemente efêmero. Eles já nascem obsoletos.

Esta coletânea corresponde a um recorte no tempo. À exceção de três textos publicados na grande imprensa, são artigos que nasceram entre 2009 e 2016, todos escritos a partir de uma demanda externa ou de um convite. São, portanto, pontuais, responderam a determinados desafios, direcionaram-se a um público determinado, foram apresentados em espaços específicos de debate. Não têm uma unidade orgânica. São abordagens circunstanciais, não sistemáticas, estimuladas pelo tema que me foi proposto, pelos interlocutores com os quais me defrontei e pelo ambiente onde ocorreu o debate. Em sua maior parte, têm

a ver com a vida institucional e organizativa dos grupos psicanalíticos com os quais venho me relacionando ao longo dos anos.

Sendo assim, posso pensar que continuarei devendo a mim mesmo um texto abrangente, capaz de promover uma sistematização, ainda que provisória, dos esforços clínicos e teóricos que tenho empreendido e também das circunstâncias práticas e ideológicas em que exerço minha profissão. Ou, ainda, continuarei devendo a mim mesmo o momento em que, alheio a solicitações externas, seja possível entregar-me ao meu arbítrio, ao meu impulso e à minha necessidade. Momento de introspecção e recolhimento em que livremente possa buscar o meu sentido.

Por outro lado, talvez estes textos expressem a complexidade de um pensamento em processo de organização, que se move no tempo, que se desdobra sobre si mesmo e tenta avançar em meio a contradições e repetições. O leitor encontrará aqui certas afirmações reiteradas, insistentes, certas referências que reaparecem a toda hora, o que ocorre por mais de uma razão. Escrevendo por encomenda, acabo me dirigindo a públicos diversificados diante dos quais procuro sempre me fazer entender, e isso me leva a reforçar a argumentação com balizamentos que considero essenciais. Posso pensar que os arrasto por toda parte, fazendo-os funcionar como um porto conhecido em que sei me localizar e, ao mesmo tempo, supostamente posso ser localizado. No limite, servem para que eu me reconheça e para que, diante dos riscos da exposição pública, me veja acompanhado ao menos por mim mesmo. Com alguma ironia, noto que eles repercutem um eco afetivo e, portanto, são como "ursinhos" que me dão alguma segurança num trajeto de inevitável solidão. Ao leitor, então, só posso pedir um pouco de condescendência e tolerância com minhas repetições de estimação...

Conversa entre amigos, debate durante impasses institucionais, apresentações em congressos, editoriais em periódicos especializados, textos com tema livre em publicações de cultura, as coisas reunidas aqui talvez ficassem confortáveis se classificadas como estudos indisciplinares, ironia que me parece de acordo com a sugestão que Freud fez uma vez, quando propôs que certo texto fosse lido com a licença que a livre associação de ideias permite. Aliás, não existe aqui nenhum propósito de convencer, ensinar ou "esgotar o assunto", até por isso ser

impossível. Não há o propósito de preencher lacunas, obturar desconhecimentos ou aquietar perplexidades. Estarei contente se alcançar "alguma repercussão", ou seja, se o que segue puder estimular, por pouco que seja, algum movimento especulativo da parte do leitor. O anseio é que o pensamento possa permanecer em seu trajeto de voo.

O título da coletânea terá sido o melhor que encontrei para demarcar o solo por onde caminho. Estarei bem acompanhado pela lembrança da observação de Wittgenstein sobre o infinito assombro que deveria espelhar a existência do mundo, ou, ainda, pela *boutade* de Andy Warhol segundo a qual, se tivéssemos percepção suficiente, uma cadeira se apresentaria a nós como infinita. Irei me colocar na boa companhia sobretudo de Lévinas. Como se verá adiante, penso que *assombro* e *infinito* são os pilares da ética a ser exercida na clínica psicanalítica, e são eles também que dão um caráter sublime ao estético quando, diante do infinito, o espírito se move e num instante de fulguração tem uma parcial revelação do sentido.

Assombro evoca também a reação diante da particular aventura que nos é proposta nos estertores do século XIX: a viagem pelos espaços interiores que encontrará sua radicalidade na experiência psicanalítica. No extremo oposto, o positivismo, também datado, instala-se na crise da religiosidade do século XIX e substitui o molde religioso como crença. Torna-se a nova mitologia ao se instalar; entra por uma janela quando, pela porta, pensava-se expulsar qualquer resquício de metafísica. Nada mais distante do projeto freudiano, que, oriundo do Esclarecimento, ao tomar o inconsciente como objeto se caracterizará paradoxalmente como um projeto iluminista noturno. Sua aventura se passa no território dos sonhos e sua prática será perscrutar a construção deles em busca de sentido. Sua ciência por analogia será denominada metapsicologia e terá a ambição de ser ela mesma a própria psicologia, não uma entre outras. Seu caminho não encontrará certezas, mas construções provisórias, metáforas, metonímias, alegorias que tal como uma centelha iluminarão efemeramente o que se desnatura ao ser submetido à luz: nosso destino teórico e prático, o reino inconsciente.

A descoberta de Freud abre no século XX uma nova fronteira para as grandes navegações – o continente da subjetividade

– e representa, é certo, um progresso crucial para a capacidade do homem de explorar a si mesmo. A tentativa de colonizá-lo, porém, configura também um novo e inevitável ato de violência, o que me levará a equiparar o inconsciente ao infinito e, com isso, atribuir à psicanálise uma ética derivada da recepção do outro. Como acolher *cada* paciente, *a cada vez*? Todo rosto nos põe diante do infinito da alteridade. Ser ético implicará a disposição cotidiana para o trauma, o susto, o assombro que significa, a cada vez, abrir a porta para um estrangeiro.

Minha paixão pela aventura psicanalítica poderá talvez ser encontrada nestas páginas, pois, apesar de serem textos que se iniciaram a partir de um estímulo exterior, não deixei de ter prazer em sua elaboração. Ao contrário. Sempre me senti livre para enveredar por áreas de meu interesse e no meu próprio ritmo, incorporando à escrita as circunstâncias de minha vida, as leituras daquele momento, uma lembrança singular ou uma associação durante um atendimento clínico talvez naquele mesmo dia, permitindo-me, enfim, me abandonar ao menos em parte a um fluxo momentâneo do pensamento. Deixo em aberto a ideia, ou o desejo, de ter sido capaz de me movimentar no "modo fértil", como costumamos dizer em psicanálise quando nos referimos ao modo da construção do pensamento. Nesse modo da sexualidade, mais uma vez o assombro e o susto. Seja como for, espero que meu eventual leitor possa experimentar algo do prazer que acompanha inevitavelmente o espírito quando este, num átimo, tem um vislumbre da liberdade.

L.N.
São Paulo, 4 de junho de 2017.

Parte I

Três Conferências

1. Corpo e Infinito: Notas Para uma Teoria da Genitalidade

> As histórias de marinheiro têm uma singeleza direta, e todo o seu significado cabe numa casca de noz. Marlow, porém, não era típico (exceto em seu gosto por contar patranhas), e para ele o significado de um episódio não estava dentro, como um caroço, mas fora, envolvendo o relato que o revelava como o brilho revela um nevoeiro, como um desses halos indistintos que se tornam visíveis pelo clarão espectral do luar.
>
> Joseph Conrad, *O Coração das Trevas*

1. UM ANSEIO METAPSICOLÓGICO

O tema deste congresso – A Prática Clínica: Convergências e Divergências – permite-me partir do cotidiano de quem tem como ofício a clínica psicanalítica, desse ponto de observação que redefine a cada momento o sentido da nossa teoria comum. Em trinta anos de ofício, deparei com questões que, justamente porque continuam a me pedir respostas, me fazem agradecer esta oportunidade de compartilhá-las. O tema fundamental que

---

SOBRE ESTE TEXTO: Trabalho apresentado em reunião plenária do 46th IPA Congress – Psychoanalytic Practice: Convergences and Divergences, realizado em Chicago de 29 de julho a 10 de agosto de 2009. Disponível sob o título "Body and Infinite: Notes for a Theory of Genitality" em <http://internationalpsychoanalysis.net>. Acesso em 27 de fevereiro de 2015. Em alemão: "Der Körper und das Unendliche: Bemerkungen zu einer Theorie der Genitalität". *Zeitschrift für psychoanalytische Theorie und Praxis* (Journal for Psychoanalytical Theory and Practice), Jahrgang XXVII, Heft 3/4, 2012 (Frankfurt am Main). Em português: *Revista Brasileira de Psicanálise*, v. 43, n. 2, p. 139-158; *Revista Portuguesa de Psicanálise* (Órgão Oficial da Sociedade Portuguesa de Psicanálise), v. 36, n. 1, 2016.

gostaria de discutir me assombra desde sempre: a relação entre a singularidade radical dos elementos que afloram na prática e os necessários universais da teoria. Como articular o individual – a única coisa que existe – e a generalidade – o único lugar onde pode haver ciência? As necessidades cotidianas da clínica fazem a pergunta renascer a todo momento.

Sabemos que cada analista reúne em si uma gama específica de aptidões e impossibilidades. Sabemos que as teorias terão matizes específicos para cada um e que a personalidade constitui um diferencial que dará cor singular não só a cada enquadre teórico, mas também ao desenvolvimento desse enquadre no interior de determinada prática clínica. Sabemos igualmente que cada dupla paciente-analista terá uma história própria, que no interior desse campo construído cada sessão terá um destino único e que no interior desse encontro cada momento, em sua temporalidade vertiginosa, não encontrará repetição ou fixidez possíveis. Para completar um quadro já bastante complexo, será preciso considerar ainda a historicidade e as marcas da cultura que impregnam todas essas ocorrências.

Esse caráter efêmero e singular do encontro entre o psicanalista e o paciente poderia ser desdobrado *ad infinitum* – exatamente como as nossas divergências. Na realidade, nessa perene mutação, cada um de nós diverge até de si mesmo. Por outro lado, justamente em função disso, penso que, em nosso campo de pensamento e prática, sobrevive como ponto de convergência o que chamarei de *anseio metapsicológico* – anseio presente já no próprio sentido do prefixo *meta-*, que nos remete a um "além de" impossível de ser preenchido pelo nosso desejo: além do concreto, além da experiência singular.

A psicanálise, tal como a metafísica, se propõe questões essenciais que, de um lado, são impossíveis de ser respondidas no âmbito da experimentação e, de outro, não podem deixar de ser formuladas. Assim como nos interrogamos sobre o sentido da vida, sobre a natureza do ser, sobre a existência do divino, sobre a possibilidade de conhecer, também nos interrogamos sobre questões que estão além da psicologia. Além da nossa casa, da nossa familiaridade, buscamos a transcendência, o estrangeiro.

Não se trata de buscar uma nova ciência, de buscar conceitos mais genéricos ou abstratos. Não se trata de uma psicologia

em novo formato. Radicalmente: não é uma psicologia psicanalítica. É um olhar para *além*. A metapsicologia é um olhar para o feitiço; ela é a nossa feiticeira, como a chamou Freud em "Análise Terminável e Interminável", é uma busca do estranho, em direção às questões últimas. Por isso ela pressupõe esse anseio, esse movimento *na direção de*. E esse anseio nos une, se fazemos nossas divergências convergirem na ideia de infinito. Usarei a ideia de infinito como um articulador para pensar nossas convergências e divergências.

Retomando, então: dada a generalidade do conceito – que fundamenta a ciência –, como lidar a cada momento com o singular – nosso objeto de investigação?

A cada momento do meu trajeto pessoal e profissional, articulei, para essa pergunta, respostas que se revelaram provisórias e sempre insuficientes para dar conta da prática cotidiana. Espontaneamente, os grupos de estudo que conduzi ao longo dos anos acabaram sempre por colocá-la no centro das discussões, ao oscilar em torno de uma questão talmúdica: afinal, o que é psicanálise? O que vou tentar desenvolver aqui é esta dialética específica entre a extrema singularidade de cada gesto psicanalítico e a universalidade de um anseio metapsicológico, dialética que ganhará forma na aproximação entre uma concepção de infinito e uma concepção de genitalidade.

2. O PARADOXO DO OBJETO

Durante séculos o pensamento ocidental teve como pano de fundo a vinda do Salvador ou do Messias. O Iluminismo introduziu mudanças nessa tradição. Aprendemos a valorizar o conhecimento como fonte de domínio da natureza; a luz é tomada como sede do conhecimento, da ciência positiva. Aprendemos a pensar que as trevas abrigam a ignorância e todas as formas do demônio.

Todos nós, psicanalistas, queremos ser bem recebidos nos templos do saber, e todos queremos também habitar a morada dos anjos e do bem. De que outro modo poderíamos nos apresentar diante dos nossos próximos – cientistas, psiquiatras, agentes de saúde estatais ou privados? De fato, não podemos abrir mão da herança iluminista, mas é preciso refletir sobre ela,

pois nosso objeto de estudo, o objeto que preside o nascimento do nosso saber, se desnatura ao ser exposto à luz, exposto num conceito com o qual não cessamos de duelar. Lançamo-nos à conquista do nosso objeto, queremos obter sua rendição final aos nossos propósitos: "Inconsciente, mostra-me tua face!"

Em busca dessa face – que está além –, corro o risco de afirmar que talvez só possamos conhecê-la no "modo bíblico", lembrando que na tradição do *Antigo Testamento* o conhecimento é sexual e que o infinito, nos Mandamentos, se desnatura ao ser nomeado ou figurado. Em 1923, Freud se viu obrigado, na segunda tópica, a acrescentar ao território do psíquico aquilo que nunca chega a ser propriamente psíquico e que surge do infinito da natureza, do infinito da obscuridade das entranhas. A linguagem o persegue sem poder lhe corresponder – e nós o inquirimos sem poder conquistá-lo.

Nossa forma de comunicação é a palavra falada, a palavra tornada corpo, a "palavra pulsional", na expressão de André Green. Nossa própria teoria só adquire pleno sentido quando se torna encarnada, ou seja, quando não se descobre apenas como conhecimento consciente. Assim, a transmissão do nosso saber é feita, primordialmente, por meio da experiência, e daí a necessidade imperiosa de análise do analista, eixo da nossa tradição, da nossa permanência, da nossa continuidade, da nossa reprodução. (Aliás, podemos especular se o controle da reprodução dos analistas por parte das instituições não está na raiz do poder mítico de que elas desfrutam e de tantas loucuras institucionais.)

Não por acaso, nossos textos costumam ser abordados em seminários íntimos, para que possam trabalhar em nós – sua apreensão é fruto dessa dinâmica. Eles precisam encarnar na fala. Contudo, as divergências entre a palavra atualizada na fala e o texto escrito, que é um precipitado, implicam um risco. Saussure nos advertiu no seu *Curso de Linguística Geral*: "Terminamos por dar maior importância à representação do signo vocal do que ao próprio signo. É como se acreditássemos que, para conhecer uma pessoa, melhor fosse contemplar-lhe a fotografia do que o rosto" (p. 34).

Identifico em mim certo desconforto por trazer aqui um texto que escrevi há mais de um ano. Teria preferido, talvez, me referir a preocupações e associações que correspondessem

mais ao meu momento atual. De todo modo, talvez não haja alternativa senão oscilar entre a memória e o traumático. (Voltarei a esse ponto.) Os versos de T.S. Eliot no último dos *Quatro Quartetos* me confirmam:

> For last year's words belong to last year's language
> And next year's words await another voice.
> [Pois as palavras do ano que passou pertencem à linguagem
> do ano passado
> E as palavras do próximo ano estão à espera de outra voz.]

Quando a linguagem, escrita ou falada, se torna uma *voz*, percebemos que nossos universais, os conceitos com os quais pensamos, também se encarnam em nossa história individual, no tempo em que vivemos, no ambiente em que nos desenvolvemos, nas situações a que temos de fazer face. As anotações que fizemos à margem de um texto freudiano, quando relidas uma semana depois, se perdem em meio a novas associações. É sempre um desconsolo constatar como falha a memória de um psicanalista clínico quando comparada, por exemplo, à memória de um leitor originário de outras áreas das humanidades.

Talvez nossa leitura seja sustentada por um outro modo de conhecer: lemos feridos pela prática clínica, expostos que estamos à angústia que nosso objeto nos traz. Nossas realizações têm de dar conta de percepções conscientes e inconscientes. Terão, portanto, uma característica que acompanha o único e o efêmero dos sonhos, das metáforas, da poesia.

Ora, se nossas percepções clínicas e teóricas são únicas e se se desnaturam com a repetição, será então o conhecimento impossível?

Não creio, pois construímos um patrimônio onírico com o qual, perante novas situações, somos capazes de criar e trabalhar sonhos adequados a um novo momento. Nosso conhecimento terá dupla cidadania, habitará dois territórios e usará duas línguas diferentes, inevitavelmente. A cada passo, terá de se mover em dois sistemas diversos. Terá de se conformar ao modo de funcionamento do consciente e ao modo de funcionamento do inconsciente. Assim, nosso modo de pensamento e de comunicação carregará, inevitavelmente, o caráter dos sonhos, pois estes são, por excelência, os criadores de um acordo, ainda que efêmero,

entre as duas lealdades. De outra parte, para nos expressarmos, teremos também de refletir sobre a forma, como numa poética.

Entre o infinito da teoria que nos assombra e o efêmero da prática que nos assedia, nosso trajeto de escrita talvez não tenha alternativa senão oscilar entre a perambulação do *flâneur*, que constrói para si uma rede de sentidos enquanto caminha, e a peregrinação de quem não pode prescindir da esperança de visualizar um rosto.

Adorno, em "O Ensaio Como Forma", reflete sobre esse gênero textual e exalta a possibilidade e o risco de tentarmos articular pela escrita as reviravoltas do pensamento diante do objeto quando este não é submetido de antemão a um sistema ou a um método. Por seu caráter reflexivo, essa forma foi a que melhor se adequou ao pensamento psicanalítico. A forma ensaio traz em si a esperança de que o texto permita um movimento do espírito em que o todo da reflexão ultrapasse a soma das partes e também de que possa ferir a superfície do corpo, de modo que o conhecimento encontre repouso em nossas entranhas. Permite ainda maior autonomia ao leitor, convidando-o a realizar seu próprio trajeto nas constelações de sentido que cada leitura propõe.

Essa ideia de constelação ajuda a compreender como a psicanálise desloca nosso saber para o continente das trevas justamente quando quer iluminá-lo. Afinal, não nos esqueçamos, a psicanálise foi buscar os sonhos no território da magia e da superstição e os trouxe para o núcleo da origem do conhecimento. Eles estão sempre aí, são como as estrelas, disse Freud na *Interpretação dos Sonhos*; para vê-los, é preciso que se faça o escuro. Objeto e meio das nossas interrogações, submissos ao império da noite, infensos à captura, os sonhos povoam nosso ser e constroem sua arquitetura. O processo onírico é como o movimento do coração; vital e ininterrupto, não requer que a atenção se debruce sobre ele – é, ele também, um movimento visceral.

3. M. E O FUNDO CEGO

Uma paciente que chamarei M., em análise há cerca de dez anos, passa a ter como eixo de sua fala os tormentos que acompanham um sangramento uterino. Durante meses M. apresenta

suas lutas para conseguir evitar uma cirurgia. Abordamos longamente suas angústias, relacionadas à castração, à perda da feminilidade, à passagem do tempo e ao envelhecimento, à perda da possibilidade amorosa e à morte. A cirurgia, tornando-se inevitável – pois há risco de cancerização dos miomas –, finalmente acontece.

O período seguinte se caracteriza por um humor depressivo e por associações que repetem o período anterior, mas chama a atenção pela imutabilidade do estado de M., o que não é o habitual. O traço marcante da paciente é uma possibilidade ampla de reflexão sobre seus estados psíquicos e uma possibilidade de mudança também pronunciada.

Essa paralisia me surpreende, e percebo que algo essencial nos escapa. Lentamente, nos meandros do discurso de M., começa a surgir uma interrogação que não encontra palavras. Pareceu-me – ou melhor, lembrou-me – as perguntas que uma de minhas filhas me fazia bem pequena, sobre um tempo anterior à existência dela: o que poderia existir se ela ainda não era? Poderia o mundo existir se ainda não existia a consciência? Minha filha, obviamente, não dispunha das palavras e muito me custou alcançar alguma compreensão de suas toscas interrogações. Estas, no entanto, expressavam a angústia de um problema existencial que poderíamos chamar metafísico – ela nem podia suspeitar a enormidade da questão. Filosofamos em qualquer idade, o repertório é que se amplia.

Mas voltemos a M. A pergunta que ela balbuciava e que finalmente pude traduzir era algo assim: depois do sexo, o que ocorre com seus produtos? Batem contra uma cavidade sem saída? Simplesmente vão para fora? Se a vagina, depois da extração do útero, dos ovários e das trompas, havia se tornado um saco de fundo cego, então qual o sentido de fazer sexo? Na verdade, M. dizia que agora o ato sexual havia perdido sentido e deixara de ser prazeroso. É importante notar que ela nunca relatara dificuldades com o ato sexual em si e que a precariedade verbal que revelou nesse momento nunca se manifestara antes. Além disso, não seria o caso de lhe atribuir um desconhecimento sobre anatomia ou fisiologia; isso não corresponderia à sua formação intelectual.

Debatemo-nos sem êxito ao redor do tema, até me ocorrer que o útero não é apenas um continente. Essa interpretação

provocaria mudanças em M. – mas antes as provocou em mim. Mudanças não só no modo de ver o mundo, mas, para o que nos interessa nesta reflexão sobre a prática da psicanálise, nos meus tempos e atitudes como analista.

4. A GENITALIDADE COMO ENTRADA PARA O INFINITO

Ocorreu-me que o útero não é apenas um continente capaz de abrigar uma gravidez ou de enviar sinais do ciclo hormonal. Ele é um canal que comunica a vagina com as trompas – que não se comunicam com os ovários. As trompas mergulham no peritônio, onde se abrem para capturar o óvulo maduro que se desprende do ovário. O útero, portanto, integra uma via que, a partir do mundo exterior, dá acesso à profundidade visceral, ao infinito silencioso das entranhas.

Como tradução da fantasia da paciente, começava a se esboçar uma hipótese: sem acesso ao mistério corporal, a vagina não se ligava a nada, tornando-se praticamente um órgão externo, e, assim sendo, o intercurso sexual já não alcançaria a intimidade, não permitindo, portanto, que o encontro de duas pessoas gerasse sentido e significado.

Não seria uma organização psíquica como essa que tornaria a prostituição possível e a isentaria da angústia de lidar com múltiplos parceiros que não foram objeto de escolha expressa? Ou, ainda, não teríamos aí uma compreensão acerca da aparente facilidade com que os adolescentes de hoje mantêm múltiplas relações sexuais e do fato de que se angustiam efetivamente apenas quando as relações se tornam íntimas? Não seria uma estrutura psíquica como essa que inviabilizaria determinadas situações necessárias à intimidade de um intercurso psicanalítico e que nos colocaria diante de desafios específicos, nos quais a virtude suprema seria aguardar tempos prolongados para o surgimento de sentidos analíticos?

A pergunta de M. obviamente não se referia à fisiologia, mas, sim, à representação psíquica da anatomia. Quando Freud, em *O Ego e o Id*, afirma que o ego é corporal, está dizendo que o ego se organiza a partir de como apreende, incorpora e constrói

o funcionamento do corpo; essa organização retorna a seguir para o corpo, outorgando-lhe sentido. Assim, por exemplo, de início o funcionamento do aparelho digestivo é percebido como se ocorresse em partes estanques, as funções de incorporação e de eliminação sendo vistas como independentes. A reprodução pode ser atribuída ao continente digestivo e ser realizada por fantasias anais ou de outros tipos.

A partir de sua origem corpórea e agora organizadas como fisiologia do ato de pensar, essas funções ou modos do pensamento podem se deslocar para qualquer outro órgão, atividade de relação ou visão de mundo – está aí o poder da transferência, conforme a primeira definição de Freud nos *Estudos Sobre a Histeria*, de 1893-1895. Para que isso ocorra, algumas funções corporais precisam ser capazes de atingir o aparelho psíquico e sofrer transformações que as tornem qualidades mentais. Devem ter a possibilidade de se tornar percepções e memórias.

Como exemplo inverso, lembro que não temos a representação psíquica do pâncreas e de sua função. As primeiras representações da civilização e da criança acerca do sofrimento mental indicam sempre lugares no corpo. A depressão está no fígado, o medo está no aparelho digestivo, o amor está no coração. As marcas mentais do corpo na mente vão a seguir compor a moldura dentro da qual se organizarão as percepções futuras. Precedendo o animismo estão os modos corpóreos, dando forma à vida.

Todos temos a experiência clínica de pacientes dotados de organizações psíquicas em que, a partir de formulações como "dar é uma perda e incorporar, um ganho", analogias primárias com funções corpóreas podem atingir algum sucesso social e econômico, em evidente contraste com o insucesso no campo amoroso. No caso de M., em decorrência de uma experiência traumática, os territórios do corpóreo e do anímico se embaralharam. A hipótese que formulei para ela cria, no espaço analítico, outras dimensões de tempo necessárias à elaboração, possibilitando reabrir canais psíquicos de acesso ao mistério do infinito de sua natureza. É desse espaço que para ela poderá surgir o seu sentido próprio.

Volto então às mudanças que identifiquei em mim como decorrência dessa interpretação. Por exemplo, não espero mais

que nenhuma interpretação seja capaz de criar a transformação necessária. Espero que, por meio de múltiplas vivências e de sua verbalização, os trajetos psíquicos possam ser refeitos. Essa compreensão, que vem da prática e se torna presente em minha reflexão teórica, em primeiro lugar dita minha forma de estar na sessão, transforma minha presença e meu olhar. Teoria e descrição – e a própria percepção do fato clínico – são definidas pela lente teórica com a qual investigamos e concluímos. Não há como criar uma separação entre a descrição clínica e o complexo pressuposto teórico que orienta meu olhar, mas este, ao refigurar o sentido explicitado por novas constelações, também se deixa iluminar pela prática. O sentido nasce para ambos os participantes da relação.

A rigor, neste ponto podemos evocar Freud, que já no *Projeto Para Uma Psicologia Científica* se perguntava de que maneira as estimulações quantitativas de energia que se abatem sobre o aparelho psíquico são transformadas em qualidades psíquicas. É uma questão que se espalha por toda a sua obra e da qual somos herdeiros – é uma boa pergunta que ainda acompanhará gerações de psicanalistas.

5. DESEJO METAFÍSICO

Do exercício da clínica extrairei a hipótese de que, do infinito inacessível das entranhas, nasce, numa relação com outra subjetividade, o sentido. Sempre efêmero e insuficiente, o sentido necessitará inevitavelmente de algo mais, algo que está no próprio corpo e, ao mesmo tempo, além dele. Isso nos permite prosseguir vivendo. Talvez se situe aí, como paradoxo, a posição sexual menos abordada em nossas teorizações: a genitalidade. Mesmo em nosso meio permanece a tendência a identificar esse termo com o concreto e a confundi-lo com a ação adulta sexual. É um equívoco, pois o pensamento também se associa a uma imagem intuitiva do funcionamento corpóreo, e além disso a genitalidade está presente desde o início da vida.

Aqui é preciso lembrar Bion (em *Aprendendo Com a Experiência e Elementos de Psicanálise*, por exemplo) e fazer uma digressão. Para Bion, o pensamento se constitui numa hierarquia

de trajetos específicos que passa de elementos beta a elementos alfa, em seguida a sonhos e então ao pensamento conceitual, até chegar ao pensamento mais sofisticado, tal como o concebem cientistas, filósofos e artistas. Lembremos também que essas passagens ocorrem em relações entre subjetividades definidas por um vínculo de continente/conteúdo.

A marca simbólica que Bion escolhe para caracterizar essa relação é um ideograma masculino/feminino – um intercurso sexual –, o que evoca um modo bíblico de constituir o conhecimento: Adão conhece Eva e assim começa o trajeto humano. O Paraíso é a natureza; perdê-lo se fixará na tradição como a Queda. É esse o momento da entrada do homem na cultura, na história, no pensamento. Não temos mais instinto para nos orientar, não temos caminhos já determinados que possamos trilhar. Diante de nós abre-se o infinito – o futuro é seu território, e também no passado ele reina. O desejo, perdendo o trajeto do cio, pois já não respeitamos o calendário das estações, terá como alternativa reencontrar marcas de memória, marcas de experiências passadas. Entramos então no espaço clássico da neurose, em sua característica de percorrer reminiscências.

Outra alternativa será o "desejo metafísico" de que nos fala Lévinas – aquele que deseja para além do já dado e se atira no infinito. Seu trajeto será o do trauma: caminhos sem passado, estradas por percorrer e sentidos por construir. É o caminho do terror e da generosidade. Considero ser essa a "poética" da genitalidade, do trauma e do necessário e peculiar conceito de infinito de que estamos falando aqui. O infinito é um objeto que traumatiza seu conceito; não fosse assim – isto é, se o conceito pudesse abarcar seu objeto –, este seria destruído.

Assombro e susto são as marcas com que se apresenta o desejo metafísico. Surgindo à margem de qualquer preparação ou rotina, ao chegar ele traz o descanso de um sentido parcial e efêmero e o prazer de ter atravessado uma vereda de riscos. É a paz da sobrevivência, acrescida de um traço de visão de si, de percepção da própria humanidade. É a atividade de criar aquele sonho impossível de ser criado em isolamento: alguém sempre terá que sonhar o sonho impossível ao outro. Esse sonho terá a genética de ambos os sonhadores. Como fruto de uma relação, seu destino será trilhar um caminho próprio.

6. ANSEIOS POR UMA CLÍNICA "BEM-SUCEDIDA"

Em trabalhos anteriores, apontei a coragem necessária para que alguém se abandone a uma outra subjetividade depois de se despojar das próprias vestes e se apresentar em sua figuração básica. Corre o risco de não ser recebido pelo outro, de atravessar o perigo do prazer do encontro perdendo-se numa fusão sem volta e, por fim, de retornar ao isolamento. Às angústias próprias da genitalidade, acrescentem-se todas as ansiedades de outras fases da sexualidade, que nunca perdem a oportunidade de comparecer ao encontro. O isolamento, o retorno a si, o repouso só se tornarão possíveis por um pequeno e volátil acréscimo de sentido. Quem correrá o risco de se despojar diante de uma subjetividade outra que se mantém protegida?

A construção de sentido numa análise não é de forma nenhuma um movimento neutro. É um movimento, como costumo dizer com alguma impunidade, que põe um gesto psíquico sob a égide da genitalidade. A própria construção merecerá interpretação, demandará que se coloque em palavras o que ocorreu entre os participantes do intercurso analítico. A "interpretação mutatória" (*mutative interpretation* – Strachey) que me perseguiu no início da clínica afinal se revelará um movimento psíquico sexual. Na verbalização, na explicitação verbal, torna-se possível a neutralidade sempre buscada por nós. A neutralidade estará não no início, mas no final de um trajeto complexo e assustador. Não será uma atitude permanente, mas uma aquisição instável. Apenas aí um descanso. (Antigamente se podia acender um cigarro…)

Contudo, a necessidade de novos sentidos logo começa a se impor: o universo visceral não interrompe seu percurso, seu horizonte é o infinito. Quantos frutos se geram numa análise? E como acompanhar seu desenvolvimento?

Todos temos a experiência de parentes e amigos, ou mesmo crianças, filhos, que entram em nossa sala de análise como se adentrassem um recinto assustador, sagrado e sexual. É uma apreensão espontânea como essa que permite aos nossos pacientes intuir a futura experiência analítica como um lugar especial, um lugar onde, como em nenhum outro, eles poderão se apresentar em sua verdade, onde o sentido próprio de cada um poderá dar mais um passo, onde eles poderão buscar seu ser

próprio. Esse é o lugar – como um templo e uma alcova – onde pode nascer o verbo. Não percebendo isso, os projetos terapêuticos terão existência pobre e breve, pois pretenderão saber de antemão qual é o ponto desejável de chegada.

A mesma incompreensão pode estar também no centro da chamada crise da psicanálise, com todo o seu cortejo de intenções positivistas e pragmáticas, mera adaptação aos tempos que correm. Esses "bons propósitos" marcam nossa rendição ao mercado, assinalam o abandono da surpreendente subversão e potência do nosso conhecimento e de sua prática. A rendição não é explícita, obviamente. Não aderimos às companhias, aos laboratórios, aos medicamentos, mas, compreensivelmente, também nós queremos um lugar ao sol junto aos produtores de bem-estar e soluções. Queremos provar que possuímos um conhecimento e um domínio sobre o sofrimento – arrogamo-nos até uma certa superioridade nessa área. Queremos procedimentos, medidas, certezas. O positivismo se infiltra insidiosamente em nosso pensamento e nos expulsa de casa.

7. OBJETO INCAPTURÁVEL

Em 1923, Freud se pergunta como chegamos a conhecer o inconsciente. Pergunta se o consciente mergulha no inconsciente ou se este aflora naquele, revelando-se assim ao consciente. Isto é: o inconsciente seria apropriado pelo conhecimento ou se apresentaria como revelação, como desvelamento de sua existência?

Ao escolher a resposta, Freud é firme, convicto. Opta pela negativa: nenhuma das duas assertivas lhe parece apropriada. O que lhe parece adequado é considerar que o inconsciente encontra no consciente uma configuração correspondente. Nessa passagem, teoria e prática convergem, pois a questão é tanto clínica quanto metapsicológica, e também – por que não? – metafísica. Freud nos diz que o inconsciente se mostra quando se liga a representações de palavras que habitam o pré-consciente. Em seu mergulho no infinito visceral, ele não pode ser capturado.

Nesse ponto da obra freudiana estão presentes três tipos de inconsciente. O pré-consciente é o que pode vir à tona com um acréscimo de investimento. Restam-nos os outros dois tipos: o

recalcado e aquilo que ainda não está ligado às representações, aquilo que ainda não existiu para o psíquico propriamente dito. Este – o irrepresentado – habita áreas de obscuridade, vem do infinito das entranhas e do mundo. Enquanto o recalcado se deixa recuperar, o que nunca foi propriamente psíquico espera que lhe deem contorno, que lhe deem representação. A segunda tópica se impõe, e os trajetos que levam à criação do inconsciente recalcado são como que trazidos à tona. A segunda tópica mostra o caminho que precede a primeira – é como revisitar o *Projeto Para Uma Psicologia Científica*.

A pergunta sobre como tornamos consciente o inconsciente ganhará nesse ponto uma dupla direção. Estão em causa processos de recuperação e construção. No primeiro caso, trata-se de processos de retomada de memórias; no segundo, de formação de trajetos. Trata-se de encontrar representações no consciente que correspondam ao que se encontra esquecido ou ao que será a criação do psíquico propriamente dito. Em ambos os casos precisamos de repertório, de um acervo de memórias para dar abrigo aos dois processos de elaboração.

O esquema proposto por Bion ajudará a dar conta da passagem para o pensamento conceitual, isto é, da passagem dos elementos beta, que são como que concretudes psíquicas, aos elementos alfa e daí ao pensamento comunicável, passível de ser compartilhado. Observo que Bion usa palavras novas, sem associações anteriores, para descrever um pensamento não comprometido com memórias. Implicitamente, propõe que, se quisermos ser parecidos com ele, teremos de ser completamente diferentes dele.

De todo modo, o acervo de memórias que permite esse processo se encontra – desde o início e ao longo de todo o trajeto – na cultura. Para usar a linguagem de Bion, o ser necessitará da conjunção continente-conteúdo, masculino/feminino, para realizar essa passagem; essa conjunção, por sua vez, necessitará do continente do continente, ou seja, da cultura, abrigo para os protagonistas. A passagem do indivíduo para a cultura se fará, assim, num embate com a cultura. Na metáfora materna, a mãe precisará do pai e da cultura para mergulhar no abismo – a triangulação é inevitável. Esse esquema nos impede de gerar uma metapsicologia unipessoal, torna impossível considerar o

espírito em isolamento: seu percurso, que leva ao conhecimento de algo humano, é marcado desde o início pela genitalidade.

O que me interessa aqui, com esse encadeamento de truísmos, é a crítica à pretensão iluminista de posse e domínio do objeto por intermédio do conhecimento – pretensão que esteve presente no meu exercício da clínica psicanalítica, sempre lhe dando um matiz de insegurança e impossibilidade. Aliás, como nossa reflexão acompanha a prática, penso que essa insegurança quanto à assertividade do nosso saber talvez seja compartilhada por todos. Para mim, nunca foi apenas uma dúvida epistemológica. Foi bem mais um estado que vivi ao longo de todos os percursos profissionais.

As construções representativas são efêmeras e recebem de forma provisória seu objeto inconsciente e estrangeiro – que inevitavelmente seguirá viagem, à procura de novas hospitalidades. A afirmação de que minha prática seria *científica* não me convencia, pois nem meu objeto podia ser bem definido, nem os universais se mantinham estáveis no confronto inevitável com a singularidade de cada análise.

Em meu trajeto, foi primeiro na estética que encontrei a possibilidade de conciliar a verdade do universal com a singularidade de sua expressão, como numa obra de arte. Também me foi útil a ideia de que cada obra de arte cria um mundo próprio, tal como o faz a adequada experiência do *setting* analítico. Além disso, a arte pressupõe uma autoria sempre presente na própria obra, à diferença da lei científica, na qual a ausência da autoria não interfere com a lei nem com os resultados eventualmente alcançados.

Eu achava que fazíamos uma peculiar arte trágica, pois, em conjunto com nossos pacientes, criávamos uma obra que teria sempre apenas dois espectadores e que, se fosse mesmo valiosa, descansaria no inconsciente – seria esquecida, portanto. Para relatar essa criação, precisávamos de um dos talentos do fundador da psicanálise – o da escrita –, com o qual cada um dos dois participantes organizaria uma narrativa própria. Como na arte, enfim, não se tratava de capturar o objeto. Embora precise da fulguração do novo e se desfaça na repetição, a arte se contenta com construções parciais de sentido.

Tudo isso me parecia adequado para pensar a realização analítica.

8. LÉVINAS: O ROSTO, O INFINITO E A ÉTICA

Surpreendentes e desafiadoras, as formulações de Emmanuel Lévinas em *Totalidade e Infinito* me ajudaram a enfrentar essas difíceis questões. Partindo do modelo tradicional de conhecimento como adequação do objeto ao seu conceito, Lévinas dirá que isso equivale à tentativa de transformar o Outro no Mesmo. O que se busca no conhecimento é retirar o caráter de estranheza, de alteridade do objeto, para torná-lo possessão do sujeito. Busca-se a naturalização do estrangeiro: ele perde sua identidade e aprende a falar a língua da família que o abriga, despojando-se de sua condição de estranho, de *Unheimlich*.

Lembro também aqui as considerações de Adorno e Horkheimer no ensaio *Dialética do Esclarecimento* (ou *Dialética do Iluminismo*). Ao acompanhar a história da relação entre mito e razão, os autores mostram que o mito, normalmente associado às sombras pré-científicas, já contém um elemento iluminista, por seu caráter de domínio da natureza, e que o processo histórico de construção da identidade entre objeto e conceito, fundamento da ciência iluminista, acaba por reverter em mito. É uma crítica contundente à concepção positivista do conhecimento, que, baseada em procedimentos de separação, classificação e definição, recusa a tensão inerente à permanência da singularidade, do desconhecido. No entanto, lemos na *Dialética*, "os homens pagam pelo aumento de seu poder" com "a alienação daquilo sobre o que exercem poder"; o Iluminismo "comporta-se com as coisas como o ditador se comporta com os homens. Este os conhece na medida em que pode manipulá-los" (p. 24).

Assim, o ego não é somente a projeção da superfície corporal – é também a projeção de todo o corpo social. Ainda mais amplamente, é resultado da apropriação não só das relações objetais básicas, mas de todas as formas de relação social. (A ideia da física acerca da similaridade entre o muito grande e o muito pequeno tem aí uma nova e fértil possibilidade a explorar.) Esse caráter do eu obviamente não se constitui por mimese; implica, na verdade, as infinitas variantes dos processos de criação do psíquico. Vai ter a cor do investimento pulsional a ele sobreposto. O que ocorre então não é apenas imitação; ao contrário, no próprio ato de criação já ocorrerá a transformação

do criador e do criado – e surge aqui outro elemento da poética da genitalidade e de sua relação com o infinito, ou seja, uma espécie de superestrutura do corporal, tal como este é apreendido e configurado nas diferentes formas do pensamento.

O que tanto Lévinas como Adorno e Horkheimer apontam, embora partindo de diferentes tradições filosóficas, é o ato de violência contra a existência da alteridade, o ato de destruição do estrangeiro que o movimento do saber traz em si. O conhecimento positivo, o saber que se formaliza e cria procedimentos, revelou-se de um poder impressionante em termos de progresso material e desenvolvimento de recursos. Contudo, ao se tornar ele próprio mito, revelou-se problemático como via de conhecimento do humano e como meio de barrar violências, as quais, simultâneas ao progresso, não param de crescer em intensidade. O Iluminismo tornado mito e investido das certezas celestiais da ciência, diz Adorno, autoriza-se à violência das guerras não religiosas em escala sempre maior.

Entre nós, possivelmente, a convicção de sermos os detentores da verdade também está por trás das pequenas guerras que travamos em nossas organizações. Isso para mim é sempre motivo de perplexidade, pois as organizações são justamente o espaço essencial para discutirmos nossas convergências e divergências, isto é, o espaço para a reflexão dialética sobre a nossa prática – que é simultaneamente científica, porque conceitual, e concreta, porque respeita a singularidade do objeto, abrindo-se ao conhecimento do outro com a coragem de enfrentar o infinito.

Lévinas propõe que diante de nós, como algo estranho, como um estrangeiro, reluz um rosto humano. O uso da palavra *rosto* se justifica pelo caráter expressivo, pelo movimento permanente que ela evoca. A presença do rosto nos põe diante do infinito da alteridade. O rosto – o outro, o estrangeiro – não se revela a nós e tampouco pode ser capturado. É como o infinito: não pode ser inteiramente contido pelo conceito. Na concepção de Lévinas, o infinito tem origem exógena e é posto em nós. Como contraponto, Lévinas lembra a concepção cartesiana: para Descartes, o infinito preexiste, é endógeno, e sua presença em nós é uma das provas da existência de Deus.

Se abrimos mão da violência do conhecimento, se a urgência da ontologia e a potência do positivismo não nos incitam,

encontramos o território da hospitalidade: trata-se de receber o estrangeiro como tal, em sua própria existência. Esse gesto, que não pode ser configurado como bondade, não me enaltece, não me exalta; seu caráter vem do infinito a ser recebido, esgarçando minhas possibilidades. Se infinito, resistirá à apreensão plena pelo conceito; se não resistir, perderá seu caráter – a identidade do infinito deriva da impossibilidade de contê-lo em seu conceito. Assim é também a alteridade, que se desnatura como tal quando apreendida.

Da mesma forma que o infinito traumatiza seu conceito, o outro me traumatiza. Recebê-lo é uma imposição – a ela me submeto. Permito sua presença, ao mesmo tempo em que abdico de catequizá-lo. Torno-me refém do infinito. Como um deus, o estrangeiro não pode ser nomeado sem que se cometa sacrilégio.

Na cerimônia da Páscoa judaica, todo ano se faz a pergunta ritual: por que estamos reunidos esta noite? Para lembrar o tempo da escravidão, do desamparo, respondemos. A pergunta nos remete ao encontro analítico: para que nos encontramos? A resposta pela qual tanto ansiamos estará em outro ponto da sala cerimonial. Lembremos que a tradição manda reservar o melhor assento àquele que está por vir: o forasteiro, o viajante, o estrangeiro e profeta – Eliahu Hanavi, o profeta Elias – o que nunca vem, o arauto do Novo, que nesta noite poderá ter acolhida.

Lévinas escreve em *Totalidade e Infinito*: "Chama-se Ética a esta impugnação da minha espontaneidade pela presença de Outrem" (p. 30). A conversão não está no horizonte. Quando nos esquecemos disso?

Nesse momento, configura-se uma espantosa noção de conhecimento: o primeiro passo do saber é ético. A ética precede a ontologia. Segundo propõe Lévinas, aluno de Heidegger, o ser não apenas não é capturado no saber, como não se revela na poesia, à diferença do que queria seu mestre. O ser pode, sim, "ser recebido". Para nós psicanalistas, eis uma radical deflexão hierárquica: não mais *talking cure* – agora, *listening cure*. Podemos imaginar um analista mudo, mas não podemos imaginá-lo surdo.

Esse despojamento radical inerente ao movimento de recepção da alteridade, essa entrega de si perante o rosto, me faz retomar uma afirmativa de Freud no *Projeto Para Uma Psicologia*

Científica: "o desamparo inicial dos seres humanos é a fonte primordial de todos os motivos morais" (p. 431) – ou da ética, mais propriamente. Nesse contexto, a devoção absoluta ao outro, ao ser que emerge, ao novo rosto que traumatiza quem o recebe, é o ato ético primordial. Em sua obrigatoriedade, ele cria o humano. Vale lembrar, Freud pensa ali nas agruras do organismo humano que ainda não tem expediente para encontrar no mundo exterior trajetos para a eliminação do desprazer e que necessita, portanto, da devoção de outro ser humano que a ele se entregue, que se deixe sequestrar para estar a seu serviço – uma ética primordial, não de linhagem superegoica mas primária, de linhagem materna, como nas antigas religiões matriarcais. Não me recordo de outro lugar em que Freud volte ao argumento.

Laplanche proporá algo novo ao afirmar que o psiquismo da criança se organiza como resposta ao traumático da presença erótica do adulto. Nessa dupla elaboração, a marca conceitual da genitalidade mais uma vez está presente, e vemos que metafísica e metapsicologia se interligam mais estreitamente do que costumamos supor. Mais ainda: serão inevitavelmente os guias da prática.

Aprendemos com Freud que a sexualidade, em suas diferentes manifestações, configura "modos de ser". A partir da base corporal, organizam-se diferentes maneiras de perceber a realidade e de responder a ela. Temos aí o tema clássico dos modos: oral, anal, uretral, fálico etc. Há também, como projeção sobre a psique, outros elementos corpóreos: a pele, a respiração, o ritmo – o mundo se choca com o sensório, e tudo o que é percebido como intensidade se organizará como qualidade psíquica.

Mas o que percebemos como intensidades não são qualidades físicas. São o corolário de ausências, da carência de contornos representativos. Classicamente, postulamos que a estimulação que chega ao aparelho psíquico será matizada pelo pulsional, que impõe a busca de objetos na exterioridade que a ele se contrapõe. A pulsão funciona como uma intencionalidade intrínseca, que organiza a captação e a resposta a ser dada ao que encontramos diante de nós. São os modos de organizar a experiência vivida. São constituintes, portanto, do modo primário do conhecimento, aqui necessariamente deformado e carregado de um matiz extenso de subjetividade.

9. O INFINITO SILÊNCIO DAS ENTRANHAS

Para conhecer e atribuir sentido, torna-se necessário um novo movimento, que pode inclusive ser simultâneo. Quero supor, nesta reflexão, que colocar outros modos sexuais sob a hegemonia do genital significa dar primazia à construção do conhecimento como forma de sentido humano. Um passo atrás e vemos que era este o destino das pulsões: serem apreendidas na sua interação com os objetos. Por outro lado, os objetos das pulsões estarão presentes em outra subjetividade, que também se apresentará organizada no seu próprio modo sexual. O pulsional, assim, não poderá ser separado das relações objetais, nem na origem nem em sua organização final.

O modo oral se voltará para o objeto do "conhecimento" numa tentativa de incorporá-lo, de possuí-lo, de se fundir a ele – eis o destino almejado por esse modo do desejo. Haverá ainda os modos que pretenderão eliminar o indesejável ou os restos não incorporáveis do conhecimento e ordená-los de maneira que se apresentem limpos, sem as impurezas que acompanham qualquer ato de vida. Haverá os desejos de controle do objeto: gostaríamos de vê-lo dominado e submetido ao nosso poder. Pode-se querer dividir o objeto em partes, classificá-lo. No limite, desejaríamos que o objeto acabasse por se tornar parte de nós mesmos. (Temos todos a experiência de ir a um show, a um concerto ou a uma conferência e aplaudir com mais entusiasmo os velhos sucessos, aqueles que já conhecemos e já incorporamos à memória. Aplaudimos a nós mesmos.)

Uma lembrança necessária: a alteridade, impossível de ser atingida, cria em nós o movimento de identificação que vai modular nosso caráter. Todos os modos sexuais estão presentes na construção do saber. No entanto, não se diz que novos paradigmas só se estabelecem à medida que passam as gerações? Como analistas, não temos "modos" preferenciais de realizar nossa tarefa? Escolher um analista não é também uma questão de afinidades eletivas? Não deveríamos, eventualmente, levar em conta essas características, levar em conta os próprios modos sexuais do analista e, portanto, seus modos de conhecimento? Afinal, nenhuma questão sobre a analisabilidade se encerra em diagnósticos do analisado.

Todos os movimentos da sexualidade e do conhecimento a que me referi têm em comum, de antemão, a referência a si – ao Mesmo, na linguagem de Lévinas. Apenas na genitalidade haverá o movimento em que o desejo se volta para o Outro permitindo que este assim permaneça. O desejo buscará o além de mim, o infinito. O objeto do desejo não completará o sujeito; melhor dizendo, ele o manterá em suspenso.

Recuperando as considerações anteriores, posso dizer então que o desejo genital possui as características da busca do que está além, tal como o desejo metafísico. Estamos mais acostumados a lhe atribuir uma qualidade lírica, poética, mas a relação com o infinito lhe dá, mais propriamente, um caráter metafísico. Este, por sua vez, trafegará pela poética, cujo caráter é inevitavelmente provisório e efêmero.

Sempre precisaremos de novos versos e canções para dar conta do amor. Capturá-lo será inviável – mas não se passa assim também com a definição de qualquer sentimento? Seja o amor ou o ódio? Seja o ciúme, a inveja, o desamparo, a saudade, a tristeza, a depressão, o medo, o horror e tantos outros de que tantas vezes tratamos com excessiva familiaridade e despreocupação? Não seria uma ousadia tratá-los como qualidades dadas e conhecidas a ponto de serem definidas em manual, o que nos autorizaria abordá-los como quem realiza um escrutínio científico?

É a presença do rosto do outro, quando este se apresenta a mim, que provocará a tentativa de captar sua realidade. Ao mesmo tempo, a alteridade busca ser capturada, ser apreendida por mim e em mim. Ela busca em mim o conceito de si. Isso corresponde à realização da ideia de infinito no finito – e podemos chamá-la desejo. Será sempre um anseio que não se realiza, mas que não pode interromper sua busca. Não encontrará jamais a satisfação, mas em seu percurso construirá sentidos, perceberá constelações capazes de iluminar atos e questões. É fator de sobrevivência e reprodução, mas também construtor da nossa possibilidade de viver e saber. Na busca perpétua se dará a presentificação do destino humano.

No modo corporal da sexualidade genital, encontramos o embrião do seu representante psíquico. Assim, uma vez mais, do silêncio infinito das entranhas nasce o sentido, em contato

com outro ser que o acolhe e hospeda. Nesse acontecimento, o sentido nasce para ambos, estrangeiro e anfitrião. E, se ocorrer em mão dupla, mais complicado ainda será o processo. As funções se invertem e se intercambiam permanentemente – é a lição freudiana sobre a bissexualidade humana.

O sentido não tem uma forma de chegada. É diverso do que usualmente denominamos *verdade*. Não pretende a universalidade passível de ser compartilhada. Pretende uma representação própria que, através do autorreconhecimento, proporcionará um expediente para viver e repousar em si mesmo.

10. B. E A FERTILIZAÇÃO SEM INTERCURSO

Uma mulher de aproximadamente quarenta anos me procura para reanálise. Vou chamá-la B. Nos primeiros encontros se apresenta como profissional bem-sucedida, com família organizada. Havia feito análise por muitos anos, com analistas bem orientados, e resolvera boa parte de suas questões. Na época, o que mais a preocupava era a sucessão de casos amorosos que mantinha desde a adolescência e que nunca haviam posto seu casamento em questão. Eram paixões incoercíveis, de grande carga romântica, boa parte das vezes platônicas, caracterizadas pela adesividade a que se submetia e a que possivelmente submetia os parceiros. Quanto à família de origem, segundo B., era preponderante sua adesão aos pais, que sempre haviam exigido dela sacrifícios elevados, situação que perdurava até o momento.

Tudo isso me foi contado de forma pausada e sensata. B. disse que queria retomar a análise porque, embora se sentisse livre dos romances, percebia que lhe faltava algo. O que a perturbava era um estado que definia como "falta de sentido da vida". Não disponho de horário na ocasião, propus encaminhá-la a outro profissional ou ficarmos em tempo de espera. B. escolheu esperar. A demora seria de alguns meses, mas logo começaram telefonemas em que ela dizia ter urgência em iniciar o trabalho. Ao telefone, B. relatava medos intensos que a impediam de dormir; vinha tendo longas noites de insônia. Esses apelos à distância continham uma intensidade de desespero que não

aparecera nos primeiros encontros. Eu me sentia praticamente intimado a começar o trabalho. E assim foi.

Iniciada, a análise ia transcorrendo de maneira tranquila e adequada. B. relatava situações, problemas, episódios de sua vida cotidiana, e pareceria que os compreendia e interpretava apropriadamente. Relatou inclusive melhora na insônia e no contato.

Aos poucos, entretanto, foi prevalecendo na minha percepção um estado de falta de sentido. Constatei que, invariavelmente, sua fala trazia acontecimentos, fossem remotos ou recentes, às vezes aparecendo também algo que B. havia pensado ou sentido no caminho para o consultório. Minha impressão era a de só ter acesso a sentimentos de segunda mão – e eu lhe disse isso: que me sentia numa relação analítica do tipo brechó, na qual só lidava com sentimentos usados. B. me confirmou, pois ela própria percebia sua dificuldade de compartilhar nas situações afetivas ou de estar presente nelas. Isso a desesperava; ao mesmo tempo, entretanto, havia nela o terror de abdicar desse modo de ser.

Era frequente, por outro lado, que o que eu havia dito reaparecesse nas sessões seguintes sob uma forma que indicava um razoável trajeto de elaboração. Em outros termos, os desenvolvimentos estavam em curso, B. prosseguia na elaboração de seus medos, nas reconstruções de sentido de sua história, embora o clima e o modo das sessões permanecessem inalterados. Esse peculiar modo de fertilidade da análise logo se tornou objeto da nossa investigação, o que nos permitiu ver o sentido dos nossos encontros.

Com a percepção de que nenhum evento se produzia na própria sessão, começou a se impor em mim a ideia de que certos seres têm sua reprodução garantida por uma fertilização que ocorre fora dos corpos. O masculino e o feminino depositam gametas no exterior – na água, por exemplo – e estes em seguida se encontram, dando origem a um novo ser. Nossa relação era assim: dotada de uma fertilidade sem intercurso. De outra parte, se esse fato constituía a regra com B., não era nada raro como momento específico em outras análises. Encontramos em análise acontecimentos que se perderam em nossa evolução filogenética. Chega a ser uma situação comum na clínica, nos casos de infertilidade com posterior sucesso na fertilização *in vitro* e o consecutivo implante uterino. É o que

testemunhamos quando a mãe, depois de parir assim, faz ou refaz os trajetos psíquicos de sua anatomia genital e engravida espontaneamente.

Essas percepções nos fizeram centrar o trabalho analítico na construção da anatomia psíquica da feminilidade e nas angústias de B.

11. O TRAUMÁTICO E O INFINITO

Hoje, passados mais de cem anos de prática analítica, nossos expedientes comuns se desenvolveram enormemente. Se no início uma análise durava semanas e se Freud podia recomendar a um paciente que se abstivesse de decisões sentimentais e econômicas durante esse processo, hoje ninguém estranha que uma análise dure anos e mesmo toda uma existência. O conhecimento no campo da psicanálise não para de se estender, como atestam nossas publicações. Se no início nossos temas podiam interessar a todos, hoje se tornam mais e mais especializados. A psicanálise, ainda que interesse a todas as disciplinas das humanidades, permanece no imaginário cultural como obra quase exclusivamente freudiana.

Talvez sejamos os responsáveis por isso, pois fracionamos nosso conhecimento em especialidades e escolas. Nossos debates se tornaram disputas pela propriedade da verdade. Além disso, fracionamos nosso objeto em identidades psicopatológicas, o que nos trouxe problemas, sem dúvida – mas não só, pois ao mesmo tempo criamos um enorme acervo de procedimentos e conhecimentos práticos. Tornamo-nos mais potentes, desenvolvemos nossa base científica. Talvez, entretanto, tenhamos descurado da busca metapsicológica.

Freud nos deixa uma dupla herança: uma disciplina que põe em questão os modos tradicionais de pensar – e cujo objeto, o inconsciente, se desfaz quando exposto à luz – e um pensamento que é herdeiro da tradição e quer permanecer leal à sua origem iluminista.

Como judeu da Europa Central, Freud foi emancipado pelo ideal do Iluminismo. (Lembremos que, quando os judeus foram autorizados a entrar em Viena, ele estava com quatro

anos.) Os judeus, escreve Zygmunt Bauman em *Modernidade e Holocausto*, amavam a cultura do Iluminismo alemão e seus heróis: Kant, Hegel, Goethe, Beethoven e tantos outros. Amavam uma Alemanha que não existia mais e cuja atualidade não entendiam, o que os tornaria particularmente vulneráveis ao horror que se desenhava no horizonte. Bauman descreve como os judeus ironicamente se sentiam alemães, ainda que na maioria dos casos judeus assimilados convivessem apenas com outros judeus assimilados, sem obter fora do próprio meio a aceitação que tanto desejavam.

É difícil comemorar a condição de estrangeiro. Herdeiros que somos dessa tradição, não mantemos nós uma dupla cidadania? De um lado, temos uma disciplina eruptiva nas mãos; de outro, transigimos, tentando mostrar que nosso conhecimento habita a positividade do saber e que podemos ser recebidos pelos bem-pensantes. Definimos entidades patológicas, estabelecemos classificações, propomos estratégias terapêuticas – apenas para nos percebermos, em seguida, diante de formas universais, formas que habitam a todos. As categorias explodem, e retornamos ao infinito do nosso objeto: o inconsciente. Não temos alternativa senão voltar à metapsicologia, nossa morada, abrir suas portas e acolher, sem ilusões de dominação, o rosto do outro que dará sentido à nossa própria casa.

O paciente entra na sala: inicia-se a nossa tarefa. A pergunta poderia ser: Quem está aí? Quem sou? Estaríamos no campo da identidade, da busca da totalidade, da apropriação do objeto. Estaríamos no campo da ontologia ou do conhecimento positivo. De outra parte, se afirmarmos que a ética é primordial, o gesto será diverso: será permitir a chegada do outro – permissão para sermos sequestrados, permissão para a existência do outro, permissão para que ele fale.

Estará incluída aí a permissão para que nos traumatizem. (Quando o paciente entra na sala, dizia Bion, existem ali duas pessoas em pânico.) Isso fundamenta o convite à associação livre, a ser como não se pode ser em nenhum outro lugar. Se o paciente nada sabe de psicanálise ou mesmo se pensa saber, que misteriosa força o traz até esta sala? Talvez, à parte todos os desejos e transferências, exista nele a concepção prévia de uma possibilidade de ser. Assimetricamente, da parte do analista

se espera a atenção flutuante, que também não será nenhum processo de abrigo pastoril. Será, isto sim, uma permanente disposição ao traumatismo.

Nessa conjunção, conhecer e ser conhecido fazem parte de um anseio fusional, de realização de um desejo. O sentido é efêmero, será destruído por si só, deverá ser interpretado como um momento genital do encontro analítico. E, como nada é de fato apropriado, a busca permanecerá.

Ferenczi definia a busca do momento fusional como característica da genitalidade, e esse equívoco teórico talvez seja a origem dos seus equívocos clínicos. Esse momento compreensivo precisa de interpretação, para que seu caráter efêmero se explicite. Sua destruição, ou melhor, sua neutralização ou, melhor ainda, sua passagem de ato a representação permite manter a fertilidade do campo – aí a genitalidade, campo do infinito psicanalítico.

Quando comecei a receber pacientes que, vindos de análises com outros profissionais, pareciam virgens de qualquer percepção interna, eu inevitavelmente me perguntava se de fato haviam feito qualquer análise – e inevitavelmente tendia a atribuir uma superioridade aos meus próprios recortes teóricos. Se não foi a modéstia que introduziu a autocrítica, devo dizer que a constância do fenômeno me fez pensar que convinha procurar outra hipótese: os acontecimentos emocionais que haviam adquirido sentido ou contorno representativo desapareciam do encontro analítico; o que se apresentava no aqui-e-agora era o inevitavelmente novo – ainda não encontrara descanso numa representação.

Isso poderia ser estendido até o infinito. Em meus próprios casos, constatei que, tendo avaliado que um bom trabalho havia sido feito com aspectos recalcados e/ou cindidos, muitas vezes o que daí surgia não era alívio. Eram sintomas mais informes, psicossomáticos muitas vezes. Sem recorrer à resposta pré-configurada da compulsão à repetição ou a uma hipotética pulsão de morte, sem transformar questões metapsicológicas em respostas pragmáticas, poderia supor, ainda me mantendo em campo clínico, que onde já não existem as memórias existirá o traumático, caracterizado pela ausência de figuração e pelo mergulho no infinito.

Nossa tarefa, assim, seria esta: a partir de memórias desfeitas, possibilitar a existência do traumático na vida cotidiana. Nesse momento, o traumático e o infinito se apresentarão como par conceitual e par clínico. Par que tentará inevitavelmente caminhar pelos trajetos da genitalidade e do sentido – ele buscará inevitavelmente o ser ético, que lhe dará acolhida.

Não lidei aqui com a noção de infinito como o sem-limites, o desmesurado. Evitei equiparar a noção de infinito ao conceito freudiano de sobredeterminação, que contém em si a proposta de apropriação do objeto (Gabbard). Tampouco considerei endógeno o infinito, como o fazia Descartes para provar a existência do divino. Acompanhei Lévinas, para quem o infinito provém do exterior, como algo que nos interroga e nos desafia pela presença de um rosto que jamais poderá ser possuído.

No plano da inserção profissional, essa abertura para o infinito me permitirá ainda apreender nosso objeto de interrogação por novos ângulos, ao ouvir colegas que elaboram seu pensamento segundo sistemas de que discordo.

Não por acaso, mesmo quando partimos de uma experiência prática comum, podemos escolher relatos de situações clínicas muitíssimo diferentes entre si. Isso faz parte das nossas convergências e divergências, as quais garantem os sentidos da nossa conversa. E, cada um de nós possuindo recortes pessoais da metapsicologia, teremos, assim, atos finitos contra um fundo infinito. Para o exercício da clínica, isso implica uma inversão radical: a primazia do conhecimento cede lugar ao desafio de uma ética sempre por atingir. O fundamental é dar licença para que o rosto do outro, na singularidade inescapável da situação analítica, tenha voz e ... fale.

A busca do que está além, o desejo metafísico, o movimento de encontro do traumático e do genital presidem a busca da transcendência e, portanto, da utopia, que estará necessariamente no horizonte do nosso saber e da nossa prática, e talvez – por que não? – das nossas convergências e divergências.

REFERÊNCIAS

ADORNO, Theodor W. O Ensaio Como Forma. In: COHN, Gabriel (org.). *Theodor W. Adorno: Sociologia*. São Paulo: Ática, 1986. (Col. Cientistas Sociais.)
ADORNO, Theodor W.; HORKHEIMER, M. *Dialética do Esclarecimento: Fragmentos Filosóficos*. Trad. bras. Guido Antônio de Almeida. 2. ed. Rio de Janeiro: Jorge Zahar, 1986.
BAUMAN, Zygmunt. *Modernidade e Holocausto*. Trad. bras. Marcus Penchel. Rio de Janeiro: Jorge Zahar, 1998.
BION, Wilfred Ruprecht. *Aprendendo Com a Experiência*. Rio de Janeiro: Zahar, 1966.
____. *Elementos de Psicanálise*. Rio de Janeiro: Zahar, 1967.
____. *Bion's Brazilian Lectures 1-2*. Rio de Janeiro: Imago, 1975.
DESCARTES, René. *Meditações Filosóficas*. In: *Descartes*. São Paulo: Abril Cultural, 1983. Coleção Os Pensadores.
ELIOT, Thomas Stearns. *Obra Completa 1. Poesia*. Trad. Ivan Junqueira. São Paulo: Arx, 2004.
FERENCZI, Sándor. *Thalassa: Ensaio Sobre a Teoria da Genitalidade*. São Paulo: Martins, 1990.
FREUD, Sigmund [1893-1895]. *Estudos Sobre a Histeria*. ESB, v. 2. Rio de Janeiro: Imago, 1987.
____ [1895]. *Projeto Para Uma Psicologia Científica*. ESB, v. 1. Rio de Janeiro: Imago, 1987.
____ [1900]. *A Interpretação dos Sonhos*. ESB, v. 5. Rio de Janeiro: Imago, 1987.
____ [1923]. *O Ego e o Id*. ESB, v. 19. Rio de Janeiro: Imago, 1987.
____ [1937]. Análise Terminável e Interminável. ESB, v. 23. Rio de Janeiro: Imago, 1987.
GABBARD, Glen O. Bound in a Nutshell: Thoughts on Complexity, Reductionism, and Infinite Space. *International Journal of Psychoanalysis*, v. 88, n. 3, 2007.
GREEN, André. *Conferências Brasileiras: Metapsicologia dos Limites*. Rio de Janeiro: Imago, 1990.
LAPLACHE, Jean. *Le Sexual: La Sexualité élargie au sens freudien*. Paris: PUF, 2007.
LÉVINAS, Emmanuel. *Totalidade e Infinito: Ensaio Sobre a Exterioridade*. Trad. José Pinto Ribeiro. Lisboa: Edições 70, 1988.
NOSEK, Leopold. Pensamento e Sexualidade. *Revista Brasileira de Psicanálise*, v. 30, 1996.
SAUSSURE, Ferdinand de. *Curso de Linguística Geral*. São Paulo: Cultrix, 1971.
STRACHEY, James. The Nature of Therapeutic Action of Psycho-Analysis. *International Journal of Psychoanalysis*, v. 15, 1934.

2. Angústia e Narrativa Alegórica: Notas Sobre a Construção de Sentidos na Análise

1. INTRODUÇÃO

Trato aqui da angústia e de sua representação. Nos escritos mais tardios de Freud, a angústia já não é predominantemente um sinal de perigo interno, de um fantasma que, existindo no inconsciente, ameaça outros elementos do psiquismo ou mesmo a sobrevivência do eu. A caminho de reformular a geografia do aparelho psíquico para incluir um inconsciente habitado por conteúdos carentes de forma, Freud praticamente volta ao *Projeto Para Uma Psicologia Científica*, de 1895, em que a angústia é tida como um excesso de estimulação que ultrapassa a capacidade mental de elaboração. Premido pela percepção das neuroses traumáticas, pelo seu aprofundamento da teoria das pulsões, em *O Ego e o Id* Freud cria uma metáfora econômica para dar conta dessa nova

SOBRE ESTE TEXTO: Trabalho apresentado em reunião plenária da 24th EPF (European Psychoanalysis Federation) Annual Conference – Anxiety and Method in Psychoanalysis, realizada em Copenhague, Dinamarca, de 11 a 14 de abril de 2011. Publicado sob o título "Anxiety and Allegorical Narrative: Notes on the Construction of Meanings in Analysis" no *Bulletin EPF* 65 (2011), p. 166-174. Em italiano: "Angoscia e narrativa allegorica: Note sulla costruzione dei significati in analisi", revista *Psicoanalisi* (online), fascicolo 1, p. 25-35, 2011.

compreensão, metáfora que se tornará parte integrante da nossa tradição teórica. A visualização da angústia como um *excesso* pulsional ou *excesso* de estimulação ambiental traz a ideia de *quantidade* para o centro da reflexão analítica, com o prestígio e o desprestígio que esse parâmetro "científico" arrasta consigo.

De outro ângulo, mas no mesmo quadro teórico, a angústia pode ser tomada como resultado de uma falha de representação. A forma representativa – genericamente, o *verbo* – atribui contornos e como que embrulha aqueles conteúdos protopsíquicos, tornando-os experiência e memória e, portanto, aptos a serem vividos. Nesse momento, como que por um gesto do Criador, se faz o consciente e simultaneamente o inconsciente. O verbo estabelece o limite entre experiências como *interno* e *externo*, *masculino* e *feminino*, *espaço* e *tempo*, *vivo* e *morto*, assim como define os territórios do consciente e do inconsciente.

Desprovidos de representação, de veículos de linguagem que lhes sirvam de continente, os conteúdos protopsíquicos se espalham na situação analítica sob a forma de ações e transferências. Ora, sem um bom recipiente, um bom continente, até o amor se torna excessivo – logo, traumático. Não bastará a conduta interpretativa com a qual fomos incorporados ao imaginário de senso comum. Já vão longe os tempos em que o paciente dizia algo e o analista saía atrás do sentido subjacente do que acabava de ouvir. A construção compartilhada de sentidos precisará estar em cena.

A necessidade imperativa desse compartilhamento me fará examinar certas vicissitudes da criação narrativa, mas essa não será a minha única motivação aqui. De acordo com os organizadores deste nosso encontro, o mais interessante, para um público de europeus, seria enfatizar a clínica e relatar algumas sessões com a maior objetividade possível; desse modo, todos estariam mais à vontade para lidar com o material relatado a partir de seus próprios conceitos. Tentarei fazer isso.

Relatarei certas passagens do trabalho com uma paciente que acompanho há cerca de seis anos e que antes foi atendida ao longo de oito anos por outro psicanalista. A análise de M. já havia sido objeto de reflexão em meu trabalho anterior, "Corpo e Infinito: Notas Sobre Uma Teoria da Genitalidade", do qual usarei algumas formulações aqui. Insisto: o antípoda da

narrativa é a angústia traumática. Narrar, portanto, está necessariamente no centro do ofício que exercemos. A complexidade infinita desse gesto me levará à alegoria – tal como concebida por Walter Benjamin –, figura de linguagem que, ao contrário da metáfora e da metonímia, pouco aparece em nosso discurso teórico ou clínico. Procurarei evitar certas crenças realistas que nos fazem correr o risco de trocar o reino lógico dos conceitos pelo reino mágico das palavras.

2. PRIMEIRA SESSÃO

M. chega ao consultório depois de uma semana de ausência. A interrupção é relevante para ela, pois antes havia falado sobre a possibilidade de repor as sessões. Independentemente da minha eventual disponibilidade para atendê-la em horário alternativo, ambos sabemos que isso é impossível, dado o fato de ela morar muito longe e de seu trabalho a impedir de vir em horário diferente do já estabelecido. De todo modo, M. fala em repor as sessões como se sentisse uma nostalgia antecipada da "perda futura".

Lembro que entrou na sala aparentando estar alegre e que imediatamente me ofereceu doces típicos da região por onde viajara com familiares. Ao recebê-los, agradeço e os coloco na mesa ao lado da poltrona, garantindo a M. que vou gostar. Ela se inquietara quanto ao sabor dos ingredientes exóticos que entravam na composição desses doces.

Quero fazer algumas observações já no início deste relato. Sublinho que esse detalhamento dos sentimentos é uma reconstrução literária, visto que na sessão tudo se deu muito rapidamente, sem tempo para explicitações. Passamos diretamente a outros assuntos que no momento me fogem da memória. Digo "no momento" porque nunca se sabe que memórias algum aroma inesperado nos trará. Desde Bergson e Proust, sabemos as surpresas que nos reservam as memórias involuntárias, e com Freud aprendemos a confiar em que ressurjam, como estrelas a nos indicar o caminho a seguir.

Não se imagine, então, que os fatos da sessão serão adequadamente recordados e relatados, e na ordem temporal em que tiveram lugar. Tampouco será razoável tomá-los como fatos

"puros" que, em momento posterior, ganharão camadas de reflexão teórica e conceitual e terão sua validade objetivamente aferida. Não é assim com nenhum relato clínico. De início, tentei registrar as recordações em sequência temporal, mas a cada passo tinha de voltar atrás e alterar o registro, pois surgiam não só novas recordações, mas associações de todo tipo, ligadas aos meus pressupostos teóricos e ideológicos, aos meus preconceitos, às minhas preferências estéticas, às minhas aptidões, aos meus pontos cegos, às minhas insuficiências, às minhas mais profundas obscuridades. Assim, o que a escrita fixou aqui não corresponde à minha maneira de pensar os eventos relatados nem faz justiça à elaboração necessária para recuperá-los. Nosso modo de ver o presente reescreve o passado.

Voltemos à clínica. Ao se deitar no divã, M. começa a narrar extensamente sua viagem à Amazônia. De maneira muito interessante, fala das cidades onde esteve, do hotel, da paisagem que se revela no coração da floresta. Procura me fazer ver o que é navegar num pequeno barco por entre árvores gigantescas. Sou levado a imaginar as populações ribeirinhas, seu modo de vida, suas crianças, sua pesca, os animais da floresta, as águas de diferente coloração de rios que percorrem longos caminhos antes de se misturarem num encontro majestoso.

Independentemente dos conteúdos que vão se impondo à minha imaginação, ocorre-me algo que para mim é estranho e, ao mesmo tempo, familiar: um sono incoercível começa a tomar conta de mim, percebo-me desatento, tendo a pestanejar.

Digo-lhe então que ela quer me levar na viagem porque, se eu não ignorar nada do que se passou, desaparecem a distância e o afastamento entre nós. Contudo, isso acontecendo de fato, eu não posso existir separado dela e também ela deixa de ter existência autônoma. Não é demais registrar que o histórico da análise autorizava essa afirmação tão desvinculada dos conteúdos expressos por M. na sessão. De todo modo, ela reage com surpresa e faz uma pausa em sua fala, que até ali vinha muito fluente e totalmente alheia à eventual manifestação de interesse ou desinteresse da minha parte. M. diz que teve dois sonhos na véspera e imediatamente começa a narrar o primeiro deles.

Registro que, ao escrever, percebo novamente a surpresa de M. com a lembrança que lhe ocorreu. O que chamamos

recordação não é propriamente uma reconstituição do passado, mas imagens de um novo momento de história atualizada. A história passada é a cada momento como que reescrita. Recordar é reescrever o passado segundo as necessidades do presente.

O sonho de M. se restringe praticamente a uma cena: ela está deitada no que parece uma cama e alguém – algo lhe diz que posso ser eu – a sufoca com uma almofada. Esse evento é acompanhado de intensa angústia.

Numa intervenção mais longa, digo-lhe que ela se sentiu ameaçada pela minha fala e que confunde a dissolução de uma ideia onipotente com sua própria morte. Se não puder imaginar-me permanentemente com ela, há risco de cair num abismo infinito de desamparo. Meu esforço é o de revelar o óbvio: que, além de não termos viajado juntos, a tentativa de preencher, com o relato da viagem, o hiato em que sua angústia está alojada não anulará a distância entre nós.

Eis um tema que sempre volta: minha presença real tem de ser recusada, pois só assim M. pode se relacionar imaginariamente comigo sem ser tomada de angústia. Sua paixão por mim pressupõe a minha não existência. Melhor: minha presença funciona como um suporte sobre o qual ela pode estender o fantasma de que acredita necessitar, fantasma que a segue por toda parte, inclusive em sua linda viagem de férias.

M. relata então, brevemente, o segundo sonho da véspera. Havia sonhado com uma figura estranha que também a deixara angustiada. Fora uma noite horrível. A figura era masculina da cintura para cima e feminina da cintura para baixo. Associa com outro tema constante nos últimos tempos: o relacionamento sexual com o marido. M. tem prazer quando vai por cima – nas suas palavras, "como se comesse ele". Vínhamos conversando que também aí ela ignorava a existência do outro. A relação sexual funcionava como masturbação. Nesse momento, M. diz que estava mais atenta ao marido e que isso vinha lhe trazendo dificuldades de se situar e ter prazer na relação.

Ocorre-me a imagem de gêmeas xifópagas. Uma delas vem ao consultório e me fala da outra, conta os segredos daquela que se mantém sempre oculta. É com esta que a vida se passa. A que se apresenta a mim é uma espécie de mensageira. Isso significa que não tenho acesso à intimidade de M., pois tudo o

que recebo são relatórios. Possivelmente, é assim também na relação sexual. Uma adota um comportamento ativo que protege os sentimentos da outra. Se as duas se unificam, instala-se um sentimento de realidade, ao mesmo tempo em que a angústia aparece ou se intensifica.

Nenhum tema é novo nesta sessão, mas surgem novas metáforas e redes associativas. De certa forma, como na arte, numa sessão de análise é antiético ser acadêmico ou repetir imagens. O fluxo associativo, como um rio, não faz passar a mesma água na sucessão do tempo. A fixidez da imagem determina a tragédia narcísica. Embevecidos pelo reflexo nas águas paradas de um lago, nós nos afogaríamos. De outra parte, o movimento das águas de um rio e sua aceitação pelo intelecto e pelas emoções impediriam a paixão de Narciso. Sem a posse do objeto – no fluxo a imagem é fugidia –, não haveria o engrandecimento do eu. Isso vale para o nosso funcionamento cotidiano e para as mais complexas questões epistemológicas que nos desafiam.

A sessão se encerra. M. vai embora sem olhar para trás e fecha a porta como se me trancasse no consultório. O fantasma não deve deixar seu estranho e prosaico castelo.

3. SEGUNDA SESSÃO

M. entra na sala falando comigo como se a sessão ainda não tivesse começado, já que ela ainda não está no divã: "Seu banheiro é muito incômodo", ela diz, "não tem um suporte para pendurar a bolsa. Você precisa tomar uma providência". M. se deita. De fato, penso, não há um suporte, é uma desatenção com as pessoas que vêm aqui... Mas em seguida, felizmente, como costuma acontecer depois de tantos anos de clínica, o método se impõe, e quase involuntariamente começo a participar do sonho que se dramatiza nesse espaço. Talvez por achar que ainda não está em análise, M. pode se relacionar comigo como raramente o faz deitada no divã.

Meio brincando, digo: "Você se lembra do 'caso Dora'? Do que Freud fala sobre bolsas?" Claro, não espero que se lembre, ainda que sua profissão tenha proximidades com a psicanálise. É um preâmbulo, uma preparação para que M. se deixe

penetrar pelo que vou dizer. Ela se mostra curiosa. Digo então que, comentando a atitude de Dora com sua bolsa, Freud afirma que para as mulheres as bolsas são sempre – acentuo esse *sempre* – uma representação dos genitais femininos. Ela possivelmente me dizia alguma coisa nessa direção, isto é, havia algo de que eu não estaria cuidando bem.

M. ri, para um instante e, já no tom habitual, fala de sua rinite. Conta que, em seguida ao sonho que começara a narrar na sessão anterior, havia acordado "entupida" e que a angústia desse entupimento era o motivo de ter acordado. (A rinite já foi uma queixa habitual de M.; fazia algum tempo que não aparecia.) Lembro-lhe que a angústia em relação ao sonho a fizera criar o entupimento e retirar-se do sono. A rinite era uma tentativa de solucionar a angústia, com o bloqueio de vias de acesso tornadas perigosamente permeáveis. Expressava, em linguagem corporal, uma solução para outro medo. O bloqueio, contudo, não fora suficiente, daí a interrupção do sono e, portanto, do sonho.

Creio que minha fala a propósito de bolsas criou uma perigosa proximidade, levando à associação com o fechamento de vias de acesso. Minhas intervenções na sessão trouxeram de volta a recordação do sonho, não sendo este, portanto, que reclamava interpretações. Foram elas que permitiram a memória do sonho na sessão. Quando o sonho se apresenta, M. está livre para prosseguir em suas associações. (Sublinho que essas duas sessões ganharam uma fluência associativa raríssima na análise de M.)

Agora ela volta ao segundo sonho que mencionara na sessão anterior: "Era um homem jovem da cintura para cima e uma mulher da cintura para baixo". M. observa essa estranha figura de baixo para cima e, ao perceber que o períneo parece dotado de um apêndice semelhante ao órgão masculino, experimenta uma grande angústia, pois, se é assim, a menstruação não tem por onde sair. Usando vocabulário especializado – ela é da área médica –, diz que observa um fundo de saco vaginal e algo como uma dobra de pele no períneo. Essa dobra oblitera a entrada. Nada pode entrar, nada pode sair. Não havendo como sair, há risco de explosão, mas, se a entrada não estivesse obliterada, haveria o risco de um esvaziamento descontrolado. (Enquanto M. vai fazendo essas associações, não estou em silêncio; estamos conversando.)

Ela estranha que apareçam dificuldades com a menstruação. Diz que teve uma iniciação sexual precoce, que seu primeiro ciclo veio aos 10 anos (e o da irmã mais nova, aos 12). Lembra que nessa época o pai começou a beber. Ponderamos que é realmente difícil elaborar essa fase da sexualidade com uma tal história paterna. M. está muito surpresa com a evidência de dificuldades sexuais; como sempre teve vida sexual muito ativa, acreditava que essa era uma área sem problemas.

M. saiu de casa cedo. Havia mantido muitas parcerias sexuais – muitas "paixões", como as chamava. Ao descrever esses relacionamentos, atribuía-se invariavelmente um papel bastante ativo. Tomava a iniciativa de buscar o parceiro e cuidava para que as diversas relações não se denunciassem mutuamente. Na sessão, concordamos que a clareza sexual se desenvolve em relações com sentimentos íntimos e que isso não havia existido no período de sua iniciação. Conjecturamos sobre o peso da ausência do pai. M. relembra, mais uma vez, que se encarregara de cuidar dele durante uma longa doença, o que a deixava exaurida.

Lembra-se então da almofada que me deu no início da análise, quando uma lombalgia me incomodava fortemente. Era uma almofada vermelha, em formato de coração – e eu não soube o que dizer, só me ocorreram obviedades que não faziam jus à complexidade da paciente. Assim, aceitei o presente e o guardei numa gaveta, à espera do momento em que pudesse fazer alguma associação pertinente. Agora, decorridos alguns anos, surgia a ocasião. Com toda a simplicidade, disse a M.: "Só faz sentido me dar um coração se eu tiver e puder oferecer um suporte onde você possa pendurá-lo".

Nosso tempo termina. Ela se levanta e fecha a porta atrás de si, encerrando-me numa cena de brumas que, ainda sem representação, esperam por estrelas que orientem a navegação no universo de sua existência.

4. A SITUAÇÃO ANALÍTICA

Foi muito trabalhoso relatar essas duas sessões, ambas de uma riqueza associativa que fugiu inteiramente à regra. Na análise de

M., passei muitas e muitas sessões num vazio associativo. Com funcionamento psíquico caracterizado por uma forte cisão, ela atuava como mensageira, não como autora e protagonista dos acontecimentos que me relatava. M. estabelecera comigo uma relação fortemente alucinatória. Minha presença real representava um transtorno ao amor que ela alimentava por sua idealização de mim. Assim, devia ser firmemente recusada. Minha resposta ao traumático dessa não existência foi o sono irresistível que chamo para mim de narcolepsia. Como num quadro surrealista, o ser diante de mim me impunha um espelho onde nada se refletia: eu não existia.

Com base em Lévinas, em "Corpo e Infinito: Notas Para Uma Teoria da Genitalidade" (supra, p. 3) referi-me à *associação livre* como uma disposição do paciente a ser como não se pode ser em nenhum outro lugar e à *atenção flutuante* como a disposição do analista para se oferecer ao traumático. A alteridade, sendo infinita, excede o conceito ou conhecimento que pretende capturá-la. Nesse sentido, o outro me traumatiza. Permitir que ele o faça configura a ética do ato analítico, e essa ética é um pressuposto da possibilidade de conhecer.

5. NARRATIVA E ALEGORIA

No relato de uma sessão, a linearidade da matéria narrada é um artifício da própria linguagem escrita, visto que cada nova lembrança, cada nova associação promove um reordenamento das peças do relato. Como diria Adorno, uma nova estrela altera o sentido de toda uma constelação. O enfrentamento com essa mobilidade inexorável me fez ver uma afinidade profunda entre a alegoria, tal como pensada por Benjamin, e os discursos que criamos na psicanálise.

Ao contrário da metáfora e da metonímia, que se dirigem à abstração, a alegoria vai em direção à concretude, dá materialidade ao que é abstrato. Exemplo comum é a representação da justiça como uma jovem mulher com vestimentas gregas, sentada, portando uma espada na mão direita. Se trocamos o traje clássico por roupas atuais, todo o conceito se altera, e isso vale também para a espada, para o semblante tranquilo da

mulher etc. A estrutura alegórica se altera com a mudança de seus componentes, característica que, segundo a compreensão tradicional, limita ao extremo a agregação de sentidos.

É outro o entendimento de Walter Benjamin (1892-1940), de quem esboço aqui algumas proposições muito fecundas sobre tempo, história, experiência do narrador e narrativa alegórica. Benjamin rejeita as concepções de história que se apoiam na ideia de um tempo cronológico e linear no qual se vai buscar uma imagem paralisada e eterna do passado. Em "Sobre o Conceito de História", ele escreve: "A história é objeto de uma construção cujo lugar não é o tempo homogêneo e vazio, mas um tempo saturado de 'agoras'" (p. 229); "A verdadeira imagem do passado perpassa veloz. O passado só se deixa fixar como imagem que relampeja irreversivelmente no momento em que é reconhecido" (p. 224); "Articular historicamente o passado não significa conhecê-lo 'como de fato foi'. Significa apropriar-se de uma reminiscência tal como ela relampeja no momento de um perigo" (p. 224).

Nesse *agora* breve e intenso, o narrador da história constitui uma experiência com o passado e, como destaca Jeanne Marie Gagnebin no Prefácio ao volume I das *Obras Escolhidas* de Benjamin, o autor "gostaria de pensar um conhecimento que tornasse possível 'não Deus, é claro, mas a experiência e a doutrina de Deus'" (p. 9). A essa narrativa coletiva e compartilhada se contrapõe a experiência vital do indivíduo isolado num mundo que se esfacelou e que já não oferece as condições para uma existência minimamente comunitária. Ainda em "Sobre o Conceito de História", ao descrever um quadro de Klee intitulado *Angelus Novus*, a intuição genial de Benjamin nos faz ver um anjo que

parece querer afastar-se de algo que ele encara fixamente. Seus olhos estão escancarados, sua boca dilatada, suas asas abertas. O anjo da história deve ter esse aspecto. Seu rosto está voltado para o passado. Onde vemos uma cadeia de acontecimentos, ele vê uma catástrofe única que acumula incansavelmente ruína sobre ruína e as dispersa a nossos pés. Ele gostaria de se deter para acordar os mortos e juntar os fragmentos. Mas uma tempestade sopra do paraíso e se prende com tanta força em suas asas, que ele não pode mais fechá-las. Essa tempestade o impele

irresistivelmente para o futuro, ao qual ele vira as costas, enquanto o amontoado de ruínas cresce até o céu. Essa tempestade é o que chamamos *progresso*. (p. 226)

A narrativa se constitui como alegoria ali onde o olhar do anjo da história estrutura as ruínas do passado. O estado de ânimo do narrador é a melancolia, pois a estrutura, além de efêmera, se compõe de fragmentos mortos. O presente, que é sempre excessivo – vivemos cercados de imagens mortas –, determina a necessidade de rememoração. Desse excesso cria-se o trauma e o choque da representação insuficiente, insuficiência que faz o traumático se comportar como falsa pulsão (devo essa ideia a Laplanche). O futuro permanece inescrutável, mas como que sugado pelos ventos do presente, ou da necessidade pulsional.

Em análise, propomos a inversão do fluxo usual do psiquismo. Queremos que, a partir do impedimento da ação, ele se direcione para a percepção, e não o contrário. Renunciamos a propósitos terapêuticos e esperamos que, exercendo o seu direito, o paciente se entregue à associação livre, para nos traumatizar com *madeleines* de toda ordem. Nesse abandono de intencionalidades está a possibilidade de que ruínas de um passado irrecuperável se plasmem com anseios de um futuro insondável, determinando figurações do presente que se darão a conhecer no instante mesmo em que encontrarem uma forma que as represente.

A construção da alegoria por fragmentos, como a concebe Benjamin, supõe uma extraordinária mobilidade. De sua constituição tomam parte o efêmero e o espanto intrínsecos a um mundo que se desagregou. Nesse sentido, não soará estranho dizer que ouvimos nossos pacientes com os olhos – com a visão de uma alucinação. Nesse sentido também, todo relato de um acontecimento analítico é alegórico. Eu poderia ter dito que M. é uma mulher de idade indefinida (não muito jovem, é certo); sendo do tipo *mignon*, ela me lembra um rapazinho; tem grande facilidade de comunicação e fala com muita desenvoltura; em geral, usa essa habilidade para se exercitar na arte da conversa de salão... Essa nova série associativa resultaria numa narrativa alegórica diferente daquela que de fato construí – mas não menos válida do que qualquer uma.

Antes de a análise começar, M. me surpreendeu com telefonemas em que mostrava uma angústia extrema. A exacerbação desapareceu tão logo iniciamos as sessões, possivelmente porque M. sentiu que agora dispunha de um suporte onde pendurar sua necessidade de uma relação amorosa sem limites, na qual a não existência do objeto do amor evitaria os abismos da existência dela própria.

Na primeira sessão, pressinto que um movimento que a faça sentir-se em risco de vida facilmente me mataria, como expediente de legítima defesa. Assim, é com cuidado que tento confrontá-la com a distância real entre nós. Quando o abismo se revela, temos a plenitude de um *agora* em que fulgura toda a história da análise. Nesse agora que paralisa o tempo tal como o percebemos fluir no cotidiano, a existência "amazônica" de M. se interrompe. Do choque dessa representação, surge o sonho violento de um assassinato. Posso comemorar, pois, se a separação entre nós encontrou uma representação, já não há o risco de que uma ação de autodefesa desmanche todo o processo analítico. Havendo a representação inconsciente, já cabe a conduta interpretativa clássica. A angústia deixou de ser um jorro que se estanca com uma ação; já pode ser pensada.

Na segunda sessão o jogo começa inadvertidamente e, como todo jogo, é sexual e tende ao infinito. Nele apreendemos um corpo peculiar que nos faz entender parte das dificuldades da vida de M. e da relação analítica. Por uma singularidade anatômica de sua geografia feminina, ela se crê impotente seja para controlar minimamente o fluxo que brota de seu interior, seja para escolher o que lhe chega do exterior. Seu períneo é uma cloaca na qual os mesmos orifícios se prestam indiscriminadamente às funções genitais, urinárias e intestinais. Não chegamos a ter clareza sobre o desastre que origina essa formação, mas sabemos que um de seus elementos é uma relação de reciprocidade: o feminino se estrutura na conjunção com o masculino e vice-versa.

Como continuamos, M. e eu? Prosseguimos com o nosso *fort-da*, com o vaivém de encontros e desencontros, tratando de estruturar esse novo acervo de ruínas, de construir uma

narrativa necessariamente alegórica que dê a M. um corpo psíquico mais próprio e lhe permita tornar sua existência mais ampla e desembaraçada.

REFERÊNCIAS

BENJAMIN, Walter. *Origem do Drama Barroco Alemão*. Tradução, apresentação e notas Sérgio Paulo Rouanet. São Paulo: Brasiliense, 1984.
____. O Narrador: Considerações Sobre a Obra de Nikolai Leskov. In: *Walter Benjamin: Obras Escolhidas. V. 1. Magia e Técnica, Arte e Política. Ensaios Sobre Literatura e História da Cultura*. Prefácio de Jeanne Marie Gagnebin. Trad. Sérgio Paulo Rouanet. São Paulo: Brasiliense, 1987.
____. Sobre o Conceito de História. In: *Walter Benjamin: Obras Escolhidas. V. 1. Magia e Técnica, Arte e Política. Ensaios Sobre Literatura e História da Cultura*. Prefácio de Jeanne Marie Gagnebin. Trad. Sérgio Paulo Rouanet. São Paulo: Brasiliense, 1987.
FREUD, Sigmund [1900]. *A Interpretação dos Sonhos*. ESB, v. 5. Rio de Janeiro: Imago, 1987.
____ [1095]. *Fragmento da Análise de um Caso de Histeria* (O Caso Dora). ESB, v. 7. Rio de Janeiro: Imago, 1987.
____ [1923]. *O Ego e o Id*. ESB, v. 19. Rio de Janeiro: Imago, 1987.
____ [1895]. *Projeto Para Uma Psicologia Científica*. ESB, v. 1. Rio de Janeiro: Imago, 1987.
LÉVINAS, Emmanuel. *Totalidade e Infinito: Ensaio Sobre a Exterioridade*. Trad. José Pinto Ribeiro. Lisboa: Edições 70, 1988.
NOSEK, Leopold. Corpo e Infinito: Notas Para Uma Teoria da Genitalidade. *Revista Brasileira de Psicanálise*, v. 43, n. 2, 2009.

3. O Cotidiano Traumático

1. INTRODUÇÃO

Quando caminho e sou seguido pelo sol, a sombra que vejo diante de mim é a de um jovem. Não posso evitar esse pensamento, embora meu acervo intelectual e minha inteligência me digam que é uma ideia falsa. Também não evito o pensamento consolador: "Até que não estou tão mal!" Claro, o jovem que me habita é parte do meu presente, na medida em que todos nós temos todas as idades. Elas permanecem em mim inclusive como tecido embrionário que matiza meu desenvolvimento atual. Mas o meu presente me é obscuro e me assombra em sua impossibilidade de representação apropriada. Lembro que, se o sol está à minha frente, meu espectro não se mostra a mim. A infância tem outras preocupações. Provavelmente, numa idade jovem, não estaria preocupado em me autoavaliar, não

SOBRE ESTE TEXTO: Trabalho apresentado no painel Mental Pain and Social Trauma (Dor Mental e Trauma Social) do 48th IPA Congress – Facing the Pain (Confrontando a Dor), realizado em Praga, República Tcheca, de 15 a 26 julho de 2013. Publicado em português em *Psicossoma V: Integração, Desintegração e Limites*, coletânea organizada por Rubens M. Volich, Wagner Ranña e Maria Elisa P. Labaki. São Paulo: Casa do Psicólogo, 2014.

faria conjecturas acerca do que a sombra revela a meu respeito. Entre mim e minha sombra há um hiato: não tive tempo de elaborar minha atualidade, minha idade, meu corpo, minha circunstância. Estou acompanhado de uma sombra anacrônica, de um espectro ultrapassado. Meu pensamento persegue minha realidade atual sem poder alcançá-la, sem ter como lhe dar seu sentido necessário.

Thomas Mann, na *Montanha Mágica*, diz que o tempo vital é mais bem representado pela ampulheta do que pelo relógio. É o tempo irregular da vida. Tome-se a parte de cima da ampulheta como uma espécie de estoque de vida e a parte inferior, como a experiência acumulada. O que vemos é que de início o estoque quase não se move, enquanto a experiência acumulada cresce continuamente. Ao final, quando a areia vai terminando de escorrer, a ampulheta nos mostra que o estoque se esgota vertiginosamente e que mal percebemos a experiência se acumular na parte inferior. Temos o impulso de estreitar aquele orifício que, sabemos bem, deixa passar uma quantidade constante de areia. A passagem da areia propõe diferentes angústias que demandarão diferentes figurações e diferentes respostas. Mas a ampulheta não é um objeto dos tempos atuais. Valemo-nos do relógio de ponteiros, que faz o tempo voltar sempre ao ponto de partida, ou do relógio digital, que, anunciando sempre o instante presente, dá a impressão de que desenrola um tempo infinito.

Quando impactado por essa imagem literária, procurei ampulhetas nos antiquários e não as encontrei. Por que sobreviveram tão raramente esses objetos de uma temporalidade tão angustiante? Em "Sobre o Conceito de História", Walter Benjamin nos conta que num momento de ruptura revolucionária, na Paris de 1830, os revoltosos atiravam nos relógios das torres da cidade. Como evitar o efêmero do presente e o contínuo movimento de transformação? Como evitar o próximo momento, o momento seguinte que me deixará mais uma vez no desamparo de não ter história que me represente, de não ter acervo para pensar um novo acontecimento?

Neste início de reflexão, recorro outra vez à literatura. Proust, no primeiro volume de *Em Busca do Tempo Perdido*, fala-nos ao longo de numerosas páginas sobre o movimento

do pensamento ao passar da vigília para o sono e deste para o despertar. Na sua percepção tão maravilhosamente descrita, vemos como a passagem rotineira e cotidiana de um estado a outro requer do espírito um complexo movimento de elaboração. Proust nos faz ver o movimento de tornar familiar e acolhedor o novo espaço e o novo estado de alma – o espírito caminha por um intrincado trajeto de memórias para construir esse hábitat. Vemos a inevitabilidade do movimento de criar o hábito e sua necessária insuficiência e efemeridade. Vemos que o fracasso dessas tentativas de passagem é uma possibilidade sempre presente.

Essas lembranças iniciais me levam à noção de *traumático*, tal como Freud a formula nas *Conferências Introdutórias Sobre Psicanálise*:

O termo "traumático" não tem sentido a não ser econômico. Aplicando-o a uma experiência que, em curto período de tempo, aporta à mente um acréscimo de estímulos excessivamente poderoso para ser manejado ou elaborado de maneira normal, e isto só pode resultar em transtornos permanentes da forma em que essa energia opera. (p. 325)

O traumático se refere ao econômico do funcionamento psíquico, diz Freud, a algo que ultrapassa a possibilidade de elaboração, o que de imediato nos remete ao conceito de excesso. O traumático se apresenta como uma relação, ou melhor, como uma fração que terá no denominador um estímulo e, no numerador, a capacidade de elaboração, de estabelecer ligações e representações que conferem dimensão e contorno à experiência, que lhe atribuem forma, ou seja, atribuem alguma ideia de tamanho e intensidade ao estímulo. O excesso será, portanto, o "sem forma" que se espalha pela mente, criando em seu funcionamento distúrbios que aparecerão na situação clínica como ação ou como transferência.

Dessa forma, qualquer experiência pode ter caráter traumático, qualquer fato coloquial da vida, dependendo da possibilidade de elaboração. O próprio amor pode ser traumático. A própria vida psíquica pode ser instada a se construir por um excesso que será ininterrupto, seja por estímulo que se origina no corpo, seja por estímulo que se origina no mundo. Somos seres talvez com demasiados neurônios, com sinapses

em demasia, perdemos o paraíso das reações pré-figuradas, não temos o benefício da conduta instintiva. Somos, na natureza, os seres de dependência mais prolongada, os que precisam de mais tempo para desenvolver o aparato que dê conta da vida. Assim, não sobrevivemos sem o hábito e tampouco sem romper com ele. Para amar, precisamos das canções de amor; para acolher esse afeto, recorremos ao acervo da cultura e o relemos. Mas a insuficiência do hábito faz com que necessitemos sempre de novas canções e novos poemas para representar os sentimentos. Uma canção por demais repetida torna-se insuficiente para acolher o afeto. Os sentimentos não cabem numa definição ou numa representação simbólica, exigem uma inescapável reconstrução de suas feições. A oscilação entre memórias e ausência ou insuficiência de memórias será permanente. Dito de outra forma, oscilaremos permanentemente entre o neurótico e o traumático. (Abordei com exemplos clínicos essa dialética em "O Método Analítico: Uma Metáfora Musical", infra, p. 65.)

2. MODERNIDADE TARDIA

As considerações acima me deixam desconfortável com a expressão "sociedades pós-traumáticas". Quando terei vivido numa sociedade que não fosse traumática ou mesmo pós-traumática? Mais uma vez, sem grandes confissões, abro minha história pessoal. Nasci em 1947 numa cidade da Polônia e o registro mais antigo que tenho de mim é uma fotografia num carrinho de bebê, aparecendo ao fundo a paisagem de uma cidade destruída. É possivelmente uma foto comum a toda uma geração europeia. Depois, histórias de imigração, também semelhantes às de tanta gente, seja nesta geração, seja em gerações precedentes. Como latino-americano, posso falar de uma juventude entre ditaduras militares cruéis e amedrontadoras. E, como todos da minha geração, posso também descrever uma maturidade passada em meio à vertiginosa transformação econômica, política e tecnológica que testemunhamos a partir dos anos de 1980. Assim, não houve a rigor um tempo social que eu poderia caracterizar como não traumático. Além disso, com meu corpo e minha ecologia psíquica, oscilei sempre entre

momentos de me sentir estrangeiro em minha circunstância e momentos de me sentir em casa, relativamente em descanso.

Sinto-me confortável com a ideia de Adorno e Horkheimer segundo a qual o movimento do pensamento é a resposta a um perigo que assombra e apavora. Dizem que a verdadeira experiência – filosófica ou, por que não?, psicanalítica – é a de um sobrevivente que se submete ao choque de um perigo. Ou seja, é a experiência associada a um evento que força a pensar, que desloca o pensamento do hábito e do senso comum, que não se dobra aos nossos esquemas e categorias usuais de compreensão. Podemos dizer: é um movimento que surge da insuficiência das memórias ou do fracasso da solução neurótica. Assim, o traumático não apenas é parte integrante da experiência cotidiana, como é motor do desenvolvimento e da construção da mente. Nessa ideia, obviamente, sou seguidor de Laplanche.

O corpo propõe à mente um desenvolvimento ininterrupto – como diz Freud, impõe a necessidade de trabalho psíquico. O mesmo faz nossa circunstância social e cultural, e isso equivale a dizer que, tanto quanto nossas formas de pensar e adoecer, o método e a clínica psicanalítica existem no interior da história.

O conjunto de transformações ocorridas a partir da década de 1980 costuma ser chamado de globalização. Prefiro a expressão *modernidade tardia*, porque indica mudanças e permanências em nosso modo de viver. Autores como Zygmunt Bauman e Robert Kurz colocam no centro desse estágio um fortíssimo movimento de acumulação do capital, acompanhado de uma revolução tecnológica sob a hegemonia do capital financeiro. Empresas privadas se tornam maiores do que estados nacionais, e a ideologia associada durante séculos à ideia de nação se torna ao mesmo tempo obsoleta e radicalmente paroquial. Projetos utópicos de novas formas de organização social se quebram como que por um sopro, desfalecendo numa espécie de corrida de competição capitalista. As perspectivas ideológicas que nos serviam para orientar a vida ou caducaram ou são mantidas em chave fundamentalista.

Destaco um dado econômico que nos diz respeito de muito perto: nos anos de 1980, nenhuma companhia farmacêutica constava da lista das maiores empresas do mundo; a partir

dos anos 1990, três delas alçaram-se à lista dos dez gigantes. Alguém duvida da influência que isso teria sobre o nosso cotidiano profissional? Sobre como altera o nosso modo de ver a doença, o nosso modo de pesquisar, os nossos modos de conceber a cura e a prática clínica, as nossas instituições? Pensemos também em como reativamente nos apegamos a um passado que já não existe.

Vou me ater a um aspecto desse cenário para fazer avançar o argumento. A concentração do capital acentua a concorrência e aumenta a velocidade das transformações. A cada momento somos chamados a nos adaptar a novos produtos e a novas práticas. O trabalho, no outro polo, requer expediente cada vez maior também, e já não basta a formação universitária – é necessário o MBA, o doutorado, o pós-doutorado. Quem atua em áreas de vanguarda do sistema econômico cumpre jornadas de treze, catorze horas, e no tempo livre treina para correr maratonas – e mesmo nesse nível há desemprego. O progresso nos autoriza uma expectativa de vida de noventa anos, mas não é incomum que o mercado de trabalho torne as pessoas anacrônicas aos quarenta. Vemos crianças com agenda educativa de executivos. Tudo acontece em ritmo acelerado. Se antes se dispunha do espaço de uma geração para realizar as adaptações, hoje é preciso fazer face a múltiplas transformações no decurso de uma única geração. Antes uma geração via a seguinte como ilógica; presa a seu hábito, era-lhe penoso acompanhar os modos de vida de seus sucedâneos. Hoje a dificuldade de compreensão se instala entre os membros de uma mesma geração.

Longe de mim fazer desta fala um apelo aos velhos tempos, como se as gerações anteriores vivessem em idílio ou, pelo menos, como se tivessem achado soluções melhores do que as nossas. Além do mais, nostalgia do passado ou visões de um futuro utópico não serviriam para nada. Carecemos é de expediente para o atual. A velocidade de transformação escamoteou de nós o tempo de construir o sentido necessário para o viver no agora. Não há o tempo da construção de um acervo onírico que dê conta da sobrevivência no presente – e as memórias são insuficientes, não preenchem as lacunas.

Como corolário, as patologias ditas atuais propõem um novo desafio conceitual e técnico: são patologias com pobreza

construtiva. Aonde foi parar a afirmativa de Freud de que os sintomas são maravilhosas construções estéticas? Bulimia, anorexia e outros distúrbios alimentares, pânico, patologias narcísicas e patologias *borderline* ou casos-limite – cada vez mais, nossos pacientes vêm nos procurar com uma desconcertante pobreza de discurso. Não temos um mundo de fantasias a reconhecer; temos, sim, um psiquismo por construir. É quase como se devêssemos adotar uma nova divisa no trabalho: onde há o ato, que possa haver inconsciente. Na presença dessas mentes tão pobremente construídas, a vida se torna agudamente traumática no cotidiano. O trauma sai da obscuridade do passado e nos confronta em sua intensidade presente. Viver se torna excessivo. (Não é o meu tema aqui, mas, à diferença da escola lacaniana, não penso que fazemos face a uma sociedade sem Pai. Defrontamo-nos, sim, com uma sociedade carente de função materna.)

Faltam-nos narrativas pessoais para o atual, narrativas, como disse, que dependem sempre das memórias e do acervo cultural que herdamos. Quero lembrar dois autores que se detiveram sobre a utilização desse acervo. Em seu livro *Shakespeare: A Invenção do Humano*, Harold Bloom afirma que, mais do que qualquer autor anterior ou posterior, incluindo os filósofos, Shakespeare nos define, nos dá nosso repertório de conhecimento ético e moral. Não somos nós que lemos Shakespeare; são suas personagens que nos oferecem uma leitura de nós. Essa leitura nos contém, afirma Bloom, ela nos determina, do mesmo modo como somos determinados por grandes personagens da cultura, por criações literárias como Javé em *Gênesis, Êxodo* e *Números*, Jesus no *Evangelho de Marcos* e Alá no *Alcorão*. A exemplo dessas personagens, as de Shakespeare moldam a nossa invenção, as nossas criações pessoais, as personagens dos nossos sonhos.

Durkheim, o segundo autor, dirá que Deus é o protótipo do fato social, uma construção cultural que se oferece e se impõe ao indivíduo. Segundo Durkheim, tal como citado por Bauman em *Isto Não É um Diário*:

Deus existe da mesma forma que todos os fatos sociais: não pode, por um simples esforço do pensamento, ser removido, nem inserido, desaparecer ou aparecer em função de nosso desejo, nem ser atacado ou defendido na base da razão. Deus "existe" porque se impõe e brota sem ser convidado

nem convocado – piscando de cada espaço em branco, de cada *non sequitur* na cadeia de explicações e na sequência da compreensão, se esgueirando em cada vão da série de atos que separa o desejo da realização e a expectativa das coisas tais como elas são, recusando-se firmemente a sair do lugar. Deus existe enquanto existe a incerteza existencial humana, e isto quer dizer para sempre. Deus é outro nome que tendemos dar à prática da insuficiência humana. Como tal é correlato a inúmeras construções culturais, como: natureza, destino, teorias, sistemas de conhecimento, convicções de toda ordem, sistemas de governo ou qualquer construção que antagonize com nosso despreparo e desamparo. (p. 78)

Deus é uma forma de enfrentar o traumático, o excessivo. Melhor dizendo, é um expediente para tentar eliminar e superar a inevitável desproporção entre as demandas a que o espírito deve fazer frente e os recursos de que dispõe. Assim são todas as construções da cultura – recursos magníficos, parciais e insuficientes –, mas, assim como Deus, todas são também fato social: a roupa que eu visto, um quarteto de Beethoven, um poema de Eliot, um *tablet*, um sistema filosófico ou, enfim, a nossa metapsicologia. No plano individual, a insuficiência desses recursos diante das demandas com que somos desafiados nos põe face a face com o traumático e, no plano social – podemos pensar, por que não? –, nos confronta com todas as distopias e malformações religiosas, bem como com toda espécie de fundamentalismo ideológico.

3. UM BREVE TRAJETO TEÓRICO

Freud, já em 1923, premido por seu trabalho clínico, postulou uma área do inconsciente que não seria recalcada, mas constituiria como que um psiquismo por construir. Acredito que essa parte da segunda tópica só veio a ser devidamente explorada na década de 1970. Bion, Green e vários outros refletiram sobre o trajeto de construção do psíquico, sobre o intrincado caminho do "ainda não psíquico" até as complexas construções do espírito. Ao lado dessa vertente, manteve-se forte a ideia do trabalho analítico como identificação de fantasmas (construídos) habitando o território do inconsciente. Permanece a ideia de que a doença se caracteriza por sofrimentos ligados a reminiscências

e a processos defensivos que as impedem de aflorar. É claro, esse território de trabalho continua a nos solicitar, mas temos outros desafios atualmente. Continuamos a ser interpretadores de sonhos, mas somos chamados muito mais agudamente para o papel de construtores de sonhos que deem conta do cotidiano.

Quero retomar aqui uma ideia clássica de Kant, formulada na "Estética Transcendental": vemos a realidade através de lentes que operam como fator organizador da experiência. Para Kant, essas lentes eram os conhecimentos *a priori* de tempo e espaço, conhecimentos que antecediam a intuição e a sistematizavam. Kant partia da física de seu tempo. Sua filosofia é denominada *crítica* porque põe em questão as possibilidades e as condições do conhecimento. Como isso seria visto a partir da ciência de hoje? Obviamente essa é uma longa conversa da qual tomarei apenas um traço parcial neste esboço a que me propus.

Para nós, espaço não é um conhecimento apriorístico, mas deriva do trabalho psíquico realizado na concepção ou na concretização da ideia do lugar onde se encontrava o objeto do afeto. Implica reconhecimento do objeto e aceitação de sua ausência (Bion). A ideia de tempo provavelmente vem da percepção da alternância entre repetição e variação. Quais são então os nossos pressupostos e organizadores do pensamento? Quais os nossos *a priori*? Talvez a resposta venha da afirmativa de Freud de que o ego é corporal. O corpo entra na mente por intermédio do que denominamos pulsões, que corresponderiam ao conhecimento *a priori* kantiano. As pulsões se organizam como conteúdos psíquicos que, a exemplo das memórias, farão as vezes de uma nova lente através da qual receberemos novas intuições. Os modos sexuais – oral, anal, genital – são, assim, organizadores, lentes que nos permitem sistematizar a experiência atual. O modo tradicional de trabalharmos sobre as memórias equivaleria de fato a uma regulação das lentes, sem de maneira nenhuma eliminá-las, bem entendido.

Trato os modos sexuais como Freud os definiu nos *Três Ensaios Sobre a Sexualidade* e como Donald Meltzer os desenvolveu em seu livro *Estados Sexuais da Mente*. É a partir desses modos organizados como memórias que lidaremos com o novo colocado diante de nós. Assim fará o paciente e assim fará o analista. Em outra ocasião, desenvolvi a noção de que a função

de ligação e de construção de sentido vem da possibilidade de uma posição genital psíquica bem elaborada. Não estou longe de Bion quando ele adota uma simbologia sexual para representar a função continente-contido. O conhecimento, o sentido, surge no interior de relações mediante a construção e destruição de ligações entre intuições sensíveis e memórias. O sentido será sempre provisório e efêmero, aparecerá como centelha, e sua transposição para a linguagem já o tornará obsoleto. Como regra, sofreremos da mesma impossibilidade dos educadores: o propósito pedagógico se fará olhando para trás, projetando o passado no futuro. Como educar para o hoje? Lembro que o continente que abriga o conteúdo para criar o sentido (Bion) terá ele mesmo de ser abrigado por um outro continente, que será necessariamente social e estará do âmbito da cultura.

Em um de seus ensaios mais famosos, "O Que É o Contemporâneo?", o filósofo Giorgio Agamben nos diz:

[O contemporâneo] deve manter fixo o olhar no seu tempo. Mas o que vê quem vê o seu tempo, o sorriso demente do seu século? [...] contemporâneo é aquele que mantém fixo o olhar no seu tempo, para nele perceber não as luzes, mas o escuro. [...]
[...] Perceber esse escuro não é uma forma de inércia ou de passividade, mas implica uma atividade e uma habilidade particular que, no nosso caso, equivalem a neutralizar as luzes que provêm da época para descobrir as suas trevas, o seu escuro especial, que não é, no entanto, separável daquelas luzes. (p. 62/63)

O escuro é ativo, não é a ausência das luzes; é, sim, uma presença, a presença do obscuro. Lembro-me de Borges: descrevendo sua cegueira, ele diz que se costuma imaginar que o cego viva numa espécie de escuridão permanente. Nada mais longe da verdade, explica. Ao contrário, o cego vive numa espécie de luz azul acinzentada que nunca se apaga. O cego anseia pelo escuro, que jamais ocorre – não há como fechar os olhos ou apagar essa luz que nada vê. Agamben nos ajuda a dimensionar melhor a descrição borgiana. Pertencer a seu tempo implica um deslocamento, um anacronismo, uma dissociação, ele diz. É "ser pontual num compromisso ao qual se pode apenas faltar" (p. 65). "Contemporâneo é aquele que recebe em pleno rosto o facho de trevas que provêm do seu tempo (p. 64)." Neurofisiologicamente, o escuro é o resultado da atividade das *off-cells* na

periferia da retina, as quais, ao entrar em atividade, produzem um tipo particular de visão que é justamente o escuro. Assim, como recepção ativa, o escuro faz parte do que pode ser excesso, ou melhor: nos termos psicanalíticos, pode muito bem pertencer à área do traumático.

O contemporâneo se vincula também com o arcaico, o próximo da *arké*, isto é, da origem. Significa estar ligado ao *passado* não como o ultrapassado e, sim, como o embrionário, o qual não cessa de agir no organismo maduro que é o contemporâneo. O embrião está no presente como alicerce invisível, é presença na construção da moradia atual.

A relação do atual com as memórias segue uma dialética inevitável: ao mesmo tempo em que obscurecem o presente, as memórias são o presente e a lente, o filtro pelo qual a nossa visão se constitui. São também, em sua destruição, matéria-prima da construção do novo. Trauma e neurose têm de ser vistos nesse par e nesse movimento. O presente é excesso e, portanto, escuro. Seu leitor deverá ser encontrado na coragem de transformar esse escuro não em ausência, mas naquele real que está à espera de autoria, naquela intuição que está à espera de forma. Aí a coragem, muito pouco lembrada entre as qualidades psicanalíticas desejáveis.

4. DOIS RECORTES CLÍNICOS

Quero apresentar a seguir duas pequenas concretizações da situação clínica que é objeto desta reflexão, não sendo elas uma "prova" e tampouco a origem desses pensamentos. No primeiro caso, trago uma modalidade de trabalho em torno de fantasias construídas; à parte as angústias que causam, elas configuram uma proteção ante o desamparo de uma situação atual. No segundo recorte, a quebra de certo hábito defensivo expõe a paciente a um excesso que é vivido como atual e induz o pensamento em direção ao novo.

Tenho permanentemente a dúvida: até que ponto minha teorização nasce da prática? Ou será a teoria que demarca o campo de minha observação? Enfim…

A paciente que chamarei G. está em análise há dois anos. Chega ao consultório e, como de praxe, inicia direto a sessão. Sem qualquer hiato que demarque a chegada, entra dizendo: "Vinha para cá e, pensando com os meus botões..." Contrariando meu costume, interrompo sua fala e digo: "Já que você conversa com frequência com os seus botões, talvez fosse útil eu os conhecer, saber como são e como dialogam com você".

Ela acolhe a proposta com evidente satisfação e me conta que seus botões são extremamente críticos, estão sempre dizendo como ela é agressiva, como é inadequada etc. etc. Nossa conversa é fértil e trafega nessa área de sua autocrítica exacerbada, cujo pressuposto é a maravilha que ela tem de ser. Na medida em que G. a domina, a autocrítica a protege da destruição, ou melhor, da perda do direito à vida que se associa ao fato de ela não ser uma super-heroína. Não se sente com direito à existência, e tanto minha fala inicial como a permanência no diálogo funcionam como uma autorização – um ego auxiliar que lhe permite dar o próximo passo em seu percurso. Esse é um estilo de trabalho que tem sido comum em nossos encontros. Percorremos as convicções de G. fazendo ligações com as histórias de família que relata. De alguma forma, G. vem fazendo progressos significativos e aprecia a análise. Isolo alguns outros dados a seu respeito: é muito competente e extremamente bem-sucedida em sua área profissional. Quando iniciou a análise, vivia reclusa e não estava trabalhando. Tem um casamento sem vida sexual. Não tem filhos.

Volto à sua nítida satisfação com a conversa desse encontro; mesmo que eu a tenha interrompido no início, era dela, afinal, que estava falando. Em outras ocasiões, já lhe dissera que sou como o Grilo Falante, fazendo as vezes de consciência de uma menina que ainda não é uma menina – estamos à espera de que se torne de carne e osso. Também esses comentários são recebidos com agrado, e G. se mostra satisfeita mesmo quando diz que algo deles a atinge e faz sentido. Diz sentir uma dor nas entranhas, o que parece verdadeiro. Em resumo, sempre que abordamos suas fantasias (e surgiram algumas aqui), parece tirar prazer da análise.

O que preferi registrar só agora é que G., quando chega para a sessão, sempre começa a falar ignorando a minha existência

e, se é interrompida, tem uma reação catastrófica, com absoluta impossibilidade de me dar lugar ou de pensar essa questão. Minha presença e o encontro que se renova a cada vez não têm ainda possibilidade de elaboração. Assim, dialogando com o solilóquio de G. e participando da cena tal como ela me é proposta, aguardo que o traumático do nosso encontro possa ganhar alguma expressão. Aguardo que susto e assombro possam ter lugar nesse encontro, aguardo minha possibilidade de existir ali dentro. Posso inferir que, fora da análise, G. tem a mesma habilidade de fazer com que seus próximos aguardem a vez de existir junto dela. Aliás, fui informado acerca dessa expectativa. É incapaz, por exemplo, de jogar baralho, embora goste; fica ao lado dos jogadores, comentando a partida, secretamente assustada ante a eventualidade de um convite para participar. As aproximações sexuais que faz se interrompem tão logo o seu desejo é transmutado em desejo do parceiro.

Minha paciente P. está em análise comigo há muitos anos, num ritmo de quatro vezes por semana. Devo dizer que alguém assim acompanhou inevitavelmente transformações de enfoque de minha parte. O episódio que relatarei começa de maneira inusitada, pois em todos esses anos é primeira vez que ela me envia uma mensagem por celular. Sente-se horrivelmente angustiada. É sábado à noite e eu estou em outra cidade.

Transcrevo a mensagem: "Oi, Leo. Não consigo entender por que vem essa angústia tão grande. Eu saí daí bem. Não aconteceu nada de diferente. A J. [*filha dela*] tá melhorando. É horrível sentir isso." Respondo aproximadamente meia hora depois: "Não tenho ideia. Tentei te telefonar e a caixa está lotada." Uma hora e meia depois, recebo sua nova mensagem: "Obrigada por ter ligado. Não escutei o telefone, estou tentando melhorar e já tomei Rivotril. Vai passar, mas é horrível."

No dia seguinte, envio-lhe uma pergunta: "Como você está?" Resposta meia hora depois: "Tô melhor, obrigada. Bom fim de semana. Tive que falar com você porque é horrível."

O que me é familiar é a preocupação dela em não incomodar, em não impor sua presença. Mesmo na sua forma de andar parece não querer ocupar espaço, quase como se não lhe fosse

permitido caminhar pelas calçadas. Atualmente, fica muito evidente que me encara de maneira direta e que sorri com certa cumplicidade quando vou buscá-la na sala de espera. Sua discrição não deixa de soar contraditória com sua imagem social, e, pelo que me relata, parece-me que é mal compreendida, pois sistematicamente a consideram uma pessoa antipática. Atualmente já tem alguma noção das próprias qualidades.

Não é difícil imaginar que, com tantos anos de análise, haveria um sem-número de situações que poderiam ser relatadas aqui, com variados desenvolvimentos, mas escolhi um recorte que evidencia principalmente a minha perplexidade a certa altura da análise de P.: o que teria feito com que ela se permitisse me "incomodar"? O que teria mudado para que sua queixa se apresentasse não como depressão, que é o usual, mas como angústia insuportável?

O padrão, em linhas gerais, vinha sendo este: P. chegava com queixa de depressão (e parecia de fato deprimida), rapidamente começávamos a conversar e logo a depressão se esvaía. Seus médicos sempre tentavam medicá-la, e ela não suportava os efeitos da medicação. Conforme nosso entendimento, em situações em que não era vista ou era incompreendida, ela fazia um movimento autodestrutivo que tornava proibida a sua existência, aparecendo assim os sentimentos depressivos. Alguns diálogos analíticos e a depressão desaparecia, para permanente surpresa de P.

Segundo relata, sua mãe é eficiente, mas incapaz de olhar o outro – "ela sequer vê as paisagens quando viaja", me diz. P. manifesta um peculiar tropismo em relação a personalidades narcísicas que a coloca no estado que descrevi.

Sua filha tem uma doença grave e é acompanhada por um médico em quem P. confia. Na sessão que precedeu aquelas mensagens, conta que o pai da garota interfere com seu poder materno; coloca a filha sob cuidados privilegiados em determinado hospital, com acompanhamento de um médico que tem também poder político, mas de cuja competência P. duvida.

Podemos pensar que nessa situação, diferentemente de seu hábito, P. reage com grande angústia diante de uma possibilidade destrutiva. Como se trata da filha, a reação dela não é se diminuir, não é se desvalorizar. Recebe todo o impacto de

uma situação potencialmente perigosa e não tem o expediente de elaborá-la. A intensidade da angústia extravasa – e, pela primeira vez em sua história comigo, traz o embrião de um pedido de socorro. A situação se apresenta como traumática, com toda a clareza, e P. não consegue se proteger dela da forma costumeira, a autoimolação.

É o que procurei expor aqui: a situação neurótica protegendo contra a situação traumática. Para P., as memórias, por mais dolorosas e angustiantes que sejam, funcionam como formas usuais de reação, resguardando o espírito da irrupção do novo, do assombro, do sem forma, da inundação do excesso.

5. FINALIZANDO

Quero lembrar a famosa passagem de "Sobre o Conceito de História" na qual Walter Benjamin nos fala de Paul Klee e do seu *Angelus Novus*. Nesse quadro, uma furiosa tempestade empurra um anjo rumo ao futuro, mas ele resiste; seus olhos arregalados estão fixos na direção oposta, parecem imantados no passado, embora ali tudo o que haja para ver sejam as ruínas que sobraram depois da passagem da tempestade.

Neste trabalho, suponho ter enfatizado suficientemente que o futuro ou, melhor ainda, que o presente é para nós inescrutável. Não temos sua figuração. Nosso olhar vê o passado, que inevitavelmente se constitui de ruínas, daquilo que já não é. Podemos chamá-lo restos diurnos, trajetos de memória. Por outro lado, é com essas ruínas que contamos em nossa tentativa de figurar o atual, de ver o solo sobre o qual tentamos dar o passo seguinte da existência, de ver quem somos ao dar esse passo. Essas ruínas são a matéria-prima dos sonhos e do pensamento. Para usá-las, é preciso que façamos seu luto – e nosso estado de espírito não será a melancolia, mas, sim, a nostalgia.

Nesse território, pensei colocar a inevitável dialética entre memórias e figuração atual, entre neurose e trauma. Construímos com dificuldade o nosso hábito, é um processo árduo. Queremos morar nele e o defendemos dos estrangeiros que ousam avançar sobre nossas fronteiras. Por outro lado, esses estrangeiros, sem intenção, passam permanentemente pelo

nosso território. Eles chegam de toda parte – do mundo, do nosso corpo, do nosso espírito. Impõem-se como uma tempestade da qual queremos nos abrigar. Buscamos então mais intensamente o que seria seguro e abandonamos o mundo. Mas é dessas ruínas, é dessas memórias que surge a matéria-prima da centelha que brilhará em meio à tempestade. Como um raio, algo se ilumina. Contra a nossa vontade, damos um passo à frente, e às vezes isso será um progresso.

Tomar o trauma como excepcional, como um distúrbio, sugere que se trata de uma ocorrência em lugares distantes, com pessoas com as quais não nos identificamos, ideia que pode nos levar para o duvidoso terreno da bondade. Insisto que faz parte da grandeza da psicanálise instalar no nosso cotidiano aquilo que uma vez foi identificado em situações extremas. Não somos propriamente terapeutas. Como outros de outras disciplinas, detemo-nos nos abismos e na grandiosidade da existência humana. Junto com nossos pacientes, buscamos criar sentidos, e a criação do sentido é precedida por um gesto ético.

A ética precede a ontologia, nos diz Lévinas. A ética de receber o estrangeiro – ou o infinito do outro – não configura bondade. Significa submeter-se a seu domínio, aprender seu idioma, e não catequizá-lo no nosso. Nossa ética precede nossa técnica: livre associação significará submeter-se ao estranho. Significará, na medida das nossas possibilidades, submetermo-nos ao traumático que a presença dele inevitavelmente trará. Um encontro psicanalítico se abre para possibilidades; como nas religiões, podemos manter a ideia do infinito da alteridade, do que é impossível capturar num nome ou numa definição, ou tentar atribuir-lhe imagens que nos trarão o hábito e a paz. O ato de definir o outro destruirá sua alteridade tanto quanto a tentativa de definir o infinito destrói esse conceito. Susto e assombro são a marca da nossa presença na sala de análise.

Esse traumático cotidiano das nossas salas exige uma reflexão própria, e fiquemos então apenas com a pergunta: o saber analítico, sua teoria, serão impossíveis? Em vez de conhecimentos capturados, creio que o que podemos pretender é o anseio pelo infinito do outro, é o anseio metafísico de Lévinas ou, no nosso caso, o anseio metapsicológico.

REFERÊNCIAS

ADORNO, Theodor W.; HORKHEIMER, M. *Dialética do Esclarecimento: Fragmentos Filosóficos*. Trad. bras. Guido Antônio de Almeida. 2. ed. Rio de Janeiro: Jorge Zahar, 1986.

AGAMBEN, Giorgio. *O Que É o Contemporâneo? E Outros Ensaios*. Trad. Vinícius Nicastro Honesko. Chapecó: Argos/Unochapecó, 2009.

BAUMAN, Zygmunt. *Isto Não é Um Diário*. Trad. Carlos Alberto Medeiros. Rio de Janeiro: Zahar, 2012.

BENJAMIN, Walter. Sobre o Conceito de História. In: *Walter Benjamin: Obras Escolhidas*. V. 1. *Magia e Técnica, Arte e Política. Ensaios Sobre Literatura e História da Cultura*. Prefácio de Jeanne Marie Gagnebin. Trad. Sérgio Paulo Rouanet. São Paulo: Brasiliense, 1987.

BION, Wilfred Ruprecht. *Aprendendo Com a Experiência*. Rio de Janeiro: Zahar, 1966.

____. *Elementos de Psicanálise*. Rio de Janeiro: Zahar, 1967.

____. *Bion's Brazilian Lectures 1-2*. Rio de Janeiro: Imago, 1975.

BLOOM, Harold. *Shakespeare: A Invenção do Humano*. Trad. José Roberto O'Shea. Rio de Janeiro: Objetiva, 2000.

BORGES, Jorge Luis. *Borges Oral & Sete Noites*. Trad. Heloisa Jahn. São Paulo: Companhia das Letras, 2011.

FREUD, Sigmund [1905]. *Três Ensaios Sobre a Teoria da Sexualidade*. ESB, v. 7. Rio de Janeiro: Imago, 1980.

____ [1915]. *Conferências Introdutórias Sobre Psicanálise*. Parte I: Parapraxias. Introdução. ESB, v. 15. Rio de Janeiro: Imago, 1987.

GREEN, André. ____. O Conceito do Fronteiriço. *Sobre a Loucura Pessoal*. Trad. Carlos Alberto Pavanelli. Rio de Janeiro: Imago, 1988.

____. *Conferências Brasileiras: Metapsicologia dos Limites*. Rio de Janeiro: Imago, 1990.

KANT, Immanuel. Estética Transcendental. *Crítica da Razão Pura*. Lisboa: Fundação Calouste Gulbekian, 1994.

KURZ, Robert. *Com Todo Vapor ao Colapso*. Juiz de Fora: UFJF, 2004.

LAPLANCHE, Jean. *Le Sexual: La Sexualité élargie au sens freudien*. Paris: PUF, 2007.

LÉVINAS, Emmanuel. *Ethique et infini: Dialogues avec Philippe Nemo*. Paris: Fayard, 1984.

____. *Totalidade e Infinito: Ensaio Sobre a Exterioridade*. Trad. José Pinto Ribeiro. Lisboa: Edições 70, 1988.

MANN, Thomas. *A Montanha Mágica*. Trad. Herbert Caro. Rio de Janeiro: Nova Fronteira, 1980.

MELTZER, Donald. *Estados Sexuais da Mente*. Rio de Janeiro: Imago, 1973.

NOSEK, Leopold. Corpo e Infinito: Notas Para Uma Teoria da Genitalidade. *Revista Brasileira de Psicanálise*, v. 43, n. 2, 2009.

____. Anxiety and Allegorical Narrative: Notes on the Construction of Meanings in Analysis. *Bulletin EPF* (European Psychoanalysis Federation), n.65, p. 166-174, 2011.

____. O Método Analítico: Uma Metáfora Musical. Apresentado no Primer Encuentro de Psicoanalistas de Lengua Castellana: Vigencia y Actualidad del Método Psicoanalítico. Madrid, fev. 2012.

PROUST, Marcel. *Em Busca do Tempo Perdido, v. 1: No Caminho de Swann*. Trad. Mário Quintana. São Paulo: Globo, 1981.

Parte II

TRAJETOS DE REFLEXÃO

4. O Método Analítico: Uma Metáfora Musical

> *O hábito! Arrumadeira hábil, mas bastante morosa e que principia por deixar sofrer nosso espírito durante semanas numa instalação provisória; mas que, apesar de tudo, a gente se sente feliz ao encontrá-la, pois sem o hábito e reduzido a seus próprios meios, seria nosso espírito impotente para tornar habitável qualquer aposento.*
>
> MARCEL PROUST, No Caminho de Swann

> *Me desculpem as grandes perguntas pelas respostas*
>   *pequenas.*
> *Verdade, não me dê excessiva atenção.*
>
> WISLAWA SZYMBORSKA, "Sob uma estrela pequenina"

1. O "MAGNÍFICO SONHO" DE UM PAI

Começo trazendo a interpretação de um sonho segundo uma visão clássica da psicanálise. Na ópera *La Cenerentola*, de Rossini (1792-1868), há uma passagem em que o padrasto de Cinderela está dormindo e, de repente, é acordado pela algazarra das duas filhas. (Aqui não temos a madrasta da história tradicional.) Furioso, Don Magnifico ordena que as filhas façam silêncio, pois ele precisa "meditar" sobre o "magnífico sonho" que elas interromperam. Cantando sua ária, a personagem conta que estava montada num portentoso asno e, num átimo, cresceram duas asas no animal. O asno alça voo com toda a facilidade e vai parar no alto de um campanário. Nessa hora, os sinos começam a bater em grande efusão – em estado maníaco, diríamos –, e pronto, termina a produção onírica do pai, que justo aí é despertado pela maldita barulheira das filhas. Don Magnifico passa então a "explicar o símbolo desse sonho tão emaranhado". A alegria dos

---

SOBRE ESTE TEXTO: Trabalho apresentado originalmente no Primer Encuentro de Psicoanalistas de Lengua Castellana: Vigencia y Actualidad del Método Psicoanalítico, realizado em Madri de 3 a 5 de fevereiro de 2012.

sinos anuncia festa em casa. As duas asas são as duas filhas, que farão um ótimo casamento e chegarão às alturas do campanário, ao topo da aristocracia. O voo significa isto: "Adeus, plebe!" Resta explicar o asno. "Ora", diz Don Magnifico, "o asno sou eu!" O asno é o genitor, que, nas asas das filhas muito bem casadas, poderá dar adeus ao reino da necessidade.

Embora *La Cenerentola* tenha estreado em 1817 – quase um século antes de Freud publicar *A Interpretação dos Sonhos* –, nenhum de nós teria dificuldade em endossar a autoanálise de Don Magnifico. Com isso quero dizer que, como em todos os campos de atuação, no nosso também há uma zona de conforto. Costumo fazer uma blague: interpretar um sonho é como chutar a bola que está pingando na pequena área. O mistério é *como* a bola foi parar ali. Os sonhos são como os gols que passam na televisão no fim de semana. Quem vê os gols da rodada vê uma série de êxitos, de totalizações. Contudo, no futebol, como na psicanálise, a regra é o erro. O acerto é apenas uma eventualidade. O mistério está no jogo, no processo de elaboração. Classicamente, a psicanálise propõe os sonhos como uma totalidade cujo sentido é passível de apreensão. No interior da metáfora que os recobre, há uma verdade que nos habituamos a desvendar. O desafio permanente que enfrentamos no cotidiano da clínica é, a meu ver, abrir mão de repousar no sentido para acolher o caos de que são feitos os sonhos.

Nosso espírito sofre e caminha para tornar habitável a circunstância que lhe cabe viver. A esse trajeto e a essa construção, podemos chamar história, um acervo de cultura que atravessa as gerações e permite que a vida coletiva aconteça. Porém, quando se trata de habitar a nós mesmos, um problema incontornável se apresenta: de que maneira nos tornamos nossa própria casa em face do estranho do mundo e em meio ao estranho que nos desafia a partir do nosso próprio corpo, com nossas necessidades, desejos e anseios? E em seguida: por que, ao finalmente tornar habitável um aposento, nós o abandonaríamos em busca de outro? Talvez não tenhamos alternativa, pois não acordamos do mesmo modo como fomos dormir. Eu mesmo, quando foi que acordei idoso? Necessitamos renovar nosso acervo para fazer frente à nova idade. O pensamento necessita de novas criações. Necessita criar novos aposentos em que possa habitar.

Nosso espírito se insurge contra a ideia de caos. A religião e o Iluminismo pretenderam domá-lo, ou melhor, ofereceram-nos a possibilidade de viver num mundo de sentido, ainda que sempre sob a ameaça de irrupção do indesejável caos. Entretanto, quando esses dois caminhos já não têm prestígio assegurado, melhor seria pensarmos que é no caos que de fato vivemos, sendo o sentido apenas um pequeno oásis e havendo ainda a circunstância de que, para garantir sua permanência, somos condenados a jamais sair desse minúsculo e efêmero território. Procuramos o infinito do mesmo modo que fugimos dele, mas ele nos espreita a cada momento com a inevitável experiência de angústia que gera em nós. O que chamamos de personalidade é também uma tentativa de nos fixarmos na pequena ilha por onde estamos dispostos a trafegar no decurso de uma vida.

Também assim é a compulsão à repetição de Freud. Ela nos faz lembrar do traumático na vida cotidiana. O trauma é a regra, enquanto a elaboração e a memória são como que ilhas de descanso provisório. Vivemos em prisões de sentido adquirido e tememos morrer se abandonarmos o cárcere. Os prisioneiros dos campos nazistas corriam risco de morte caso se alimentassem no imediato momento de sua libertação. Ou a liberdade deve ser proposta em quantidades homeopáticas, ou, então, deixar um cárcere implicará construir algum outro cuja evidência tentaremos ignorar.

Estou lidando aqui com a ideia de caos da socióloga polonesa Elzbieta Tarkowska, tal como citada por Bauman em *Vida em Fragmentos*: "A ideia de caos [...] diz respeito a um determinado estado, um estado primitivo que precede a criação, um estado marcado por fluidez, ausência de forma, indeterminação, indiferenciação, uma total confusão de todos elementos." (p. 25) Visto que no estado de caos a mudança é permanente, esse estado soa obscuro, ilegível, imprevisível, tanto para os que dele participam como para os que o observam. Bauman afirma que, mesmo em tempos de "crise paradigmática", o conceito de caos provoca forte resistência entre os que se dedicam aos estudos culturais. Estes preferem identificar na atualidade um simples reordenamento de sentido, considerando o caos uma quebra da norma, um estado de exceção, uma anormalidade – uma

doença, diríamos nós. Nesse caso, diz Bauman, a crise dos tempos deixa de ser abordada em sua radicalidade.

Mas o caos é inerente à condição humana, significa a presença permanente do abismo. É o abismo da morte, da condição sexual do nascimento, da diferença de sexos e da passagem das gerações em sua condição mais básica e primordial. É também o assombro do encontro com a alteridade. No processo de fugir do abismo e do novo, estruturam-se as formas de convívio social, a relação consigo mesmo; estruturam-se a própria linguagem do intercâmbio social e esta imitação de si a que chamamos personalidade.

Na psicanálise, a doença é a repetição. Quando um núcleo de sentido paralisado se move, nossos pacientes se sentem cair não num mar de harmonia, mas no caos do desconhecido ou do estranho. A doença se resolve pela entrada no traumático. Que tristeza quando se configura uma paralisia no ponto de partida! Pior: que tristeza, quando um largo trajeto nos conduz aonde já sabíamos que iríamos chegar! Só abandonamos o hábito quando, como uma roupa que se torna apertada demais, ele nos impede de respirar. Sabemos que esse abandono não se fará sem sofrimento. Talvez nenhuma roupa sirva suficientemente para um novo dia. O novo dia nunca existiu – e não deixa de ser um assombro que tal truísmo mereça ser mencionado. No entanto, atraído pelo inusitado, pelo inédito, nosso espírito procura o além de si. Nos termos de Lévinas, terá sempre um "anseio metafísico" que o fará buscar a alteridade – o infinito.

2. ACERVO ONÍRICO

Tenho dito em diversas ocasiões que, com a psicanálise, não temos uma hermenêutica, uma interpretação de conteúdos que se expressam em determinada linguagem e que devem ser transpostos para outra. Não se trata de traduzir a riqueza figurativa dos sonhos para uma linguagem das palavras, seja conceitual, seja narrativa. Seria uma tautologia – a repetição do mesmo em diferentes formas expressivas –, além de uma impossibilidade, como bem sabem os tradutores, aos quais não resta alternativa senão resignar-se à insuficiência de sua tarefa.

E eles nem se movem em território estranho, pois, em versão escrita ou falada, a tradução opera sempre com idiomas. Imaginemos a tradução da literatura para a música ou da música para as artes plásticas – seria o próprio absurdo, convenhamos.

Com a psicanálise, temos, por exemplo, uma teoria da construção do pensamento, como quer Bion, ou da superação do traumático, como propõe Laplanche. Nos termos freudianos, sobretudo na segunda tópica, diríamos: onde ainda não há o espírito, que este possa existir; onde havia o informe, que possa haver forma e, portanto, conteúdo. Não somos intérpretes do sonho. Somos, com pleno direito, participantes da criação dos sonhos. Essa é a nossa tarefa. Aí o método e, portanto, a técnica.

O filósofo Vladimir Safatle, num artigo intitulado "Theodor Adorno, a Unidade de Uma Experiência Filosófica Plural", afirma que os múltiplos campos de reflexão de Adorno – cultura, sociologia, estética, política e psicanálise – encontram unidade e expressividade em sua teorização musical, inspirada pelo choque que representou a obra de Schönberg (1874-1951), Webern (1883-1945) e Alban Berg (1885-1935), membros da chamada *segunda escola de Viena*. Por que a música? Porque, diz Safatle, Adorno considerava a história das formas musicais uma área privilegiada, não obstante esquecida, da história da razão. Safatle volta à *República* e sublinha que, segundo Platão, a música se assenta fundamentalmente sobre critérios de organização, razão pela qual a uma mudança nos gêneros musicais corresponde sempre uma mudança nas leis que regem a cidade. Temos aí a matriz da ligação entre os estudos sociopolíticos e culturais e as reflexões sobre o discurso musical.

Em seu curto artigo, Safatle afirma que toda escola filosófica é uma resposta a uma questão particular, a uma situação histórica que pede resposta. Apoiando-se em Deleuze, afirma que o verdadeiro pensamento é sempre solidário com um acontecimento que nos força a pensar, com algo que tem o poder de nos tirar do solo seguro do senso comum, levando-nos ao confronto com aquilo que não se submete aos esquemas e categorias da nossa linguagem ordinária. "Não seria difícil mostrar que essa concepção do pensar como resposta ao choque do acontecimento", escreve Safatle, "está na raiz da experiência intelectual adorniana" (p. 161). Ele prossegue:

[para Adorno] a verdadeira experiência (e que não poderia deixar de dizer respeito também a toda experiência *filosófica* verdadeira) é aquela do sobrevivente, desse que se expõe mais audaciosamente a alguma forma de ameaça. Experiência daquele que, "ainda sob grande emoção, mas ao mesmo tempo tranquilizado", pode retomar seu sono porque sabe que este não será mais fundado sob o esforço obsessivo em tentar calar um saber [que] nos seria insuportável assumir. (p. 163)

O texto de Safatle nos ajuda a refletir sobre a teoria psicanalítica, que vê o pensamento como originário da exigência traumática, do excesso que se abate sobre a tradição, sobre as memórias, sobre o estabelecido, criando-se assim um elemento onírico que serve de receptor para a experiência vivida. Mediante a criação de um acervo onírico, pode-se oferecer acolhida às novas experiências, dando-lhes forma e, por conseguinte, descanso e trânsito; pode-se atenuar o choque do novo, dando-lhe lugar entre as memórias da existência de quem as recebe. O excesso advém do mundo ou do corpo de quem é chamado a pensar, ou melhor, chamado a sonhar. Creio ser essa a tradição freudiana. Tomando a produção onírica como predecessora do pensamento filosófico, lembro Otto Rank, que dizia que a arte é o sonho da humanidade. A arte, nesse contexto, precede o pensamento conceitual discursivo.

A música lida com critérios de organização racional daquilo que é natureza e expressa funções intencionais do sujeito. (Caberia aqui trazer a reflexão de Freud sobre as relações entre natureza e cultura, mas deixo para outro momento.) Um eu deve tomar decisões a respeito de identidade e diferença entre elementos, a respeito de consonância e dissonância; deve decidir sobre relações entre som e ruído, sobre o que é necessário e o que é contingente, sobre acontecimento e desenvolvimento. A forma musical se produz com base em decisões sobre a relação entre razão e natureza – ou seja, como mimese das leis naturais, ou como plano autônomo do que se afirma contra toda ilusão de naturalidade – e com base nos modos de apreensão intuitiva de espaço e tempo. A música refletirá o estatuto do sujeito e seu modo de pensar. Refletirá também a relação entre o que produz o estímulo e quem o recebe – embrionariamente, ela problematiza as formas da relação.

Acredito que essa compreensão autoriza a tentativa de usar a música para metaforizar e alegorizar o método psicanalítico e, assim, esboçar um "modelo musical" para a nossa escuta.

Nesta aproximação que quero propor entre a psicanálise e a chamada música erudita, uma obra em particular terá destaque: a última sonata de Beethoven, de n. 32, opus 111, composta nos anos de 1821 e 1822. Minha principal referência teórica virá do romance *Dr. Fausto*, de Thomas Mann, no qual uma personagem faz uma conferência sobre essa peça. Ocorre que o verdadeiro autor da conferência é Adorno, que, para melhor explicar suas ideias ao público, costumava dar exemplos musicais tocando ele mesmo ao piano. A própria descrição da personagem, o professor Kretzschmar, corresponde à figura de Adorno. Em carta de 1945 ao filósofo, então exilado nos Estados Unidos, Thomas Mann explica que usou esse expediente ficcional porque não caberia citar diretamente um teórico no corpo de um romance; com essa carta, queria registrar para a posteridade – se é que haveria posteridade, sublinha – de quem era a autoria de todas as reflexões sobre música que apareciam no livro.

Antes de passar ao relato que usarei como referência clínica nesta aproximação, será útil esclarecer o significado de dois termos da teoria da música: um *tema* é o material sonoro a partir do qual se organiza uma obra, ou parte dela; a *variação* é uma forma de expor esse tema sucessivas vezes, de tal modo que a cada repetição ou reiteração ele pareça novo. A *Quinta Sinfonia* de Beethoven começa com quatro notas que estão no ouvido de todo mundo e que se tornaram sinônimo musical de mistério, de suspense. Quando ouvimos aquele *Tã-tã-tã-tã...*, pensamos automaticamente: "E agora? O que será que vem pela frente?" Organizadas na sequência e no ritmo determinado por Beethoven, essas quatro notas constituem um *tema* que reaparecerá com diferentes roupagens ao longo da sinfonia. "Nos séculos XVIII e XIX", diz o *Dicionário Grove de Música*, "o tema era geralmente apresentado em primeiro lugar, seguido por um certo número de variações – daí a expressão *tema e variações*". Adiante.

3. UM TEMA PSÍQUICO E SUAS VARIAÇÕES

H. tem aproximadamente cinquenta anos. É um homem culto, versado em literatura e música. Aliás, literatura é a área em que trabalha. Tem filhos adolescentes que no momento estão estudando fora. Atualmente mora numa casa de sua propriedade, sozinho, e com uma satisfação especial (algo de que já falou extensamente). Está no oitavo ano de análise, com quatro sessões semanais. Antes de começar o trabalho comigo, havia feito outras análises e terapias de orientação psicanalítica freudiana ou junguiana, tendo estado em tratamento praticamente desde a adolescência.

O que se poderia contar dessa análise que não tem fim? É difícil, para mim, avaliar a utilidade e os resultados desses processos, e aqui não pretendo nem "justificar" o caso nem tentar explicá-lo em sua psicopatologia. A bem dizer, nem mesmo um resumo será possível. Meu objetivo é relatar certos momentos da análise submetendo-os àquele modo particular de organização musical – o do *tema e variações* – e chamar a atenção para a possibilidade que tem a música de contribuir com a nossa escuta na clínica.

Fui procurado por H. não para uma análise. Ele estava escrevendo um livro a respeito de determinada situação violenta e ouvira falar que eu vinha desenvolvendo reflexões sobre o assunto. Conversamos sobre o tema teoricamente, e ele então me pediu que lesse o seu livro. Pareceu-me mais uma reportagem do que uma obra literária. Depois de ouvir minhas considerações, H. perguntou se ele não estaria exagerando, se não havia sido demasiadamente romântico ou barroco no final do livro, ao fazer referências musicais para dar forma às suas emoções. Essa parte resumia-se a algumas páginas, e era apenas ali, justamente, que eu havia sentido uma presença mais pessoal no relato. Conversamos sobre isso por dois encontros e terminei por fazer algo que jamais havia feito: convidei-o para se analisar comigo. Insisti, inclusive. H. aceitou, e me pareceu que desde o princípio esperava pelo convite, o qual já era uma interpretação em performance. Meu convite não atendia a um desejo meu, mas correspondia, sim, a uma compreensão que seria retomada com frequência ao longo ao longo das nossas sessões.

Passou-se muito tempo antes de eu me dar conta de que já estava aí, sob a forma desse início de análise, um tema central

do trabalho analítico com H. Eis o que custei a perceber como *tema*: H. cultiva a crença básica de que não tem lugar e de que qualquer pedido, reivindicação ou desejo seu seriam em vão. Ele não seria atendido. Quando muito, surge a oportunidade de aceder ao desejo alheio. Seus próprios projetos lhe parecem irrelevantes ou passíveis de pesadas críticas.

Listo algumas *variações* que reproduzem a estrutura desse tema: a) O casamento fracassado, no qual H. escolheu uma mulher por quem não se sentia atraído, tendo experimentado grande angústia na época em que estava para se casar. b) A análise anterior, interrompida por uma compreensão equivocada da analista, que, diante da profusão de sonhos trazidos por H., disse-lhe que não se deixaria seduzir por ele. c) Um caso extraconjugal a que deu grande importância, com um homem casado – foi quando admitiu para si mesmo a sua homossexualidade –, no qual aceitava a presença de múltiplos participantes. Engenhosamente, ao encerrar esse relacionamento, H. passou a se referir a ele de forma jocosa, divertida, tratando tudo aquilo como historinha de crianças. d) Sonhos repetitivos nos quais, sem saber como, ia parar em lugares pobres, estranhos e periféricos da cidade, sempre com grande angústia. e) O conceito invertido de ser ele o pobre da família, enquanto os primos, com evidências de patologia e pobreza psíquicas, eram tratados como os ricos do círculo familiar. f) A referência constante a uma avó humilde com quem se sentia confortável e identificado com seu engenho doméstico. Etc.

Observo que somente aqui esses relatos tomaram a forma de tema e variações. No decorrer da análise, eles se inseriam numa rede associativa e interpretativa que podia oscilar ao sabor dos movimentos de H. na sessão – as oscilações do sentido são uma prerrogativa da prática cotidiana.

Ao iniciar a análise, passamos por um largo período de transferência idealizada. H. teve de fazer algumas restrições em seu estilo de vida para arcar com o compromisso financeiro; pessoas de seu círculo de amizades surpreendiam-se ao saber que estava numa análise de alta frequência. As situações relatadas eram abordadas em seu contexto transferencial e estruturaram a linguagem com a qual H. se comunicava comigo. Às vezes ele trazia trechos musicais que tocávamos num gravador e comentávamos em seguida. Foi fundamental que eu

tivesse certa educação musical; servia não só à comunicação, mas também como veículo de fantasias fusionais que também continham grande carga comunicativa.

Nesse período, H. costumava pôr seu modo de ser sob suspeita, tal como nas primeiras conversas acerca de seu livro. Reagia energicamente a cada incompreensão minha, chegando a estados de grande desalento e desespero. Deixava de ter lugar no universo – e restabelecer a confiança demandava tempo e esforço. (Registro que, quando criança, ao redor dos três anos, H. arrancava os próprios cabelos, o que resultou em alopecia severa e levou os pais a procurar ajuda.) Nessas fases, a relação comigo se tornava o que havia de mais eloquente em sua vida e, portanto, também na análise. Posso mesmo dizer que, ao longo dos primeiros quatro anos, sua vida girou ao redor dos acontecimentos da relação analítica. Ainda assim, H. tomou posse mais amplamente de seus próprios recursos, inclusive materiais, tendo encerrado a relação amorosa com a parceira e feito progressos no campo profissional.

Quando esse primeiro período de transferência havia se elaborado e H. estabelecera uma relação mais tranquila comigo e consigo mesmo, ele me surpreendeu com novos assuntos e uma forma nova de estar no mundo. Parou de trazer sonhos, os quais costumavam ser abundantes e ricos, de uma qualidade que permitia amplo trabalho de interpretação. H. já não se mostrava acessível a uma conversa interpretativa, não se interessava mais por escrutinar seus estados mentais. Passou a sofrer de dores fortes pelo corpo, e os médicos que procurou diagnosticaram fibromialgia. Tomou medicamentos psicotrópicos.

Assim transcorreram muitos meses. Tratei esse momento como a passagem do costume, do hábito, dito neurótico, para um viver inédito e, portanto, traumático. Eu, que nessa análise me tomava por um profissional competente, ficava no ar a maior parte do tempo, perplexo, lutando para sobreviver como analista e para tentar preservar nosso trabalho. Cresceu em mim a convicção de que, quando uma situação neurótica se elabora – ou, para dizer como Freud, quando já não sofremos de reminiscências –, o que sobrevém não é o repouso na saúde, pois, sem a tradição das reminiscências, caímos no traumático da vivência cotidiana.

Em Proust, nas páginas iniciais de *Em Busca do Tempo Perdido*, há uma passagem que nos faz ver, à perfeição, até que

ponto viver o dia a dia pode ser traumático. Ali, em parágrafos e parágrafos que se sucedem longamente, acompanhamos os inúmeros acontecimentos que o espírito tem de produzir para que se realize a simples passagem da vigília para o sono e também, em sentido contrário, a passagem do reino dos sonhos para o estado aparentemente simples de estar acordado. É extraordinária a complexidade de imagens que geramos em nós ao viver essas situações tão elementares. Lembro também que Proust tinha o costume de escrever deitado, entre inúmeros travesseiros, e que ao se banhar levava consigo várias toalhas de diferentes texturas.

Registro uma mudança de hábito que me ocorreu no exercício da clínica. No início, costumava fazer um breve intervalo entre cada atendimento. Descansava, conversava com um colega, fazia algum telefonema ou simplesmente dava um tempo. Aos poucos, entretanto, percebi que a passagem do estado de atenção flutuante para o senso comum requeria um grande esforço. Eu me sentia como um mergulhador que a cada momento sobe à superfície e em seguida volta ao fundo do mar. Abandonei então os intervalos, e é assim que trabalho até hoje. Sinto-me mais à vontade com o trânsito de um paciente a outro do que com as alternâncias do meu próprio estado de espírito.

Voltando a H., ele vinha elaborando a angústia desencadeada por um "acontecimento catastrófico" relacionado à sua mãe. Durante meses, elaboramos a ideia de que essa angústia se ligava ao fato de H. não ter instrumentos para ajudá-la. A mãe, na verdade, jamais lhe dera espaço para tal. Na percepção de H., enquanto seus irmãos e irmãs eram objeto da atenção materna, ele era mantido como um ser à parte, indigno de receber atenção. A hipótese dessa mãe que só se relacionava de uma posição onde era a única a fornecer implicava a exclusão de H., isto é, H. não via lugar para sua própria competência, para seu engenho, seu bom senso. É nesse quadro que se dava a identificação com a potência da avó, o que invertia o conceito desvalorizado que H. tinha de si e o instrumentalizava para pensar não só a angústia associada à decadência materna, mas vários aspectos da relação transferencial comigo.

Trabalhamos de maneira tranquila e fértil nesse período de elaborações. Porém, mais uma vez, e novamente para minha

surpresa, instala-se um quadro psicossomático de dores gástricas muito intensas, de dificuldade para conversar e nenhuma abertura para esquadrinhar o inconsciente.

Passo a narrar uma das sessões da análise de H., a segunda da semana. Logo ao chegar, ele diz que está um pouco melhor das dores; também está mais tranquilo. Insisto no que vinha lhe dizendo sobre a passagem das reminiscências para o traumático, e ele volta a classificar sua dor como "monstruosa". A associação me lembra a versão cinematográfica de Joseph Losey da ópera *Don Giovanni*, de Mozart. Na abertura, há uma citação famosa de Gramsci que diz algo assim: o velho mundo agoniza e o novo ainda não nasceu; nesse claro-escuro, surgem os monstros. Don Giovanni é um monstro gerado na passagem do feudalismo para a sociedade capitalista. É numa transição que se apresenta o "monstruoso" estado mental de H.

Não me lembro exatamente como, mas a conversa se desloca para um filme de Almodóvar, *A Pele Que Habito*, e para a monstruosidade que se cria ali. Comento que saí do cinema pensando: para que fazer um filme assim? Agora, contudo, na nossa conversa, o filme me parecia genial, por abordar o monstruoso na transição que testemunhamos hoje no mundo. O clima da sessão se altera. Do estado de dor, H. passa a uma fala reflexiva. Conta que se sentiu muito desconfortável na cena final do filme, quando o filho que teve o sexo trocado não é reconhecido pela mãe; é como se ele não existisse e não tivesse lugar. (Observo que estamos aqui em mais uma variação do tema que se apresentou nos nossos primeiros encontros.)

Digo-lhe então que ele está de volta às suas memórias e que estas lhe dão a sensação de ter apreendido objetivamente a realidade representada no filme; ele demonstrara plena convicção quanto ao sentido que atribuiu à cena. Em seguida, digo que entendi de outra maneira o final. Se a personagem de fato não é reconhecida pela mãe, é reconhecida, de outro lado, por uma mulher homossexual pela qual era apaixonada enquanto homem. Almodóvar, simpaticamente, encerrara a trama mostrando que o amor impossível havia se tornado possível. Digo-lhe ainda que, para ele, H., valeria a pena considerar o seguinte: se, de um lado, ele de fato não obterá o reconhecimento de sua mãe, de outro a mãe não é o mundo e nada impede que ele

encontre reconhecimento em amores do presente. Apenas para uma criança pequena os pais são o mundo, e isso permanece, seja como memória, seja como alicerce da construção da pessoa.

Acabo de sair de uma sessão com H. e quero relatar mais uma variação do mesmo tema. H. mudou de função no trabalho, o que nos obriga a um complicado exercício de remanejamento de horários. As sessões da manhã terão de passar para o final da tarde. Mas H. não me pede novos horários; diz apenas que precisará diminuir o número de sessões semanais.

Ele chega ao consultório reclamando do trânsito da tarde e o modo como fala sugere que desistirá do nosso trabalho. Está de bom humor. Suas primeiras associações fazem referência ao naufrágio do *Costa Concordia*. Ambos rimos do capitão do navio. Em tom de blague, H. diz que não há registro de herói de guerra italiano. Impressionado com o diálogo entre o comandante fujão e o capitão em terra, destaca o momento em que este ordena: "Volte para o navio, *cazzo*!" Resposta: "Não dá, está muito escuro..." É uma boa representação do conflito de que trato nesta reflexão.

Quando aponto a H. seu tom de desistência, quando comento que ele deu a entender que já está bem assim, que não necessita mais da análise, ocorre uma transformação profunda no clima da sessão. H. passa o resto do tempo falando dos impasses de seu trabalho e das pessoas que o desgostam. Não se deixa interromper, e em dado momento diz que, se for o caso, larga o trabalho que atrapalha a análise. Isso é dito em meio a uma enxurrada de associações, H. quase não se dá conta, é simplesmente um elemento a mais no jorro de sua fala. Digo-lhe apenas que nunca o tinha visto reclamar de ninguém e que não conhecia aquele seu tom de indignação. Na saída, ele pede para confirmar o horário do dia seguinte.

4. PROJETOS EM CONFLITO

Em sua conferência sobre a "Sonata n. 32" de Beethoven, o professor Kretzschmar, *alter ego* de Adorno no *Dr. Fausto*, pergunta por que razão, contrariando o esquema tradicional das sonatas,

esta tem apenas dois movimentos e não três. A resposta nos propõe uma tese muito interessante. Segundo Kretzschmar/Adorno, Beethoven não compôs o terceiro movimento porque, sendo tão extraordinário o que havia feito com um tema e variações no segundo, simplesmente não havia mais o que compor! No segundo movimento, Beethoven levara a forma sonata ao seu ponto máximo, ele a esgotara.

A forma sonata apresenta classicamente dois temas que estão em contradição e que se desenvolvem para chegar a uma síntese. A contradição, no caso, significa que um dos temas se constrói sobre uma nota que chamamos de tônica e o outro sobre uma nota chamada dominante. A elaboração dos temas conduzirá a uma finalização que, segundo a lógica sonora do sistema tonal – aquele que incorporamos como padrão da música no Ocidente –, representa um ponto de tranquilidade, de repouso. Por familiaridade cultural com o tonalismo, sentimo-nos permanentemente em território conhecido e identificamos o momento em que a estrutura se completa. Ela faz sentido para nós. Temos a sensação de tarefa cumprida e podemos comemorar. Sabemos quando é hora de aplaudir. Estamos no hábito, na tradição – e, de fato, costumamos bater palmas quando *reconhecemos* alguma coisa, não quando a *conhecemos*.

Traçando um paralelo com a psicanálise, temos o sonho como produto de dois projetos em conflito: o desejo e a proibição do desejo. Na medida em que o sonho pode se realizar, há um afastamento do ponto de partida, do conteúdo oculto; a elaboração deve levar a um ponto que é diferente das duas premissas, mas que as contém em descanso. No modo clássico de interpretação, basicamente, fazendo-se o caminho inverso da elaboração, chega-se ao desejo, ou à sua proibição, ou aos dois elementos. Também aqui, portanto, lidamos com uma estrutura de totalidade.

O que faz Beethoven na "Sonata n. 32"? No segundo movimento, ele trabalha um tema bem simples, banal mesmo. É uma melodia que se apresenta em dó maior, a tonalidade mais básica, e que só modula (isto é, muda de tom) uma única vez. Depois que essa melodia se repete em uma primeira variação, aparece o segundo tema, também muito simples. Há outra variação do primeiro tema, e vem então o segundo tema na segunda variação.

Nesse trajeto, o movimento rítmico vai se radicalizando, a tal ponto que, na terceira variação, nós temos a nítida impressão de estar ouvindo um *boogie-woogie* – e isso em 1822! A radicalização prossegue ao longo das variações seguintes. A fórmula rítmica vai se desintegrando, não se sabe onde começa e onde termina o compasso, não se sabe onde é tempo forte, onde é fraco, onde é meio forte, e enquanto isso a base melódica vai igualmente se desfazendo, não se consegue acompanhá-la, não se sabe que caminho tomará, tudo se torna cada vez mais rarefeito, mais volátil, mais abstrato… A forma quase se perde. É como se a sonata dissesse: "Olhe, chegamos até onde era possível, ao ponto máximo onde ainda podemos dizer em que lugar nós estamos."

É o ápice e, ao mesmo tempo, o fim da forma sonata. A música pedirá outras maneiras de ser pensada. Quando não sabemos mais onde estamos, está dada a necessidade de buscar um novo terreno por onde possamos transitar. Note-se que as principais teorizações sobre a forma sonata são de meados do século XIX, de um momento em que já não se escrevem sonatas clássicas. Brahms foi bastante criticado justamente por permanecer com essa estrutura, e isso, por exemplo, quando Wagner já tratava o sistema tonal muito mais como um cromatismo, com as sucessivas mudanças de tonalidade estruturando um caminho sonoro.

De todo modo, aqui ainda estamos em casa. Por mais que na última sonata a elaboração de um tema perfeitamente singelo nos leve às alturas, a lugares que não imaginávamos, sabemos que a terra continua lá embaixo, pois Beethoven tem a disciplina da forma absoluta. Estamos no interior de uma estrutura de sentido conhecido – ainda que perturbador.

Um ouvinte habitual da música do século XIX apreciará o trabalho intelectual que se oculta sob a complexa elaboração de um tema. Com a música do século XIX para trás, "música de museu", como a chamo, podemos ter uma sensação de fruição e prazer. Muito diferente é o que nos traz o século XX, uma música que requer do ouvinte alguma educação musical e da qual ainda hoje não nos aproximamos espontaneamente. Stravinsky (1882-1971) passa por cima de todos os padrões rítmicos, e, com a segunda escola de Viena – Schönberg, Webern e Alban

Berg –, desaparece o chão representado pela tonalidade. Sem aquele dó maior que Beethoven tornou tão exuberante, é quase como se a música deixasse de existir para os nossos ouvidos, que perdem seus pontos de referência mais elementares.

Radicalizando o que estava implícito no segundo movimento da "Sonata n. 32", a música agora nos priva da possibilidade de reconhecimento. Com o dodecafonismo, não sabemos mais quando é hora de aplaudir. Não identificamos na obra nenhum sinal de que ela terminou. Às vezes não sabemos se começou. Avançando no século, teremos fenômenos auditivos que nos parecerão feitos de barulho, não de sons musicais. Na música aleatória desenvolvida por Pierre Boulez (1925-2016) na década de 1950, o acaso se torna elemento de composição e é incorporado à partitura, que instruirá os intérpretes a improvisar a cada execução. Teremos eventos performáticos sobre os quais diremos categoricamente: "Isso não é música!" Em 1952 o americano John Cage (1912-1992) compõe *4'33*, peça em que o intérprete sobe ao palco e, ao longo de 4 minutos e 33 segundos, não toca nada. Espera-se que o ouvinte ouça o ruído e o silêncio da plateia.

O rompimento com a tradição tonal, aponta Adorno, trará um modo completamente novo de conceber a música, em correspondência com um mundo no qual as certezas se esfacelam. A música espelhará a radicalização das contradições no interior das estruturas sociais. É a experiência do choque.

Precisamos ter sempre em mente: também a prática analítica e a teorização acerca do inconsciente constituem um momento de choque na história da razão. E, como diz Adorno numa passagem célebre da *Dialética do Esclarecimento*, a propósito do episódio de Ulisses e as sereias na *Odisseia*, o verdadeiro pensamento é uma aproximação arriscada com o que parece ter a força de nos destruir, de destruir uma certa imagem do que o homem é.

5. ENTRE O HÁBITO E O NOVO

Tenho me perguntado se às vezes não nos mostramos demasiadamente apegados às nossas tradições, aos nossos clássicos. Nós nos defrontamos hoje com estruturas patológicas que não

ganharam simbolização na linguagem de uso comum. Encontramos um anoréxico e ele não tem discurso. Encontramos um obeso mórbido e ele não tem discurso. Encontramos uma pessoa que se corta, que se automutila, e ela não tem discurso. São retratos de um ambiente que parece sob contínuo choque, de um ambiente de rarefação do significado, de esgarçamento do sentido, onde aparentemente tudo está por construir e por interpretar.

Beethoven foi genial porque o que ele fez levou cem anos para entranhar o espírito da música e se tornar música em si, uma música sem figuração, sem o sentido abarcado. Em alguns momentos da história, diz Walter Benjamin em sua teoria da forma alegórica, vislumbramos uma centelha, uma fulguração, no presente, de certas coisas que correspondem ao passado e que apontam para o futuro. Já tive oportunidade de mostrar a alegoria como uma figura importante para a psicanálise. À parte a condensação e o deslocamento, acompanhamos processos de simbolização em que múltiplos elementos concretos se juntam no significado, mas sem necessariamente se congelar numa dada posição. Essa estrutura alegórica se movimenta como uma "constelação de sentidos", para usar a expressão de Adorno. A última sonata de Beethoven nos ensina a ver e ouvir como um tema pode se movimentar. Quantas vezes e de quantas maneiras já compreendi o que é transferência, ou o que é recalcamento, ou o que é *split*? E, a cada vez, minha compreensão se move, se rarefaz, e eu tenho de recriá-la em novo contexto.

Acredito que hoje a questão crucial da clínica e da investigação psicanalítica é compreender onde está o caos e como se constroem ilhas de significado – como se constroem os sonhos. Freud disse num artigo que o futuro da ciência dos sonhos não estaria na interpretação, mas no estudo da elaboração onírica. É o que vemos nos nossos autores mais férteis da atualidade. Vemos em Bion, por exemplo, em André Green, em Laplanche. Trata-se de compreender como se dá a passagem do traumático, do informe, do corporal, para aquilo que é construção do espírito, que se integra ao acervo do sujeito ou se torna memória, com todos os problemas daí decorrentes. Como pano de fundo do trabalho de investigação, temos, permanentemente, a impossibilidade de abarcar o inconsciente e a inevitabilidade do caos.

O tipo de descanso que encontramos numa sonata – o descanso da totalidade, da estrutura que se completa –, sabemos que não vamos encontrar, de maneira nenhuma, nem na vida nem nas análises. É o que as torna rigorosamente intermináveis. Aliás – eis uma eterna questão nossa –, não me lembro de ter dado alta a ninguém. As análises se interromperam ou por fatores externos a elas, tais como falta de disponibilidade econômica, viagens, idade etc., ou por perda de fertilidade, coisa que acontece, pois também a dupla analítica pode passar por uma menopausa espiritual. Então, as análises morrem, mas elas não terminam.

Ouço meu paciente dizer: "Eu tenho uma frustração, eu não tenho lugar." Ele o diz de inúmeras maneiras. Em H. existe, digamos, uma base neurótica, de conteúdos recalcados – cabe, no caso, essa forma clássica. Eu interpreto os conteúdos, as transferências, os sonhos. Para minha surpresa, quando isso é elaborado – "Eu tenho um lugar" –, H. não fica feliz, não fica curado. Ele "enlouquece": desenvolve uma manifestação psicossomática grave, sem ter histórico de episódios desse tipo. H. fica sem discurso, não simboliza. E eu fico solto no ar, não conto com nenhum ponto de apoio, não tenho significados. Porque para mim, que estou amparado na tradição, se há elaboração das memórias, se elas são recuperadas, haverá um bem-estar. Não é o que acontece. H. vai para outro território. Vai para o traumático, que por definição não tem representação, não se deixa apreender numa forma da qual se possa falar. Pelo que escuto de H., as memórias não lhe servem mais. Para meu espanto, essa é uma sonata sem o terceiro movimento.

Insistindo na clássica definição freudiana: os neuróticos sofrem de reminiscências. Se o hábito deixa de existir, eu vou para o traumático, eu não me encaminho para um ideal de saúde. O trabalho com H. seguiu por cerca de dois anos nesse clima rarefeito, até que ilhas de sentido foram novamente se construindo. Caminhamos mais um pouco e, de novo, mais uma vez, nós, por assim dizer, voltamos para trás. Em outro episódio psicossomático, H. passa a sofrer de dores fortíssimas. De minha parte, perplexidade, desconcerto: o conhecimento clássico me abandona nesse momento em que H. parece escolher o informe, o caos. O que é *isso* que se está tocando?

Sem o hábito, diz Proust, entregues a nós mesmos, somos incapazes de "tornar habitável qualquer aposento". Por outro lado, o hábito rapidamente nos aprisiona, não serve para o dia seguinte. Esta é a dinâmica: podemos oscilar insistentemente entre o hábito e o novo. "Vá para o navio!" "Não posso…" "*Vada a bordo, cazzo!*" "Não, está escuro…" Meu paciente falou muito sobre esse trecho do diálogo entre os dois capitães, divertiu-se com esse medo do escuro.

Penso numa analogia que nesse momento, *mutatis mutandis*, serviria tanto a H. quanto a mim: seria como ordenar a um amante de Bach, Mozart e Beethoven que fosse a um concerto de música dodecafônica – "Vá lá, vá ouvir Schönberg!" Ocorre que, se eu não dispuser de nenhum recurso para ouvir o dodecafonismo, se não tiver nenhuma informação prévia sobre o que me espera, se estiver no escuro, é pouco provável que eu ouça música. Ouvirei possivelmente uma esquisitice, ouvirei como ruídos quase inefáveis o que meu paciente me traz nos seus movimentos psicossomáticos.

Vale repetir: a descoberta do inconsciente representou um choque na história da razão. Um choque, diríamos, cujos efeitos não se interrompem. Inabarcável por definição, o inconsciente está aí, montado no pensamento como dado de apreensão da cultura e, antes disso, como elemento constituinte do sujeito. Por isso – *porque o inconsciente nos desafia em moto contínuo* –, não se pode falar propriamente em *crise* da psicanálise. Nosso objeto de conhecimento obriga o pensamento a estar sempre correndo para alcançá-lo. Se surgem quadros que chamamos de "crise", tenho a impressão de que é justamente quando nos permitimos dar as costas à radicalidade permanente do desafio, julgando suficiente o que já conhecemos ou, pior, julgando possível esgotar o que há por conhecer.

O inconsciente é infinito. Na clínica, encarnado em cada sujeito que se põe diante de nós, ele nos força cotidianamente a tomar posição: ou o acolho tal como é – outro, eterno estrangeiro – ou cometo a violência de assimilá-lo a mim. Ou permito que sua perene alteridade me choque, que me traumatize a cada vez, ou repouso na ilusão de que a desvendei.

O primado da ética, nos termos de Lévinas, oferece-nos um único caminho. A música tem me ajudado no esforço cotidiano para trilhá-lo, e gostaria de concluir lembrando que ela é uma arte cujo modo de realização no tempo representa uma afinidade importante com o nosso *métier*, no qual estamos mais acostumados a nos referir às artes visuais, à literatura, à poesia. A cada vez que um intérprete sobe ao palco, produz-se um acontecimento único. Prosaicamente, é assim também para nós a cada vez que recebemos um paciente. Creio que ter consciência dessa fugacidade também nos ajuda a cumprir nosso papel na dupla analítica, como se sempre lembrássemos que cada sessão é infinitamente uma primeira vez.

REFERÊNCIAS

ADORNO, Theodor W. *Filosofia da Nova Música*. Trad. Magda França Lopes. São Paulo: Perspectiva, 1974.
ADORNO, Theodor W.; HORKHEIMER, M. *Dialética do Esclarecimento: Fragmentos Filosóficos*. Trad. bras. Guido Antônio de Almeida. 2. ed. Rio de Janeiro: Jorge Zahar, 1986.
BAUMAN, Zigmunt. *Vida em Fragmentos: Sobre a Ética Pós-Moderna*. Trad. Alexandre Werneck. Rio de Janeiro: Zahar, 2011.
BENJAMIN, Walter. O Narrador: Considerações Sobre a Obra de Nikolai Leskov. In: *Walter Benjamin: Obras Escolhidas. V. 1. Magia e Técnica, Arte e Política. Ensaios Sobre Literatura e História da Cultura*. Prefácio de Jeanne Marie Gagnebin. Trad. Sérgio Paulo Rouanet. São Paulo: Brasiliense, 1987.
LÉVINAS, Emmanuel. *Totalidade e Infinito: Ensaio Sobre a Exterioridade*. Trad. José Pinto Ribeiro. Lisboa: Edições 70, 1988.
_____. *Ethique et infini: Dialogues avec Philippe Nemo*. Paris: Fayard, 1984.
MANN, Thomas. *Dr. Fausto*. Trad. Herbert Caro. Rio de Janeiro: Nova Fronteira, 2000.
NOSEK, Leopold. Corpo e Infinito: Notas Para Uma Teoria da Genitalidade. *Revista Brasileira de Psicanálise*, v. 43, n. 2, 2009.
_____. Anxiety and Allegorical Narrative: Notes on the Construction of Meanings in Analysis. *Bulletin EPF* (European Psychoanalysis Federation), n.65, p. 166-174, 2011
PROUST, Marcel. *Em Busca do Tempo Perdido, v. 1: No Caminho de Swann*. Trad. Mário Quintana. São Paulo: Globo, 1981.
SAFATLE, Vladimir P. "Theodor Adorno: A Unidade de Uma Experiência Filosófica Plural". In: ALMEIDA, Jorge de; BADER, Wolfgang (orgs.). *Pensamento Alemão no Século XX: Grandes Protagonistas e Recepção das Obras no Brasil*. v. 1. São Paulo: Cosac Naify/Goethe Institut, 2009.

5. Psicanálise
   e Arte Contemporânea

1. INTRODUÇÃO: ONDE HAVIA O CONSCIENTE, QUE POSSA HAVER O INCONSCIENTE

Entre os dois termos propostos desta discussão, há uma tensão inerente que se manifesta como um fracasso em nossas tentativas de diálogo interdisciplinar. Não ficamos satisfeitos quando textos originários do campo da estética abordam a psicanálise. Em sua grande maioria, eles nos parecem demasiado simples, alheios aos meandros clínicos com os quais nos defrontamos e mesmo conceitualmente ingênuos. Desconhecem os desenvolvimentos da literatura psicanalítica e, quando algum autor é citado, trata-se invariavelmente de Freud, como se nada houvesse sido construído depois. Assinalo, como exceção, a obra de Lacan, bastante divulgada nos meios intelectuais.

De outra parte, tampouco nós recebemos sinais de interesse quando tomamos a arte como objeto de reflexão. Os encontros sobre psicanálise e arte costumam ter na plateia apenas

SOBRE ESTE TEXTO: Trabalho apresentado no 47th IPA Congress – Exploring Core Concepts: Sexuality, Dreams and the Unconscious (Explorando Conceitos Centrais: Sexualidade, Sonhos e o Inconsciente), realizado na Cidade do México de 3 a 6 de agosto de 2011.

psicanalistas e profissionais de áreas afins, mesmo se ocorrem em templos da arte carregados de charme, como a Galleria degli Uffizi, em Florença. Não vemos um curador, um galerista, um colecionador entre os presentes, e menos ainda um artista. Nosso discurso explícito parece não atrair os profissionais das artes.

Creio, no entanto, haver entre essas duas esferas uma influência recíproca permanente que passa despercebida na reflexão explícita e que muitas vezes nem chega a ser assumida. Desenvolvimentos tanto nas artes como na psicanálise se esparramam pela nossa vida social, interpenetram-se e criam como que o espírito dos tempos.

Dou um exemplo: Antonio Candido, o decano da crítica literária brasileira, afirmava que nada sabia de psicanálise e que não se interessava por ela, mas ainda assim, num artigo de 1948, ao discutir um poema de T.S. Eliot – *La figlia che piange* (A Filha Que Chora) –, citou Otto Rank, que dizia que a literatura e as artes eram o sonho da humanidade. Essa citação tem tal importância no pensamento de Candido que ele a retomará em 1988, quarenta anos depois, em seu trabalho "O Direito à Literatura".

Não seria impertinente supor que a relutância de Antonio Candido associava-se a uma visão ingênua de uma psicanálise baseada na primeira tópica. Nessa visão, o trabalho analítico consiste em encontrar significados ocultos, pondo em prática uma hermenêutica do tipo "*isto* significa *aquilo*". Nada simplesmente *é*, tudo se refere a uma verdade que está em outra parte. Há uma distinção simplista entre aparência e essência, entre fantasia e verdade. Candido talvez encontrasse a confirmação desses pressupostos entre seus colegas e em amigos psicanalistas, naquilo que estes lhe reportavam sobre a clínica. A teoria literária, como disciplina hermenêutica, não poderia conviver com tais simplificações. Lembremos que até hoje é assim que o leigo encara a nossa prática e que também, de fato – por que não reconhecer? –, em vertentes despreparadas é nesse terreno que ela se desenvolve.

A meu ver, seria diferente se as ideias de Freud que desembocam na segunda tópica fossem mais conhecidas. Nesse ponto da teoria freudiana, o inconsciente não se restringe mais a

conteúdos recalcados; surge o território daquilo que emerge do corporal e das relações no mundo e que fica à espera do que possa lhe dar forma. Na clínica, não somos mais apenas intérpretes; somos também, com pleno direito, construtores. A elaboração do traumático, seja em situações excepcionais, seja na regularidade do cotidiano, adquire proeminência.

Sabemos que essa compreensão se radicaliza a partir dos anos de 1970 e dá origem a novos paradigmas clínicos. Lembro as patologias *borderline*, ou casos-limite, tais como tratados por Didier Anzieu e André Green, e não posso deixar de mencionar a importante revisão que fez Bion da teoria kleiniana, ao criar a grade que distingue a função de comunicação e o nível de abstração presentes numa afirmativa – Bion propõe como se organiza a possibilidade de representação e a possibilidade de pensá-la.

Creio que hoje temos de conceber a psicanálise no âmbito das relações, com grande implicação do analista no campo e, por conseguinte, ênfase na inventividade na atuação clínica. Nossa divisa poderia ser esta: além de intérpretes de sonhos já existentes, somos também criadores de sonhos onde estes estão ausentes. Nosso paradigma clínico clássico sofre uma inflexão radical: onde havia o consciente – o ato –, que possa haver o inconsciente. Ou, dito de outro modo: que possa haver inconsciente recalcado onde havia apenas o inconsciente carente de representação, com suas marcações no corpo ou sob a forma de ações.

Não é o caso de prolongar essas considerações. Meu objetivo aqui é apenas assinalar como são discutíveis tanto a suposta familiaridade imediata entre a psicanálise e as artes como a separação estrita entre elas. De todo modo, o ponto-chave no fracasso das nossas tentativas de diálogo é, a meu ver, o despreparo das partes: o dos profissionais do campo das artes em relação à psicanálise e o nosso despreparo em relação às artes. Em ambos os casos, o que vemos são reflexões de diletantes, variando apenas no grau de entusiasmo.

Embora isso seja evidente e, em consequência, fosse esperada uma certa timidez da nossa parte ao abordar outro campo de conhecimento, essa inibição é bastante rara e, mesmo quando está presente, ocorre menos por respeito ao método e mais por influência de um desejo positivista que parasita nossa disciplina.

A argumentação se desenvolve na clássica divisão entre psicanálise e análise aplicada. Uma se situa como ciência positiva, enquanto a outra é uma ilação sem maiores compromissos. Como observei em outro trabalho ("Psicanálise e Cultura, Naturalmente"), a praxe é tomar a psicanálise como ciência positiva e a arte e a cultura como ornamento necessário para nos elevar um pouco acima da frieza de uma prática supostamente científica. (Adiante voltarei a esse tópico.)

Como dar legitimidade às nossas frequentes incursões ao campo das artes? Versos povoam as epígrafes dos nossos artigos, fazemos citações literárias, propomos analogias com as artes plásticas, com a música, com o teatro. Em outro contexto também ("Angústia e Narrativa Alegórica", supra, p. 31), afirmei que os escritos de Freud sobre temas históricos, antropológicos, da arte e da civilização etc. são notáveis construções alegóricas em torno do inconsciente, seu objeto de estudo, e assim devem ser abordados. No desafio impossível de falar do inconsciente em linguagem consciente, a saída é encontrar construções correspondentes – e, para tanto, não há como prescindir das linguagens e figuras da poética e das diferentes formas e metodologias das artes.

Encontramos uma dessas correspondências no trabalho essencial de Walter Benjamin, particularmente na sua compreensão da alegoria apresentada em *Origem do Drama Barroco Alemão*. Construção concreta, a alegoria pretende figurar a atualidade por meio de fragmentos, de restos do passado filtrados pela melancolia de um narrador que, mirando o passado em ruínas, se deixa arrastar por um apelo do futuro, vislumbrado numa efêmera centelha do presente. Elevada a níveis insuspeitados de abstração, a concretude é acompanhada de um choque perceptivo e emocional. Para Benjamin, essa é a possibilidade de figuração do fragmentário, daquilo que é isento de totalidade, da realidade expressa; é o caminho necessário da arte na contemporaneidade.

A alegoria estará presente em todas as formas de arte contemporânea, em particular na instalação e na performance. Penso ser ela também a forma por excelência da figuração psicanalítica, tal como podemos reconhecer nas obras de Freud ditas de psicanálise aplicada e no cotidiano da clínica.

2. "A ARTE É O SONHO DA HUMANIDADE"

Isso posto, é na condição de observador diletante que estou me referindo à arte contemporânea, com um desconhecimento que desaconselha qualquer veleidade de teorizar sobre a ligação entre esses dois territórios. Meu esforço aqui é bem mais simples: tentarei tomar as artes como modo de figurar o indizível da prática voltada para o inconsciente. Nesta aproximação das artes, o objeto de escrutínio continua a ser a própria psicanálise.

Penso que a psicanálise pode reclamar para si o direito de figurar na assembleia das artes contemporâneas. Aliás, vejo com muita frequência estas duas expressões – "psicanálise contemporânea" e "artes contemporâneas" – e me pergunto se pode existir algo como uma arte ou uma psicanálise não contemporâneas. As descrições da psicanálise de outros tempos sempre me parecem reconstruções toscas, mediadas pela necessidade positivista de fixar uma superioridade em relação ao passado.

Aceitando a ideia de Otto Rank de que a arte é o sonho da humanidade, é possível pensar que a arte, como os sonhos, é essencial à vida humana. A humanidade fez arte desde muito antes de criar o mais rudimentar sistema de cultivo da terra. A agricultura tem 10 mil anos; a palavra escrita, talvez 3 mil; a arte tem 40 mil anos.

Sem sonhos, não temos como dar conta da nossa experiência vital. Sem dormir e sonhar, em pouquíssimo tempo enlouquecemos. Necessitamos dos conteúdos oníricos não apenas para nosso equilíbrio psíquico, mas também para povoar nossa existência no mundo. Sem eles o mundo se torna frio e inabitável. É impossível ver meramente a essência de um pôr do sol: ele virá carregado dos nossos sonhos, que lhe darão um sentido.

É impossível a simples expressão em si de outro corpo humano: no limite, o amor requer um verso, uma melodia, uma canção, para que saibamos do que se fala. O amor é inseparável de sua representação. Ao mesmo tempo, esse verso se apaga pelo uso repetido, assim como a emoção que o tornou possível. Tal como nos sonhos, em que a repetição é sinal de moléstia, necessitamos todos os dias de novas formas que nos expressem, pois as velhas imagens se desnaturam, têm prazo de

validade muito curto. Em termos mais contemporâneos, diríamos que o amor necessita uma instalação, uma performance. Isso é válido para qualquer sentimento ou experiência humana. Surpreende que, como analistas, queiramos abordar ódio, amor e conhecimento como passíveis de serem capturados quer por nomes, quer por meros conceitos.

Nos sonhos, sabemos sem saber que sabemos. A figura precede o conceito. O mesmo sucede na arte. Daí o caráter premonitório dos sonhos e a captação precoce que a arte faz da realidade. Somos praticantes de um saber que, na medida em que procura revelar e construir o que ainda não é passível de ser pensado, apresenta-se em afinidade estreita com as artes. Temos em mãos, de certa forma, uma arte trágica: construímos figurações com nossos pacientes. Se formos bem-sucedidos, haverá um só espectador; se a construção for de fato útil, descansará no inconsciente e, portanto, será esquecida. A exemplo dos sonhos, as construções exitosas servirão apenas aos que as viveram.

3. TENTEMOS, NO SÉCULO XXI, AO MENOS CHEGAR AO SÉCULO XX

Já quando abordamos a experiência psicanalítica em nossos escritos – e nesse caso, sim, ela pode ser socializada –, estamos diante de outra arte: a arte do ensaio, da retórica, ou melhor, da arte literária. Outros talentos, digamos, serão exigidos de nós. Freud propunha que os eventos clínicos fossem narrados como romance. Até aí, e afora a menor ou maior habilidade individual no manejo da palavra escrita, aparentemente nenhum problema maior. A questão se complica se acrescentamos a dúvida: de que tipo de romance estamos falando? Hoje, certamente, não do romance do século XX, no qual um herói dividido, em conflito com sua circunstância, percorre seu caminho para encontrar o sentido da vida e o vê revelado ao final do trajeto. É o que *A Teoria do Romance* do jovem Lukács caracteriza como romance burguês: a consciência fragmentada pela situação social busca o reencontro consigo mesma, uma unidade fraturada busca reaver seu sentido.

O romance do século XX, como sabemos, segue por outros caminhos. Lembro três escritores paradigmáticos. Com Joyce,

o Ulisses do nosso tempo faz seu trajeto em um único dia de acontecimentos absolutamente corriqueiros; ao longo dessas 24 horas, coexistem inúmeras camadas de subjetividade, sem nunca se apresentar a ideia de *resolução*. Em Proust, já no início do primeiro volume de *Em Busca do Tempo Perdido*, páginas e páginas acompanham a extraordinária aventura do espírito em conflito diante da impossibilidade de permanecer no hábito; essa surpreendente viagem se dá simplesmente na passagem da vigília para o sono e do sono para a vigília. E lembremos ainda de Kafka, em cuja obra a busca do sentido não se apresenta de nenhuma forma. O romance do século xx empreende uma viagem nova, por novos territórios no interior do espaço subjetivo. Agora o acontecimento esperado – o reencontro de si – não surgirá na linha do horizonte; a expectativa da ilusória totalidade de sentido se perdeu em alguma tragédia do passado. Esse também é o espaço onde se situará a psicanálise.

Na música, igualmente, cria-se um espaço novo no qual a tonalidade já não fornece o roteiro; abandona-se a hierarquia preestabelecida entre as notas e, portanto, deixa de haver um resultado sonoro aonde necessariamente se deve chegar. Com a música, ainda mais do que com a literatura, nossos hábitos se frustram.

Nas artes plásticas, desaparece a necessidade realista da figura. As artes já não se apresentam como escola. A cada movimento estético correspondia um manifesto, um ideário quase completo para o conjunto da vida, como o foram o expressionismo, o surrealismo, o futurismo e tantos outros. Hoje, não mais. Há como que uma possibilidade de sincretismo de concepções e estilos. O gesto criador do artista está presente mais profundamente na obra. O choque que se quer produzir no espectador é central na construção da obra, e a concretude da obra está também no centro da figuração.

Reparem que todos os exemplos propostos são do começo do século xx. Quase cem anos já se passaram. Aliás, comemoramos em 2010 o centenário da nossa organização, a IPA. Muito se falou da crise da psicanálise e das medidas para resolvê-la, mas pouco se disse da nossa responsabilidade, do nosso possível anacronismo, do nosso afastamento das vanguardas do pensamento. Ao contrário, falou-se muito de aproximações na

direção da academia e da psiquiatria, com o respectivo arsenal de medidas adaptativas.

Talvez o que mais caracterize o nosso trabalho seja o esforço de pôr o espírito em movimento, ali onde a paralisia, o hábito e a repetição marcam presença. Não fará sentido tentar figurar os acontecimentos da clínica num retrato realista, como se acionar uma polaroide fosse o auge da nossa aptidão. Tal como nas artes, já não se busca capturar a totalidade numa síntese. O que cabe esperar é que uma constelação de elementos díspares – como numa alegoria – possa levar o espírito a dar mais um passo na apropriação de seu destino. Hoje estarão no centro do nosso pensamento e da nossa prática a instalação e a performance.

Lembremos que Walter Benjamin nos fala dos soldados que voltavam mudos da Primeira Guerra, sem enriquecimento algum de experiência de vida que pudessem narrar. Lembremos que precisou do *Além do Princípio do Prazer* para dar conta das relações entre narrativa e trauma. Talvez seja útil, também, lembrar que o traumático não deriva apenas da intensidade da situação vivida e que ele é sempre uma relação entre a experiência e a possibilidade de elaboração em jogo.

4. UMA EXPERIÊNCIA: "FALE COM O PSICANALISTA"

Gostaria de trazer dois tipos de experiência, um deles desenvolvido fora do espaço psicanalítico propriamente dito, outro na clínica.

Começando com o primeiro tipo, em 2009, junto com um grupo de colegas analistas, propusemos ao Centro Cultural São Paulo (CCSP), uma instituição municipal, oferecer aos seus frequentadores uma atividade que se chamaria "Fale Com o Analista". Colocaríamos duas poltronas em alguma área aberta do CCSP e abriríamos inscrições para falar com um analista, que estaria disponível sempre para conversas de 40 minutos. Nós estaríamos proibidos de interpretar e não poderíamos encaminhar as pessoas para nenhuma atividade regular de psicanálise. Também não aceitaríamos receber ninguém para uma segunda conversa. Essas eram as regras.

Ainda não havíamos iniciado a atividade e surgiu uma série de problemas. Houve forte reação da Sociedade Brasileira de Psicanálise de São Paulo (SBPSP), que manifestou várias preocupações. Menciono uma delas: como ficaria a sociedade se, por exemplo, depois de uma conversa, alguém se suicidasse? Havendo esse risco, como uma sociedade de psicanálise poderia apoiar tal programa? Da parte do Centro Cultural, também houve questionamentos. Os curadores objetaram que o programa proposto não era arte e que a instituição não estava preparada para oferecer atividades terapêuticas. Então, chamamos o programa de "Isto Não É Psicanálise e Tampouco É Arte" e nos dispusemos a ver o que aconteceria.

Nossa surpresa foi imensa e inesquecível. Durante cerca de um ano e meio, sempre nas tardes de sexta-feira, os frequentadores do Centro acorreram àquela poltrona diante do analista. Aprendemos a conhecê-los. Vinham os aposentados, os velhos, viúvos e viúvas que nos contavam de sua vida em grande parte preenchida pelas atividades do próprio CCSP. Conhecemos os sem-teto, que esperavam a hora de abrir, de manhã, para passar o dia ali, democraticamente; em meio aos dramas pessoais, reclamavam que a programação de cinema era uma chatice (na época, houve, por exemplo, um ciclo de Visconti) e que nunca passava algo interessante como *Titanic*. Os mais bem-nascidos reclamavam do cheiro. Alguém se inscreveu para conversar com o analista imediatamente depois de receber o resultado soropositivo para AIDS. Alguém relatou suas várias tentativas de suicídio. Alguns vieram conversar em estado francamente delirante, e estes, sim, tentavam driblar as regras e repetir a conversa, inscrevendo-se para o horário de outro analista.

As diretorias do CCSP e da sociedade logo apoiaram com muita convicção o programa, que se tornou bastante popular também entre os funcionários do centro, alguns dos quais se inscreveram para sentar na poltrona. Para os analistas, o mais surpreendente, a cada dia, era a intensidade da carga emocional envolvida nas conversas, de uma forma raramente vista no cotidiano da clínica. Inesperada também foi a frequência com que as pessoas se mostravam profundamente agradecidas pela oportunidade de falar de si e contar sua história. Algo mudou com aquelas "poltronas para conversar" em meio às tardes de

sexta-feira. O ccsp reuniu um acervo informativo que permitiu reflexões novas sobre seu papel e seus frequentadores. Nós, os analistas, soubemos como nunca que nossa arte é, antes de tudo, não uma *talking cure*, mas uma *listening cure*.

Relato uma conversa que ocorreu no final do programa. Na poltrona diante do analista, senta-se um senhor de origem nordestina que, com visível perturbação psiquiátrica, apresenta-se como portador de uma receita para curar os males da cidade. Segundo ele, São Paulo sofria de um distúrbio foniátrico e por isso havia necessidade de muitos fonoaudiólogos para melhorar a vida na nossa metrópole. Nessa cidade ninguém ouvia ninguém, e ele, depois de viver ali por mais de quinze anos, agora ia voltar para sua terra. Feita a apresentação do seu projeto de solução, explicou por que se inscrevera para falar com o analista: é que, mesmo depois de tanto tempo na cidade, ia embora sem ter a quem dar adeus, então aproveitara a oportunidade para se despedir. Agradecendo vivamente, fez um elogio: "O senhor é diferente, o senhor ouve."

Penso que o programa "Fale Com o Analista" configurou um misto de instalação e performance que abriu para todos os participantes a possibilidade de uma experiência vital transformadora. Não é o que busca a arte contemporânea? Pena não termos registrado detalhadamente o programa, de modo a assegurar sua permanência. Curadores de um centro cultural de Amsterdã em visita a São Paulo nos pediram registros, mas éramos artistas de primeira viagem.

5. A ARTE DA CLÍNICA COMO INSTALAÇÃO, PERFORMANCE E ALEGORIA

Passo a relatar brevemente algumas situações que vivi na clínica. A paciente J. entra no consultório. Já faz isso há vários anos. Temos em comum a concepção de que o recinto é um palco virtual de performances que tentamos visualizar e conceituar. Alucinamos acontecimentos sem que nada suceda de concreto. Nessa análise, estou habituado a esperar que se desencadeie uma conversa desenvolta e despida de intensidade emocional sobre temas cotidianos aparentemente sem maior importância.

J. parece se contentar com isso. É uma rotina que deve ter para ela um significado que me escapa. Eu me entedio.

A análise parece de fato importante para J., pois ela não falta nem se atrasa e, quando não há sessão, as queixas que a trouxeram ao consultório se acentuam. Nas férias, por exemplo, ela às vezes fica muito aflita. Ao retomarmos o trabalho, relata que nesses períodos tem sensações vaginais como de desejo, mas surpreendentemente isentas de fantasia ou de representação articulada de desejo genital. Não me ocorrendo nenhuma hipótese para compreender realmente a situação, em geral me calo.

Nesse dia, de forma inesperada, ao se deitar no divã, J. anuncia: "Estou com muita fome." Parece que estou numa história em quadrinhos: tenho o balão com a fala da personagem, faltando-me apenas o desenho, a figura. Tudo é prosaico, mas também fantástico. "Estou com fome" é uma frase comum, todos a pronunciamos com frequência, mas nesse momento ela se torna performance, pois é dita fora de lugar, num recinto onde a necessidade não pode ser satisfeita, e dirigida a mim, que nesse momento não sei quem sou para J. Não visualizo nada na virtualidade alucinatória que nossa experiência permite.

Apanhado desprevenido nesse enredo fantástico, autorizo-me uma réplica que, em outro contexto, também seria prosaica: "Aqui eu só tenho pão e manteiga para lhe oferecer. Você quer?" Qualquer analista principiante reconheceria que algo de muito inusitado estava em curso no consultório e, se tivesse o superego suficientemente treinado, imaginaria as penalidades que um instituto poderia lhe aplicar. Admito que eu mesmo não escapei desses pensamentos.

J. aceita a oferta com perfeita naturalidade e aparentando um discreto contentamento. Saio da sala, providencio o pão com manteiga, trago para ela num pratinho e volto a me sentar na poltrona. Sempre no divã, J. ergue o tronco e, sentada de costas para mim, começa a comer, visivelmente satisfeita – diria mesmo em êxtase. Atônito, apenas observo, pois é uma forma especial de comer: a situação analítica parece perfeitamente preservada, ainda que no momento a única linguagem possível seja a da atuação dramática.

Vinda não sei de onde – talvez da expressão extasiada com que J. comia aquele pedaço de pão –, ocorre-me uma frase que

pronuncio também com naturalidade: "Veja bem, você não pode mastigar esse pão, é pecado." A imagem da comunhão católica imediatamente se impõe a nós. J. comungava com o pão, agora erigido em corpo sagrado. "Não mastigue que é o corpo de Cristo!" – é o que se diz às crianças, para terror delas, e foi essa a minha associação. A compreensão instantânea de J. tornou a frase uma experiência viva para ambos.

A reação de minha paciente – como, de fato, tudo o que ocorrera antes, mas agora com mais segurança – confirmava a construção de uma performance a dois. Estabeleceu-se uma comunicação com força de representação artística, ou melhor, no quadro da nossa atividade psicanalítica, de representação onírica. A forma concreta dessa comunicação, configurando um mito bíblico, se dá como construção alegórica e, como conjunto que é, move-se com o movimento de cada uma de suas partes.

Depois desse acontecimento, pudemos falar do êxtase do desejo fusional, falar da oralidade envolvida na nossa relação e das poderosas defesas que se erguiam, ligadas aos receios e perigos que essa forma de desejo entranhava para ambas as partes, evidentemente com intensidade muito maior para a paciente. As sensações vaginais foram então mais bem compreendidas, como representação desse desejo fusional: nas nossas sessões, também a satisfação de J. com aparentemente "nada" provinha da fantasia de que, pela minha simples presença, ela me possuía e que, portanto, as agruras da comunicação se tornavam desnecessárias.

Essa atuação foi imensamente facilitada pelos muitos anos em que fui analista de crianças, mas devo dizer, para tranquilizar quem me lê, que foi totalmente inusitada de minha parte – e não sei se comemoro ou se lamento a raridade da experiência. Se há algo que deveria ser valorizado num analista é a coragem de se aventurar na exploração dos territórios interiores sem portar um mapa, sem se pautar pelo manual de procedimentos de quem já sabe o que será encontrado.

Exponho agora outro momento da análise dessa mesma paciente. Para figurar a ausência de emoções em determinado relato de J., surgiu a imagem de uma *parede de vidro*. O fato que ela narrava estava vivo, mas, sendo visualizado através

dessa barreira, suas cores emocionais não podiam ser vistas. De certa forma, ouvíamos com os olhos, metáfora plenamente compreensível. Comentamos que a intensidade emocional, ou melhor, que a emoção dos vínculos não podia se manifestar.

Na associação seguinte, J. fala do pai, alcoólico crônico durante a infância dela. Conta que, em pleno delírio, ele obrigava toda a família a entrar no carro, tomava a direção e, dirigindo de maneira desatinada, enchia a todos de horror e medo. Episódios semelhantes eram frequentes. O pai só parou de beber quando J. já era adulta. (Registro que o convívio dos dois se interrompeu na adolescência.) Sendo a parede de vidro uma constante em sua vida, digo-lhe que até hoje ela vive num mundo bêbado, isto é, a qualquer momento pode acontecer o abismo de uma relação desatinada.

Quero apenas destacar, aqui, que no trabalho com J. essa imagem funcionou como figuração alegórica. Era uma síntese que arrastava consigo um longo cortejo de imagens e que como tal passou a se desdobrar no vínculo analítico. (Uma curiosidade: graças ao Carnaval, nós, brasileiros, temos certa familiaridade com a ideia de "temas alegóricos", pois as grandes engrenagens que compõem o desfile de uma escola de samba recebem, justamente, o nome de "alegorias".)

Uma última situação clínica ilustrará um modo contemporâneo já banal de realizar nossa arte. Uma manhã, recebo uma jovem que me procura para análise. Ela começa por perguntar se eu já a conhecia. Digo que não, mas ela insiste, dizendo que seu trabalho lhe dá muita visibilidade social. Olho bem para ela e nada, não a reconheço. Ela repete seu nome e eu continuo na mesma. Diz que está em determinada programação e eu lhe respondo que infelizmente não tinha visto. É uma moça de cabelos escorridos que me parece até sem graça.

Ela me conta então uma história de família: um assassinato seguido de suicídio vitimara seus pais quando ela era menina. Eis o ponto que me interessa: "Que história trágica!", digo-lhe. Ela não tem nenhuma reação. A entrevista prossegue normalmente, sem nada fora do comum. No encerramento, marcamos uma nova conversa, à qual ela não comparecerá.

Logo depois, um colega de consultório me pergunta quem era aquela moça linda que eu atendera. Me dou conta, nos dias que se seguem, de que se tratava de uma pessoa bastante popular, muito conhecida e louvada por sua beleza. Ela nunca mais voltou ao consultório, mas, para minha surpresa, passei a receber vários pacientes ligados a ela. Todos vinham me procurar porque ela dizia que fazia análise comigo e me recomendara àquelas pessoas.

Numa reflexão posterior, me dei conta de que o eixo do meu equívoco estava em caracterizar o relato como *trágico*. Minha interferência ou interpretação havia sido carregar nas tintas de sua história familiar. Ora, como tudo o mais na entrevista, essa história era parte de uma apresentação exibicionista e, assim sendo, para corresponder ao vínculo proposto pela moça, a resposta exigia outro colorido: eu deveria ter dito "Que história trágica!" com as cores da admiração. Numa analogia com a música, digamos que pronunciei um acorde menor, quando a melodia necessária aos ouvidos dela era um acorde maior aumentado. Seu relato era como um abrir de casaco que deveria ter me provocado estupefação.

Encerro aqui, reforçando a constatação de que, diante da tarefa impossível que realizamos, a pretensão a retratos figurativos não faz sentido. Estamos longe de todo realismo. Tal como nas artes contemporâneas, não se coloca mais a obrigatoriedade de um estilo único (até porque as artes se interpenetram). Também não se coloca mais a busca de uma totalidade. Agradeço a oportunidade de compartilhar este pequeno trajeto das minhas perplexidades.

REFERÊNCIAS

ANZIEU, D. *O Eu-Pele*. Trad. Z.Y. Riskallah e R. Mahafuz. São Paulo: Casa do Psicólogo, 1989.

BENJAMIN, Walter. *Origem do Drama Barroco Alemão*. Tradução, apresentação e notas Sérgio Paulo Rouanet. São Paulo: Brasiliense, 1984.

____. O Narrador: Considerações Sobre a Obra de Nikolai Leskov. In: *Walter Benjamin: Obras Escolhidas. V. 1. Magia e Técnica, Arte e Política. Ensaios*

Sobre Literatura e História da Cultura. Prefácio de Jeanne Marie Gagnebin. Trad. Sérgio Paulo Rouanet. São Paulo: Brasiliense, 1987.
BION, Wilfred Ruprecht. *Two Papers: "The Grid" and "Caesura"*. Rio de Janeiro: Imago, 1977.
CANDIDO, Antonio [1948]. La figlia che piange. *O Observador Literário*. São Paulo: Imprensa Oficial do Estado/Conselho Estadual de Cultura, 1959.
____. O Direito à Literatura. *Vários Escritos*. São Paulo: Duas Cidades, 1995.
FREUD, Sigmund [1905]. *Fragmento da Análise de um Caso de Histeria* (O Caso Dora). ESB, v. 7. Rio de Janeiro: Imago, 1987.
____ [1920]. *Além do Princípio do Prazer*. ESB, v. 18. Rio de Janeiro. Imago, 1987.
____ [1923]. *O Ego e o Id*. ESB, v. 19. Rio de Janeiro: Imago, 1987.
GREEN, André. O Conceito do Fronteiriço. *Sobre a Loucura Pessoal*. Trad. Carlos Alberto Pavanelli. Rio de Janeiro: Imago, 1988.
LUKÁCS, György. *A Teoria do Romance*. Lisboa: Presença, 1962.
NOSEK, Leopold. Psychoanalysis and Culture, Naturally. *International Psychoanalysis: The New Magazine of the* IPA, v. 18, 2010. Centenary Special Edition.
____. Anxiety and Allegorical Narrative: Notes on the Construction of Meanings in Analysis. *Bulletin* EPF (European Psychoanalysis Federation), n.65, p. 166-174, 2011.
PROUST, Marcel. *Em Busca do Tempo Perdido, v. 1: No Caminho de Swann*. Trad. Mário Quintana. São Paulo: Globo, 1981.

6. Variações Sobre Um Tema de Antonino Ferro: Alfabetizar as Emoções

> *So all my best is dressing old words new,*
> *Spending again what is already spent:*
> *For as the sun is daily new and old,*
> *So is my love still telling what is told.*
>
> [E assim vou refazendo o que foi feito,
> Reinventando as palavras do poema.
> Como o sol, novo e velho a cada dia,
> O meu amor rediz o que dizia.]
>
> SHAKESPEARE, *Sonetos* (1609), Soneto 76

1. INTRODUÇÃO

Como aprendemos psicanálise? Como chegamos a um autor? Quem nos fala ao íntimo? Como nos fala? Como o transformamos ao nos aproximar dele? Como nosso patrimônio se modifica com esse contato? Dialoga-se, e assim caminha a psicanálise há mais de um século. Isolados, somos estéreis, mas, por outro lado, a alteridade é inatingível. Que alternativas então nos permitem conversar? De vez em quando nos mostramos férteis e algo novo surge. A grande nova bíblica se reapresenta: nasce o verbo num testamento ou nasce uma criança em outro, um novo acordo com a natureza se estabelece. Vivemos das narrativas que são continuidade desse gesto primordial. Assim são

---

SOBRE ESTE TEXTO: Ensaio publicado originalmente no periódico *Psychoanalytic Inquiry A Topical Journal for Mental Health Professionals* (www.tandfonline.com/toc/hpsi20/current), volume 35 (2015), issue 5: *Responses to the Work of Antonino Ferro*, sob o título "Variations on a Theme by Antonino Ferro: Alphabetizing the Emotions" (p. 526-554). Publicado em português na seção Outras Vozes da *Alter – Revista de Estudos Psicanalíticos* (Sociedade de Psicanálise de Brasília), v. 32-33-34, dezembro de 2016.

os testamentos bíblicos, o *rap* helênico de Homero, o jorro de santo Agostinho, de Shakespeare, de Freud e de tantos outros.

Antonino Ferro, velho participante de meus diálogos íntimos, está entre aqueles que nos proporcionam essa ocasião. É um autor que nos traz novas narrativas analíticas, como nota Howard B. Levine. Tentarei fazer deste escrito uma homenagem a ele e uma comemoração de seu trabalho. Tomando como pano de fundo conceitual a ideia de Ferro de alfabetizar as emoções e articulando-a com reflexões que venho desenvolvendo nos últimos anos, discutirei aspectos da coabitação da tradição, do hábito e do novo (entre os quais estará o processo de contínua reonirização que pode ocorrer com nossos esforços teóricos, nossa existência e os próprios sonhos) e algumas de suas implicações na nossa prática cotidiana de acolher a alteridade. O trabalho de Leonilson (1957-1993), artista brasileiro que logrou criar uma linguagem visceralmente pessoal, permitirá sugerir a possibilidade de que o registro plástico de estados protoemotivos seja visto como representação conceitual. O modelo musical do tema e variações será adotado como organizador formal do texto.

Cada autor que comparece nesta publicação vem de um meio sociocultural específico e tem uma história própria com a psicanálise, seja no plano pessoal, seja como trajeto teórico e clínico. Todos nós aprendemos a tomar cada experiência clínica como única, a ver cada paciente como singular, a considerar que toda sessão é impossível de ser repetida e praticamente impossível de ser relatada. Ainda assim, corremos o risco da teorização, e aqui, como sempre, reapresenta-se para mim um velho dilema que na psicanálise se radicaliza: de que maneira conciliar o singular – o único que tem existência concreta – e o universal – condição para que possa existir conhecimento e ciência?

Assistimos a conferências, lemos livros e periódicos especializados, fazemos seminários teóricos e clínicos, mas desde a origem afirmamos que nosso modo preferencial de transmitir o conhecimento psicanalítico vem da experiência única de uma análise pessoal, a qual, inevitavelmente, terá a cor de seus dois participantes e do lugar histórico onde se desenvolverá.

Inevitavelmente, uma dinâmica se instala, abrangendo inclusive esta experiência de extrema singularidade que é o balanço entre a tradição e o novo. Como tantos outros psicanalistas, identifico-me com a fala singular e pessoal de Ferro e, tal como Gail S. Reed, Steven Goldberg, Virginia Ungar e Howard B. Levine, faço uma apropriação singular dessa fala. Nesse diálogo, nesse movimento grupal, em sociedade, o conhecimento avança. Não capturamos o conhecimento, mas ampliamos o repertório expressivo. Como numa escalada, aumentamos nosso raio de visão e também vemos mais longe o que não conhecemos. Não preenchemos lacunas, ganhamos altura. Criamos novas histórias e fazemos sucessivas releituras de velhos relatos. Não agindo assim, tendemos a nos paralisar na segurança de narrativas dogmáticas.

Ferro, é óbvio, considera que sua obra está em permanente movimento e comenta que jamais pretenderia criar escola, ou seja, jamais pretenderia que seu pensamento se tornasse algo fixo e fosse adotado como guia para outro pensamento. Compreendo esse comentário como um alerta e, por compartilhar dele, tentarei manter uma voz própria, esperando, é certo, que esse dialeto mostre afinidades importantes com os autores em que se apoiará esta reflexão. Afinal, não se trata nunca de mimetizar um mestre, seja ele Freud, Bion, Ferro ou qualquer outro. É preciso tentar dar uma forma pessoal ao pensamento que nos inspira. Além do quê, parece que felizmente já vai longe o tempo em que escolas de pensamento se digladiavam pela posse de uma suposta verdade psicanalítica.

Recentemente, em 2013, num encontro sobre a obra de Bion no Marrocos, ocorreu-me que haveria pelo menos três modos de se aproximar de sua obra. O primeiro, associado sobretudo aos analistas ingleses presentes ao encontro, privilegiaria o trabalho com os conceitos de identificação projetiva e de relação continente-contido; nesses moldes, Bion seria considerado um autor da chamada vertente pós-kleiniana. Haveria um modo francês, com forte ênfase em aspectos pulsionais e com abordagem que levaria em conta mais explicitamente aspectos da sexualidade. Por fim, um terceiro modo privilegiaria o trabalho clínico focado na teoria das transformações e na obra de um Bion tardio. Obviamente, tudo isso é muito simplificado e reducionista, mas aqui

serve como contraste em relação ao modo com que, segundo penso, Bion é compreendido por Antonino Ferro.

A leitura de Bion feita por Ferro carrega um matiz não somente italiano, mas, digamos, siciliano. Região ensolarada, sujeita desde sempre a múltiplas invasões e influências, a Sicília as recebe e as transforma conforme a atmosfera local. O Bion de Ferro é ensolarado, e ao voltar, agora já como obra específica de Ferro, para os leitores de fora daquele meio, sofrerá uma nova transformação, sob o influxo dessa outra atmosfera local. Assim será também com os diferentes autores deste livro. Em "Fé e Razão", Terry Eagleton, o importante crítico literário inglês, diz que onde outros povos têm a sexualidade os ingleses têm o senso comum. Vejamos aí apenas uma *boutade*, um chiste, mas tenhamos sempre em mente os traços culturais que são peculiares a cada meio onde se pratica a psicanálise e a cada um de nós que a pratica. As mudanças virão do intercâmbio dessas experiências de extrema singularidade, num lento movimento que depurará alguns universais provisórios. Aqui, portanto, à parte ser estimulado por Ferro, Levine, Ungar, Reed e Goldberg, o dialeto em que tentarei me expressar terá um inevitável matiz latino-americano, isto é, refletirá os tons de uma região que também se moldou por múltiplas "invasões" e que carrega as vantagens e as desvantagens dessa miscigenação, desse sincretismo, desse peculiar ecumenismo. Alem do quê, diz-se que viver em São Paulo é viver na maior cidade italiana do mundo.

2. HISTÓRIA DE UMA APROXIMAÇÃO SINGULAR

Conheci Antonino Ferro no início da década de 1990, quando nós o recebemos pela primeira vez na Sociedade Brasileira de Psicanálise de São Paulo (SBPSP). Sua liberdade, sua criatividade e sua simpatia conquistaram a todos, e suas ideias foram acolhidas como se viessem ao encontro de algo que maturava em nosso meio.

A vinda de Ferro foi precedida pela presença de Bion, que, como se sabe, visitou-nos com frequência. Tive oportunidade de assistir às conferências que ele fez durante sua última visita a São Paulo, em 1979. Estando ainda no primeiro ano da formação,

muito do que Bion dizia escapava ao meu entendimento, mas não havia como não notar o respeito quase reverencial que inspirava. A sbpsp, que crescera sob a hegemonia das ideias freudianas na década de 1940, passara na década seguinte a ter forte influência das ideias kleinianas, que acabariam por se estabelecer praticamente como dogmas. A primeira visita de Bion, em meados da década de 60, transfigurou esse quadro com um sopro genuíno de liberdade e criação, e anos depois teríamos a medida do impacto causado por suas ideias e sua presença: seu pensamento se tornaria hegemônico entre nós. Naturalmente, isso não significa que não houvesse lugar para as ideias de Klein, consideradas precursoras das concepções de Bion. Freud, por sua vez, era como que uma pré-história da psicanálise. Um novo dogmatismo se estruturava, como sempre tende a ocorrer. No final da década de 80 virá uma reação, implantando-se uma mudança na grade curricular do centro de formação de psicanalistas da spbc, o Instituto Durval Marcondes, e como que um retorno ao estudo de Freud.

Iniciadas nessa época, as várias visitas de Antonino Ferro nos trarão uma leitura livre e criativa de Bion, que se mantém como um autor essencial em nosso meio, hoje que já comemoramos o cinquentenário de sua primeira vinda a São Paulo. Freud, por sua vez, recuperou o peso e a atualidade de sua presença fundadora, ainda que – não custa lembrar – não possa ser lido como se fazia nos primeiros tempos. Inevitavelmente, nós o lemos já tendo lido Klein, Winnicott, Bion, Ferro, Green, Lacan e tantos outros, para citar apenas referências psicanalíticas. É outro o momento histórico, as ideologias são outras, o modo de pensar a ciência e o mundo se faz a partir de outras premissas, vivemos de forma diferente.

3. LEITURAS DA PSICANÁLISE

Observa-se que, desde os escritos de Money-Kyrle, criou-se o hábito de contar a história da psicanálise identificando nela períodos de paradigmas clínicos e teóricos referidos à obra de Freud, depois à obra de Melanie Klein e, correspondendo ao apogeu ou à plena maturidade, à obra de Bion. Assim,

Money-Kyrle, já com setenta anos, dizia em "Desenvolvimento Cognitivo", publicado originalmente em 1968, que iniciara o exercício da clínica sob orientação do pensamento freudiano, o que implicava tratar o paciente como sofrendo de distúrbios sexuais responsáveis por conflitos que se moldavam sob o peso da crítica do superego. Anos depois, já sob a égide do desenvolvimento kleiniano, via o superego como mais precoce; sofrendo devido a um conflito moral inconsciente, o paciente era assolado pelo sadismo superegoico, o qual era abordado numa tentativa de atenuação e de recuperação amorosa. Posteriormente, enfim, sob a influência das ideias de Bion, chegara à abordagem clínica em que tanto os sofrimentos sexuais do paciente como a violência superegoica decorriam de *misconceptions* inconscientes e *delusions*.

Money-Kyrle é um autor muito interessante, inclusive pela longevidade – o horizonte de seus escritos vai de 1927 a 1978 –, mas sua versão da história coloca vários problemas. Para a finalidade desta reflexão, dois deles podem ser destacados. O primeiro se refere à ideia de verdade e de mentira. Haveria o engano e a realidade, ou a defesa e a realidade. A construção metafórica, nesse contexto, passa a ser uma figura de linguagem que abrigaria em seu interior a verdade a ser revelada pela interpretação do analista. Lidar com o par conceitual verdade/mentira exigiria do analista uma sólida formação epistemológica e filosófica, o que raramente era o caso. Além disso, esse par caracterizaria uma enorme vulnerabilidade da teoria analítica no confronto com outras áreas do conhecimento, desencadeando boa parte das críticas dirigidas à psicanálise nos meios culturais e científicos. Para um psicanalista, nada mais fácil do que se apresentar como portador da verdade, tanto na situação clínica como no diálogo com outras disciplinas. Todos nós já testemunhamos debates em que a discordância foi soterrada debaixo de alegações de resistência do interlocutor ou nos quais a conversa se encerrou com a afirmação de que o oponente necessitava de mais análise.

O segundo problema a destacar é o reducionismo dogmático a que foram submetidos autores como Freud e Klein, cuja obra se tornava linear e era enquadrada num conjunto de interpretações unívocas. Em termos psicanalíticos, era como se lêssemos os autores apenas com o consciente, depurando

os conceitos e capturando os textos à luz de uma verdade predeterminada por essa ou aquela interpretação. De um ângulo epistemológico, tratava-se da captura da psicanálise pelo positivismo, corrente filosófica absolutamente antagônica ao nosso saber. Penso que a linhagem da psicanálise é outra: nascemos nas águas da poesia e da ética, como tentarei abordar adiante. De todo modo, no prefácio da tradução hebraica das *Conferências Introdutórias Sobre Psicanálise*, Freud já havia dito que deveríamos nos aproximar de seus textos com atenção flutuante e se desculpava por tratar o leitor como a um neurótico em quem os conceitos por ele desenvolvidos provocariam resistência.

Em acréscimo, lembremos que cada época lê os gregos ou qualquer clássico de uma maneira específica. Um mesmo texto sempre permite inúmeras leituras, e essas são marcadas pelo tempo histórico em que ocorrem. Na psicanálise essa situação se radicaliza: todos nós temos a experiência de estranhar as anotações que fizemos à margem de um texto freudiano na semana anterior, nossas releituras se tingem sempre de novas associações e imagens e costumamos ser acometidos por curiosos esquecimentos do que lemos. Inevitavelmente, lemos com as entranhas expostas, com o inconsciente presente, o que nos diferencia de forma radical dos leitores de outras áreas do conhecimento.

Aliás, a partir de Freud, toda a história dos conceitos nas ciências e na filosofia poderia ser revista. Gosto de dizer que a psicanálise em si é uma crítica ao Iluminismo e que constitui uma peculiar ciência que se desenvolve no escuro, no território dos sonhos. Sabemos como caminhamos contra o senso comum. Também por esse motivo é muito discutível a posição de Donald Meltzer em *O Desenvolvimento Clínico de Freud*, segundo a qual a teoria freudiana seria como que a pré-história de uma psicanálise científica. Meltzer chega a afirmar que a concepção freudiana é mecânica, algo como uma hidrodinâmica das forças psíquicas.

O problema é que tais periodizações apresentam a psicanálise como um caminho sempre ascendente que levaria, inescapavelmente, a pontos de chegada místicos de apreensão da verdade, expressão de moléstia que com alguma frequência acomete os analistas. Os fundamentos greco-judaicos de nossa cultura permitem dizer que estamos aí em pleno mundo

de santo Agostinho, um mundo em que a ideia de sublimação como dessexualização em favor de objetivos mais elevados da cultura encontrará terreno fértil. O caminho do desenvolvimento analítico seria uma ascese permanente. E, à semelhança de objetos mercantis, as teorias se tornariam rapidamente obsoletas e se partiria sempre em busca da última novidade, produto de fácil aceitação no mercado dos nossos congressos.

Fábio Herrmann (1944-2006), autor querido em São Paulo, dizia que o melhor autor psicanalítico era Freud, que o segundo também e que o terceiro igualmente, cada um deles sendo uma legítima versão do mesmo Freud. Em quarto lugar viria Klein e em quinto, de novo, outro Freud. Em sexto lugar aparecia outra Klein, esta seguida de alguns Bions e assim por diante, numa sequência teoricamente infindável.

E como não lembrar, ao ler o comentário de Antonino Ferro, que Freud, a propósito do caso Dora, disse que um caso clínico deveria poder ser escrito ou lido como um "romance de mistério"? Numa versão possível para pôr em prática a sugestão: receberemos nosso paciente – que se apresentará a nós cheio de culpa, convicto de ser criminoso – e, como nos romances policiais, seremos detetives a investigar o crime perpetrado. Teremos desde o início o criminoso já preso e condenado, faltando-nos apenas descobrir o que ele fez de errado. Saberemos, pela teoria, se estamos diante da tragédia edipiana, mas cada um de nós a reescreverá em termos próprios e a seguirá em inúmeras representações que serão únicas a cada noite.

Podemos ler *Moisés e o Monoteísmo*, *Totem e Tabu* ou *O Mal-Estar na Civilização* desse mesmo modo, como grandiosas realizações alegóricas da generalização do drama individual, isso na melhor tradição da alegoria tal como concebida por Walter Benjamin. Creio que é nessa tradição que se insere o texto de Antonino Ferro. Pelo menos, é assim o Antonino Ferro que eu leio. Benjamin nos falou dos soldados traumatizados que voltavam da guerra sem uma história para contar. Sem história para contar, também não haverá um caso amoroso. Assim são as sessões que Ferro compartilha conosco: situações que necessitarão de narradores para criar as histórias que as expressem.

Quando lemos um clássico, lemos à luz da contemporaneidade. Lemos Freud num cenário desenhado por Bion, Green,

Ferro e tantos outros. Do mesmo modo, lemos os contemporâneos a partir da herança dos gigantes do passado. Conforme Steiner, citando Jorge Luis Borges, hoje a *Odisseia* de Homero seria posterior ao *Ulisses* de Joyce. Lemos os autores recriando narrativas coerentes com nossa história e nosso momento. Quando alguém sonha um sonho compartilhado pelo grupo, temos um autor. Ele nos convidará a ampliar nosso repertório. Proporá uma abstração que dará conta de um conjunto de experiências comuns aos leitores. Um esboço de linguagem comunicável nascerá e nossa disciplina dará mais um modesto passo. Seremos como soldados que, voltando do campo de batalha, teremos encontrado alguém que nos ajudou a tecer nossas narrativas e, assim enriquecidos, agradeceremos.

4. PRIMEIRA VARIAÇÃO: "SÃO TANTAS AS VERDADES"

Originalmente, a proposta editorial deste texto era oferecer uma visão geral dos artigos de Gail S. Reed, Steven H. Goldberg, Virginia Ungar e Howard B. Levine, bem como dos comentários de Ferro sobre eles. Contudo, me vi paralisado quando comecei a refletir sobre o que escreveria a partir desse estímulo. Cada texto inspirava caminhos diferentes e, a cada tentativa de pôr as ideias no papel, vinham outras associações que levavam a outros começos e a outros desenvolvimentos. O que escolher, se a cada dia novas percepções e novas questões ganhavam o primeiro plano? Mesmo quando eu me fixava em algo que se ligava diretamente ao meu próprio modo de pensar, diferentes possibilidades de trajeto surgiam a toda hora. Numa tentativa de usar o impasse a meu favor, aceitei o fracasso e resolvi me render às associações que os textos me propunham no instante em que escrevia. A opção pelo modelo do tema e variações afastaria a veleidade de tentar abarcar a totalidade dos pensamentos em questão. Ficava claro, ao mesmo tempo, que essa ambição de síntese estava no centro da minha paralisia.

Do patrimônio de referências de Ferro com o qual estava familiarizado, fixei-me na leitura que ele faz de Bion – isenta de tonalidades místicas, criativa na abordagem, rica em novas

metáforas e associações – e, em seu interior, na ideia de *alfabetização das emoções*. Ferro consegue, como numa centelha, iluminar todo um campo da teoria e da prática clínica. Numa condensação muito feliz, chama os leitores de Bion para uma associação dos conceitos de elementos e função beta na passagem para elementos alfa mediante a função alfa. Num lance de olhos "vemos" que a cena analítica tem dois participantes, os quais, nesse momento único, em virtude de seu encontro, mobilizam pulsões que precisarão ser ligadas a representações para que seja possível construir pensamento.

A função de estabelecer ligações será o foco das interrogações aqui. Quando descortinamos o campo psicanalítico onde esse evento ocorre, podemos começar a especular se faz sentido dividir a teoria freudiana em dois grupos teóricos distintos: a psicanálise subsidiária de uma teoria pulsional e a subsidiária de uma teoria de relações de objeto. Como pensar a pulsão sem uma estrutura objetal que lhe sirva de solo ou base? Como pensar relações de objeto sem referência ao pulsional ou ao sexual? Estamos de volta a Freud, em cuja obra cada conceito se embaralha com outros, numa intrincada rede de associações.

Vou me permitir a seguir uma recapitulação que será necessariamente esquemática, e me desculpo por isso. Para efeitos didáticos, costumamos dividir a obra de Freud em dois agrupamentos conceituais que denominamos primeira e segunda tópica. A primeira se organiza ao redor da grande síntese que é *A Interpretação dos Sonhos*. Ali Freud postula a existência de um território inconsciente que é construído e tem um modo peculiar de funcionamento, tributário de interpretações de experiências passadas que sofrem um processo de repressão para então se tornar definitivamente inconscientes. Nesse momento, a tarefa analítica centra-se na identificação e interpretação daqueles conteúdos recalcados que, como memórias, continuam a interferir na vida atual.

Em *O Ego e o Id* (1923-25), Freud conjectura se o consciente mergulha até o inconsciente ou se é este que aflora no território consciente. A noção espacial é usada aí obviamente como metáfora, não há um espaço como objeto em si. A conclusão de Freud é bastante direta e clara: nenhum dos dois processos ocorre. O que podemos fazer é buscar construções dotadas

de elementos ou estruturas que correspondam aos conteúdos inconscientes. Analogias, metáforas, alegorias e tantos outros expedientes literários trarão uma possibilidade de pensamento a esse território inatingível. Muito antes, em *Sobre os Sonhos* (1901), Freud observa o quão escassa era a literatura psicanalítica sobre o sonho e diz que naquele momento o interesse maior da investigação analítica estaria não no processo interpretativo dos sonhos, mas, sim, no processo de elaboração onírica. Como sabemos, em *O Ego e o Id*, premido por uma ampliação de sua experiência clínica, Freud apresenta outra alegoria espacial, agora com três tipos de inconsciente: um deles pode ser recuperado e, portanto, faz mais sentido considerá-lo pré-consciente; outro, constituído pelos conteúdos recalcados, seria o inconsciente trabalhado no que chamamos primeira tópica e que agora é definido como parte do ego; o terceiro, correspondente ao território do id, seria como que o inconsciente por construir.

Esse acréscimo só será devidamente elaborado pelos círculos psicanalíticos a partir da década de 1970. Em termos simplificados, até então tínhamos basicamente três paradigmas clínicos: o neurótico, centrado no recalque; o psicótico, com foco nas cisões do ego; e o perverso, centrado na onipotência advinda do sentido obtido por uma espécie de *bypass* na sexualidade infantil. Os três tinham em comum a ideia de um inconsciente construído. Por outro lado, os casos traumáticos e as ditas patologias contemporâneas iam se tornando correntes nos consultórios, exigindo ajustes na nossa prática clínica e fazendo ver que, para preencher o vazio representativo e de pensamento que acompanhava tais patologias, era necessário renovar o nosso repertório com a construção de narrativas que correspondessem a elas. Como sempre ocorreu no desenvolvimento da prática analítica, o que antes é um paradigma clínico se torna visível em todos os casos, ou, como observa Ferro em seu comentário, o que surge da prática com os casos *borderline* torna-se o cotidiano, expande-se para o conjunto da abordagem clínica.

A definição de patologias *borderline*, ou casos-limite, tornará obrigatória a reaproximação com o inconsciente por construir da segunda tópica. Green, nas *Conferências Brasileiras: Metapsicologia dos Limites*, foi talvez quem melhor definiu esses estados, ao descrevê-los como patologias de fronteira,

São Tantas as Verdades, 1988, *tinta acrílica e pedras sobre tela, 213 x 106 cm*

no sentido de apresentarem problemas de limites ou contornos. O contorno de uma emoção é dado por uma ligação com representações que atribuem "tamanho" a ela. Na ausência das fronteiras, a experiência psíquica não se contém no aparelho de "pensar pensamentos" e, assim, esparrama-se como ação pelo campo clínico. Tornaram-se frequentes os escritos sobre esses "casos difíceis". Didier Anzieu publica na época o seu imprescindível *Eu-Pele*.

Trata-se de patologias da construção de fronteiras, e eu me pergunto: como se constroem as fronteiras psíquicas? Como se faz a fronteira consciente-inconsciente? Laplanche, em seu livro *A Angústia* (1989), investigando metáforas possíveis para fronteira, pensa na separação entre dois meios de densidade diferente e imagina um bastão mergulhado na água: o observador o veria como que partido em duas direções, presente ao mesmo tempo na água e no ar. A fronteira também poderia ser vista como um território em si e, portanto, exigiria que a definíssemos como tal e não como mera linha virtual separando dois espaços diversos.

Creio que a resposta a essa questão vem da ideia de Bion (em *Elementos de Psicanálise*) de barreira de contato, na qual, por justaposição de elementos alfa, há necessariamente uma face manifesta e uma face latente. Desse modo se criariam simultaneamente os dois territórios, o do inconsciente e o do consciente. É como se criam as fronteiras e territórios – sempre insuficientemente delimitados – do vivo e do morto, do masculino e do feminino, das diferenças entre as gerações e de todas as qualidades psíquicas. Assim, a criação de elementos alfa ou relatos oníricos será essencial ao desenvolvimento do psiquismo humano e, em consequência, à aptidão para fazer face à vida – precariamente, não nos esqueçamos, sempre de maneira insuficiente.

A vida não se repete, é claro, e não podemos abrir mão nem do hábito nem da tradição. Mas esta sempre poderá sempre relida, e sua releitura será feita sempre no presente. Será sempre necessário um processo de – inventemos um termo – *reonirização*, processo que alcança os próprios sonhos. O trabalho de construção do expediente da vida mediante o pensamento é didaticamente explicitado por Bion com a grade, por A. Green (nas *Conferências Brasileiras: Metapsicologia dos Limites*) com

o trajeto das pulsões passando por várias barreiras até o consciente, pelo casal César e Sara Botella (*La Figurabilité psychique*) e as teorias de figurabilidade, por J. Grotstein (*A Beam of Intense Darkness: Wilfred Bion's Legacy to Psychoanalysis*), por T. Ogden (*Projective Identification and Psychotherapeutic Technique*; *Os Sujeitos da Psicanálise*) e atualmente, de maneira ainda mais clara, pela obra teórica e clínica de Antonino Ferro.

Para Ferro, a necessária alfabetização das emoções passa pelo desenvolvimento de um aparelho de sonhar, de relatos oníricos que expressem as experiências emocionais em curso. Não se trata de buscar a resolução de problemas, como fazem as psicoterapias e as correntes positivistas de psicanálise. Nosso projeto é descobrir variáveis e incógnitas na equação das relações. É dessa forma que o expediente para a vida se amplia. Como em *Gênesis*, poderíamos dizer, creio, que no início havia a ação e a expulsão. Em seguida, pela construção de narrativas oníricas, cria-se o consciente e simultaneamente o inconsciente. Aparece o Verbo. Poderíamos até adotar uma nova divisa, quase uma "nova tópica": "Onde havia ação, que possa haver o inconsciente."

A formulação de Ferro também nos livra da falsa dicotomia que opõe um psiquismo construído a partir do ambiente – como muitas vezes tem sido compreendido o pensamento de Winnicott ou o pensamento de Laplanche sobre sedução primária – a um psiquismo construído a partir das pulsões – como querem outras leituras freudianas. A construção se daria de fato simultaneamente, num campo de forças onde se afirmariam tanto o ambiente como o corpo. Aqui a teoria crítica kantiana viria em nosso socorro, como já o fizera em outras circunstâncias teóricas com Bion, quando este abordou a impossibilidade do conhecimento último. O meio exterior pesaria na criação do nosso psiquismo a partir de intuições *a priori* que, em termos psicanalíticos, seriam dadas pelo modo corporal pulsional. Toda e qualquer experiência é apreendida, colorida e narrada passando necessariamente pela lente interpretativa determinada pela intencionalidade das pulsões. Nessas narrativas estará a síntese de endógeno e exógeno, instâncias que apenas para efeitos pedagógicos podem ser apresentadas em conjuntos teóricos separados.

Finalizando esta variação, gostaria de argumentar em favor de uma "linguagem freudiana". Creio que seria possível reonirizar a linguagem de Bion voltando a Freud – claro, um Freud relido já a partir de uma leitura prévia de Bion. Tentar lê-lo tal como o fizeram seus contemporâneos, como observado acima, seria inútil, infrutífero, além de impossível. Não sabemos psicanálise como conhecimento consciente. Ela será conhecimento passível de aplicação em expediente clínico somente ao se tornar como que carne da nossa carne, e o conhecimento carnal se faz quando habita também o território do inconsciente. Será conhecimento somente se pudermos criar sonhos novos ao nos aproximarmos dele. Certos autores nos propiciam uma aproximação linear e direta com o conhecimento. Outros, como Freud, nos põem a trabalhar, a criar novas imagens para um saber que contempla o inconsciente e o consciente e que só pode ser metafórico e onírico. Será sempre um conhecimento limítrofe, um conhecimento de fronteira, necessariamente pioneiro e inseguro. Será sempre um conhecimento em crise. Aí, creio, está um ponto essencial da crítica que Ferro faz em seu comentário a propósito da pouca criatividade presente em nossas instituições. Instituições que pretendem transmitir um conhecimento seguro e garantir o controle sobre a reprodução dos analistas. Quem antes na história, despoticamente, pretendeu tanto?

Além disso, a linguagem ou as metáforas freudianas permitiriam retirar um tanto da obscuridade que caracteriza a notação bioniana e que se impõe até como alvo de preconceito. Hoje, tendo o pensamento freudiano se tornado patrimônio da humanidade, o diálogo da psicanálise com outras disciplinas do território das humanidades talvez fosse mais produtivo se aproveitássemos esse espaço comum de linguagem. A proposta, é claro, inverte o sentido da notação de Bion, cujo objetivo era justamente fazer frente ao engano, comum entre nós, de confundir o nome com o conhecimento. Com uma nomenclatura nova, Bion forçava seu leitor a pensar. Hoje, contudo, quando sua obra já se tornou canônica, poderíamos nos perguntar se não é a nomenclatura proposta por ele que vai se automatizando em certos meios. Com o que concordamos de fato diante da aparente familiaridade de nomes e notações?

5. SEGUNDA VARIAÇÃO: "O PESCADOR DE PALAVRAS"

Inspirado em trabalhos de Bion, Ferro e outros, propus em mais de uma ocasião que, se onde havia ação a tarefa do analista seria trabalhar para que houvesse narrativas oníricas, poderíamos pensar a psicanálise como um conhecimento similar ao conhecimento que vem das artes. Ocorreu-me que as histórias em quadrinhos poderiam fornecer uma metáfora para a técnica clínica. Pelo seguinte: o paciente fala; o analista ouve e fala sobre o que ouviu – esse esquema, relatado com frequência nas supervisões institucionais, reflete uma tendência dos iniciantes: ouvir o paciente procurando os conteúdos implícitos em sua fala, numa reprodução do modelo freudiano que se fixou no imaginário leigo. A psicanálise explica: por detrás do discurso manifesto há conteúdos latentes a serem identificados e levados ao conhecimento do paciente. Como recurso pedagógico, teríamos um modelo em que as falas do paciente e do analista ocupariam aqueles balões onde lemos o que dizem as personagens dos quadrinhos, cabendo-nos então descobrir as figuras que estariam dando sentido atual àquelas falas. A tarefa da psicanálise seria desenhar a cena correspondente às palavras nos balões. Nos termos de Bion, corresponderia a realizar a função da comunicação, a tornar comunicável a ação que se exerce pela palavra, um pouco além do que propôs Green ao falar da transferência sobre a palavra, compreensão que mais uma vez nos poria no âmbito da primeira tópica freudiana. O recurso dos quadrinhos estimularia uma escuta "binocular": ouviríamos o que se diz na sessão e, ao mesmo tempo, "alucinaríamos" a cena atuada no encontro. Ambas essenciais, uma mirada atribuiria sentido à outra.

Em "Sexualidade Como Gênero Narrativo, ou Dialeto, na Sala de Análise", Ferro vê bem a fala como um tipo de ação que permite ao paciente penetrar, controlar, alimentar o analista, à parte infinitas outras funções que, premidas pela pulsão e isentas de ligações representativas, operam sem limites. Não ganham o contorno ou delimitação que uma representação estética lhes daria. Espalhando-se indiscriminadamente sobre

O Pescador de Palavras, *1986, tinta acrílica sobre tela, 105 x 95cm.*
(BRÜCKE, HAUS, RABABA)

o campo analítico, são o excesso que Freud formula como o "econômico" da pulsão. Conforme lemos nas *Conferências Introdutórias*, o traumático é fruto de uma relação entre o estímulo a ser representado e a capacidade de elaboração de quem está diante desse estímulo. O traumático, assim, seria sempre um fato "econômico". Sem ligação com nenhuma representação, o que se apresenta tem a dimensão do excesso, torna-se como que uma inundação e busca expressar-se mediante uma ação que se impõe à semelhança do pulsional. Seguindo a definição freudiana, o traumático é o que está à espera de um narrador – o narrador benjaminiano, capaz de achar palavras para as histórias que o soldado que voltava da guerra não tinha como contar. Como se vê, estamos aqui em terreno familiar, muito próximos

de Bion e Ferro, o qual nos lembra, em seu comentário, que o encontro analítico propõe algo de novo, algo desconhecido que necessita de um sonho, de uma atividade onírica de vigília capaz de dar à experiência a possibilidade de ser pensada.

Note-se que no modelo da pintura do campo de flores que abre *Transformações*, um livro essencial de Bion, inspirador para o pensamento de Ferro, a construção estética implica qualidade plástica e pictórica. Assim como nos sonhos, a transformação é de ordem visual, ou, como diz Rocha Barros (em "Affect and Pictographic Image: The Constitution of Meaning in Mental Life"), cria-se um ideograma pictórico afetivo que deverá cumprir um trajeto de elaboração capaz de colocá-lo no campo de um possível compartilhamento. A representação resultante será não apenas um instrumento comunicativo, mas também uma criação artística. Em relação a esse modelo, a criação do desenho nos quadrinhos poderia ter alguma vantagem, pois seu caráter prosaico nos afasta de uma pretensão não tão rara entre nós: a de sermos praticantes de uma grande arte. Talvez fosse mais útil se nos pensássemos como artistas anteriores ao Renascimento e à ideia do gênio ou do herói artista. Melhor seria se nos víssemos como artesãos, meros praticantes de um ofício de eventual inspiração estética.

Nesse contexto, tomando a arte como construção peculiar do conhecimento na qual o singular adquire traços do universal, cada situação analítica, a exemplo das obras de arte, criaria um mundo em si, único e irrepetível a não ser como falsificação ou imitação de si mesmo. Pode decorrer daí um problema ético: a perda de foco na tarefa específica do analista, a par da ausência de qualidade artística e psicanalítica. A produção científica não obriga à explicitação da autoria ou à nomeação do formulador de uma lei ou teorema; na arte e na psicanálise, ao contrário, a nomeação da autoria é imprescindível. Cada teoria e cada descrição leva o nome de seu autor, e é assim também na nossa prática clínica. Talvez nenhum campo do conhecimento carregue tão intensamente a marca da singularidade como a psicanálise. No nosso caso, talvez a extrema pessoalidade do campo teórico e da prática clínica gere uma insegurança extrema que nos faz buscar a segurança de uma teoria definidora. Ao mesmo tempo, talvez em nenhuma outra

área de conhecimento se busque tanto uma "tribo" e se travem lutas tão fratricidas. Segurança e tradição não são propriamente a regra do viver dos artistas, e podemos pensar que também não deveriam ser a dos analistas.

Essas desventuras analíticas no campo da estética evocam uma outra: quando produzimos uma obra junto com nosso paciente, somos apenas dois os virtuais espectadores do evento. Se quisermos relatá-lo, o resultado será de um reducionismo inevitável, mesmo nos raríssimos casos de analista com talento de escritor. Reforçando ainda mais o caráter trágico da nossa arte, se o evento analítico for mesmo relevante, tenderá a ser recalcado e repousará em devido esquecimento no território das nossas realizações: descansará no inconsciente e como tal será esquecido pelo irrisório grupo de dois espectadores. O que lembraremos de uma análise serão alguns acontecimentos pontuais, algumas construções anedóticas.

Embora ocupasse insistentemente minhas reflexões, o vértice estético se mostrava insuficiente. A revelação da verdade "na clareira" de um acontecimento (Heidegger) trazia todos os problemas envolvidos na questão da captura da realidade última. A questão da arte como verdade tinha uma inspiração clássica, enquanto a microscopia do gesto analítico associava-se a uma estética de corte heideggeriano, e em ambas as vertentes a verdade era capturada, o que estava em franco desacordo com minha prática cotidiana na clínica. Nesta, nem bem algo era visualizado e imediatamente já se tornava anacrônico. A cada experiência em que eu acreditava ter "sacado" este ou aquele paciente, a sequência me desmentia, colocando-me novamente diante do desconhecido. Era exatamente como nos dizem os relatos clínicos de Antonino Ferro: esse permanente estranho não cessa de nos desafiar. Além do mais, se eu ocupava o lugar daquele que sabe, meu paciente se tornava também meu cúmplice – ambos nos sentíamos mais tranquilos. Parecia haver ali algum pressuposto equivocado que inevitavelmente direcionava o trabalho por um caminho sem saída, mas quem se oporia ao nobre anseio de alcançar a verdade?

O contato com Lévinas, de quem tivera as primeiras notícias lendo Zygmunt Bauman, representaria para mim uma inflexão crucial que exponho aqui por acreditar que novos modos de

conceber a aproximação com o conhecimento sempre podem fazer reviver velhas divisas, de tal modo que, em meio a novas redes associativas, modifica-se ou aumenta a altura de onde nossa observação empírica pode ser feita. Os aspectos do pensamento de Lévinas que serão destacados a seguir integram um campo conceitual certamente familiar a quem se aproxima de Bion e Ferro.

Em *Totalidade e Infinito*, de 1961, Lévinas nos faz ver que o conhecimento de um objeto como o infinito propõe um dilema específico ao pensamento. O infinito traumatiza seu conceito, é um objeto excessivo em relação a ele. Se o *conceito* de infinito pudesse abarcar o *objeto* infinito, este seria destruído nessa captura. Dadas suas características intrínsecas, o infinito não caberá numa definição, sob pena de se desfazer e se desnaturar. A ideia de Lévinas confronta a ideia de Descartes de que o infinito tem origem endógena. Na medida em que é impossível ao homem conceber ou criar algo que o ultrapassa, diz Descartes, a existência dessa concepção em nós seria uma das provas da existência de Deus. Com Lévinas, estamos mais próximos do que dizem os *Testamentos* acerca da impossibilidade de nomear a divindade, mas para ele a ideia de infinito não vem de Deus – ela nos é imposta pelo *rosto de outro ser humano*. É exógena, portanto. Esta ideia me serve!

O infinito gerado pela presença do Outro, do Estranho, nos traumatiza, afronta a possibilidade que temos de conhecê-lo ou de defini-lo. Diante dele, nós nos curvamos e permitimos que se expresse, e não haverá lugar para catequização ou conversão. Várias são as consequências dessa escolha. A primeira muda nossa direção de escuta: o outro não pode ser capturado numa totalidade positiva do conhecimento, nem se revelará a nós "na clareira" de nossa experiência poética com ele. Sua presença colocará nossa existência em questão. Em epistemologia, ocorre uma deflexão essencial: a ética precederá a ontologia. O conhecimento se iniciará por um gesto ético: nós colocamos nossa presença sob suspeição, suspeitamos nela a indignidade de querer capturar o outro, de querer naturalizá-lo segundo nossas categorias. Lévinas faz a crítica da totalidade como categoria do conhecimento presente em toda a filosofia ocidental. Nessa tradição, afirma, conhecer equivale a transformar o outro

no mesmo, o estranho no familiar. O processo inevitavelmente destrói a alteridade, equivalendo essa naturalização à destruição do infinito do outro.

Se concordarmos que o conhecimento se inicia por este gesto ético que é permitir a existência do estrangeiro, em nossa prática clínica a atenção flutuante equivalerá à submissão ao traumatismo que causa em nós o infinito do rosto do outro. A associação livre, por sua vez, equivalerá a permitir que o estrangeiro permaneça como tal. Nós o receberemos à nossa mesa sem o submeter às nossas categorias. Permitiremos que fale, que imponha o seu ser, que seja o que é: Estrangeiro.

Essa tentativa de captura da alteridade, de posse do conhecimento do outro, não deixa de ter um substrato ideológico. Lembremos a ideia de Hannah Arendt desenvolvida em *Eichmann em Jerusalém*, sobre a banalidade do mal, em que se aproximar do outro é desumanizá-lo, é tirar do sujeito do conhecimento e da ação a possibilidade de pensar. Podemos considerar que, *mutatis mutandis*, o conceito se aplica não apenas à Alemanha nazista ou a remotas sociedades totalitárias. Talvez fosse um exercício interessante refletir sobre o que há de ideológico no nosso fazer clínico e, por que não?, sobre em que medida abrigamos a banalidade do mal em nós. Usamos expressões aparentemente inocentes e prosaicas como "o material que o paciente trouxe", "a dinâmica do paciente"... e ei-lo capturado numa definição que o esteriliza!

Estamos novamente em plena familiaridade com o comentário de Ferro, creio, nesse desenvolvimento que aponta para tópicos em que ele se detém insistentemente: a diferença entre interpretação *da* transferência e interpretação *na* transferência, a diferença de qualidade entre interpretações saturadas e insaturadas. Poderíamos nos perguntar, aliás, se aqui não caberia falar em interferência e não em interpretação. Imaginemos um exemplo banal: o paciente diz "Estou com raiva", e o faz calmamente, ao que nós exclamamos: "Com raiva!" Ao passar da afirmação calma para a exclamação, estamos "colorindo" a fala: o que era bege se torna vermelho. É uma interpretação, mas é primeiro uma clara interferência no que se passou no quadro analítico. Situações como essa ocorrem inúmeras vezes nas nossas salas de análise, sem nos darmos conta, o que abre um

grande capítulo para debate. Aliás, Ferro encerra seu comentário com uma ótima questão: "Eu certamente concordo que o funcionamento mental do analista numa sessão é mais importante do que o que ele diz ou interpreta." Aqui, sua ideia de campo analítico – campo como interação total dos dois participantes, criando uma cena onírica – pode sem dúvida ser tomada como baliza para futuras reflexões.

6. TERCEIRA VARIAÇÃO: "JOGOS PERIGOSOS"

Por esse caminho idiossincrático, volto à ideia freudiana de sublimação e às formulações de Bion e Ferro sobre a construção do pensamento. O conceito de sublimação trai um resquício agostiniano presente no pensamento ocidental. Aceita a ideia de que a sexualidade preside os comportamentos humanos, o que pode ocorrer é a passagem a uma abstração simbólica maior dos modos sexuais, isto é, a passagem do ato a uma expressão na esfera do pensamento. Assim sendo, existe abertura para considerar que nos aproximamos do conhecimento também por intermédio dos modos sexuais.

Transformar o desconhecido em familiar, fazer do outro o mesmo, torná-lo possessão minha configura, num nível abstrato, o ato oral da sexualidade infantil. Como é gratificante aplaudir uma música conhecida num show, como apreciamos um desenvolvimento de argumento que coincide com as nossas concepções prévias, como nos agrada confirmar, em tantas e tantas experiências, que no outro encontramos a nós mesmos! Também podemos situar nesse campo sexual as depurações conceituais: pensamos em livrar um conceito de todas as impurezas e eliminamos tudo o que não possa ser absorvido, para que ele resplandeça em sua higienização. E não nos esqueçamos do apreço pelo controle – de *settings*, de colegas, de instituições. São infindáveis os comportamentos e representações em que predomina essa posição sexual. A posição genital será a única que, depois do encontro, considerará o objeto permanente em sua presença.

Sabemos que Freud, apesar de ter falado de sublimação em diversos momentos, recuou, por razões de fato desconhecidas,

Jogos Perigosos, *1989/1990, acrílica sobre tela, 60 x 50cm*
(esses jogos perigosos / não são guerra / nem estão no mar ou no espaço / mas por detrás de óculos / e um par de jeans)

da ideia de escrever um artigo metapsicológico acerca desse discutível conceito, que em sua obra diz respeito sempre à ideia de dessexualização. Os objetivos da sexualidade são abandonados em favor de grandes realizações da humanidade. Como sabemos, o biógrafo Ernst Jones afirma que ao redor dos quarenta anos Freud abandonou as práticas sexuais conjugais, mas que isso não foi problema em razão da grande capacidade de sublimação de seu biografado. Não há como comprovar a veracidade da afirmação, mas ela expressa toda a óbvia problemática do conceito.

A ideia de uma troca do corporal por esferas superiores tem um nítido matiz ideológico. Não a encontramos no mundo pagão e tampouco no mundo judaico. Inspirada em Plotino, torna-se em santo Agostinho uma ideia clara que prospera na cristandade e por essa via se instala na cultura do Ocidente. Está presente em todos nós, portanto, e uma leitura atenta dos nossos relatos clínicos comprova até que ponto é comum esse dualismo, essa divisão em esferas inferiores – equiparadas à corporalidade e à matéria – e esferas superiores – equiparadas

a uma pura espiritualidade. No próprio Freud essa concepção de sublimação se opõe à ideia de energia ligada, de elaboração do trauma e de inconsciente por construir. Na escola kleiniana ela será substituída com vantagem pela ideia de simbolização. Laplanche, em *Problemáticas III: A Sublimação*, insurge-se contra o abandono da sexualidade em favor do não sexual e afirma que a melhor maneira de descrever a sublimação seria tomá-la como a passagem da sexualidade concreta para sua representação pensante. Em *Estados Sexuais da Mente*, Meltzer vai se referir aos modos sexuais como formas de organização do pensamento em modos de estar no mundo.

Vemos, assim, como a formulação bioniana de construção do pensamento – ou, como diz Ferro, de dar possibilidade de pensamento às emoções – encontra em diversas tradições um terreno fértil para se disseminar. A coluna vertical da grade nos fala disso: da passagem de elementos psíquicos próprios à evacuação ou à ação, concretos e inóspitos, para o movimento do pensamento e o trabalho sobre eles, de modo que se constituam em elementos passíveis de abordagem reflexiva, desde narrativas para uso em situações cotidianas até os mais altos espaços de abstração, até os mais complexos sistemas estéticos, filosóficos e éticos. Não deixo de lembrar que Bion apresentou a grade como mero instrumento, como ferramenta útil ao exercício de um pensamento psicanalítico, propondo que cada um construísse sua própria grade. O conjunto da obra de Antonino Ferro mostra sem dúvida o êxito de um trabalho que aceitou esse desafio.

Mas voltemos à questão da sexualidade, tema tão esquecido no ambiente analítico e amiúde equiparado ao comportamento concreto da própria sexualidade. Tomemos a obra de Melanie Klein, que se inicia com atribuição de fortes componentes carnais à sexualidade infantil e vai se direcionando para uma linguagem mais abstrata. Na sua teoria das posições, por exemplo, o elemento carnal das intensidades apaixonadas com facilidade se perde. Outro exemplo: quando falamos em identificação projetiva, temos de fato em mente que ali se agregam diversas formas sexuais em ação? Nesse famoso e essencial conceito há em primeiro lugar um mecanismo de expulsão que é correlato ao mecanismo anal. Há o controle do objeto para que este se comporte de maneira a confirmar o êxito da projeção realizada em direção ao interior

do próprio objeto, o que se relaciona com o conceito freudiano de analidade retentiva. Ocorre por fim a reincorporação do que havia sido expulso, o que se referirá a mecanismos orais.

Vale lembrar, a identificação projetiva se dá em ambientes de alta intensidade apaixonada e seu funcionamento pressupõe o excesso. Somos confrontados desde o nascimento com o que está além da nossa capacidade de elaboração. A devoção de outro ser humano – que no início da vida corresponderá à função materna – é o que possibilitará um passo a mais em nossa humanização. Essa profunda e prolongada dependência do ser humano, dirá Freud no *Projeto Para Uma Psicologia Científica*, será a raiz de todos os motivos morais e presidirá o nascimento da nossa ética. Uma moral se estrutura não a partir de raiz superegoica, paterna, mas, sim, de uma ética de raiz materna. Temos aqui, acredito, o tema ético central da psicanálise na atualidade: a relação humana que propicia a conjunção continente-contido e que permite, mediante a capacidade de *rêverie*, a elaboração conjunta de sonhos, o trabalho onírico no sono e na vigília onde antes isso não existia.

Bion usou os símbolos gráficos do feminino e do masculino para representar a relação continente-contido (aliás, notação muito econômica que se tornou um costume entre os autores que nele se inspiram). Assim, a construção onírica está posta como fruto de uma conjunção masculino-feminino, ou seja, é criação simbolicamente análoga ao nascimento de uma criança. Não será outra a marca do surgimento do Verbo. Criança e Verbo, na nossa tradição cultural, têm seu nascimento atribuído ao sagrado. A natureza se repete, mas o milagre é único, ensinavam os profetas. O milagre é criação do humano. Afinal, nem para comer somos orientados pelo instinto. (A dinâmica entre costume/tradição/repetição e novo/único/milagre merece consideração à parte; volto a ela adiante.)

À exceção da genitalidade, todas as fases da sexualidade ou todos os modos sexuais trazem implícito o domínio do objeto. Assim é com as formas da oralidade e as formas da analidade: quando voltadas para o objeto do conhecimento, precisam transformar o outro no mesmo. Daí resulta uma peculiar aritmética: 1 + 1 = 1. A única forma sexual que respeita a alteridade e na qual ambos os participantes sobrevivem ao encontro é a genitalidade. A matemática aí também resulta peculiar – 1 + 1 = 3 –, pois de

certa forma, para nós, psicanalistas, quando 1 + 1 = 2, nada ocorreu de fato, não podemos nem falar em *encontro* propriamente. A solução repete o problema, ou, em outros termos, o que temos é mera tautologia.

A genitalidade percorre um intrincado campo de perigos e angústias específicos. Supõe abandonar o próprio terreno para se perder em outra subjetividade, supõe confiança na possibilidade de acolhimento pelo par, supõe o risco de perder os limites. Há o encontro, e depois dele será preciso percorrer os angustiosos trajetos do retorno a seu espaço próprio, ao descanso na solidão. Lembremos o famoso dito de Cícero: *Post coitum omne animal triste, nisi gallus qui cantat* – "Todo animal é triste após o coito, menos o galo, que canta." Depois de tantos perigos, vê-se como será essencial esse pequeno acréscimo de sentido próprio a cada encontro e, de vez em quando, a recompensa da construção do novo, do Verbo, da Criança. Criado o sentido, um breve tempo de neutralidade, de descanso pulsional, ao qual logo se seguirão novamente as demandas da pulsão, do mundo ou da própria criatura criada, cujo desenvolvimento exigirá os cuidados da nossa devoção.

Se isso é verdade, deverá estar claro, para os participantes da cena, que a criação da narrativa ou a construção onírica resulta de uma conjunção sexual fértil entre eles – é obra de ambos. Ferro escreve em "A Sexualidade Como Gênero Narrativo, ou Dialeto, na Sala de Análise":

Na sala de análise *"se faz apenas e ininterruptamente sexo"*, no sentido obviamente de que um se relaciona com o outro e isso *é sexo*, ainda que as necessárias normas de abstinência impliquem fazer sexo de um modo "casto", mas não casto quanto às emoções que são ativadas e vividas ali nem à fantasmatização em termos sexuais das contínuas cópulas entre *mentes*. (p. 106)

O gesto analítico ficará incompleto sem essa explicitação. Correrá o risco de permanecer ato sem construção, paixão sem pensamento. Explicitada a produção conjunta, aí, sim, pode vir o breve momento de neutralidade analítica.

Aqui é essencial a distinção que Ferro estabelece em seu comentário entre metaforização e *rêverie*. No primeiro caso, tudo se passa como se a metáfora contivesse um núcleo de

verdade, como se fosse o invólucro de uma verdade que é revelada ao paciente. Há uma fixidez nesse lugar de fala: fazer a revelação é o papel do analista. Não há margem para o jogo, para a infinidade de lugares e personagens que a dupla é chamada a representar no campo analítico. Na *rêverie*, diferentemente, analista e paciente gestam e dão à luz uma narrativa onírica. Nessa parceria, a fala do analista não é endereçada ao consciente do outro. É, sim, elemento onírico de uma construção que habitará simultaneamente o inconsciente e o consciente do interlocutor. Ferro nos diz em *Tormenti di anime*:

Interessa-me substancialmente desenvolver no paciente e em mim a atitude onírica das nossas mentes: para tanto, opero com o desenvolvimento do continente (aqueles fios de emoção que existem entre mim e o paciente e que, se são tecidos e reforçados, permitem – como aos acrobatas no circo, que se sabem a salvo graças à rede de segurança – conteúdos cada vez mais intensos, permitem dançar entre um trapézio/mente e outro), com o desenvolvimento da função α, ou seja, aquele aparato capaz de transformar protossensorialidade, protoemoções em pitogramas, audiogramas, olfatogramas (elementos α). (p. 166)

Gostaria neste ponto de trazer uma citação de Joseph Conrad, que percebo ser também um autor querido de Ferro. A passagem está em *The Heart of Darkness* (*O Coração das Trevas*) e foi escrita no lindo inglês inventado pelo polonês Conrad:

The yarns of seamen have a direct simplicity, the whole meaning of which lies within the shell of a cracked nut. But Marlow was not typical (if his propensity to spin yarns be excepted), *and to him the meaning of an episode was not inside like a kernel but outside, enveloping the tale which brought it out only as a glow brings out a haze, in the likeness of one of these misty halos that sometimes are made visible by the spectral illumination of moonshine.* (p. 6; grifo nosso)
[As histórias de marinheiro têm uma singeleza direta, e todo o seu significado cabe numa casca de noz. Marlow, porém, não era típico (exceto em seu gosto por contar patranhas), *e para ele o significado de um episódio não estava dentro, como um caroço, mas fora, envolvendo o relato que o revelava como o brilho revela um nevoeiro, como um desses halos indistintos que se tornam visíveis pelo clarão espectral do luar.*]

A criação de sentido será o ápice que podemos esperar de um trajeto humano compartilhado ou do encontro de duas subjetividades, mas obviamente os outros movimentos sexuais

mantêm seu lugar e sua necessidade. Assim, os sonhos podem cumprir, e cumprem de fato, uma função de eliminação de excessos sem a qual, aliás, nós não sobreviveríamos. A pulsão de incorporação e eliminação está sempre presente em nós. E nunca é demais lembrar que não estamos falando de funções corporais concretas, mas de sua representação psíquica. Desse modo, o anatomicamente genital pode ter representação psíquica como incorporação do precioso ou, num trajeto inverso, como eliminação de incômodos e angústias, quando o corpóreo é assim definido pelo emocional. É importante esclarecer: o que foi dito aqui seria evidentemente desnecessário, não fosse a frequência com que vemos a função continente ser equiparada a uma função do seio, a uma função de acolhimento maternal e bondoso. Ou se não fossem frequentes as tentativas de relacionar a função continente – que é sexual, permeada de paixões, e passa pelo novo e pelo traumático a cada reapresentação – com o conceito winnicottiano de função de *holding* materna (pensado em outro conjunto conceitual) – que também sofre as agruras da intrusão da bondade –, onde o que há é apenas vida.

Se está correto que o gesto do analisando passa pela necessidade de ser e que em consequência o gesto analítico passa pelo traumático de receber o que lhe excede – ou seja, a alteridade –, então a bondade será uma desfiguração da tarefa analítica. Será, portanto, um problema ético. Por que motivo a poética da genitalidade, em sua aventura pela sempre desconhecida presença infinita do outro, mereceria ser representada em nossos textos por algo tão econômico como o símbolo gráfico masculino-feminino? Talvez tenhamos mais coragem para a guerra do que para paixões e amores. Não somos Ulisses, não somos Dante, mas o que nos impede de narrar as incríveis aventuras que vivemos quando partimos com nossos pacientes em busca do sentido? Temos de confiar no acolhimento dos nossos pares, ou nossa conversa terá sempre o destino de uma guerra em que a minha linguagem buscará, mais que tudo, a hegemonia. A ruptura do hábito, ou melhor, o confronto entre a necessária presença das memórias e seu caráter obrigatoriamente anacrônico, se dá no âmbito da mudança catastrófica, em que Ferro insiste sempre. A percepção do novo como excesso certamente estará por trás de muitos dos nossos fracassos.

7. QUARTA VARIAÇÃO:
UMA NARRATIVA CONSTRUÍDA POR IMAGENS: "LEO NÃO CONSEGUE MUDAR O MUNDO"

Comentei acima como recriamos a cada momento os nossos clássicos e como eles se desnaturam e se perdem quando se tenta imobilizá-los em tradições cristalizadas. Um costume de nômades me foi descrito uma vez: ao chegar de uma longa viagem, os viajantes descem de suas montarias, de seus camelos, sentam-se numa roda e ficam em silêncio. Diz a tradição que o corpo chega primeiro e, por isso, eles permanecem assim, como que descansando, quando de fato estão dando tempo para que a alma também chegue e alcance seu corpo. Apenas depois desse breve ritual de espera é que eles se consideram prontos para entrar em casa.

Estamos sempre vivendo situações novas e devemos representá-las. Penso que essa pequena história exemplifica bem o que nos acontece em qualquer trajeto da vida: uma nova situação, uma nova idade, um novo encontro, um novo impasse e assim tudo. O trauma está no nosso cotidiano. Inevitavelmente, a vida nos antecede e tentamos alcançá-la sempre um tanto atrasados. Somos orientados por memórias, hábitos e tradições. Poderia dizer que temos um sistema ecológico de crenças e linguagem no qual nos sentimos em casa. Isso vale para a profissão que escolhemos: temos nossas crenças e concepções teóricas e clínicas, assim como a linguagem com a qual as expressamos. Mais que isso, gostamos de frequentar ambientes que parecem falar a nossa língua, onde encontramos o que esperávamos encontrar.

Caminhamos em meio a memórias e reminiscências, e nada a criticar aí, pois assim é, simplesmente. Vivemos num ambiente de ideias. Quando esse ambiente é inconsciente, no consultório buscamos os relatos que correspondam às crenças do nosso paciente e classicamente dizemos que trabalhamos a esfera neurótica. Se essas soluções se mostram insuficientes, se há, explícita e inescapavelmente, necessidade de novas histórias, se constatamos carência de narrativa, podemos dizer que adentramos em área traumática. A situação analítica – a meu ver, a grande invenção da psicanálise –, não favorece a

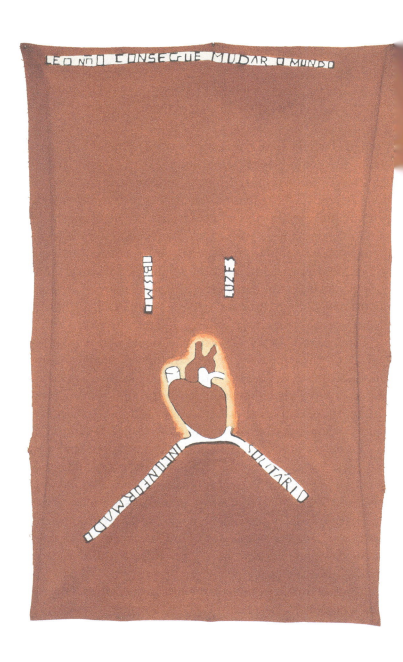

Leo Não Consegue Mudar o Mundo, *tinta acrílica sobre lona, 156 x 95cm*
(abismo / luzes / inconformado / solitário)

presença do hábito. Observo como é estranha a lembrança do tempo longitudinal e linear na situação clínica. O apelo pulsional do encontro de duas subjetividades que concordam em se desarmar ao máximo do hábito configura um susto permanente. Esse balanço entre a tradição e o hábito – sem este não teríamos repouso ou moradia possível – inevitavelmente se chocará com o anacronismo surpreendente das narrativas espectrais, noturnas e oníricas. Vez por outra não escaparemos, não encontraremos o caminho de casa, nós nos perderemos no estrangeiro, e é aí que algo novo se criará. Nascerá inevitavelmente sob o signo do traumático. Expandindo a imagem do nascimento, teremos algumas "crianças" na análise e muito trabalho para que possam se desenvolver. Mas nem a própria educação do novo habitante encontrará rotas preestabelecidas, pois assim se caminha em nossa impossível profissão. Não somos apologistas do novo, mas por dever de ofício – por nossa ética e nossa prática – nos curvamos a ele. Somos submissos ao traumático que o infinito da presença da alteridade noz traz. Sonhos que se repetem, sabemos há muito, pertencem ao território do que permanece isento de pensamento, ao buraco negro do traumático.

Freud nos falava dos sintomas como maravilhosas construções estéticas. Pensava-os construídos à imagem dos sonhos. Mais uma vez: o campo clínico estava posto como inconsciente construído, sendo os sonhos o modelo para a elaboração de correspondências narrativas aptas a dar fluidez ao recalcado que buscava se apresentar na situação clínica. O sonho aparece então como um autorretrato que serve ao sonhador, mostrando-lhe o que ele já sabe sem saber que sabe e adquirindo assim um caráter aparentemente premonitório. Mesmo nessa forma clínica o sonho não é ponto de partida do trabalho, mas, sim, ponto de chegada. Constatamos que a lembrança de um sonho numa sessão é precedida de trajetos que permitiram seu aparecimento ali. Ao mesmo tempo, ele desencadeará novos sonhos, novas elaborações – há uma contínua reonirização. Quem sonha costuma comemorar seu sonho e o apresenta como uma obra digna de ser contada e compartilhada. Mas o sonho não será uma obra de arte, pois é uma produção individual que servirá apenas ao sonhador, ao contrário da obra de arte que sonha a humanidade,

em cuja abstrata generalização cada um pode reencontrar de algum modo a própria singularidade. Em parceria, paciente e analista terão como tarefa fazer o trajeto construtivo no qual o paciente passará de personagem de um sonho a autor de um sonho. Dará um passo a mais na autoria de si mesmo. Talvez por isso tantos sonhadores experimentem aquela sensação de êxito e tenham ímpeto de compartilhar sua criação imediatamente ao acordar.

Mas nada se comemora no território da ausência de sonhos. É o território do que diversas vezes, nesta coletânea sobre Antonino Ferro, se denominou "patologias contemporâneas", casos "difíceis" que, a bem da verdade, para justificar tal classificação teriam de ser acompanhados dos improváveis casos "fáceis". O território da ausência onírica ganhou seu lugar como o paradigma dos casos *borderline*, e como paradigma clínico, tal como na neurose e na psicose, houve a percepção de sua universalidade. Ou seja, como observa Ferro em diversas passagens, é um modo universal, podendo ser visto em qualquer análise, em qualquer paciente e em qualquer analista.

Neste ponto, em vez de um exemplo clínico, gostaria de propor um modelo estético a partir do trabalho de um artista plástico brasileiro de grande originalidade, José Leonilson, infelizmente morto jovem demais. Parto de dois pressupostos. O primeiro é o de que as construções estéticas são de algum forma o sonho da humanidade (Otto Rank) e são em si um modo de conhecimento. O segundo é o de que as formas artísticas são formas de discurso. Eu costumava imaginar se o analista poderia se sentar ao piano e, tocando, dizer algo assim a seu paciente: "O que você me mostrou me sugeriu esta série de acordes." Em princípio, sim, isso poderia ser feito – o obstáculo estaria em não termos o talento necessário para tanto –, e em princípio também poderíamos responder ao paciente com uma obra pictórica ou com um desenho, como nos é familiar na análise de crianças. Afinal, cada forma de arte traz em si um complexo sistema de linguagem. Talvez pudéssemos fazê-lo até no território da teoria.

8. NA LÍNGUA DOS SONHOS OU DA ARTE

Leonilson teve uma vida curta. Nascido em 1957, faleceu em 1993, aos 37 anos. Foi da primeira geração brasileira de pacientes com AIDS, doença que foi diagnosticada nele em 1991 e o marcou acentuadamente nos últimos anos de vida. Deixou um acervo extenso e rico que tem sido mostrado tanto no Brasil como no circuito internacional e, desnecessário dizer, recebe interpretações muito diversificadas de curadores, críticos e admiradores.

Retomando observações em artigo de 1997, gostaria de falar primeiro de *São Tantas as Verdades*, obra de 1988 que aparece como título da primeira variação (supra, p. 109) e que traz uma característica fundamental do trabalho de Leonilson: o casamento entre as palavras e a expressão plástica usa aqui um suporte peculiar – uma lona. Esta não deve ter chassi; deve ser pendurada, solta como uma bandeira. Percebe-se uma preocupação com a não delimitação óbvia do campo, já que não há moldura. É uma peça solta no ar, um pano que se move com o vento. Nela vemos figuras informes, com contornos e volumes que lembram algo orgânico ou embrionário. Ao lado, uma sucessão de palavras que não resultam num discurso identificável, embora algumas delas lembrem vocábulos de sonoridade inglesa ou portuguesa ou ainda flamenga. Uma das figuras com um pouco mais de organização parece tentar propor uma ordem poética que de fato não se realiza. Às palavras se juntam elementos inorgânicos em que se pode supor uma intenção estética: as pedras semipreciosas salpicadas sobre a lona. Há um único elemento definível no conjunto: uma escada. Seria talvez para ganhar altura e, talvez, estabelecer alguma ordem, alguma comunicação. Poderia haver aí uma tentativa de expressar, de comunicar algo de um mundo emocional, de uma época histórica.

Para os propósitos deste texto, gostaria de considerar que a linguagem plástica pode ter o mesmo estatuto da linguagem discursiva, seja conceitual, seja poética. Não será por serem os sonhos predominantemente imagéticos que a imagem terá uma hierarquia comunicativa inferior à da construção por palavras. Assim, diferentemente do que faríamos numa análise, os trabalhos inseridos no corpo deste texto não serão ponto de partida

para uma interpretação ou reflexão teórica. Já serão ponto de chegada, em si mesmos uma produção conceitual e teórica, apenas gerada em outro sistema linguístico. À sua maneira, eles dizem o que eu digo no texto que assino – também eles são uma variação do tema que se desenvolve aqui: alfabetizar as emoções. Gostaria então de propor um exercício de imaginação ao leitor, diante das pobres reproduções da obra de Leonilson que vão nestas páginas: olhar para elas como dizia Freud no prefácio à tradução hebraica das *Conferências Introdutórias*, permitindo-se a associação livre e observando em si próprio as resistências que elas possam provocar. Sabemos que toda interpretação é passível de uma nova interpretação, ou, como se costuma dizer, a verdade, se é que existe, está na procura da verdade.

O segundo trabalho a ser comentado intitula-se sugestivamente *O Pescador de Palavras* (supra, p. 116). É o que deu nome à segunda variação. Aquela figura lembra ou sugere uma forma humana. Embora seja uma construção anterior a *São Tantas as Verdades*, é mais definida. Ela em si sugere uma falta de definição. Em sua pescaria, tem diante de si palavras displásicas e numa língua por construir. Há uma correspondência entre o sem forma do pescador e a escassez de linguagem no campo. É uma busca que comove. Também construída sobre um fragmento de lona, supõe-se que, presa pelo alto, flutuará no espaço. A palavra RABABA sugere algo da língua portuguesa que, no entanto, não tem esse vocábulo; é como se ela definisse uma isca que, agora com palavras germânicas (por que será?), nomeia uma ponte e uma casa: BRÜCKE e HAUS. Talvez o pescador esteja buscando coisas – palavras ou figuras – para estabelecer ligações. Seria a necessária ponte que o levaria ao descanso de um retorno à casa? Um retorno a si mesmo que lhe daria vida e sentido? É estranha a atmosfera em que se realiza essa pescaria. Evoca algo da modernidade tardia, que arrasta no horizonte a globalização, com seu cortejo de palavras em línguas heterogêneas, com a perda de referências e a busca que esta determina. Criando simulacros de vocábulos em simulacros de idiomas, Leonilson acena para a perda de sentido, para a insuficiência das palavras conhecidas, que já não comunicam nada; faz pensar numa teratologia das palavras. Estaremos diante de

uma subjetividade por construir ou de uma subjetividade em processo de destruição? São muitas as possibilidades interpretativas. O porquê de responder essas perguntas também seria uma questão de importância não desprezível.

Leonilson fez esses dois trabalhos um pouco antes dos primeiros sintomas da AIDS. Não vai aqui nenhuma sugestão de interpretação. Menciono isso apenas porque, com a agudização da doença, ele desenvolve uma intolerância às tintas que usava habitualmente. Precisará de outro meio expressivo, e é nesse momento que surge a parte mais original de sua obra. Começa a bordar e a trabalhar sobre tecidos. Chamo a atenção para um elemento técnico do bordado: o desenho que vai surgindo do trabalho de agulha e linha faz um trajeto que passa pela frente e pelo verso de seu suporte. Tem, portanto, uma face visível ou manifesta e uma face invisível. Tem a peculiar trajetória do trabalho onírico. Dessa mesma fase é *O Ilha* (p. 137):

Constata-se desde o título uma intrigante desarmonia: em português, o artigo *o* define o masculino, mas *ilha* é um substantivo do gênero feminino. O artigo será realmente um artigo definido masculino? Também pode ser um pingo no *i* do denominado *Ilha*. Na parte de baixo, duas palavras bordadas em outra língua, agora o inglês: *handsome* e *selfish*, ou "bonitão" e "egoísta" – estaria Leonilson classificando sua personagem? Olhamos a figura e vemos algo vagamente humano, sem contorno definido, preenchido por pequenos objetos, entre os quais um coração. Alguns são dourados. Em equilíbrio instável, eles dão a impressão de que a qualquer momento as preciosidades interiores podem despencar do lado de fora. Não há nenhum limite indicando que a figura seria capaz de contê-los. Ela possui olhos e um aparelho de locomoção impróprios. Não possui orelhas, braços, nariz ou boca. Não é possível determinar seu gênero. Não parecerá a ninguém um desenho infantil. Na verdade, produz uma impressão de grande complexidade comunicativa. Em 1996, quando exposto no Museu de Arte Moderna de Nova York (MOMA), foi interpretado pela curadora Starr Figura como um ser orgulhoso que, em seu isolamento, enfrenta desafiadoramente um mundo que lhe é inóspito.

Podemos ver, já por esses poucos exemplos, que estamos diante de uma obra da intimidade, de uma viagem à escuridão

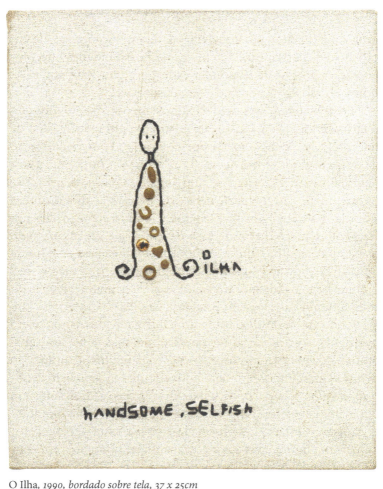

O Ilha, *1990, bordado sobre tela, 37 x 25cm*
(HANDSOME / SELFISH)

interior. A meu ver, esse registro plástico pode ser tomado como um correspondente da emoção em busca de sua forma e de seu contorno. Insisto: podemos estar diante do registro plástico de um conceito. Penso que valeria a pena discutir até que ponto a apresentação plástica pode ser mais aberta do que a palavra verbal (escrita ou falada), por irradiar tantas saídas interpretativas, tantos trajetos de reflexão. Um quadro nos propõe um enigma: vemos toda a obra de imediato, de uma só vez, mas, permanecendo diante dela, percebemos que não se mantém imóvel. Se tem qualidade estética, ganha volume e profundidade e inspira inúmeras leituras. Se é apenas uma sedução, se

é rasa, rapidamente enjoamos dela. Com a evolução de sua doença e a maturação como artista, Leonilson vai se tornando mais minimalista e cada vez mais original. Creio que, na solidão inexorável em que trabalham os artistas, ele achou um caminho visceralmente singular para fazer exatamente isto: dar forma e nome a "estados de impensabilidade", isto é, alfabetizar as emoções. Gostaria de mostrar alguns outros trabalhos dele, agora sem nenhum comentário, apenas como conceitos gráficos que se oferecem ao nosso pensamento: *Jogos Perigosos* (supra, p. 122), *Pescador de Pérolas, 34 Com Scars* (p. 138), *Voilà mon coeur* (frente e verso, p. 139), *José* (p. 140) e *O Perigoso* (p. 141):

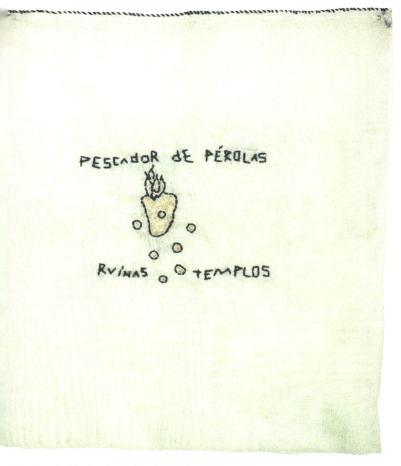

Pescador de Pérolas, *bordado sobre voal, 36 x 30cm*
(pescador de pérolas /ruínas/templos)

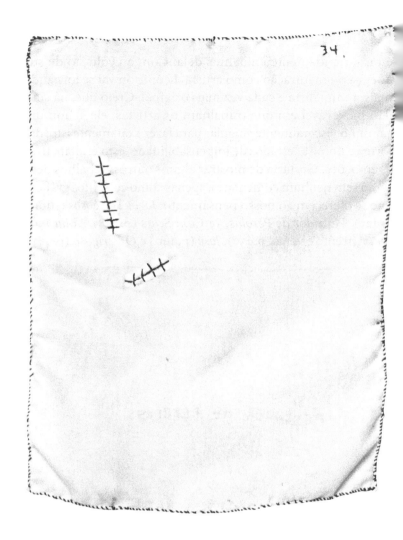

34 Com Scars, *1991, tinta acrílica sobre voal, 41 x 31cm*

FRENTE

VERSO

Voilà mon coeur, c. 1989, bordado e cristais sobre feltro, 22 x 30cm
(voilà mon coeur il vous apartien [aqui está o meu coração ele pertente a você]
ouro de artista é amar bastante)

José, 1991, bordado sobre voile esticado em chassi de madeira, 40 x 60cm.

O Perigoso, 1992, *tinta preta e sangue sobre papel, 30,5 x 23cm.*

Quando visitei a primeira grande retrospectiva de Leonilson, em 1995, um fato chamou minha atenção. Era uma tarde de novembro e a exposição estava repleta de jovens casais. Notei que à saída eles se mostravam introspectivos, comovidos. Caminhavam abraçadinhos, numa atitude amorosa. Quero crer que a tarefa do artista de buscar ligações ou representações para as emoções, para o viver, é entranhadamente uma atividade da saúde e do amor. Embora a exposição fosse um trajeto em direção à morte, parecia o contrário. O que se depreendia, ao ver a ternura dos jovens casais, era que aquela imersão na obra de Leonilson havia sido um resgate de vida.

As variações se encerram em algum ponto que é ponto ao acaso. Não há propriamente um final, como na forma sonata e em tantas outras formas musicais. Creio que, graças aos trabalhos de Leonilson, foi possível propor uma reapresentação da alfabetização das emoções na língua dos sonhos ou da arte. É bom que nossa disciplina permaneça na obscuridade em que nascem os sonhos. A luz demasiado forte desnatura a clínica psicanalítica, nosso objeto de interesse e de devoção.

REFERÊNCIAS

ANZIEU, D. *O Eu-Pele*. Trad. Z.Y. Riskallah e R. Mahafuz. São Paulo: Casa do Psicólogo, 1989.
ARENDT, Hannah. *Origens do Totalitarismo: Antissemitismo, Imperialismo, Totalitarismo*. Trad. Roberto Barroso. São Paulo: Companhia das Letras, 1989.
_____. *Eichmann em Jerusalém: Um Relato Sobre a Banalidade do Mal*. Trad. José Rubens Siqueira. São Paulo: Companhia das Letras, 1999.
BARROS, Elias Mallet Rocha. Affect and Pictographic Image: The Constitution of Meaning in Mental Life. *International Journal of Psychoanalysis*, v. 81, n. 6, 2000.
BENJAMIN, Walter. *Origem do Drama Barroco Alemão*. Tradução, apresentação e notas Sérgio Paulo Rouanet. São Paulo: Brasiliense, 1984.
_____. O Narrador: Considerações Sobre a Obra de Nikolai Leskov. In: *Walter Benjamin: Obras Escolhidas. V. 1. Magia e Técnica, Arte e Política. Ensaios Sobre Literatura e História da Cultura*. Prefácio de Jeanne Marie Gagnebin. Trad. Sérgio Paulo Rouanet. São Paulo: Brasiliense, 1987.
BION, Wilfred Ruprecht. *Elementos de Psicanálise*. Rio de Janeiro: Zahar, 1967.
_____. *Second Thoughts: Selected Papers on Psychoanalysis*. London: William Heinemann, 1967.

____. *Two Papers: "The Grid" and "Caesura"*. Rio de Janeiro: Imago, 1977.
____. *Transformações. Mudança do Aprendizado ao Crescimento*. Rio de Janeiro: Imago, 1983.
BOTELLA, César; BOTELLA, Sara. *La Figurabilité psychique*. Lausanne, Suisse: Delachaux et Niestlé, 2001.
CONRAD, Joseph. *Heart of Darkness & Selections From The Congo Diary*. New York: Modern Library, 1999.
EAGLETON, Terry. Fé e Razão. *Serrote*, São Paulo, n. 4, 2010.
FERRO, Antonino. A Sexualidade Como Gênero Narrativo, ou Dialeto, na Sala de Análise: um Vértice Radical. In: FRANÇA, Maria Olympia de A.F. (org.). Bion em São Paulo: Ressonâncias. São Paulo: SBPSP (Sociedade Brasileira de Psicanálise de São Paulo), 1997.
____. Antonino Ferro em São Paulo. Seminários. In: FRANÇA, Maria Olympia de A.F.; PETRICCIANI, Marta (orgs.). São Paulo: São Paulo: SBPSP, 1998.
____. *Na Sala de Análise: Emoções, Relatos, Transformações*. Trad. Mércia Justum. São Paulo: Imago, 1998.
____. Transformations in Dreaming and Characters in the Psychoanalytic Field. *International Journal of Psychoanalysis*, v. 90, 2009.
____. *Tormenti di anime*. Milano: Cortina, 2010.
____. *Evitar as Emoções, Viver as Emoções*. Trad. Marta Petricciani. Porto Alegre: Artmed, 2011.
____. A Response That Raises Many Questions. *Psychoanalytic Inquiry. A Topical Journal for Mental Health Professionals*, v. 35, issue 5: *Responses to the Work of Antonino Ferro*, p. 512-525, online: 20 Jul. 2015.
FIGURA, Starr. *Herring and Leonilson*. New York, MOMA, 1996. Catálogo da exposição Projects 53: Oliver Herring and Leonilson.
FREUD, Sigmund [1893-1895]. *Estudos Sobre a Histeria*. ESB, v. 2. Rio de Janeiro: Imago, 1987.
____ [1895]. *Projeto Para Uma Psicologia Científica*. ESB, v. 1. Rio de Janeiro: Imago, 1987
____. Sobre os Sonhos. ESB, 1901, v. 6. Rio de Janeiro: Imago, 1987.
____ [1905]. *Fragmento da Análise de um Caso de Histeria* (O Caso Dora). ESB, v. 7. Rio de Janeiro: Imago, 1987.
____ [1905]. *Três Ensaios Sobre a Teoria da Sexualidade*. ESB, v. 7. Rio de Janeiro: Imago, 1980.
____. *Conferências Introdutórias Sobre Psicanálise*. Parte I: Parapraxias. Introdução. ESB, 1915, v. 15. Rio de Janeiro: Imago, 1987.
____ [1920]. *Além do Princípio do Prazer*. ESB, v. 18. Rio de Janeiro. Imago, 1987.
____ [1923]. *O Ego e o Id*. ESB, v. 19. Rio de Janeiro: Imago, 1987.
____. Prefácio da tradução hebraica, 1930. *Conferências Introdutórias Sobre Psicanálise*, 1916-17, ESB, v. 15. Rio de Janeiro: Imago, 1987.
GOLDBERG, Steven H. Transference, the Interpersonal Field, and Psychological Transformation in the Work of Antonino Ferro. *Psychoanalytic Inquiry. A Topical Journal for Mental Health Professionals*, v. 35, issue 5: *Responses to the Work of Antonino Ferro*, p. 494-511, 20 Jul. 2015 (online).
GREEN, André. Le Langage dans la psychanalyse. In: GREEN, André et al. *Langages: IIe Rencontres psychanalytiques d'Aix-en-Provence*. Paris: Les Belles Lettres, 1984.
____. *Conferências Brasileiras: Metapsicologia dos Limites*. Rio de Janeiro: Imago, 1990.

GROTSTEIN, James S. *A Beam of Intense Darkness: Wilfred Bion's Legacy to Psychoanalysis*. London: Karnac, 2007.
HEIDEGGER, Martin. *A Origem da Obra de Arte*. Lisboa: Edições 70, 1977.
JONES, Ernst. *A Vida e a Obra de Sigmund Freud*. Rio de Janeiro: Imago, 1989. 3 v.
KLEIN, Melanie; HEIMANN, Paula; ISAACS, Susan. *Os Progressos da Psicanálise*. Rio de Janeiro: Zahar, 1969.
KLEIN, Melanie. *Psicanálise da Criança*. São Paulo: Mestre Jou, 1975.
____. Notas Sobre Alguns Mecanismos Esquizoides. *Obras Completas de Melanie Klein*. V. 3: *Inveja e Gratidão e Outros Trabalhos – 1946-1963*. Rio de Janeiro: Imago, 1991.
LAPLANCHE, Jean. *Problemáticas I: A Angústia*. São Paulo: Martins Fontes, 1989.
____. *Problemáticas III: A Sublimação*. São Paulo: Martins Fontes, 1989.
LÉVINAS, Emmanuel. *Totalidade e Infinito: Ensaio Sobre a Exterioridade*. Trad. José Pinto Ribeiro. Lisboa: Edições 70, 1988.
LEVINE, Howard B. The Transformational Vision of Antonino Ferro. *Psychoanalytic Inquiry. A Topical Journal for Mental Health Professionals*, v. 35, issue 5: *Responses to the Work of Antonino Ferro*, 20 Jul. 2015 (online).
MELTZER, Donald. *Estados Sexuais da Mente*. Rio de Janeiro: Imago, 1973.
____. Desenvolvimento Clínico de Freud. *O Desenvolvimento Kleiniano I*. São Paulo: Escuta, 1989.
MONEY-KYRLE, Roger. *Obra Selecionada*. São Paulo: Casa do Psicólogo, 1996.
____. Desenvolvimento Cognitivo. In: *Obra Selecionada*. São Paulo: Casa do Psicólogo, 1996.
NOSEK, Leopold. Como Lemos Freud: Um Estilo. *Revista Brasileira de Psicanálise*, v. 23, n. 4, 1989.
____. Psicanálise e Arte: Leonilson. Uma Reflexão. Revista *IDE*, v. 30, 1997.
____. Corpo e Infinito: Notas Para Uma Teoria da Genitalidade. *Revista Brasileira de Psicanálise*, v. 43, n. 2, 2009.
____. Psychoanalysis and Culture, Naturally. *International Psychoanalysis: The New Magazine of the IPA*, v. 18, 2010. Centenary Special Edition.
____. Anxiety and Allegorical Narrative: Notes on the Construction of Meanings in Analysis. *Bulletin EPF* (European Psychoanalysis Federation), n.65, p. 166-174, 2011.
____. O Método Analítico: Uma Metáfora Musical. Apresentado no Primer Encuentro de Psicoanalistas de Lengua Castellana: Vigencia y Actualidad del Método Psicoanalítico. Madrid, fev. 2012.
____. Editorial. Nosso antropófago, Calibán! *Calibán: Revista Latino-Americana de Psicanálise*, v. 10, n. 1, 2012.
____. A Pesquisa Empírica e a Especificidade da Psicanálise. *Calibán: Revista Latino-Americana de Psicanálise*, v. 11, n. 2, 2013.
____. O Cotidiano Traumático. In: VOLICH, Rubens M.; RANÑA, Wagner; LABAKI, Maria Elisa P. (orgs.). *Psicossoma V: Integração, Desintegração e Limites*. São Paulo: Casa do Psicólogo, 2014.
OGDEN, Thomas. *Projective Identification and Psychotherapeutic Technique*. Northvale: Jason Aronson, 1977.
____. *Os Sujeitos da Psicanálise*. São Paulo: Casa do Psicólogo, 1996.
REED, Gail S. Visions of Interpretation: Ferro's Bicycle and Arlow's Home Movie Screen. *Psychoanalytic Inquiry. A Topical Journal for Mental Health*

Professionals, v. 35, issue 5: *Responses to the Work of Antonino Ferro*, p. 465-477, online: 20 Jul. 2015.
SHAKESPEARE, William. Sonnet 76. In: CARNEIRO, Geraldo (trad. e org.). *O Discurso do Amor Rasgado: Poemas, Cenas e Fragmentos de William Shakespeare*. Rio de Janeiro: Nova Fronteira, 2012.
STEINER, George. *Gramáticas da Criação*. São Paulo: Globo, 2004.
UNGAR, Virginia. Antonino Ferro and Child Analysis. *Psychoanalytic Inquiry. A Topical Journal for Mental Health Professionals*, v.35, issue 5: *Responses to the Work of Antonino Ferro*, p. 478-493, 20 Jul. 2015 (online).

7. Vicissitudes da Imagem

Quando falamos, o conteúdo que enunciamos já será passado. A própria construção simbólica, ao ser formulada, modifica a subjetividade de quem a cria e enuncia, assim como modifica o receptor e todo o entorno alcançado pela mensagem. Isso posto, será inevitável que o espírito se mova em busca de nova atualidade. Instala-se uma tensão dialética entre tradição e hábito, de um lado, e criação e novo, de outro. Vou me ocupar então de um trajeto: o da construção de imagens, daquilo que ainda não é fala e que, segundo o historiador da arte Aby Warburg, está a meio caminho entre a magia e o logos. Tomo também desse autor uma ideia sintetizada por Edgar Wind (citado por Bredekamp e Diers), segundo a qual a imagem cria "um espaço de reflexão da ponderação entre o ser humano e a natureza, no qual as forças ameaçadoras se transformam em meios para superar o medo" (p. xvii). É um processo contínuo, ou seja, esse espaço civilizacional terá de ser permanentemente reconquistado. Em

SOBRE ESTE TEXTO: Artigo publicado originalmente em *Diálogos Psicanalíticos Contemporâneos: O Representável e o Irrepresentável em André Green e Thomas H. Ogden*, coletânea organizada por Talya S. Candi. São Paulo: Escuta, 2015. Coleção Kultur, dirigida por Alberto Moniz da Rocha Barros Neto e Elias Mallet da Rocha Barros, p. 117-134.

termos psicanalíticos, o que será abordado aqui é o processo de construção dos sonhos, não no que se considera verdade nesse processo, mas em seu necessário sentido vital. Os sonhos não permitem reutilização; logo, sua construção – que se dá na passagem do não psíquico para o psíquico – será necessariamente permanente.

Um espaço de 25 minutos me é oferecido para fazer uma comunicação a ouvidos que desconheço. Misturo propositalmente espaço e tempo, as coordenadas em que me movimentarei e criarei imagens, o que ocorrerá inevitavelmente, ainda que, num gesto de submissão extrema à impossibilidade de comunicação, eu permaneça aqui diante de vocês em silêncio. Minha fala não conterá uma mensagem direta, intencional e bem estabelecida, não acredito nessa possibilidade. Não pretendo que ela atinja um objetivo predefinido e tenha a finalidade de convencer. A ideia de conversão me repugna.

Como numa alegoria, o que gostaria de fazer é apresentar imagens concretas que, por aposição, possam talvez provocar diferentes conjuntos evocativos e, por que não?, finalizar num movimento de interrogação e perplexidade. Em 2011, trabalhando com o pensamento de Walter Benjamin, confrontei a abertura da construção alegórica com a pretensão de realidade contida na imagem que caracteriza a metáfora ("Ansiedade e Narrativa Alegórica: Notas Sobre a Construção de Sentidos em Análise", supra, p. 31). Stefano Bolognini, presidente da IPA (International Psychoanalytical Association), comentou recentemente, em conversa pessoal, que essa proposta não surpreenderia um analista italiano: "a *cosa* de Dante", ele disse. Isso me parecia familiar: a *cosa* dos desfiles de Carnaval, que contam uma história amparados por uma estrutura alegórica. Acho que vale a tentativa.

1. ABERTURA: A COMISSÃO DE FRENTE

Corpo e Alma. Conta-se que quando os nômades beduínos voltam de uma viagem, antes de entrar em suas cidadelas, antes de reencontrar os familiares, eles fazem um peculiar círculo e permanecem ali por um tempo, agachados. Diz a tradição

que agem assim por acreditar que seus corpos já chegaram, mas as almas ainda não. Eles ficam esperando que cada alma alcance seu corpo. Dado esse tempo, já com a alma atualizada, os nômades podem adentrar seu ponto de chegada e repouso.

Estamos em defasagem permanente em relação ao tempo atual, olhamos o presente necessariamente com categorias do passado. Quanto temos de esperar? Até que ponto tentamos paralisar o movimento do tempo e da história? Até que ponto estarei pensando ou apenas recordando? Alcançarei meu tempo e minha circunstância? E, para circunscrever o campo, no descanso da vida prática que uma análise propõe, como se dá a tensão dialética entre o atual e a memória, entre a tradição e o instante nunca antes percorrido? Será possível dizer que existe criação em análise, num espaço inédito e numa temporalidade múltipla que se comportam de forma tão peculiar?

Música de Algum Lugar. Quem visita o Instituto Inhotim, em Minas Gerais, depara com uma instalação do artista americano Doug Aitken chamada *Sonic Pavilion*. Num amplo salão circular de paredes de vidro, diáfanas, através das quais apenas vislumbramos a mata no exterior, percebemos no teto uma pequena abertura que nos permite ver o céu. No chão, percebemos um pequeno buraco de 20 centímetros de diâmetro. O artista perfurou 202 metros de profundidade e, no fundo desse estreito poço, instalou cinco microfones. Um mistério se revela: escutamos o ruído ou a música da Terra. Surpreendentemente, sonoridades inorgânicas se alternam com silêncios, e a música que brota dali vai variando em ritmos, timbres e intensidades que nunca ouvimos antes.

Os visitantes se deitam no chão e se submetem ao mistério por tempos prolongados. O que pensam? São músicas que estiveram sempre aí, mas nunca nos havíamos dado conta – necessitam de um *setting*. São como que uma revelação. Do quê? Do mistério da vida, talvez? Lembro que a perfuração avança por apenas 202 metros e que, portanto, deve ser minúsculo o milagre revelado. Com a palavra, o sonhador...

Infinito. Andy Warhol dizia que, se nossa percepção fosse suficientemente ampla, veríamos que todo objeto é infinito. No meu desfile, essa afirmativa pode ser figurada como uma luta ou como uma instalação de espelhos, ou ainda como uma cabeça de Medusa, aquela que transforma em pedra quem a encara. A frase de Warhol traz implícito o conflito insolúvel entre a pretensão de abarcar a totalidade e a impossibilidade de conter o objeto infinito.

Ao ver a comissão de frente avançar, percebemos logo que uma história pretende ser contada. Numa palestra, a tendência é que as referências teóricas sejam esquecidas, mas as imagens têm alguma chance. Um estranho conjunto de ruídos já toma conta da avenida.

2. ALEGORIAS E ADEREÇOS

Carro Abre-Alas: "*Biblioteca Warburg de Ciência da Cultura*"
No alto de um enorme carro alegórico todo enfeitado por livros, uma estranha personagem, vestida de fraque e cartola, lembrando um antigo banqueiro, rearranja os livros de forma obsessiva e incessante. Esse carro abre-alas que desliza majestosamente pela avenida concorrerá sem dúvida na categoria luxo.

Aby Warburg (1866-1929) pertencia a uma famosa família de banqueiros alemães. Precocemente, aos 13 anos, renunciou ao direito de progenitura em troca do direito de adquirir quantos livros desejasse no decurso de sua vida. Abriu mão de presidir o banco da família para se dedicar à pesquisa das imagens e ao que denominou *Wissenschaftskultur*, o conhecimento ou estudo da cultura. A biblioteca era o coração do seu centro de pesquisa. Em 1933, com a ascensão do nazismo, o Instituto Warburg e seus 60 mil volumes foram transferidos para a Inglaterra, onde depois passaram a integrar a Universidade de Londres.

Personagem peculiar, Warburg ficou um bom tempo internado no sanatório Bellevue, na Suíça, o mesmo onde em 1895 Freud escreve a célebre carta a Fliess: "O segredo dos sonhos me foi revelado." Esteve aos cuidados de Binswanger por quatro anos. Esse famoso psiquiatra e psicólogo, como se sabe,

notabilizou-se pela criação da análise existencial e a ele devemos o uso do conceito de empatia na clínica. Médico e paciente se dedicaram também à discussão teórica e se influenciaram mutuamente.

Warburg criou um método de abordagem da imagem que pressupõe a interdisciplinaridade. Pensava que "qualquer tentativa de separar a imagem de sua relação com a religião e a poesia, com o ato cultural e o drama equivale à constrição de seus fluidos vitais" (p. xviii), afirma Edgar Wind, novamente citado por Bredekamp e Diers no prefácio aos escritos de Warburg reunidos em *A Renovação da Antiguidade Pagã: Contribuições Científico-Culturais Para a História do Renascimento Europeu*. Seus estudos implicavam a comunicação entre as diferentes esferas do conhecimento. Remanejava incessantemente os livros de sua biblioteca, conforme a proximidade das matérias e de acordo com as afinidades conceituais. Por exemplo, colocava etnologia ao lado de antropologia e depois as deslocava para perto da arte e da estética, e assim *ad infinitum*. Os arquitetos que projetaram a biblioteca, cientes dessa prática obsessiva, deram à sala de leitura um formato elíptico, de modo que o leitor pudesse permanecer equidistante das diferentes disciplinas, sem hierarquia entre elas. Segundo Bredekamp e Diers, "Warburg tentou captar a contribuição das imagens para o processo de um iluminismo que se renova a cada dia" (p. xvii); estudou o que chamava "fórmulas de *páthos*", imagens

que fixam estados momentâneos para poderem agir morfologicamente, - através de migração, combinação e preenchimento de motivos e cenas variados e, por vezes, também contraditórios. As "fórmulas de *páthos*" não representam estações na construção de formas relativamente estáveis; antes, precisam ser repetidas em virtude da pressão constante de um perigo interno ou externo, permanecendo assim estados de agitação frágeis que, sob grande esforço, foram transpostos para figurações pictóricas. (p. xvii)

Apesar da efemeridade inevitável da potência das imagens, estas são essenciais à criação de um espaço simbólico que permita a ponderação, o distanciamento e a capacidade de enfrentar a sujeição seja à natureza, seja à técnica. Ainda nas palavras de Wind: "Quando inexiste uma zona simbólica que

viabilize criar espaços de reflexão para dissolver o medo em face de uma natureza ameaçadora ou uma técnica assediante, o homem retorna a um estado ameaçador em cada fase da civilização: a atualidade de Warburg se deve também à reafirmação dessa introspecção" (p. xxi). Dada a expressão que adquirem a técnica e as filosofias centradas nos conceitos, a preocupação de Warburg se torna fundamental, em seu esforço de recuperar o espaço reflexivo constituído pela imagem.

Ernst Gombrich, Ernst Cassirer e Erwin Panofsky estão entre os intelectuais ligados ao Instituto Warburg e sua biblioteca, possivelmente a mais importante na área de humanidades e estudos da arte e da imagem. A obra de Warburg inspira o filósofo e historiador da arte de que falarei a seguir, Georges Didi-Huberman, autor do excelente estudo *A Imagem Sobrevivente: História da Arte e Tempo dos Fantasmas Segundo Aby Warburg*.

Carro Alegórico: "Imagens Apesar de Tudo". Como seria esse carro alegórico nas mãos de um carnavalesco? Não sei, faço meus comentários, depois vemos... *Imagens Apesar de Tudo* é o título de um livro do francês Didi-Huberman, hoje um autor central para quem se interessa pela problemática da criação e abordagem das imagens. À parte ser referência para a compreensão de Aby Warburg, movimenta-se no campo de uma interdisciplinaridade que, entre tantas influências, inclui de modo relevante Freud e Walter Benjamin. De sua vasta obra, vou me deter nesse título, uma reflexão sobre quatro fotografias tiradas em Auschwitz-Birkenau.

Prisioneiros desconhecidos pretenderam registrar o que para o mundo era inimaginável e inacreditável. Três dessas fotografias estão expostas no museu do campo, com recursos técnicos que permitem ajustar o foco, centralizar, enfim, dar um pouco mais de nitidez às fotos. Uma delas, totalmente desfocada e aparentemente sem conteúdo, desprezada pelo museu, nem por isso deixou de atrair a atenção de Didi-Huberman. Ele examina os originais e trata as imagens como gesto, como ato, empreendendo como que uma arqueologia delas, imaginando o risco que os prisioneiros correram, a urgência, o perigo, a

precariedade, a improvisação. São as únicas imagens conhecidas do extermínio em Auschwitz-Birkenau.

Uma imagem não é para ser reconhecida – se isso acontece, é a preguiça do espírito em seu reencontro com o familiar. Numa metáfora forte, Didi-Huberman diz que o caráter da árvore se expressa também por sua casca. A forma da árvore nos dá indícios de sua verdade, isto é, desde que o espírito se ponha em movimento. A tarefa é imaginar o inimaginável, afirma; ali onde existe a impossibilidade é que deve estar o pensamento. Registro que polemiza com Claude Lanzmann, autor do documentário *Shoah*, para quem o Holocausto é irrepresentável por imagens; com cerca de nove horas de duração, o filme é feito de testemunhos, depoimentos, fala, sem imagens de época.

3. FICÇÕES

Agora abandono a ideia de montar alegorias, fórmula que usei mais para propor um exercício de escuta ou leitura e não realmente para criar um samba-enredo, o que além de tudo estaria muito distante das minhas capacidades... Prossigo então neste trajeto particular de ideias e imagens, mas sem mudar de registro: continuarei numa espécie de ficção, que parece ser a melhor forma de tratar seja de sexo, seja do Holocausto. A apresentação crua, a pretensa precisão documental, está mais próxima da pornografia e afasta a compreensão empática. Devemos ser capazes de ler o documental como poesia e vice-versa, são modos de pequenas aproximações dos fatos.

Bion já o fez em sua trilogia *Uma Memória do Futuro*, e no documentário *Shoah*, como me lembrou a minha editora, Denise Pegorim, o historiador americano Raul Hilberg nos diz: "No meu trabalho, nunca comecei pelas grandes perguntas, porque sempre temi respostas pobres. Então, preferi me fixar nas minúcias, nos detalhes." Adiante, nós o vemos comentar um registro burocrático como milhões de outros produzidos pelo III Reich. Trata-se da "ordem de itinerário n. 587", na qual oito funcionários de oito diferentes estações de trem anotaram os dados relativos a um comboio que iniciou seu trajeto às 16h18 do dia 30 de setembro de 1942. É só um pedaço de papel, mas

com ele Hilberg nos faz acompanhar a lenta viagem daqueles cinquenta vagões de carga, que foram descarregados em Treblinka às 11h24 do dia seguinte e partiram quatro horas e meia depois, às 15h59, "para outra cidadezinha, para recolher mais vítimas". "Quando eu vejo um documento assim", diz Hilberg, "sei que é algo que o burocrata da época teve efetivamente em mãos. É um artefato, é a única coisa que restou. Os mortos não estão mais lá."

Apreende-se melhor a realidade pela via narrativa. O Holocausto, quando se busca encerrá-lo na objetividade de números, estatísticas e fatos em série, é esvaziado do seu conteúdo de barbárie, de sua emocionalidade e do poder de provocar empatia. Isso vale para o amor, o ódio, a sexualidade ou qualquer evento entre humanos. Precisamos sempre de novas canções que nos falem do amor, do ciúme, do abandono, do ódio e da morte. A repetição corrói seu poder de comunicação. Para ser eloquente, repito: qualquer tentativa de descrever o sexo ou o Holocausto com objetividade cientificista desemboca em pornografia.

Gostaria a seguir de comentar alguns autores – Green e Bion, principalmente –, de falar da minha compreensão pessoal de algumas de suas ideias. Não vou apresentar uma súmula nem um panorama de sua obra. Farei apenas um recorte que de alguma forma está sugerido nas passagens anteriores. Esse é um movimento forçosamente redutor da multiplicidade de sentidos que as imagens contêm, e tenho a convicção de que essas mesmas imagens, em outro momento, poderiam compor inúmeros outros trajetos reflexivos. Cada um conta suas ficções por si próprio. É o que tento fazer.

4. ARQUEOLOGIAS

A *Interpretação dos Sonhos* passou para a história como um dos livros mais fundamentais do século XX. Foi tão poderosa a descoberta do que chamamos primeira tópica, que só muito recentemente aspectos essenciais da revolução proposta por Freud nos anos de 1920 pôde ser devidamente considerada. A ficção metapsicológica freudiana, com suas metáforas

econômicas, tópicas e dinâmicas, foi tomada como uma realidade em si e como tal foi assumida ou desclassificada. Isso ocorreu na maioria das escolas teóricas e clínicas psicanalíticas e também no imaginário leigo. Esquecemos muitas vezes que Freud nos falou da metapsicologia como uma feiticeira que põe o espírito em movimento, propondo um trabalho elaborativo. Com certeza novas releituras nos aguardam.

De qualquer modo, sabemos que a primeira divisão do psiquismo em consciente, pré-consciente e inconsciente foi se revelando insuficiente para dar conta da complexidade da clínica e dos casos que se avolumavam por essa época, ligados ao traumático, à psicose, à melancolia e ao desenvolvimento do estudo do narcisismo, entre outros aspectos. Além de uma mudança na fábula da teoria das pulsões, houve a famosa passagem para a segunda tópica. Nessa nova construção espaço-temporal, o que era o território do inconsciente na primeira tópica se tornou o inconsciente do ego, surgindo como novidade o enorme território do id, cujas raízes mergulham no corpo e na realidade externa. Laplanche considera que o traumático, ou seja, a exterioridade não elaborada, marca o psiquismo como se fora uma pseudopulsão. Concordo com essa visão.

Como dizia, esse infinito território do não psíquico, do que se encontra à espera de mentalização, somente a partir dos anos de 1960 e 1970 se constituiu plenamente como objeto de estudo teórico e clínico. As chamadas patologias contemporâneas – distúrbios alimentares, patologias narcísicas, casos limítrofes – obrigaram os psicanalistas a se deter na passagem do não psíquico para o construído psíquico. Aí a enorme importância de Bion e Green, entre outros autores que exploram o tema. Também a obra de Winnicott muitas vezes margeia esse campo, mas não vou me deter nele aqui, apesar de ser um dos autores privilegiados pelo interesse de Green.

Ao investigar os casos ditos *borderline* ou limítrofes, André Green se recusa a uma definição psiquiátrica que os situaria em território indefinido, a meio termo entre a neurose e a psicose. Propõe então um novo paradigma clínico que os classifica como patologias da construção de limites. De forma típica, esses pacientes se ressentem e se angustiam tanto com a proximidade como com o distanciamento. Sentem-se invadidos

na aproximação e abandonados com o afastamento dos objetos do afeto. Surge desse modo a questão de como se constroem os limites entre ódio e amor, entre interior e exterior, entre vida e morte, entre todos os eventos do espírito que se definem em pares contraditórios ou não. As emoções são vividas como excesso e como tal se abatem sobre o psiquismo, não havendo, portanto, como lidar com a vida de afetos.

Outros autores já haviam se detido nesses problemas no interior da escola francesa. Menciono duas obras fundamentais contemporâneas à reflexão de Green: *A Angústia*, de Jean Laplanche, e *O Eu-Pele*, de Didier Anzieu. Laplanche coloca a questão de como se definem os territórios psíquicos, de como se configuram seus limites, e postula que as fronteiras definem um território em si. Anzieu, partindo da ideia freudiana de que o ego é corporal, mostra a importância da pele, sua origem embrionária comum ao tecido nervoso, seu papel vital e sua correspondência com a construção do propriamente psíquico.

Posta a questão de como se constroem as fronteiras, temos uma contribuição fundamental vinda da escola inglesa, não mais de inspiração kleiniana, mas retomando a herança de Freud. Bion diz que os sonhos, tendo uma face voltada para o inconsciente e uma voltada para o consciente, por aposição de elementos oníricos, estabelecem a fronteira entre os dois territórios. Assim se criaria o desenho básico do aparelho psíquico. As consequências dessa definição são enormes. O inconsciente considerado na maioria das escolas clínicas se prende à primeira tópica freudiana, ou seja, trata-se de um inconsciente já construído. Vale dizer, deixa-se todo o território das raízes corporais e da realidade externa fora do escrutínio clínico e corre-se o risco de que a interpretação dos sonhos se torne uma tentativa de "tradução" de linguagens. Assim é na escola kleiniana, quando esta coloca em seu centro a "fantasia inconsciente", ou na escola lacaniana, quando esta estabelece que o inconsciente se organiza como linguagem.

A definição de Bion, na minha leitura, desloca a tarefa clínica da interpretação para a construção de sonhos. O sonho não é mais o ponto inicial da análise, mas resultado de um longo trabalho de elaboração da experiência. Atribuir sentido e forma onírica – que alcance o consciente e o inconsciente – à

experiência viva seria então o trabalho a empreender na clínica. Essa ideia de construção de representações na sala de análise determinou que durante muito tempo eu associasse um caráter estético ao modo com que um analista apreende conceitos e fatos clínicos e às peculiaridades da experiência vivida pela dupla analítica. Outra consequência dessa abordagem foi uma mudança no posicionamento clássico do analista no *setting*. A ação se torna mais intensamente necessária. A neutralidade não é mais um *a priori* caracterizado pela ausência, mas resultado da transformação do ato em sonho e da interpretação, que também já não será atribuição exclusiva do analista e, sim, tarefa a quatro mãos. Thomas Ogden, cuja obra representa uma contribuição inestimável ao pensamento clínico, é possivelmente o autor que mais escreveu sobre o tema.

Tanto Bion como Ogden têm seu pensamento originário em dívida e em confronto com o pensamento kleiniano. Faço um pequeno parêntesis para dizer como vejo esse desenvolvimento. Costuma-se criticar o estilo das primeiras contribuições kleinianas (*A Psicanálise da Criança* e *Desenvolvimentos em Psicanálise*), em geral atribuindo a deficiência à falta de expediente da autora com a língua inglesa. Não é a minha opinião: acredito que os parágrafos longos, com suas inúmeras vírgulas separando as orações subordinadas, têm um estilo apropriado ao objeto de que tratam.

Klein abandona a concepção de um tempo linear, de um tempo uniforme em que os eventos da psique se desenvolvem ordenadamente, em progressão ascendente. Para ela, todas as fases da sexualidade e suas formas de relação ocorrem simultaneamente, em desenvolvimentos desiguais. Assim, temos desde a origem a genitalidade e, nas fases mais maduras, de forma anacrônica, as fases ditas primitivas sobrevivem em todos nós. Fortemente corpóreas, as imagens kleinianas com frequência são tomadas não como metáforas, mas como fatos em si. Existe sempre o risco, portanto, de se confundirem níveis de abstração e de não se diferenciar pensamento clínico de pensamento teórico.

No decorrer de seu trabalho, Klein chega à famosa construção das posições esquizoparanoide e depressiva. Essa formulação não faz mais do que agregar fantasias, angústias e recursos defensivos em conjuntos. Assim, se localizarmos uma

angústia face à sobrevida do eu ou à sobrevida do objeto, encontraremos fantasias, defesas e sexualidades correspondentes. Se falarmos de angústia persecutória, seguramente encontraremos cisão do ego, defesas projetivas, idealizações etc. Se falarmos de angústia culposa, teremos um ego mais forte, prevalência de mecanismos onipotentemente reparatórios e fronteiras mais bem construídas, tanto internas como entre o si-mesmo e o outro.

Por um tempo, também por conta de confusões entre o espaço clínico e o teórico, agia-se como se se tratasse de interpretar e encontrar na clínica confirmações da teoria. Agia-se também como se a nossa prática não fosse analítica, mas sintética. Se a teoria das posições representa um claro desenvolvimento teórico muito útil para configurar conjuntos conceituais, a clínica exige que a síntese seja decomposta em seus elementos constituintes. Assim, exemplificando, o fenômeno descrito por Klein como identificação projetiva será desdobrado em avaliações de intensidade; a expulsão do indesejado e o controle do objeto serão considerados em sua correspondência com a sexualidade anal; a introjeção, em correspondência com mecanismos orais; ocorrendo centelhas de compreensão, pensaremos na genitalidade.

5. ABERTURA PARA O INFINITO

De acordo com as concepções de Warburg, as imagens, o centro de meu interesse aqui, têm uma temporalidade desigual, são correlatas a paixões e perigos e, pelos conjuntos que formam, delineiam as fronteiras do psíquico. Com seu caráter necessariamente onírico, constroem a arquitetura do espírito e determinam seu povoamento.

Nesse campo teórico, teremos a grade concebida por Bion, que faz o trajeto de elementos beta para elementos alfa e destes até as concepções mais abstratas. Em André Green, que também investiga a construção psíquica via recuperação do vocabulário freudiano, vemos a construção de representantes de palavra, com o caminho que vai da pulsão para representante psíquico da pulsão, delimitando desse modo o âmbito do psiquismo. Quando Green fala em buscar a palavra encarnada,

não está se referindo a nada anatômico; trata-se de ir atrás, na análise, da imagem que finca raízes no inconsciente e, desse modo, é impregnada das paixões que presidem a construção dele. Contém associações que mergulham nos estratos mais profundos da alma. Terá uma face consciente e repousará em constante movimento associativo nas profundezas esquecidas do inconsciente.

Outra fértil colaboração nos vem de Antonino Ferro, que, metaforizando as convenções bionianas, propõe a clínica como trabalho de alfabetização das emoções. Lembro ainda o importante trabalho do casal César e Sara Botella, com a concepção de figurabilidade psíquica.

Nos tempos atuais, talvez nenhum de nós possa evitar a reflexão sobre esse deslocamento da grande questão da primeira tópica – onde há o inconsciente, que possa haver o consciente – para um novo fazer clínico: onde há ação, que possa haver o inconsciente. Agora o inconsciente psíquico não é um dado *a priori*, sua existência requer transformações complexas. Assim, onde há sensações, que seja possível construir alucinoses e, depois, um pensamento sobre elas. Virtualmente, tudo pode acontecer no *setting* analítico: apaixonamentos, fusões e defusões, diferentes formas amorosas, assassinatos, suicídios etc. Não se trata apenas de ter presente a recomendação de Freud segundo a qual nossos relatos clínicos deveriam ser como um *roman à clef*, pois é de fato um romance o que ocorre ali. A relação analítica se radicaliza e, de forma singular, cada análise reencena o drama edípico. O analista é chamado em sua aptidão para a coragem e a entrega.

Nos últimos anos, com as reflexões sobre a experiência clínica e o papel do analista, foi se impondo a mim a necessidade de trazer para a psicanálise o pensamento sobre o encontro da ética com o conceito de infinito, nos termos propostos por Lévinas. As religiões demoraram muito a ser separadas da filosofia, esse é um fenômeno de pouco mais de um século e meio. Para Descartes (1596-1650), a presença de Deus em nosso espírito era uma das provas da existência divina; atributo de Deus, a infinitude, portanto, tinha origem endógena, prescindindo da experiência. Lévinas, discípulo e crítico de Heidegger, afirmará que a ideia de infinito tem origem exógena, nascendo da

visão que a face do outro nos oferece. Desenvolvendo a ideia de imperfeição do conceito, dirá que, se o conceito contivesse em si o infinito, este seria destruído, por se tornar, obviamente, finito. Existe aí uma inadequação evidente entre conceito e objeto. O objeto é excessivo em relação ao que pretende contê-lo, rompe inevitavelmente os limites do conceito. Assim, dirá Lévinas, o passo inicial do conhecimento será um movimento ético e não ontológico, como queria Heidegger. Ou seja: o início do saber é a submissão ao excesso que a alteridade do objeto representa.

Passei a compreender a atenção flutuante como submissão ao excesso que a expressão do outro – a face de meu paciente, sua livre associação – impõe a mim. Não é um gesto de bondade da minha parte, com a consequente diminuição de meu interlocutor. Trata-se de um movimento de aceitação, ou, melhor ainda, de resignação diante do inexorável. Acredito que o que dá início a uma análise é esse gesto ético de me curvar ao infinito que a mera presença do outro põe na minha frente. Isso vale tanto para a teoria como para o cotidiano da clínica. É uma posição muito diferente da de Heidegger, para quem o ser e sua verdade se impõem como evento estético, como uma clareira poética. Obviamente é também uma posição que vai se opor à clássica visão de adequação entre conceito e objeto, assim como à crença em sistemas de pensamento totalizantes e universais.

A partir daí, gesta-se a ideia de que mesmo em relação a um mesmo objeto temos de nos deter na singularidade de sua aparição atual; temos de estar preparados para recebê-lo, a cada vez, como alteridade que é, e isso novamente vale tanto no plano teórico como no plano empírico. A repetição, como bem sabem os que já puderam escutar a música minimalista, é capaz de provocar um sentimento de elevação de ordem mística. É o que ocorre com as orações, que não são feitas para dar conta da diversidade do universo humano, mas para gerar certeza e fé. São apropriadas para a conversão e a publicidade.

Finalizo voltando a Aby Warburg e suas convicções sobre a obrigatória multidisciplinaridade ao se olhar o humano, sobre o provisório e parcial de cada construção, sobre a importância da construção de imagens na cultura – e, portanto, na psicanálise –,

sobre a importância do *páthos* em cada imagem, sobre o tempo múltiplo e variado que se plasma em cada figuração. A imagem já é reflexão e se mostra superior ao símbolo por sua abertura, por não pretender conter em si, de forma cerrada, o objeto que pretende figurar.

Percebo que também eu fico remanejando os conceitos e as imagens, tentando uma captura que sempre me foge e sempre me fugirá, ainda que esse movimento sempre me traga um acréscimo. O que se abarca é finito e o que se deixa sem representação é infinito. Uma tensão dialética se impõe: quando faço um gesto em direção ao conhecimento, há uma prevalência do sujeito e uma negação da autoridade do objeto; num movimento imediato do negativo, há a imposição do objeto e a negação do sujeito do conhecimento. Movimento ininterrupto que, em sua infinitude, não cessa de me deslumbrar.

REFERÊNCIAS

ANZIEU, D. *O Eu-Pele*. Trad. Z.Y. Riskallah e R. Mahafuz. São Paulo: Casa do Psicólogo, 1989.
BION, Wilfred Ruprecht. *Elementos de Psicanálise*. Rio de Janeiro: Zahar, 1967.
____. *Second Thoughts: Selected Papers on Psychoanalysis*. London: William Heinemann, 1967.
____. *Two Papers: "The Grid" and "Caesura"*. Rio de Janeiro: Imago, 1977.
____. *Transformações. Mudança do Aprendizado ao Crescimento*. Rio de Janeiro: Imago, 1983.
____. *Uma Memória do Futuro*. Rio de Janeiro: Imago, 1979-1996. (V. I: *O Sonho* [1975]; v. II: *O Passado Apresentado* [1977]; v. III: *A Aurora do Esquecimento* [1979].)
BOTELLA, César; BOTELLA, Sara. *La Figurabilité psychique*. Lausanne, Suisse: Delachaux et Niestlé, 2001.
DIDI-HUBERMAN, Georges. *Imagens Apesar de Tudo*. Trad. Vanessa Brito e João Pedro Cachopo. Lisboa: kkym, 2012.
____. *A Imagem Sobrevivente: História da Arte e Tempo dos Fantasmas Segundo Aby Warburg*. Trad. Vera Ribeiro. São Paulo: Contraponto, 2013.
FERRO, Antonino. A Sexualidade Como Gênero Narrativo, ou Dialeto, na Sala de Análise: um Vértice Radical. In: FRANÇA, Maria Olympia de A.F. (org.). Bion em São Paulo: Ressonâncias. São Paulo: SBPSP (Sociedade Brasileira de Psicanálise de São Paulo), 1997.
____. Antonino Ferro em São Paulo. Seminários. In: FRANÇA, Maria Olympia de A.F.; PETRICCIANI, Marta (orgs.). São Paulo: São Paulo: SBPSP, 1998.
____. *Na Sala de Análise: Emoções, Relatos, Transformações*. Trad. Mércia Justum. São Paulo: Imago, 1998.

____. Transformations in Dreaming and Characters in the Psychoanalytic Field. *International Journal of Psychoanalysis*, v. 90, 2009.
____. *Tormenti di anime*. Milano: Cortina, 2010.
GREEN, André. Le Langage dans la psychanalyse. In: GREEN, André et al. *Langages: IIe Rencontres psychanalytiques d'Aix-en-Provence*. Paris: Les Belles Lettres, 1984.
____. O Conceito do Fronteiriço. *Sobre a Loucura Pessoal*. Trad. Carlos Alberto Pavanelli. Rio de Janeiro: Imago, 1988.
____. *Conferências Brasileiras: Metapsicologia dos Limites*. Rio de Janeiro: Imago, 1990.
KLEIN, Melanie; HEIMANN, Paula; ISAACS, Susan. *Os Progressos da Psicanálise*. Rio de Janeiro: Zahar, 1969.
KLEIN, Melanie. *Psicanálise da Criança*. São Paulo: Mestre Jou, 1975.
____. Notas Sobre Alguns Mecanismos Esquizoides. *Obras Completas de Melanie Klein*. V. 3: *Inveja e Gratidão e Outros Trabalhos – 1946-1963*. Rio de Janeiro: Imago, 1991.
LANZMANN, Claude. *Shoah* [1985]. Documentário em dvd; 4 discos; duração aproximada: 9 horas. Rio de Janeiro/São Paulo: IMS (Instituto Moreira Salles), 2012.
LAPLANCHE, Jean. *Problemáticas I: A Angústia*. São Paulo: Martins Fontes, 1989. CAPÍTULOS 7,
LÉVINAS, Emmanuel. *Totalidade e Infinito: Ensaio Sobre a Exterioridade*. Trad. José Pinto Ribeiro. Lisboa: Edições 70, 1988.
NOSEK, Leopold. Destruição da Cultura, Destruição de Significados e Representações. *Revista de Psicanálise*, Porto Alegre, v. 12, n. 1, 2005.
____. Corpo e Infinito: Notas Para Uma Teoria da Genitalidade. *Revista Brasileira de Psicanálise*, v. 43, n. 2, 2009.
____. Anxiety and Allegorical Narrative: Notes on the Construction of Meanings in Analysis. *Bulletin EPF* (European Psychoanalysis Federation), n.65, p. 166-174, 2011.
____. Editorial. Nosso antropófago, Calibán! *Calibán: Revista Latino-Americana de Psicanálise*, v. 10, n. 1, 2012.
____. O Cotidiano Traumático. In: VOLICH, Rubens M.; RANÑA, Wagner; LABAKI, Maria Elisa P. (orgs.). *Psicossoma V: Integração, Desintegração e Limites*. São Paulo: Casa do Psicólogo, 2014.
OGDEN, Thomas. *Projective Identification and Psychotherapeutic Technique*. Northvale: Jason Aronson, 1977.
____. *Os Sujeitos da Psicanálise*. São Paulo: Casa do Psicólogo, 1996.
WARBURG, Aby. *A Renovação da Antiguidade Pagã: Contribuições Científico--Culturais Para a História do Renascimento Europeu*. BREDEKAMP, Horst; DIERS, Michael (orgs.). Prefácio de Edgar Wind. Trad. Markus Hediger. São Paulo: Contraponto, 2013.

8. Tempo e Subjetividade

O que vou apresentar aqui é uma adaptação resumida de reflexões feitas há mais de 25 anos. Tem, portanto, marcas de permanência e de obsolescência. Está, como tudo o mais, sujeito aos efeitos do tempo. No programa deste encontro, há o reconhecimento explícito de que diferentes campos de conhecimento, ao se esparramar sobre o vasto campo da cultura, geram diferenças essenciais na formulação do conceito de tempo e na apreensão subjetiva da temporalidade. A partir dessa premissa indiscutível, somos convidados ao debate, imersos num pluralismo que dificilmente poderia almejar algum consenso. Assim sendo, se exitosa, minha participação no debate trará quando muito novas indagações. Para esta situação em particular, quero marcar duas circunstâncias. Uma pessoal, sobre o meu desenvolvimento teórico e clínico como psicanalista e, mais importante, uma social e ideológica, a conjuntura do mundo em que este trabalho foi produzido.

SOBRE ESTE TEXTO: Versão condensada de conferência realizada no seminário interdisciplinar "Tempo", promovido em São Paulo de 17 a 30 de abril de 2015 pelo Instituto de Estudos Avançados da USP e pelo Instituto de Pesquisa Avançada da Universidade de Nagoya, Japão, como parte do projeto de cooperação acadêmica ICA – Intercontinental Academia.

Em 1990, acabávamos de assistir ao desmoronamento do chamado "socialismo real" e ao final da Guerra Fria. Interpretações apressadas apregoavam o "fim da história", e na sequência o fim das utopias se tornou uma certeza. A globalização e o triunfo acachapante do capital financeiro não estavam claros ainda. Uma democracia feita de compromissos impossíveis crescia no país. O tempo subjetivo ainda caminhava para mim no ritmo da transformação da matéria em mercadoria, ou seja, havia uma progressão na linha temporal. A religião configurava também um tempo que seguia um trajeto linear: criação, revelação e redenção. A tradição iluminista de crença na possibilidade de controle sobre a natureza e em sistemas de pensamento totalizantes era hegemônica. No âmbito psicanalítico, isso se traduzia em lutas fratricidas a propósito do que seria a real via de acesso à verdade clínica e teórica; em decorrência, todo trabalho devia refletir uma tomada de posição.

Apesar de considerar ainda dotado de interesse aquele trabalho que reapresento aqui, um comentário crítico se faz necessário. Hoje, obviamente, trafegaria – como de fato trafego – em outro tempo. O tempo efêmero e sem endereço da onipresença do capital financeiro, marcando novas formas de produção e consumo, estaria subjacente à reflexão. Já não pensaria nos termos de sistemas universais. Marcado agora pela influência de Lévinas, em meu pensamento a ontologia deu lugar à perspectiva da ética no ato de conhecer: não mais a captura do objeto, naturalizando-o na esfera do sujeito, mas, como diz o filósofo, submissão ao excesso que o estrangeiro – o objeto do conhecimento – inevitavelmente me impõe. O conhecer tradicional destrói o outro, domesticando-o. Meu primeiro movimento de aproximação da alteridade seria, então, o gesto ético de me submeter a ela.

Em minha subjetividade, percebo um tempo complexo, marcado pela simultaneidade do arcaico, do primitivo, e da centelha efêmera, quando ocorre, do atual: em vez da sequência vital expressa no trajeto nascimento-maturação-morte a complexa coexistência de múltiplas idades que se influenciam reciprocamente, se contradizem e se complementam. Tempo de sintomas cambiantes manifestando-se em imagens que também, inevitavelmente, serão móveis em sua possibilidade de

comunicação e apreensão. Tempo de perplexidades, discussões e crítica, tempo de permanências, sobrevivências, desaparições e ocultamentos. Tempos que serão sintomáticos e não apenas definidores. Tempos de emocionalidades, de medos, coragens, amores, ódios e esperança.

Tomarei a ideia de *nascimento* como intrinsecamente ligada à ideia de consciência de si, no sentido de percepção da própria existência, para mostrar a relação entre a aquisição da consciência de si e a percepção do tempo.

Consideremos inicialmente que, ao longo do percurso analítico, podemos nos dar conta de que existe um único ponto confortável e seguro. Esse lugar raro e precioso se configura como o sentimento de estar dentro da própria pele, de estar no *próprio lugar*. A esse conforto se opõe toda pulsão edípica, pois esta propõe o lugar do outro como centro da busca. Assim, o encontro do próprio lugar é tardio e reflete uma história exitosa, fruto de um longo trajeto de renúncia ao Édipo. Podemos considerar, então, que o sentimento de conforto, para que se instale, passa necessária e dolorosamente pela autoconsciência. Com ela, vem à luz um conjunto de temas: alienação e sua antítese, evocação e esquecimento, dor e alívio, tumulto e paz, transformação e conciliação. Freud introduz como disciplina científica a elaboração desses temas no espaço da subjetividade. Para a psicanálise, desde a origem um saber em que a subjetividade do observador atinge a maior radicalidade, é na primeira infância que se definirá se o trajeto de abandono edípico terá chance de êxito, êxito que será o resultado de romances vividos precocemente.

Vejamos como Hegel concebe o desenvolvimento em direção ao próprio lugar e, portanto, à desalienação. Seguirei o famoso comentário de Alexandre Kojève (1902-1968) à sessão A do capítulo IV da *Fenomenologia do Espírito*. Lembremos que Kojève foi um dos introdutores de Hegel na França e que seus cursos sabidamente influenciaram o desenvolvimento teórico da psicanálise no país. Entre seus alunos estavam Lacan e Merleau-Ponty.

Hegel inicia com a questão de como se passa do sentimento de si para a consciência de si. A falta, o desejo de algo nos traz

a percepção inicial. Dizemos *eu* ao perceber que nos falta algo. O homem, ao conhecer, se perde é no objeto. É o objeto e não o sujeito que se mostra no ato de conhecer. O sujeito é chamado de volta a si pelo desejo, pela falta. Nesse momento, diz *eu*. A individualidade busca destruir a percepção da falta e o faz incorporando o objeto do desejo, consumindo-o. Ao suprimir algo que lhe é externo, o eu adquire atributos do objeto. Se o eu incorpora algo da natureza – um corpo ou um alimento, por exemplo –, permanecerá em estado natural. A negação da natureza somente poderá ser feita se o desejo, e portanto a incorporação, se referir a algo especificamente humano. Ora, a única coisa humana que pode ser desejada é outro desejo humano. O desejo de ser desejado por outra consciência inicia o processo de humanização.

Assim, quando duas consciências se encontram pela primeira vez, a necessidade de reconhecimento desencadeia uma luta de morte, pois a uma caberá ser desejada – logo, reconhecida – e a outra se tornará desejante. Será reconhecida aquela que temer menos a morte. Estrutura-se, assim, a relação de uma consciência-senhor e uma consciência-escravo. A luta é necessariamente mortal, pois visa sobrepujar a natureza. O desejo de conservação é substituído pelo desejo de algo não vital, mas por isso mesmo caracteristicamente humano. De outro lado, é necessário que ambos os adversários sobrevivam para que se constitua a relação senhor/escravo. O senhor se voltará para o gozo e o escravo transformará a natureza para gozo do outro.

Mas, aqui, um paradoxo: o escravo obviamente não é reconhecido, ao passo que o senhor é reconhecido por alguém a quem não considera. Fica, portanto, sem a segurança de seu ser. Como atingiu o domínio, nada o impulsiona a prosseguir. A humanização será possível somente para a consciência servil, pois esta sabe reconhecer o outro. Ao reconhecer a angústia da morte, sabe o valor da vida, e por fim, ao transformar a natureza para o gozo de outro, ele a remodela à sua imagem. A servidão propulsiona a consciência servil a prosseguir na busca.

A desalienação se dá por supressão da servidão e pela apropriação da natureza mediante o trabalho. Na transformação da natureza o ser se reconhece, adquire consciência de si. Segundo Marx, Hegel viu esse processo como movimento fora das condições concretas, das relações humanas reais, como movimento

de puras consciências. A questão, portanto, teria de ser reposta em termos de espaço e tempo históricos. A ideia de uma consciência subordinada criando dialeticamente a possibilidade de superação de sua condição servil deu origem, como sabemos, às concepções marxistas de transformação da sociedade.

Da mesma forma, esse movimento pode ser reposto no enquadre das histórias individuais, configurado como relação entre consciências. De Hegel passamos então à materialidade de subjetividades em confronto, e da internalização dessa luta se plasmará a personalidade. Do jogo de apropriações mútuas de desejos surge um *eu*. "Tempo é o espaço do desenvolvimento humano", dizia Marx. A psicanálise visaria o processo de *trabalho* no âmbito da subjetividade. Chama atenção o paradoxo de que o próprio lugar, ponto de partida para a transformação da natureza, seja ele mesmo um peculiar ponto de chegada do laborioso empenho que requer de nós a apropriação da nossa natureza interna.

Visto que a consciência de si inclui a temporalidade e a humanização implica percepção do tempo, é o caso de perguntar: como esse tempo se apresenta a nós e como é apreendido? Seguiremos nessa busca recorrendo à literatura de dois autores que, ao abordar o tema da relatividade do tempo, permaneceram no campo da tradição racionalista. Primeiro Thomas Mann (1875-1955), que no romance *A Montanha Mágica*, de 1924, nos diz por intermédio de seu protagonista:

"Que é o tempo, afinal?", perguntou Hans Castorp [...]. "Percebemos o espaço com os nossos sentidos, por meio do tato. Muito bem! *Mas que órgão possuímos para perceber o tempo?* Pode me responder a essa pergunta? [...] Dizemos que o tempo passa. Está bem, deixe-o passar. Mas para que possamos medi-lo... Espere um pouco! Para que o tempo fosse mensurável, seria preciso que decorresse de um modo uniforme; e quem lhe garante que é mesmo assim? Para a nossa consciência, não é. Somente o supomos, para a boa ordem das coisas, e as nossas medidas, permita-me esta observação, não passam de convenções." (p. 43, grifo nosso)

O impasse está formulado. Logo antes, Castorp argumentava:

"[o tempo], trata-se aí de um movimento, movimento no espaço; não é? [...] Medimos portanto o tempo com o auxílio do espaço. Mas isso é o mesmo que medir o espaço com o auxílio do tempo... O que fazem somente pessoas sem espírito científico." (p. 43)

Tempo e autoconsciência são temas atuais. Por outro lado, não há texto que fale da modernidade e não tome *A Interpretação dos Sonhos*, de 1900, como um de seus marcos perceptivos. Nele encontramos a perda da ingênua confiança na consciência e o hiato irremediável entre consciente e inconsciente. A autoconsciência tornou-se um tema agudo com a percepção da ruptura. Dilaceramento e contradição se opõem à difícil, e mesmo impossível, unidade. Talvez se pudesse falar de modernidade como consciência da ruptura. Filha de seu tempo, a psicanálise compreende o sonho como unidade de contrários, isto é, temos aí novamente a ampliação conceitual e prática da apropriação da contradição. Veremos que a desalienação pode ocorrer mediante a apreensão da história de contradições. Autoconsciência de alguma forma se liga à pulsação de contrários e sua percepção.

Nessa busca do tempo, voltemos à literatura, agora com *O Leopardo*, de Giuseppe Tomasi di Lampedusa (1896-1957). O romance é ambientado na Sicília, na época da unificação da Itália e sua modernização, em meados do século xix. Dom Fabrizio, príncipe de Salina, após a festa – metáfora da inexorável passagem do velho tempo aristocrático para a força e o mau gosto da economia de mercado –, capta a passagem do tempo, com seu cortejo de progresso destruindo velhas estruturas, criando novas riquezas e incrementando novas desolações:

Havia dezenas de anos que ele sentia o fluido vital, a faculdade de existir, a vida, em suma, talvez até a vontade de viver, desprendendo-se de si, vagarosa, mas continuamente, como os pequenos grãos de areia que escorregam um a um, sem pressa e sem interrupção, pelo estreito orifício da ampulheta.
[...] A sensação, de resto, não andava, de início, ligada a nenhum mal-estar. [...] era o sentimento de um esboroamento contínuo, miudinho, da personalidade, acompanhado, porém, da vaga esperança de que, em algum lugar, essa mesma personalidade se reconstruía (graças a Deus) menos consciente, porém mais ampla. Aqueles grãozinhos de areia não se perderiam; desapareciam apenas para se acumular, quem sabe onde [...] Às vezes surpreendia-se de que o reservatório vital pudesse ainda conter o que quer que fosse após tantos anos de perdas. (p. 205-206)

Mediante o deslocamento do tempo histórico para o tempo subjetivo, com a imagem da ampulheta simbolizando a aquisição da consciência, o príncipe de Salina tem um vislumbre da

própria pele, capta sua circunstância, seu destino histórico e seu ser subjetivo. Revela-se para ele o próprio lugar. O que mais se poderia ter? A captação da circunstância e do tempo vem com a apreensão do limite e do espaço da existência humana. Continuamos, assim, em nosso tema: a imbricação de consciência de si, percepção do próprio lugar e imagem do tempo definida por frustração e limite. (Uma coincidência curiosa: Alexandra Wolff Stomersee, a mulher de Lampedusa, foi uma das fundadoras da Sociedade Psicanalítica Italiana.)

Seguindo ainda na literatura, temos novamente a irreversibilidade e subjetividade do tempo materializada numa ampulheta em *Dr. Fausto*, de 1955, outra obra-prima de Thomas Mann. O protagonista, Adrian Leverkühn, um músico, faz um pacto com o diabo, a quem cederá a alma – a consciência – em troca de 24 anos de genialidade como compositor. Esteja atento à ampulheta, adverte-o Mefistófeles.

A ampulheta funcionará de forma enganosa: o escoamento dos grãos – ou seja, do tempo – é constante, uniforme, mas a percepção não acompanha esse movimento. Na parte de cima ela guarda o estoque de vida; embaixo, a experiência acumulada. Quando a areia está terminando de escorrer, tem-se a impressão de que o estoque de vida se esgota vertiginosamente – ainda que, insisto, por aquele estreito orifício passe sempre a mesma quantidade de areia –, porém mal se percebe a experiência acumular-se. No final do tempo que lhe cabe, parecerá a Leverkühn que o tempo se escoa com rapidez inusitada. O impulso é fechar o orifício, mas o turbilhão é incontrolável – o tempo passou num piscar de olhos.

Mefistófeles propõe o cuidado que a subjetivação do parâmetro tempo requer. Propõe a consciência da vida. A objetividade do tempo, sua constância, está desfeita. Espaço e tempo estão no objeto observado e no observador. Leverkühn, em consequência do acordo, entrará na modernidade. Caminhará por espaços atonais, ampliará espaços da contradição musical, acompanhado por questionamentos da ciência – pela teoria da incerteza e do acaso.

Mas por que varia a percepção do ritmo da areia na ampulheta? Thomas Mann dá uma resposta por intermédio do protagonista da *Montanha Mágica*. Hans Castorp vai visitar um primo num sanatório para doentes de tísica na Suíça, e o

que seriam três semanas se torna permanência quando também ele se descobre tuberculoso. A experiência não é desagradável, o que o surpreende. O tempo ali transcorre com fluidez e Castorp sente-se cheio de vigor. Podemos inferir que, para apreender a vida, é preciso introduzir variação na rotina. (Fazemos isso com alterações no cotidiano, como tirar férias.) Thomas Mann nos diz também que a uniformidade de experiências em períodos relativamente curtos nos dá a impressão de alargamento do tempo. Isso tem a ver com pouca fruição da vida. Repetida em longos períodos, a mesma experiência nos dá a impressão de que a existência passou num piscar de olhos.

Variação se liga à experiência de vida; *repetição* se liga à experiência de morte. Captar esse pulso determina a apreensão do viver. Lembremos que a música, a arte do tempo por excelência, pode ser definida como todo fenômeno de variação sobre um fundo constante. Lembremos também que a repetição, por sua presença, determina paralisia e, em consequência, elevação de tensão. A variação, na medida em que reintroduz movimento, resolve o desconforto. A repetição, por sua vez, nos dá localização, propõe o campo onde a variação poderá existir.

A repetição pode ser de timbre, ritmo, tonalidade etc. Na história da música, quando se desfaz a tonalidade, a repetição propõe espaços tão amplos que sem o conceito o ouvinte estaria perdido... Esse novo espaço musical dado pela atonalidade certamente é mais próprio para evocar o que se descortina na história no início do século xx. Contudo, e apesar do pouco prestígio de que as analogias desfrutam, penso haver estreita correspondência entre essa ampliação musical e a expansão da subjetividade que representou o conceito de inconsciente.

De qualquer forma, esboçando agora uma resposta à pergunta de Thomas Mann – *com qual sentido temos a percepção do tempo?* –, podemos dizer que o órgão que capta o tempo é o mesmo que discrimina variação e repetição. Trata-se da consciência tal como a definiu Freud: órgão que capta qualidades psíquicas.

É a consciência, que capta tensão e alívio, que abarca o prazer e o desprazer, que permite afrontar a questão investigada por Freud em "Formulações Sobre os Dois Princípios de Funcionamento Mental". Perante a frustração, dois caminhos se apresentam: evadir-se dela ou transformar sua natureza.

Voltando à formulação hegeliana do início, poderíamos dizer: apreendida a servidão, buscar a humanização possível pela transformação da natureza. O trabalho aqui adquire conotação psíquica, pois se trata de transformação da natureza interna. *Trabalho*, neste momento, é pensar. Em termos freudianos, diríamos: onde havia natureza, que possa haver cultura – onde havia id, que possa haver ego, ou, como lemos na *Interpretação dos Sonhos*, "onde havia inconsciente, que possa haver consciente". Trata-se de passar da atemporalidade do espaço infinito para a percepção do tempo – a morte foi incluída. Temos aí uma síntese possível do projeto freudiano.

A caminho da finalização, gostaria de trazer algumas proposições teóricas do psicanalista Donald Meltzer (1922-2004). Em *Explorações do Autismo*, no artigo "A Dimensionalidade Como Parâmetro do Funcionamento Mental: Sua Relação Com a Organização Narcisista", ele organiza o espaço vital como uma "geografia da fantasia" que se move no tempo. Há cinco lugares nessa geografia inconsciente, diz Meltzer: dentro e fora do self e dentro e fora dos objetos externos. O quinto lugar seria o "não lugar" do sistema delirante.

No funcionamento próprio do autismo, o tempo é inseparável do espaço. Não se apreende a distância. A gratificação do sujeito vem somente da fusão com o objeto. Há uma ausência da mente. Esse tempo é uma "clausura" na qual os eventos não estão disponíveis nem para a memória nem para o pensamento. Num segundo modo de funcionamento, o ego não distingue entre ausência de um objeto e presença de um objeto ausente persecutório. No interior da mente não há um lugar onde poderia ocorrer o pensamento experimental, o ensaio, isto é, não há futuro. O tempo será circular. Não há desenvolvimento, não se concebem mudanças permanentes, não existe a morte. Num terceiro modo de funcionamento, o tempo tende a se mover de dentro para fora do objeto e vice-versa. A operação contínua da onipotência torna reversível a diferenciação do self em relação ao objeto e, como corolário, será reversível também a direção do tempo. Esse será um tempo oscilatório.

Para haver o tempo unidirecional, linear – que vai do momento da concepção até a morte –, é necessário o doloroso processo, jamais plenamente realizado, de renúncia à fusão com

o objeto, de luta contra o narcisismo, de diminuição da onipotência. Sempre em *Explorações do Autismo*, Meltzer diz: "o tempo agora se torna o consorte implacável do Destino, esse imponderável fator aleatório do mundo exterior" (p. 229). Esse é o nosso "tempo de vida". Onde antes a inveja e o ciúme não encontravam alívio senão na imposição da vontade do sujeito, agora poderá surgir uma esperança. A vida talvez tenha aí a sua melhor chance. Aproveitando o que diz Freud em *O Ego e o Id*: sua condição necessária é a renúncia, seu amigo é o tempo e a esperança é a sua marca de lei.

Está justificada, creio, a escolha da ampulheta como metáfora. Nela o tempo adquire concretude. Acreditamo-nos de posse de um tempo de vida e a vemos fluir. Vemos o passado se amontoar, vemos que a separação e a morte estão incluídas no tempo, inexoravelmente. Na ampulheta, implacável vitrine do destino, o princípio de realidade se torna soberano. E não custa lembrar: para um bom escoamento da areia, alguma ironia será sempre imprescindível.

REFERÊNCIAS

FREUD, Sigmund [1900]. *A Interpretação dos Sonhos*. ESB, v. 5. Rio de Janeiro: Imago, 1987.
____ [1911]. Formulações Sobre os Dois Princípios do Funcionamento Mental. ESB, v. 12. Rio de Janeiro: Imago, 1987.
____ [1915]. Luto e Melancolia. ESB, v. 14. Rio de Janeiro: Imago, 1987.
____ [1920]. *Além do Princípio do Prazer*. ESB, v. 18. Rio de Janeiro. Imago, 1987.
____ [1923]. *O Ego e o Id*. ESB, v. 19. Rio de Janeiro: Imago, 1987.
KOJEVE, Alexandre. *Introduction à la lecture de Hegel*. Paris: Gallimard, 1947.
LAMPEDUSA, Giuseppe Tommasi di. *O Leopardo*. Trad. Rui Cabeçadas. São Paulo: Difel, 1990.
LÉVINAS, Emmanuel. *Totalidade e Infinito: Ensaio Sobre a Exterioridade*. Trad. José Pinto Ribeiro. Lisboa: Edições 70, 1988.
MANN, Thomas. *A Montanha Mágica*. Trad. Herbert Caro. Rio de Janeiro: Nova Fronteira, 1980.
____. *Dr. Fausto*. Trad. Herbert Caro. Rio de Janeiro: Nova Fronteira, 2000.
MELTZER, Donald. Nascimento e Mito: Uma Reflexão Sobre a Temporalidade. *Revista Brasileira de Psicanálise*, v. 25, n. 2, 1991.
MELTZER, Donald, et al. *Explorations in Autism: A Psychoanalytic Study*. Perthshire: Clunie, 1975.
NOSEK, Leopold. Corpo e Infinito: Notas Para Uma Teoria da Genitalidade. *Revista Brasileira de Psicanálise*, v. 43, n. 2, 2009.

9. Desaparecidos:
Uma História de Dor (I)

1. A LUZ DO PASSADO

Aprendemos da astrofísica que vemos corpos no universo que já morreram, estrelas que desapareceram. Apesar de já inexistentes, sua luz chega até nós atravessando distâncias abissais. Caminhamos iluminados por mortos. São estrelas que nos guiam como em outros tempos guiaram Melquior, Gaspar e Baltasar. Assim é para nós a figura de Homero: ele nos fala a partir de uma época em que Mnemosine, deusa da memória e mãe das musas, ainda figurava no Panteão. Transmitidas oralmente, as palavras de Homero, preciosamente guardadas na memória dos que lhe sobreviveram, se encarregam de fazer chegar até nós a épica da emancipação humana. Treinados na arte da métrica e na sonoridade musical das palavras, aqueles poetas preservavam o tesouro de narrativas que nos tornaram quem somos.

A capacidade de lembrar vai perdendo importância à medida que se consolida a possibilidade de registrarmos nossa memória

SOBRE ESTE TEXTO: Artigo publicado originalmente em um dos periódicos editados pela SBPSP, o *Jornal de Psicanálise*, v. 48, n. 89, p. 157-169, de julho--dezembro de 2015. Uma versão condensada deste texto foi publicada na revista *Brasileiros*, n. 107, de junho de 2015 (ver infra, p. 295).

por escrito. Mnemosine se torna uma divindade anacrônica, desaparece do Panteão. A *Ilíada* se preservou como memória escrita. Como será hoje, quando podemos carregar toda uma biblioteca no celular, pesquisar o que for e obter respostas instantâneas ou compartilhar nas redes sociais o pitéu que estamos devorando na sala de jantar? Será o *locus* da nossa memória o bolso onde descansa o nosso eletrônico? O instante se tornará absoluto?

Os clássicos não são para ficar guardados em arquivos e bibliotecas: necessitam ser revistos a cada momento. É preciso que as memórias possam readquirir vida e ter a cor de quem as retoma. Isso lhes dá não só a possibilidade de existência, mas também uma individualidade que reflete tanto a época em que renascem como a subjetividade de quem dos clássicos pode se apropriar. Estejamos ou não atentos a ela, a tradição permanece em nós, de um modo encarnado, e é parte essencial do que acreditamos ser.

Eu sou um nostálgico e insisto num pecado imperdoável em nossos tempos: padeço de traços depressivos. Por isso, teimo em lembrar Homero e em tomar dele uma passagem da *Ilíada* que já foi mais conhecida e cultuada. Permaneço acreditando na importância das festividades, das comemorações e dos cerimoniais de luto. Habitamos uma civilização que se origina de dois troncos, o greco-romano e o judaico-cristão, ou seja, essas culturas nos fornecem narrativas com as quais desenhamos os trajetos de nossa vida. Os relatos da *Ilíada*, guardados na memória, dão às cidades gregas primordiais o substrato para que, em seu apogeu, ali se desenvolvam a poesia, o teatro, a filosofia, a ética, enfim, os valores e as práticas que no século IV a.C. culminariam na cultura clássica que ainda hoje alicerça as narrativas que nos guiam.

Marx dizia que as civilizações do passado eram como a infância da humanidade e que elas, a exemplo das crianças, podiam ser mal-educadas, impertinentes, agressivas, tímidas, entre tantas outras características. Nesse espectro, dizia, os gregos foram crianças sadias e representavam um momento precoce do desenvolvimento da humanidade. Nos costumes gregos encontramos a infância do que talvez exista de melhor na cultura ocidental, o que poderíamos chamar, com alguma empáfia, de estágio maduro de desenvolvimento social.

Homero, na *Ilíada*, narra a vida de personagens que ansiavam a morte heroica que os faria sobreviver "na boca dos homens". Dessa história recortarei a morte de Pátroclo pela espada de Heitor e a morte deste pela vingança perpetrada por Aquiles. Lembremos que a epopeia de Homero nos situa na passagem do arcaico para a civilização clássica da pólis grega; desse acervo surgirão na ágora os valores da cidadania, da honra, da ética, da política, enfim, todo o modo grego de viver. Essa narrativa estruturará um fazer que nos ilumina como tradição. Na época de Freud a literatura clássica era considerada instrumento imprescindível a qualquer pensamento digno de consideração, e até outro dia o grego e o latim eram a regra nos currículos escolares.

As narrativas que possuímos nos constituem e, mais ainda, constituem o humano. A memória estruturada como poesia revela o passado e como tal desvela as raízes do presente, ajudando-nos a tentar compreender o devir em seu conjunto. A rememoração permite reencontrar essas existências que nos precederam e nos forjaram. Não se trata de uma recuperação do passado – é a sua recriação. Nesse processo, vivenciamos a passagem do tempo e formamos a intuição da temporalidade.

Na primeira ciência empírica – para os gregos, a medicina –, a anamnese, isto é, a rememoração, é o ato inicial da intervenção médica e o ato inicial de toda possibilidade de cura. Assim é até os dias de hoje. De outro lado, entre os gregos a ideia de morte associa-se à travessia das almas pelo rio Lete, o rio do esquecimento ou da ocultação (é o que significa o vocábulo *lethe*). Também a psicanálise tem em sua origem a prática da recordação e, nos primórdios, acolheu a ideia de que a doença seria a submissão a memórias recusadas, as quais, na impossibilidade de serem convocadas, presidiriam o aparecimento de monstros.

"Nossos olhos recebem a luz de estrelas mortas", lemos na primeira linha daquele que talvez seja o melhor romance já escrito sobre a Schoá, *O Último Justo*, do francês André Schwarz-Bart. Quero propor que comecemos a olhar os nossos desaparecidos à luz de outras "estrelas mortas". É preciso ir atrás de respostas, mesmo que insuficientes e provisórias, pois, afinal, somos feitos da mesmíssima matéria humana dos nossos antepassados remotos. Minha esperança é apenas colaborar para que eles não se percam nos descaminhos da nossa memória.

2. "E BEIJA AS TERRÍVEIS MÃOS HOMICIDAS"

Na *Ilíada*, Heitor, príncipe de Troia, mata em batalha Pátroclo, companheiro do herói dos gregos, Aquiles. Ouvem-se na narrativa os lamentos dos gregos e de Aquiles, e ao longo de todo o canto XXIII ("Prêmios em Honra de Pátroclo") são relatadas as cerimônias de luto e as homenagens ao morto. São relatos – os primeiros de que temos notícia – acerca de jogos e competições esportivas, atividades importantes na cultura grega. Integram as homenagens a corrida de carros, o pugilato, a luta livre, a luta com armas, o lançamento de peso, o tiro com arco, o lançamento de dardos e a corrida a pé, esta, aliás, vencida por Ulisses, que supera Aquiles, "o de pés ligeiros".

Percebe-se bem, aí, tanto a valorização dos nascentes jogos esportivos como o caráter essencial atribuído às cerimônias fúnebres. Já houvera um banquete em honra ao morto. Uma grande pira fora preparada e no fogo arderam animais sacrificiais. Doze troianos foram também imolados. O fogo queimou durante toda a noite com a ajuda dos ventos. As cinzas foram postas numa urna de ouro e se construiu um túmulo para Pátroclo. Só então tiveram início os jogos, com grandes prêmios oferecidos por Aquiles. Por todo o canto XXIII ecoam a dor da perda, a amizade e a reverência ao morto.

No canto anterior Homero havia narrado a luta que se travou entre gregos e troianos pela posse do cadáver de Pátroclo. Suprema desonra seria abandoná-lo à sanha dos inimigos; jamais se poderia permitir que servisse de alimento aos "cachorros e abutres de Troia". Os guerreiros gregos se lançam com fúria na longa batalha narrada no canto XVII ("Os Feitos Heroicos de Menelau"), visto que

> Pós ter despido o cadáver de Pátroclo, Heitor o arrastava
> para poder decepar-lhe a cabeça com o bronze afiado,
> e o corpo, assim mutilado, jogar para os cães da cidade.
> [Canto XVII, 125-127]

A batalha é feroz e se estende por todo o canto XVII:

> Como edaz fogo a batalha fervia; teríeis pensado
> que tanto o Sol como a Lua não mais no éter puro brilhavam;

densa neblina envolvia, realmente, os preclaros guerreiros
que sem cessar combatiam à volta do corpo de Pátroclo.
[Canto XVII, 366-369]

A lista de mortos é grande, seja entre os gregos, seja entre os guerreiros de Troia. Algo torna imperativo lutar com todas as forças pelo corpo e pelo cerimonial do luto. Os muitos mortos de parte a parte valem a troca pelos despojos de Pátroclo. É enorme o espaço que a história de Aquiles, Pátroclo e Heitor ocupa nesse poema épico essencial e fundador, englobando uma sequência de nove cantos – do XVI ao XXIV, o último da *Ilíada* – cujos títulos já nos aproximam dos eventos narrados: "Os Feitos de Pátroclo";"Os Feitos Heroicos de Menelau"; "A Feitura das Armas "A Renúncia à Ira"; "A Luta dos Deuses"; "A Luta Junto ao Rio"; "A Retirada de Heitor"; "Prêmios em Honra de Pátroclo"; "O Resgate de Heitor". O que faz valer a pena a morte de tantos heróis em troca de um morto?

Em seguida à morte de Pátroclo, Aquiles, tomado de ira, mata Heitor. Cego de dor pela perda do amigo, Aquiles leva o cadáver de Heitor ao acampamento grego e por nove dias, sempre pela manhã, exercita-se em humilhar os despojos mortais: arrasta o corpo três vezes a cada dia em volta do túmulo de Pátroclo. Os deuses a tudo observam e se mostram desgostosos com o desrespeito ao morto. É graças à intervenção deles que o corpo arrastado pelo acampamento, embora violentamente ultrajado, permanece incólume. Apolo invoca os deuses e estes abandonam a ideia de mandar Hermes resgatar o cadáver. Apolo intervém, aborrecido com Aquiles:

> Toda a piedade falece ao Pelida, falece-lhe o senso
> da reverência, que é fonte de males e bens para os homens.
> [Canto XXIV, 44-45]

Hermes então vai a Príamo, pai enlutado de Heitor, e o orienta e guia para que faça a impraticável travessia das linhas gregas para falar a Aquiles. Teremos aqui uma das mais belas passagens da *Ilíada*, merecedora de ser revisitada sempre. Seguindo neste impossível resumo, alcançamos Príamo diante de Aquiles, que se assombra com essa aparição. Estamos no verso 476 do canto XXIV, e específico isso para estimular os leitores a percorrerem

por conta própria essas passagens, livres da violência ao texto exigida pelos propósitos de minha argumentação e entregues ao infinito prazer estético da leitura do original. De qualquer modo,

> Sem pelos outros ser visto, entra o grande monarca, e de Aquiles aproximando-se, *abraça-lhe os joelhos e beija as terríveis mãos homicidas, que muitos dos filhos lhe haviam matado.*
> [Canto XXIV, 476-478; grifo nosso]

Homero, magnífico, relata o pedido de Príamo, que lembra Aquiles da possível falta e preocupação que seu próprio pai poderia estar sentindo diante de seu afastamento para a guerra. Ambos choram as perdas, e Aquiles se impressiona com a força do velho. Aliás, ambos sentem no encontro a força quase divina de suas figuras e se respeitam... Aquiles aquiesce em devolver o corpo de Heitor, curvando-se ao peso da vontade dos deuses, que assim o queriam. Príamo, em demonstração de respeito, cumula Aquiles de ricos presentes.

Aquiles então convida Príamo para uma refeição noturna e o abriga por uma noite, para que possa partir em paz no dia seguinte com o corpo do filho. Além disso, oferece doze dias de trégua na guerra, de modo que as exéquias de Heitor ocorram conforme o cerimonial devido. Troia pode então chorar seu filho e herói e lhe render homenagem, costume assentado desde os primitivos gregos e que se torna sintoma de civilização, não importa o grau de violência que se pratique na guerra:

> Logo que o túmulo pronto ficou, para o burgo retornam,
> onde, reunidos, celebram solene banquete funéreo
> dentro da régia de Príamo, o rei pelos numes nutrido.
> Os funerais estes foram de Heitor, domador de cavalos.
> [Canto XXIV, 800-803]

Assim termina a *Ilíada*, não no triunfo de seu célebre e inexistente cavalo de Troia (essa passagem não consta de nenhuma narrativa homérica, como se descobriu tardiamente), mas no êxito dos cerimoniais de reverência e dor que acompanham um luto exercido. E aqui, mais uma vez, não posso deixar de notar que caminhamos por raízes fundamentais da civilização ocidental. Como poderíamos esquecer?

3. TEMPOS QUE COEXISTEM

Retomando a referência a Marx que fiz no início, gostaria de lembrar também a linda passagem final de "Para a Crítica da Economia Política", texto de 1857 que integra um esboço nunca terminado. Descoberto em 1902 entre os manuscritos de Marx, ele propõe temas que seu autor pretendia desenvolver posteriormente.

Um homem não pode voltar a ser criança sem cair na puerilidade. Mas não acha prazer na inocência da criança e, tendo alcançado um nível superior, não deve aspirar ele próprio a reproduzir sua verdade? Em todas as épocas, o seu próprio caráter não revive na verdade natural da natureza infantil? Por que então a infância histórica da humanidade, precisamente naquilo em que atingiu seu mais belo florescimento, por que esta etapa para sempre perdida não há de exercer um eterno encanto? Há crianças mal-educadas e crianças precoces. Muitos dos povos da Antiguidade pertencem a esta categoria. Crianças normais foram os gregos. O encanto que sua arte exerce sobre nós não está em contradição com o caráter primitivo da sociedade em que se desenvolveu. Pelo contrário, está indissoluvelmente ligado ao fato de que as condições sociais insuficientemente maduras em que esta arte nasceu, e somente sob as quais poderia nascer, não poderão retornar jamais. (p. 15)

A questão que precede o parágrafo acima não deixará nunca de ser intrigante: por que essa arte ancestral continua a nos proporcionar deleite estético e educação ética? Por que o que nos apresenta é de uma realidade assombrosa?

O que é Aquiles diante da força que a tecnologia proporciona? O que é Hermes diante do deus Comércio dos nossos dias? A que entidade ou nação corresponderia o Olimpo hoje? Que velocidade atribuiríamos a Apolo? A sabedoria de Hera pertenceria a qual universidade? Ou ainda: quem é Zeus comparado ao Google? Na infância da humanidade nasceu a epopeia, a grandeza épica. No romance moderno, temos o desamparo humano, o sofrimento num mundo de forças que o indivíduo não domina e que o verga diante de seus mistérios. É um drama subjetivo em que não se tem o socorro de uma mitologia como a que permitia ao herói grego compreender e aceitar o seu destino.

Por outro lado, para nós não faz mais sentido pensar o tempo como linear e, menos ainda, como realizando um

percurso ascendente – esse não passa de um tempo antropomórfico, no qual temos nascimentos, maturações, declínios e morte. Estaremos mais afinados se pensarmos em tempos que se interpenetram, tempos em cuja diversidade coexistem diferentes momentos de maturação. É mais adequado pensar em relógios que se movem em tempos e velocidades distintos, em tempos harmônicos e contraditórios, sincrônicos e diacrônicos, arcaicos e contemporâneos. Seria útil pensar nesses múltiplos ponteiros movendo-se numa espécie de vazio, sem visualizarmos os números que definem as horas. Tempos movidos também por desejos e utopias e que, apontando para uma dimensão futura, possam nos trazer, como numa centelha, algum vislumbre do presente.

Se leio a *Ilíada* hoje, é evidentemente impossível que eu a visualize como o faria um grego ou um homem do Renascimento. Cada momento histórico imprime à leitura os sinais de sua existência. Além disso, nela também estarão presentes os meus tempos pessoais de desenvolvimento. Há autores que pensam o Renascimento como o auge da Idade Média. Já outros o veem como ressurgimento do apogeu clássico. Outros ainda o verão como tempo de ruptura, como o aparecimento do homem moderno em sua infância. Talvez todos esses tempos coexistam e, por que não?, simultâneos a tempos que fogem à nossa percepção. As idades e as culturas se interpenetram.

Assim, para nós, psicanalistas, a infância não pertence a um passado a ser desvelado. Não vemos as memórias do passado como parasitas que tentam se fazer presentes obscurecendo a percepção da atualidade. Pensamos, sim, a infância como o alicerce sobre o qual se ergue o edifício da nossa cultura pessoal; nessa ecologia interior se passa a nossa existência. Os gregos, entre outras "crianças sadias", assentaram os fundamentos do nosso modo de ser. Sobre essa base, novas construções podem surgir e se desenvolver. Posso pensar que eu mesmo, nesta reflexão, encontro-me em determinado ponto de desenvolvimento – num ponto em que o meu fim me é mais visível, o que de algum modo renova em mim o assombro com os tempos da presença e da ausência do corpo, com as construções da poesia sobre o amor, o desamparo, a alegria da criação e o infinito mistério da morte, com a construção poética do luto.

Devo dizer que hoje, assombrado pelo tema dos desaparecidos, descubro uma nova *Ilíada* que é de uma beleza peculiar, na qual a busca inevitável de um corpo se apresenta a mim como um enigma. Dessa enorme estrela que herdamos de Homero, uma luz desperta agora a minha consideração: o respeito pela morte e a necessidade da presença concreta do corpo do morto.

Dados os recursos técnicos de que dispomos, hoje a ausência do morto pode ser situada no cenário de um vasto processo de luto fraudado. Fomos compelidos a conviver com a ausência de milhões de mortos num holocausto industrializado. Mortos que se tornaram fumaça e poeira a vagar pelo mundo. Na América Latina, hoje continuamos a conviver com a interrogação sobre os milhares de desaparecidos políticos que diferentes ditaduras nos impingiram. Mães, pais e irmãos dedicam a vida à busca dos restos de uma presença cuja existência é recusada no mesmo momento em que se recusa sua morte. Nessa busca, tornam-se testemunhas não só da verdade daquela presença individual, mas também de um momento trágico da história.

Contudo, mais uma vez: o que dá origem a esses andarilhos que perambulam à procura de sinais que nada acrescentarão ao conhecimento já estabelecido sobre sua morte? Que necessidade faz com que essa busca se eternize? Quais as marcas do luto que se abate sobre aqueles aos quais não é dado o benefício concedido a Aquiles e a Príamo, isto é, a possibilidade de prantear sobre o corpo de Pátroclo e Heitor? Por que os deuses se indignam com o suplício infligido ao corpo de Heitor por um Aquiles enlouquecido pelo desejo de vingança? São esses mesmos deuses que armam os gregos para derrotar Troia, mas há algo que extrapola a lei que os rege: a profanação e o desrespeito ao corpo, ou – o que um grego antigo nem sequer cogitava – o desaparecimento do morto. Por que razão se lançam em batalhas os melhores guerreiros e heróis, dispostos a morrer pela matéria apodrecida de uma anatomia?

Esse luto necessário nos faz ser quem somos. A alternativa seria nos tornarmos algo de alguma outra matéria, talvez daquela de que são feitos os mortos. Há uma passagem da matéria do corpo para a matéria da memória, para a matéria de que se constitui o nosso espírito ou, mais amplamente, a matéria de que são feitas a nossa cultura, a nossa arte, o nosso saber e a

nossa ética, a mesma que entranha todo o nosso fazer pessoal e social. Voltando no tempo, recorro a Píndaro, poeta lírico grego do século v a.C., de quem tomo uma direção:

> Efêmeros! Que somos?
> Que não somos? O homem
> é o sonho de uma sombra.
> Mas quando os deuses lançam
> sobre ele a sua luz,
> claro esplendor o envolve
> e doce é então a vida.

Dou um salto de quase dois milênios e leio em Shakespeare o que nos ensina Próspero em *A Tempestade*: "Nós somos esta matéria de que se fabricam os sonhos." Partindo dessas raízes, não tenho alternativa senão procurar em Freud: afinal, do que somos feitos? Como se constrói o nosso espírito? Como se constroem os sonhos? Por que nos importam as estrelas mortas, as memórias? Poesia e sonho não têm, enfim, suas equivalências?

Walter Benjamin retoma as reflexões de *Além do Princípio do Prazer* e cita o ensaio freudiano em "Sobre Alguns Temas em Baudelaire": "O consciente não registra qualquer traço de memória", "o consciente surge no lugar de uma impressão mnêmica", "o consciente se caracteriza portanto por uma particularidade: o processo estimulador não deixa nele qualquer modificação duradoura de seus elementos, como acontece em todos os outros sistemas psíquicos, porém como que se esfumaça no fenômeno da conscientização". Resíduos mnemônicos são, por sua vez, "mais intensos e duradouros, se no processo que os imprime jamais chegam ao consciente". Traduzindo Freud para termos proustianos, Benjamin escreve: "Só pode se tornar componente da *mémoire involontaire* [...] aquilo que não sucedeu ao sujeito como 'vivência'" (p. 108).

Significa dizer que somente se torna patrimônio do inconsciente, ou do saber inconsciente, aquilo que atravessa a barreira protetora do traumático fornecida pelo consciente – e no doloroso processo de ruptura dessa membrana cria-se uma marca de experiência. Estabelece-se aqui uma diferença nítida entre experiência e vivência. A partir dessa experiência, o psiquismo

continuará seu processo, na tentativa de obter um equilíbrio interno, uma quietude, um repouso homeostático. Tentará aplacar a dor criando trajetos para essa ruptura, dando início aos processos de sonho. Haverá agora, simultaneamente, um acesso da parte da "rasura" ao consciente e, portanto, a criação da possibilidade de controle do traumático. Nesse processo de criação onírica ocorre um aumento dos territórios do inconsciente e do consciente, pois o sonho tem uma face voltada para cada uma dessas regiões do espírito; a construção desses territórios se fará por justaposição de elementos oníricos e seu povoamento, por figurações. A construção e o povoamento do espírito partirão inevitavelmente de uma experiência excessiva e dolorosa que se organizará da matéria de que são feitos os sonhos, a matéria da nossa existência.

Abre-se diante de nós um vasto território de reflexão sobre a importância e o caráter da experiência estética, da criação artística na construção do aprendizado e da elaboração do humano na cultura e no viver cotidiano. Lembro a afirmação sintética de Raymond Williams: *culture is ordinary* – cultura é o prosaico, o cotidiano, é o sapato que usamos, é como nos locomovemos pelo mundo etc. A arte não é deleite; é excesso que nos convoca a sobreviver ao estímulo estético, a ter a arte como experiência.

Observo aqui o contraste entre a informação jornalística, que justapõe dados que não se diferenciam em sua intensidade emocional, e a narrativa, que nos impõe o esforço de seguir na experiência que ela traz. A informação tem início e fim, é completa e, ao contrário da narrativa, não nos faz buscar sua continuidade. Também o sonho não encerra um sentido em si, não veicula uma informação em seu interior – é muito mais um sentido provisório que parte em busca do próximo sentido. Não nos indignamos quando vemos notícias de extrema gravidade justapostas a um gol no futebol. Aliás, esse é o esquema típico em que ser informado coincide com ser alienado.

De outro modo se constrói uma narrativa, uma estrutura poética ou estética. Lembremos que uma fonte fundamental da nossa ética está em Sófocles: é a tragédia dos filhos de Édipo. É o dilema de Antígona, que encontra a morte ao não hesitar em dar sepultura a seu irmão Polinices. Seu dilema se dá entre a lealdade à lei da cidade e à lei de sua própria consciência.

4. A NECESSIDADE DO CORPO

Não é outro o âmbito desta reflexão, que, devo dizer, iniciou-se em conversas informais com entrevistadores da Comissão da Verdade, responsável por investigar experiências e vivências de vítimas da ditadura militar no Brasil. Uma das perguntas que afloraram foi esta: por que não se produziram no país (até agora, pelo menos) obras literárias ou cinematográficas relevantes sobre esse período? A nosso juízo, a maioria das obras que já veio a público seria de caráter jornalístico ou catártico. Uma das hipóteses que levantamos foi a ausência de ruptura real com a ditadura; teria havido um acomodamento que ignorou os elementos potencialmente traumáticos daquela transição.

Prossigo o argumento com Freud, recorrendo agora ao ensaio "Luto e Melancolia". Partimos da ideia de que não existe representação da morte no inconsciente. Assim sendo, nosso medo da morte se desloca para outros territórios. Pensemos, por exemplo, no antigo costume de erguer túmulos familiares e de continuarmos agrupados como família nos cemitérios. Queremos ficar próximos dos que amamos – o medo da morte se expressa na esfera do desamparo, da solidão e do abandono. Pensemos na identidade entre a ideia de ter o corpo cremado e a fantasia claustrofóbica, e tantas outras fantasias inconscientes tecidas com esta grande incógnita que é a morte. Isso para não falar nas concepções religiosas de vida eterna, reencarnação e outras, tão variadas quanto são as culturas e as religiões. No mundo grego, os mortos iam para um território específico depois de atravessar o Lete, o rio do esquecimento. Quantas cerimônias não inventamos justamente para evitar esquecer os nossos mortos?

Assim, se a concepção de morte nos é insuportável, de que se trata o luto? Freud relacionou o processo de luto ao fenômeno da melancolia. Nesta, ocorreria uma recusa do abandono do objeto amado perdido. Esse objeto manteria sua presença por intermédio da rememoração melancólica. A melancolia torna o objeto eternamente presente e seria uma disfunção do processo de luto. Sucintamente, no processo de luto o objeto perdido no mundo exterior se torna uma presença no espaço interno, no espírito de quem sofre a perda. Já não temos quem amamos;

agora nós somos quem amamos. O ódio iniciado com a perda se acomoda. Desenvolvemos uma identificação com o que perdemos. Nessa elaboração, um paradoxo se instala: o espírito se enriquece, e o faz por via de trajetos trágicos. Como sempre em Freud, o que principia por uma análise psicopatológica se torna um processo universal de construção e povoamento do espírito. A patologia migra para uma teoria do espírito, para uma psicologia em si.

Necessitamos do corpo para apoiar essa quase impossível tarefa do luto. Para que, libertos da sombra daquele que se foi, a vida possa prosseguir seu trajeto. Numa cerimônia de velório, os momentos trágicos são entremeados de calma. Quando o corpo é trazido ao recinto, há uma comoção; segue-se uma quietude e, depois, outro momento agudo, quando se fecha o caixão. Na procissão, novamente, a calma dá lugar à exibição da dor quando o corpo desce à terra. A isso se seguem dias de cerimônias de elaboração, em ritos que variam de uma cultura a outra. Como que damos vida ao corpo presente para poder ter a experiência repetida de perdas que se renovam.

Quando o que temos não é o morto, mas, sim, o desaparecido, nem sequer a melancolia pode se instaurar. O que existirá será um vazio, um oco, um buraco no espírito, um espaço morto que como um buraco negro atrairá para si tudo o que é vivo. Funciona como uma estrutura parasitária que corrói, que bloqueia o pensamento, os afetos, introduzindo deformações nos caminhos da alma, impedindo a vida de continuar.

No plano da cultura e da história ocorrerá essa mesma deformação que se abate sobre os destinos individuais. A cultura fica impedida de prosseguir seu trajeto, empobrece-se, pode gerar monstruosidades. Gosto sempre de lembrar que Antonio Candido, citando Otto Rank, dizia que a literatura é o sonho da humanidade. Ela não tem nada a ver com a platitude jornalística. A literatura, como os sonhos, lida com a memória que esgarçou a consciência e se plantou em nós com uma face consciente e uma face inconsciente, com infinitas rotas associativas em seu território. A narrativa também esgarça a consciência e sempre poderá acolher novos lampejos da "memória involuntária". O que temos na construção da cultura, temos também nos trajetos individuais. Temos todas as idades do

nosso desenvolvimento pessoal, com fases precoces permanecendo como nossos alicerces e sempre num duplo movimento de alterar e ser alterado por tudo o que se segue.

O arcaico herói Aquiles e *entourage* nos constituem e constituem a atualidade, como constituem nossa cultura, nosso modo de viver, nossas relações e nossos anseios. Não podemos mais buscar a morte heroica dos personagens épicos, não temos as suas certezas. Buscamos muito mais agudamente o que seria o nosso sentido. Buscamos um sentido que (supostamente) se perdeu.

Aqueles que a ditadura representou recusaram a dor e a perda. Não quiseram a ruptura e conseguiram escamoteá-la aos que necessitavam dela. Os que se opunham não tiveram força para se fazer valer ou preferiram uma acomodação, e os nossos desaparecidos ficaram impossibilitados de existir até como desaparecidos. Tornaram-se sintoma exemplar de um acordo político que se fez impedindo qualquer luto ou mesmo uma possível melancolia. Não se registraram perdas. A história teve de continuar a se manter calada. A própria Comissão da Verdade se viu limitada no seu trabalho, devidamente retocado. Como não pensar que esses restos autoritários, retrógrados, tingiram os pactos de silêncio que se seguiram e estão na raiz de deformidades que hoje explodem como distopias em nossa sociedade?

Esses buracos de pensamento, essas maquiagens da verdade, essas recusas à verdade afetam a todos, ao conjunto da sociedade. Na ruptura com a democracia, nos anos de obscuridade e de perda realmente experimentada, as artes sobreviveram. Sem a ausência da verdade, os sonhos puderam existir. Pode bem ser que essa crise se encaminhe para outras figuras e setores sociais, pode ser que surjam outros protagonistas globalizados, à espera apenas de uma falência para entrar em cena. Teremos outros movimentos históricos, é certo, mas nossos desaparecidos continuarão a nos assombrar. De modo semelhante, nosso passado escravagista é um fantasma cotidiano que nos assola no mais íntimo dos nossos lares. Recusar a narrativa do trágico da história alimenta inevitavelmente os fantasmas. Aproveitando-se das nossas obscuridades, eles não perderão a oportunidade de reaparecer.

REFERÊNCIAS

BENJAMIN, Walter. O Narrador: Considerações Sobre a Obra de Nikolai Leskov. In: *Walter Benjamin: Obras Escolhidas. V. 1. Magia e Técnica, Arte e Política. Ensaios Sobre Literatura e História da Cultura*. Prefácio de Jeanne Marie Gagnebin. Trad. Sérgio Paulo Rouanet. São Paulo: Brasiliense, 1987.

____. Sobre Alguns Temas em Baudelaire. In: *Walter Benjamin: Obras Escolhidas. V. 3. Charles Baudelaire: Um Lírico no Auge do Capitalismo*. Trad. José Carlos Martins Barbosa e Hemerson Alves Baptista. São Paulo: Brasiliense, 1989.

CANDIDO, Antonio [1948]. La figlia che piange. In: *O Observador Literário*. São Paulo: Imprensa Oficial do Estado/Conselho Estadual de Cultura, 1959.

FREUD, Sigmund [1915]. Luto e Melancolia. ESB, v. 14. Rio de Janeiro: Imago, 1987.

____ [1920]. *Além do Princípio do Prazer*. ESB, v. 18. Rio de Janeiro. Imago, 1987.

HOMERO. *Ilíada*. Tradução dos versos de Carlos Alberto Nunes. Rio de Janeiro: Nova Fronteira, 2012.

MARX, Karl. Para a Crítica da Economia Política. *Manuscritos Econômico-Filosóficos*. Seleção de textos de José Arthur Giannotti. São Paulo: Abril Cultural, 1978. Coleção Os Pensadores.

PÍNDARO. O Sonho de uma Sombra. In: RAMOS, Péricles Eugênio da Silva (seleção e tradução). *Poesia Grega e Latina*. São Paulo: Cultrix, 1964.

SHAKESPEARE, William. *A Tempestade*. Trad. Bárbara Heliodora. Rio de Janeiro: Nova Aguilar, 2006.

Parte III

Na Instituição

10. O Analista e Sua Circunstância

Queria começar lembrando que uma aula inaugural é, antes de tudo, uma cerimônia de boas-vindas aos novos filiados e o marco inicial de mais um ano de atividades do nosso Instituto [de Psicanálise Durval Marcondes]. Essa prática, mais do que qualquer outra, representa o ponto de encontro entre os novos membros e os membros antigos da Sociedade Brasileira de Psicanálise de São Paulo (SBPSP). Agradeço a honra de participar desta atividade.

É um encontro da tradição com o futuro, e isso aponta para o desafio que o presente sempre nos traz. O mistério do presente vem de ele estar entre o que já foi e o que ainda não é. Ele se situa no estreito espaço entre as reminiscências e os desejos e utopias, entre o que já é memória e aquilo que, pela ausência de construção, revela o território do insólito. Nesse trajeto, às vezes temos numa fulguração o sinal do atual, temos uma centelha de percepção.

Na nossa precariedade, precisamos do outro e necessitamos do diálogo, no mínimo porque a associação livre e a atenção

SOBRE ESTE TEXTO: Aula inaugural de 2015 do Instituto de Psicanálise Durval Marcondes, da SBPSP. Texto publicado originalmente no *Jornal de Psicanálise*, v. 48, n. 88, de dezembro de 2015.

flutuante são pilares da nossa prática. Pretendemos a conversa isenta de intenções *a priori* e de projetos para o futuro. Se a psicanálise tivesse se originado no interior do Brasil e não no Império Austro-Húngaro, talvez usássemos a expressão "jogar conversa fora" ou "picar couve", ou qualquer outra que sugerisse coloquialidade e não mistério para iniciados. Por outro lado, esta nossa conversa, por ser psicanalítica, seguirá inevitavelmente junto do abismo da dor, junto do sagrado, do nascimento da palavra, da poesia de sua eficácia, e será movida pelo profano desejo humano. Sendo assim, o que pretendo hoje não é mais do que "puxar uma conversa" que será necessariamente pessoal, precária e provisória.

O tema que abordarei é amplo o suficiente para ter sido objeto de reflexão de diferentes escolas de pensamento. Aparece, por exemplo, em Marx, no matemático e filósofo alemão Edmund Husserl, criador da fenomenologia, ou no filósofo espanhol Ortega y Gasset, autor da célebre afirmativa que inspira o título de minha fala: "Eu sou eu e minha circunstância" – o homem é um ser inevitavelmente permeado pelo que o circunda, pelo contexto em que vive. Aqui obviamente se inicia uma discussão infindável sobre o que se entende por "circunstância", mas não me aprofundarei nessa questão. Vou tomá-la quase como uma afirmação do senso comum.

De qualquer forma, a discussão está presente também no meio psicanalítico. Assim é que se acusava o pensamento kleiniano de não atentar para o ambiente dos eventos que embasam a organização de um modo de ser, e assim é que se acusava Winnicott de não dar a devida importância ao acontecimento pulsional. A questão também continua a nos dividir em escolas ditas das relações objetais e escolas ditas freudianas, que privilegiariam o mundo da pulsionalidade. De minha parte, devo dizer que tenho dificuldade em considerar os destinos das pulsões sem observar as relações objetais que determinam sua realização, do mesmo modo que me é impossível pensar em relações objetais sem me voltar para a raiz pulsional que lhes dá origem e destino. Talvez se encontrem aí, nesse sistema ecológico de ideias em que me movimento, os primeiros elementos que compõem minha circunstância.

Mas sigo pelo caminho das histórias, e a memória me leva a 1977, quando assisti à minha primeira aula inaugural na SBPSP.

Naquele ano se esboçava uma mudança nos rumos da instituição. Pela primeira vez, formávamos uma turma grande de candidatos a psicanalista. O quadro de analistas didatas havia sido ampliado, as filas para ter acesso a uma análise didática começavam a ser questionadas. Não tínhamos mais de firmar o compromisso de que não denominaríamos a nossa prática de *psicanálise* – essa palavra estava reservada aos membros da sociedade –, mas, por outro lado, ainda dependíamos de uma avaliação favorável do nosso analista para poder frequentar o Instituto.

Naquele ano, o palestrante convidado para a aula inaugural foi o dramaturgo e ator Gianfrancesco Guarnieri, que era também diretor do Teatro de Arena, um grupo que, como se sabe, tinha uma atuação forte na oposição ao regime ditatorial que se instalara no país na época. Entre orgulhoso e assustado, esperei pela conferência que marcava o início do meu trajeto nesta instituição. Como hoje, é claro, cumpriram-se os rituais, e primeiro falaram o presidente da sociedade, Gecel Szterling, e o diretor do instituto, Yutaka Kubo, duas figuras inesquecíveis que quero hoje recordar e homenagear.

Nosso convidado daquela noite, a quem os quarteis não amedrontavam, começou a palestra visivelmente alcoolizado, falando-nos do seu medo de se dirigir a uma assembleia de psicanalistas. O que ele poderia inadvertidamente revelar? Que misteriosos poderes teriam aquelas pessoas? A transferência era, digamos, cultural. Não lembro o que mais ouvi naquela noite, mas a cena ficou gravada em mim. Nossa turma – que já se beneficiava das lutas de uma geração um pouco mais velha – pela primeira vez reunia cerca de vinte alunos. Já não éramos tão poucos. A cena revelava um anseio por nos retirarmos de um isolamento real que costumava ser tachado de elitista, mas que certamente era também defensivo. Revelava, pela presença de Guarnieri, que tínhamos a percepção de ser parte integrante da cultura e de que a cultura merecia – ou melhor: *nós* merecíamos – a grandeza de uma tentativa de diálogo. Sempre são tentativas...

Observando as últimas aulas inaugurais, constato uma oscilação entre tendências mais voltadas para o conhecimento psicanalítico propriamente dito e posições que se preocupam mais em estabelecer vínculos com outras disciplinas das humanidades. Devo dizer que o diálogo, a busca por reflexões

nascidas de outras tradições e o reconhecimento de que a psicanálise caminha com seu meio me são mais simpáticos.

Para assinalar apenas o que é mais evidente, a psicanálise não se confunde com suas instituições. Vocês verão, ou já sabem disso, que toda instituição depende de regras e busca universais, enquanto a psicanálise é possivelmente a forma de conhecimento em que a singularidade se manifesta de forma mais radical. É um truísmo que sempre repetimos: cada analisando é único, cada sessão é única, cada momento de uma análise também o é – nenhum deles pode ser repetido – e, por fim, também o analista é único. Em suma, entre as instituições e a psicanálise haverá sempre uma área de correspondência e áreas de conflito. Inevitavelmente, teremos de ir além da psicanálise para pensar sobre suas instituições, sua época, sua história, sua inserção ideológica e o meio em que se desenvolve a prática psicanalítica.

O conhecimento psicanalítico é então impossível? Não creio, não sou cético. Ocorre apenas que caminhamos por consensos grupais provisórios, oscilamos entre o alinhamento com as disciplinas científicas e o parentesco com a literatura ou a arte, ou por vezes tomamos a psicanálise como uma postura ética. O que é indiscutível é o seguinte: o que sabemos rapidamente esbarra na mobilidade e num imenso território de desconhecimento. Lembro uma experiência que todos compartilhamos: ao ler um texto freudiano, esse texto de algum modo nos escapa, a cada releitura vamos nos defrontar com esquecimentos e novas associações, e um mesmo conceito tem diferentes níveis de acesso e de profundidade. Voltaremos aos textos e à clínica sempre expostos à insegurança característica do nosso campo de conhecimento, ainda que ancorados naqueles pontos definidores que tenham obtido o consenso provisório.

Assim, as diferentes gerações se necessitam mutuamente. Precisamos da tradição e do acervo dos mais velhos, e, dada a insuficiência intrínseca do arquivo, precisamos que os mais novos façam seus questionamentos e nos obriguem a dar um passo a mais. Esse diálogo não ocorrerá sem choques, sem contradições, sem conflito, mas, com a passagem das gerações, a tendência é que ocorra movimento. Se a geração mais nova devesse apenas aprender com seus antecessores, a humanidade faria somente decair, o que não é o que acontece... Podemos

discutir infinitamente onde está o progresso, estaremos sempre sujeitos a forças amorosas e a forças destrutivas, mas sem dúvida o mundo se move. Alguma institucionalidade ou agrupamento é uma circunstância inevitável aos analistas, se bem que, de preferência, temperada por uma dose de subversão.

Lembro uma história que me agrada. Conta-se que os beduínos, ao final de uma jornada, antes de entrar em seus lares descem do camelo, sentam-se em roda e permanecem ali, quietos. Isso porque, segundo diz a tradição, o corpo chega antes do espírito, da alma, que é mais lenta. É preciso esperar até que a alma alcance o corpo, e aí, sim, pode-se entrar em casa e rever os entes queridos.

Não é diferente a nossa realidade. Perseguimos todos o espírito dos tempos, o que é atual, o que é o nosso sentido; buscamos além das expectativas e além dos nossos pressupostos. Às vezes somos mais pretensiosos e procuramos a verdade; outras vezes, mais modestos, contentamo-nos em atribuir um sentido às coisas. Todavia, somos sempre matizados pelos costumes, pelas ideologias e pela cultura de onde vivemos.

Nossa especificidade – a dos psicanalistas – está em identificar e rever criticamente os pressupostos que organizam nossos alicerces e modulam a nossa visão do atual. Procuramos nossas raízes infantis para, como dizia Freud, poder evitar os sofrimentos inventados e, assim, nos liberarmos para sofrer os infortúnios inevitáveis. Se isso não nos traz as vantagens de possuir a verdade, de alguma forma pode nos instruir no benefício do pensamento crítico. Claro, o exercício da crítica pode muito bem se estender para além da infância. Ele pode e deve estar sempre atento às nossas circunstâncias culturais e ideológicas. Dou alguns exemplos:

- Ao ler a tradição cristã assentada por santo Agostinho a respeito do corpo e da elevação do espírito, podemos nos perguntar se não cabe problematizar o conceito de sublimação como um resquício religioso em nosso pensamento dessacralizado.
- Fomos todos educados numa tradição bíblica em que a narrativa se passa em três tempos: criação, revelação e

redenção. Não vemos, com frequência, esses restos ideológicos se imiscuírem inadvertidamente nas nossas salas de análise? Sem a presença da reflexão crítica, não estamos sempre em risco de trazer esses três tempos para a clínica?

- Conseguiremos em nossa prática ser como os gregos, com muitos deuses? Seremos capazes de nos despojar do anseio monoteísta por uma verdade única?
- Diante do recrudescimento de radicalismos fundamentalistas em nome de alguma suposta "verdade revelada", podemos evitar uma reflexão sobre as condições da pós-modernidade que tornam esse modo de pensar mais e mais presente em nossa realidade? Podemos evitar o pensamento acerca da realidade que em cada meio socioeconômico faz nascer uma tradição diversa?
- Como é ser analista em Paris ou Londres? Ou em Nova York, Nova Déli, Buenos Aires ou São Paulo etc.? Cada um desses centros urbanos tem uma cultura, uma tradição filosófica, uma tradição política diversa. E como se caracterizaria o exercício da profissão numa mesma cidade, porém com a mobilidade e as injunções que cada época nos traz?
- Como fica a psicanálise quando a maior parte da prática é gerida por seguros sociais? Como fica a psicanálise na concorrência com outras terapias, se para sobreviver se sujeita a prazos e à apresentação de resultados quantitativos baseados em cortes diagnósticos que lhe são estranhos? O poder das grandes companhias farmacêuticas conta?
- Que alterações os novíssimos meios de comunicação poderão trazer (ou já trazem) à nossa prática?
- A psicanálise integra o grupo das ciências ou o grupo das humanidades?

Em seu livro *Pensando o Século XX*, o historiador inglês Tony Judt nos fala da experiência de lecionar nos Estados Unidos e conta que, em fins da década de 1970, os reitores de certas universidades tinham dúvidas sobre onde inserir a disciplina de história: nas ciências sociais ou nas humanidades? Para mim, foi uma surpresa, pois nunca tive dúvidas de que as humanidades

são o campo de existência da história (ainda que muitos ângulos dessa complexa discussão me escapem).

Mas e a psicanálise? Está nas ciências ou nas humanidades? Confesso que desde o início as dúvidas me assediaram. A análise pessoal me trazia respostas e também mais dúvidas e inquietações; ia se revelando a mim um território que eu nem suspeitava existir, mas, se ela podia me trazer alguma tranquilidade, obviamente não tinha como responder a todas as minhas perguntas. Creio que fui me tornando mais modesto e menos crítico em relação a mim mesmo, as expectativas que tinha a meu próprio respeito ganhavam mais realidade. Serei sempre grato a esse acompanhamento analítico no momento em que iniciava a vida familiar e profissional – e, felizmente, ali a psicanálise nunca apareceu como conhecimento hegemônico.

Retomando então interesses de antes da formação, voltei à história do conhecimento, aos pré-socráticos e a velhas dúvidas. No século v a.C., Parmênides me ensinava: "O que é, é – e não pode deixar de ser", ou então: "O que é, é – do contrário não seria". Quem poderia duvidar dessa assertiva? Ela me parecia evidente por si só. Não me dava conta de que estava diante do nascimento do princípio lógico da identidade, que um século depois, com Aristóteles, iria se desdobrar na fórmula filosófica da *adaequatio rei et intellectus*, isto é, da correspondência entre realidade e intelecto, significando que a verdade se produz na correspondência do que se quer conhecer com a representação conceitual formada pela consciência. Também isso me parecia indiscutível.

Mas sempre há um *mas*, e páginas e páginas adiante surgia Heráclito, de quem pouco se sabe mas de quem se diz que renunciou a um reino. (Abro um parêntesis para antecipar minha simpatia cada vez maior pelo historiador da arte Aby Warburg, um filho de banqueiro que renuncia à herança em troca da possibilidade de construir uma extraordinária biblioteca, concretizando uma teoria da cultura um tanto obscura. Voltarei a ele no final deste trajeto.) Mas Heráclito, eu dizia, com sua escrita por aforismos, via a realidade como um fluxo constante em meio ao conflito: "O homem se acende e se apaga como uma luz no meio da noite." Ou, em seu aforisma mais citado: "Tu não podes entrar duas vezes no mesmo rio, porque

novas águas correm sempre sobre ti." O que eu podia fazer se também essa afirmação me parecia indiscutível, apesar de contradizer completamente meu aprendizado anterior? A questão não deixa de ter implicações práticas: como separar a clínica em sua singularidade dos universais que definem uma teoria?

Falo dessas coisas não como um trajeto filosófico, mas para lembrar que a nossa vida de analista não é fácil, como vocês seguramente já sabem. O pensamento de Heráclito é o que mais se aproximaria do que vivo na minha prática clínica e teórica, mas sem dúvida encontro colegas que respeito e que se sentiriam mais à vontade na vertente aristotélica. Essas misteriosas personagens estão na origem do nosso logos. Quando as duas tradições se encontram, obrigam meu pensamento a se mover além da sedução que uma verdade sólida possa exercer sobre mim.

O pensamento filosófico se organiza em sistemas totalizantes que têm sido objeto de inúmeras críticas. Não cabe explorar o tema nesta nossa conversa, mas, apenas sugerindo uma direção, posso lembrar que somos herdeiros das grandes discussões que fundam o pensamento ocidental. No debate atual sobre o *locus* em que se situa a psicanálise, persistem as interrogações: seria no território das humanidades ou no das ciências positivas? Freud era um iluminista? Fundou uma ciência positiva? Ou estaria entre aqueles que no século XX fizeram a crítica do Iluminismo e sua proposta de domínio da natureza, da sociedade e do próprio homem? Afinal, Freud desenvolveu um saber – a metapsicologia – sobre aquilo que é gestado na obscuridade dos sonhos e os liberou da magia e da superstição. Ao mesmo tempo, porém, chamou esse saber de feiticeira. Ou seja, encontramos em Freud referências em ambas as direções.

De qualquer modo, a questão continua: como o conhecimento mítico pode se tornar uma unidade de compreensão racional que integre, organize e dinamize os conhecimentos? Gosto do pensamento de Adorno e Horkheimer de que a ideia mítica já é conhecimento em forma embrionária e de que a teoria pode ser tomada como mito quando pretende ter o domínio de seu objeto.

Neste ciclo que se inicia hoje, vocês terão a oportunidade de desenvolver uma posição pessoal e de estabelecer seu próprio roteiro crítico. Estou certo de que poderão desenvolver

o pensamento teórico e clínico em múltiplas direções. Vocês terão liberdade real de escolher a análise pessoal seguindo afinidades eletivas. A propósito, se há um consenso no universo psicanalítico, é o de que a análise pessoal é central na formação do psicanalista. No entanto, o papel do didata e os esquemas da análise didática têm sido questionados em todos os centros. Por escolha nossa, este Instituto mantém a tradição, que sem dúvida tem vantagens e sentido. Contudo, há outros modelos de formação na IPA, e nada em nossas regras impede o debate, que não deixa de ser interessante.

Graças a conquistas da minha geração, temos ampla liberdade para organizar o trajeto de estudo que pretendemos seguir, para escolher os cursos e os supervisores. Acolhemos tanto jovens como pessoas experientes, não faria sentido o caminho único. Vocês estão entrando numa sociedade psicanalítica que participa de três instâncias federativas – a brasileira, a latino-americana e a internacional –, o que contribui decisivamente para diversificar os trajetos pessoais e as posssibilidades de troca. Somos a única sociedade que permaneceu sem divisões numa metrópole das dimensões de São Paulo. Como isso terá sido possível?, eu me pergunto.

Num texto para a revista *Calibán*, levantei a hipótese de que a cena inaugural da psicanálise no Brasil e possivelmente na América Latina seria aquela que nos relatou uma de nossas pioneiras, a paulistana Virgínia Leone Bicudo (1910-2003). Virgínia dizia ter sido a primeira pessoa na América Latina a se deitar num divã. Imaginei, então, uma fotografia em que ela estaria deitada no divã de Adelheid Koch, situação propiciada por Durval Marcondes, que aparecia ao fundo. Virgínia, que era mulata, pelo lado paterno era neta de uma escrava e avô desconhecido; seu pai era um "empregado de dentro", isto é, trabalhava na casa-grande; a mãe era filha de imigrantes italianos que tinham vindo para trabalhar na lavoura de café. Adelheid era judia berlinense, fugida do nazismo e da catástrofe que se desenhava na Europa. Durval, por sua vez, pertencia à aristocracia rural paulista que sofreria os efeitos da Grande Depressão de 1929, com a consequente quebra da cafeicultura que sustentava o esplendor desse estrato social.

Se essa fotografia existisse, teria sido tirada no final dos anos de 1930. Freud foi muito lido pelos modernistas, que o

incorporaram ao seu repertório crítico. Formulei a hipótese de que os modernistas, não tendo familiaridade com a literatura marxista, que na época circulava por aqui entre imigrantes pobres, acabaram lendo Freud como fonte revolucionária. Assim, as mudanças sociais teriam origem no mundo pulsional e esse mundo era o ponto de partida para criticar as instituições retrógradas da sociedade. Nascia aí a visão antropofágica de Oswald de Andrade, de que a cultura brasileira devoraria as tradições europeias dando-lhes um matiz nacional. Integrante desse movimento, Durval Marcondes se encaminhou para a psicanálise, outros aderiram ao integralismo e outros ainda adotaram diferentes matizes ideológicos de esquerda.

Não seria de todo insensato considerar que essa origem modernista, essa interpretação da obra de Freud, está presente no caldo de cultura que desembocaria no cinema novo, na obra de Nelson Rodrigues e no tropicalismo, assim como na discutível interpretação de que a pornochanchada foi uma peculiar forma de reação ao obscurantismo da censura praticada pela ditadura militar. Essas raízes, juntamente com as raízes negras do escravagismo, da imigração de trabalhadores europeus, da tradição iluminista e judaica da Europa Central, sem dúvida têm expressão em nossa cultura.

Posso pensar que esse sincretismo cultural contribuiu significativamente para nos tornar infensos a um movimento importante na história da psicanálise: a batalha de escolas pela posse da verdade psicanalítica. Tradições locais proibiram o estudo de escolas divergentes. Em muitos institutos dos Estados Unidos, apenas recentemente se revogou o veto ao ensino do pensamento kleiniano e à psicanálise leiga, que entre nós se fizeram presentes desde o início. Nossa tradição nos fez leitores em espanhol, inglês e francês. A meu ver, a diversidade em maior ou menor grau que marca este Instituto é um dos fatores para explicar por que hoje, enquanto muitos centros se queixam de crise, nós celebramos a chegada de vocês, que compõem este substancial grupo de profissionais.

Podemos sem dúvida nos criticar num aspecto fundamental: temos poucos autores, sobretudo no campo da teorização e do pensamento especulativo em psicanálise – e quero mencionar aqui a exceção que foi Fabio Herrmann, de quem sempre

teremos saudade. Conto-lhes, por exemplo, a experiência que tivemos no congresso da Federação Psicanalítica da América Latina (Fepal) em 2012, realizado aqui mesmo em São Paulo. Houve uma enxurrada de trabalhos de latino-americanos lutando por um lugar na programação. No entanto, especificamente de brasileiros, só começamos a ter trabalhos ao adotar a política de convite à apresentação. Isso pode ser sinal de uma falha, e sinal também de que estamos todos muito ocupados com as nossas clínicas, com o atendimento cotidiano dos nossos pacientes. É algo a se pensar, pois, se temos uma larga e diversificada experiência clínica e estamos sempre falando dela, se lemos autores de diferentes escolas de pensamento que aqui necessariamente ganham cor local, ainda não nos mostramos capazes de desenvolver a correspondente reflexão teórica que assentaria entre nós as bases de uma escola própria.

Caminhando para o final, quero lhes falar de Aby Warburg, personagem cuja vida e obra se misturam inextrincavelmente. Warburg nasceu em Hamburgo, em 1866, e morreu com pouco mais de sessenta anos, em 1929. Bem cedo trocou o direito à herança do banco da família pelo direito de se dedicar ao que chamava *Wissenschaftskultur*, a ciência ou conhecimento da cultura, e à construção de uma biblioteca que refletisse sua compreensão da arte, das humanidades e da cultura em geral. Segundo os historiadores Horst Bredekamp e Michael Diers, editores de uma obra extraordinária de Warburg – *A Renovação da Antiguidade Pagã: Contribuições Científico-Culturais Para a História do Renascimento Europeu* –, na história da arte e da imagem ele desempenha um papel similar ao de Freud na história da psicanálise.

Warburg atribuía uma importância essencial às imagens num processo civilizacional que, nos primórdios, não dispunha da linguagem e estava entre a magia e o *logos*; conforme sintetiza Edgar Wind, citado por Bredekamp e Diers no prefácio, sua teoria supõe na imagem a capacidade de "criar um espaço de reflexão da ponderação entre o ser humano e a natureza, espaço no qual as forças ameaçadoras se transformam em meios para a superação do medo" (p. XVII). Sua obra, assim, trafega ao lado da nossa disciplina, ao apresentar a oportunidade de reflexão sobre a construção de sonhos e a cura psicanalítica, e

ela me interessa antes de tudo porque acredito que atualmente a principal tarefa analítica diz respeito mais à construção de sonhos do que à sua interpretação.

No campo da teoria da imagem, o filósofo e historiador da arte Georges Didi-Huberman não tem dificuldade em se valer de teorizações psicanalíticas, como vemos no conjunto de sua obra e no excelente livro *A Imagem Sobrevivente: História da Arte e Tempo dos Fantasmas Segundo Aby Warburg*. Talvez nós também possamos deixar de lado as inibições e nos valer de teóricos de outras áreas da cultura para pensar a construção de imagens. Menciono, como exemplo, alguns temas pensados por Warburg e destacados por Didi-Huberman: sobrevivência de formas e impurezas do tempo, linhas de fratura e "fórmulas de *páthos*", fósseis em movimento e montagens da memória.

Disse antes que a psicanálise trata da construção das raízes da cultura individual e que isso exige compreender as circunstâncias de cada um, as quais são inseparáveis da cultura de uma época, cultura que não implica uma linha de ascensão progressiva, mas precisa ser reconstruída a cada situação concreta. Aí temos o nosso *setting*, a relação analítica, a transferência e a construção onírica, que permite que a vida flua. Entre tantos aspectos de interesse, lembro então a prolongada internação psiquiátrica de Warburg (foram quatro anos) no sanatório Bellevue, na Suíça, e seu diálogo com Ludwig Binswanger (1881-1966), estudioso e correspondente de Freud e criador da análise existencial. Esse diálogo matizou a obra de ambos, médico e paciente.

Durante um tempo acreditei, ou quis acreditar, que a prática psicanalítica era aparentada com as manifestações mais radicais da arte do século XX e teria um caráter trágico. As construções imagéticas que elaboramos com nossos pacientes são efêmeras. Tanto os atores como o público dessa elaboração se resumem aos dois participantes da cena. Se quisermos relatar o que se passa nesse teatro, precisaremos do talento de narrar e se tratará de outra arte. Para piorar, a obra, se for de fato boa, repousará, por trajetos diferentes, no inconsciente do analista e no do analisando. Portanto, será esquecida! Não estaremos próximos daquelas performances na arte das quais nos sobrarão apenas alguns restos fotográficos?

Mais tarde, a partir das reflexões de Zygmunt Bauman sobre a pós-modernidade, encontro Lévinas, e me parecerá lógico e essencial que a ética esteja no centro da prática psicanalítica. Para Lévinas, o primeiro passo do conhecimento não é ontológico. Segundo afirma, quando pretendemos tornar o Outro no Mesmo – essa é a antiquíssima fórmula da identidade que vimos em Aristóteles –, o que ocorre é a destruição da alteridade. O gesto ético se configura na submissão ao outro, em permitir que a alteridade fale. Essa submissão, em minha leitura, equivale a oferecer-se ao trauma que deriva da simples presença do outro – isso é atenção flutuante, e a associação livre se dará a partir dessa autorização para que o outro continue a ser o que é.

Paro neste ponto e, mais uma vez, lembro Warburg e sua biblioteca fantasmática. Ele remanejava loucamente os livros, à procura da afinidade mais estreita entre eles. A etnologia estará próxima da sociologia e esta da filosofia ou da história da arte? A todo momento, deslocava os títulos e refazia as vizinhanças e associações. Sua biblioteca, escapando da sanha nazista, foi transferida em 1933 para a Inglaterra, onde passou a fazer parte da Universidade de Londres. Inspirando-se nas questões teóricas que obcecavam Warburg, os arquitetos a projetaram em formato elíptico, de tal modo que o leitor pudesse se manter equidistante das diferentes disciplinas que a constituíam.

É assim que eu me sinto hoje, remanejando o acervo de associações possíveis sem nunca me sentir constituído. Imagino que, se esta aula inaugural fosse amanhã, eu faria outro trajeto; certas ideias e certas imagens compareceriam novamente, mas em outro tempo, complexo e desigual, e encadeadas de outra maneira. Penso também que todos os tópicos poderiam ter sido aprofundados, mas me consolo lembrando que esta é uma aula inaugural e que eu mesmo, apesar de tudo, também estou sempre num tempo inaugural.

Muito obrigado a todos e sejam bem-vindos.

REFERÊNCIAS

ADORNO, Theodor W.; HORKHEIMER, M. *Dialética do Esclarecimento: Fragmentos Filosóficos*. Trad. bras. Guido Antônio de Almeida. 2. ed. Rio de Janeiro: Jorge Zahar, 1986.

BAUMAN, Zygmunt. *Modernidade e Holocausto*. Trad. bras. Marcus Penchel. Rio de Janeiro: Jorge Zahar, 1998.

DIDI-HUBERMAN, Georges. *A Imagem Sobrevivente: História da Arte e Tempo dos Fantasmas Segundo Aby Warburg*. Trad. Vera Ribeiro. São Paulo: Contraponto, 2013.

JUDT, Tony [com Timothy Snyder]. *Pensando o Século XX*. Trad. Otacílio Nunes. Rio de Janeiro: Objetiva, 2014.

LÉVINAS, Emmanuel. *Totalidade e Infinito: Ensaio Sobre a Exterioridade*. Trad. José Pinto Ribeiro. Lisboa: Edições 70, 1988.

NOSEK, Leopold. Editorial. Nosso Antropófago, Calibán! *Calibán: Revista Latino-Americana de Psicanálise*, v. 10, n. 1, 2012.

_____. O Cotidiano Traumático. In: VOLICH, Rubens M.; RANÑA, Wagner; LABAKI, Maria Elisa P. (orgs.). *Psicossoma V: Integração, Desintegração e Limites*. São Paulo: Casa do Psicólogo, 2014.

ORTEGA Y GASSET, José. *Meditaciones del Quijote*. Madrid: Alianza, 1981.

WARBURG, Aby. *A Renovação da Antiguidade Pagã: Contribuições Científico-Culturais Para a História do Renascimento Europeu*. BREDEKAMP, Horst; DIERS, Michael (orgs.). Prefácio de Edgar Wind. Trad. Markus Hediger. São Paulo: Contraponto, 2013.

11. O Tal Complexo de Édipo

1. APRESENTAÇÃO

Em primeiro lugar, quero agradecer à Diretoria Científica, em particular a Vera Regina Fonseca, pela oportunidade de participar desta reflexão coletiva. O tema proposto – Édipo – me olha como um excesso. Afinal, logo constato que nele está implicada toda a psicanálise, seja como teoria, seja como prática. Que trajeto percorrer nesse universo?

 Se qualquer caminho será parcial e inevitavelmente pessoal, começarei contando como pela primeira vez me impactei com o infinito do mito e seu uso pela psicanálise. (Vale ao menos pelo humor.) Alguém relatava numa aula a história do herói, dizendo que, quando nasce Édipo, seu pai, Laio, ao ouvir a profecia de que seria morto pelo filho, chama um pastor e ordena que leve a criança e a mate. Candidamente, o comentador arrematou: "Quem quer faz, quem não quer manda fazer." Ocorreu-me na ocasião que nunca havia cogitado a ambivalência, que agora me parecia tão clara, sobre o papel paterno no mito. E posso dizer, ironicamente,

SOBRE ESTE TEXTO: Palestra realizada em maio de 2014 na SBPSP, como parte das atividades promovidas pela Diretoria Científica da instituição.

que dali em diante o infinito das possibilidades do mito não parou de crescer. As novas percepções que surgem não cessam de me demonstrar e ampliar o infinito do território que desconheço.

Em 1989, escrevi um texto que se intitulava "Uma reflexão sobre a temporalidade", no qual fazia considerações sobre a relação entre Édipo e a apreensão do tempo. Dizia ali que a questão edípica podia ser vista como o desejo de ocupar o lugar do outro, deixando assim o território próprio em desamparo. Queria com isso evitar a figuração explícita do senso comum: pai, mãe e filho. Buscava uma abstração capaz de abarcar uma multiplicidade de situações concretas. A análise, então, trataria da viagem ou da peregrinação em direção ao próprio lugar, trataria da tomada de posse da própria historicidade. (Voltarei a esse tópico adiante.)

Essa abstração, a meu ver, dava conta da figuração freudiana e também da triangulação de objetos parciais proposta na teorização kleiniana, ou seja, a ocupação do lugar de um dos pais ou da função de um órgão objeto da pulsão parcial, seio ou pênis. Trazê-la à discussão de hoje, além disso, tem o sentido de tomar uma posição crítica em relação ao senso comum, ao modo como a teoria freudiana habita o imaginário leigo, e também em relação a algumas abordagens que, na compreensão da questão edípica, atrelam a dinâmica familiar a situações concretas.

A dicotomia teórica que considera a mente um corolário ou do funcionamento das pulsões ou da internalização de relações reais familiares não se sustenta. Supõe ou uma desconsideração pelo mundo existente ou, em sentido contrário, a subjetividade como resultado de um realismo ingênuo em que a mente se apropria da realidade ela mesma, um mero *imprinting*. A realidade se apresenta filtrada por uma intencionalidade ou, na nossa linguagem, através das lentes fornecidas pelo funcionamento das pulsões. Nada diferente da postulação de Kant, para quem a realidade é vista através de lentes que são dadas pelos conhecimentos *a priori*.

É o que constatamos também em relação aos movimentos iniciais do psiquismo, o qual, mobilizado por exigências pulsionais, deflete para o exterior, matizando o caráter e a apreensão possível dos primeiros objetos. A objetividade se mistura de forma inevitável à subjetividade do observador. Winnicott escreveu de forma poética sobre essa questão, acentuando o

caráter criativo da abordagem da realidade. Lembremos aqui a sua famosa afirmação de que não existe o bebê; existe, sim, a criança e sua mãe. Mãe que em parte é criação da criança. Consideremos também uma afirmativa metodológica: a colocação de Bion de que a unidade é o par.

O conhecimento seria então impossível? Não creio, mas ele será sempre dependente de uma função crítica, a qual dará origem a criações provisórias que pedirão inevitavelmente novas aproximações críticas. Além disso, para nós, analistas, o conhecimento terá sempre um viés onírico (proposição que mereceria um longo desenvolvimento, mas não no momento).

Nessa complexidade se desenham os trajetos da construção edípica, do drama das paixões primárias e das primeiras formulações acerca do mundo e de si mesmo. Isto se dá inevitavelmente num tempo histórico e num espaço determinado. Se as pulsões são os filtros dessa realidade, o mesmo continua a ocorrer em séries sucessivas. As primeiras construções objetais filtram e determinam as apreensões subsequentes da realidade. O Édipo trata então do passado? Expandindo a metáfora, as relações edípicas são o filtro através do qual nos apresentamos e abordamos o mundo. Não são memórias do passado, são os alicerces presentes no nosso modo de ser.

Penso que o edifício freudiano se move sempre assim: o que se iniciou como investigação psicopatológica se mostrará um universal da condição humana. O Édipo é um estruturante universal e inevitável. A psicanálise abandona o universo terapêutico para se fixar nos universais de um dos aspectos da construção do humano. Dessa forma, é uma disciplina companheira das artes, da ética, da história, da filosofia, enfim, de todas as humanidades.

Lembro o reconhecimento implícito no prêmio Goethe, que foi concedido a Freud em 1930. Não se trata de um prêmio especificamente literário, mas de um prêmio aos que contribuem para que a humanidade dê um passo além na apropriação de seu destino. Creio que essa formulação contém de algum modo o que almejamos com a elaboração edípica: uma correspondência mais adequada entre os alicerces que habitam os nossos subterrâneos e a edificação que é o nosso momento atual, o espaço e o tempo em que vivemos.

2. SENHOR E ESCRAVO

Inúmeros caminhos levam a Roma. Em 1989, o trajeto reportado acima, acerca da tomada de posse do próprio lugar, começava por repassar as reflexões de Alexandre Kojève sobre o desenvolvimento da consciência de si de que trata Hegel no capítulo IV da *Fenomenologia do Espírito*. Objeto de numerosas críticas que questionam sua fidelidade a Hegel, a obra foi um dos modos de entrada do pensamento hegeliano na França. Entre os que assistiram aos seminários de Kojève estavam Merleau-Ponty e Lacan, e sem dúvida essa abordagem teve grande influência na construção da escola psicanalítica francesa atual.

Kojève se interroga sobre como passamos do sentimento de si para a consciência de si. Ao dizer *eu*, temos simultaneamente a percepção de que algo externo nos falta. Tentamos desfazer essa percepção por um ato de apropriação, pelo desejo. É o que se dá também com o conhecimento. O eu adquire as características daquilo de que se apropria. Ao se apossar de algo da natureza, incorpora suas características. Só pode adquirir características humanas ao se apropriar de algo humano – no caso, outro desejo.

É desejando o desejo de outro ser humano que se alcança o reconhecimento de si. Aí, segundo Kojève, inicia-se uma luta de morte pela obtenção desse reconhecimento. Quem alcança o desejo do outro define-se como consciência-senhor e se estrutura no gozo, não tendo por que prosseguir. Quem reconhece o outro é a consciência-escravo, e esta transforma a natureza para o gozo do outro. E aí o engenho da reflexão: a consciência-senhor, ao ser reconhecida por uma consciência que não respeita, ao incorporar esse desejo, não alcançará o reconhecimento. Este surgirá apenas na consciência-escravo. Esta, por conhecer o medo da morte, mediante o trabalho de elaboração desse medo e de transformação da natureza, terá a possibilidade de adquirir a consciência de si.

Dada a minha impossibilidade de expor aqui toda a riqueza dessa reflexão, conto com o leitor para verificar a multiplicidade de temas psicanalíticos que se abrem à nossa consideração. Por esse caminho, a saúde não estará em chegar ao ponto de ser amado, mas, sim, ao ponto de amar. Essa deveria ser a plataforma inicial de uma análise. Seja como for, temos aí um modo

instigante de pensar a complexidade das relações que matizam a chegada ao próprio lugar, ao descanso na própria pele, que é o objetivo final do que chamamos elaboração edípica. Descanso sempre provisório e incompleto, não custa lembrar.

Antonino Ferro, recordando os seus anos de formação, fala da concretude das interpretações daquela época e da necessária transformação que se operou na concretude anatômica das interpretações kleinianas, assim como nas descrições históricas freudianas. Entre nós, a recepção às ideias de Bion teve grande importância no arejamento do cenário. Começamos a ver funções e voltamos a identificar os meandros do trabalho dos sonhos. Foi um trajeto que teve de ser percorrido por toda a minha geração.

3. FIGURAÇÃO *VERSUS* ABSTRAÇÃO

Em 1998, fui convidado para participar do Simpósio Internacional de Psicanálise de Arte e Psicanálise, em Florença, cujo tema era "O Édipo e a Representação Artística". A maioria dos trabalhos explorou o Renascimento, com frequência tecendo considerações psicanalíticas em torno de imagens da *Madonna* e seu *bambino*. Apresentei ali um texto intitulado "Doze Parágrafos Para Reflexão: Seria o Édipo um Tema Figurativo?" Desculpando-me pela autocitação, peço licença para reapresentar aqui alguns daqueles parágrafos:

¶ A psicanálise nos mostrou que os pais são o mundo na infância. São a circunstância do prazer, da dor, do interesse e da construção. O que chamamos de Édipo é a sobrevivência desse mundo internalizado. É não somente a base, mas também o ambiente interno no qual cresce e vive o sujeito. Assim, podemos considerar que a relação pais e filhos não trata de pessoas, mas de formas de estar emocionalmente no mundo. Tomando um exemplo coloquial, o jogador checa, a cada lance de dados, o amor dos pais. Pais são o destino interno.

¶ Se os pais, para a psicanálise, são o mundo interno, e o Édipo, uma espécie de estrutura ecológica, a figuração artística da relação pais-filhos pode estar situada em qualquer elemento

da obra plástica. É ingênuo procurar isso na reprodução fotográfica. Pode estar na cor, na textura, no gesto, na luz, no ritmo etc. Como exemplo, podemos, a título de exercício, procurar na natureza, no clima ou, mais especificamente, no céu, a representação da relação pais-filhos.

¶ Do Renascimento alemão, tomemos de Matthias Grünewald (1470/80-1528), a famosa crucificação do chamado *Retábulo de Isenheim*. As figuras humanas se projetam sobre um fundo obscuro. A perspectiva está quase ausente e as figuras humanas não respeitam as proporções. Não há história, o humano surge da obscuridade bárbara, a dramaticidade se acentua, toda a cena representada se volta para a subjetividade. Não há passado clássico que atenue a emoção. O céu obscuro, todo o clima propõe uma ausência de misericórdia de origem. Os pais estão ausentes, o drama se impõe. As entranhas gritam. Coincidentemente, a origem e existência do próprio pintor Matthias Grünewald é cercada de mistério.

M. Grünewald, Retábulo de Isenheim, *c. 1515, óleo sobre madeira, 269 x 307 cm.*

¶ Vejamos uma alternativa mediterrânea: Giovanni Bellini (c.1426-1516). A sua é uma genealogia artística amplamente conhecida: filho de Jacopo e irmão de Gentile, ambos também pintores. A atmosfera domina sua pintura, a perspectiva é clara,

as cores, gentis. Tomemos *A Agonia no Jardim de Getsêmani*. É um céu de nascer do sol, o clima é de aceitação do destino, de aceitação da fragilidade humana: os discípulos dormem. O mundo e o céu são acolhedores, o indivíduo se transcende, o tempo declarado é um alvorecer cálido. A perspectiva apresenta o mundo do acontecimento retratado: os pais o precedem e os filhos sobreviverão a ele. Que distância do céu de Grünewald!

G. Bellini, A Agonia no Jardim de Getsêmani, *c. 1465, têmpera sobre madeira, 81 x 127 cm.*

E vejamos o mesmo tema em Andrea Mantegna (1431-1506). São outros os pais, outro o céu. Embora seja também um nascer do sol, a circunstância é fantástica; tanto as rochas como a cidade são obviamente imaginárias. O interno é frio, a própria luz nos congela. A perspectiva nos dá ideia de racionalidade (outro acolhimento, outros pais).

Para alimentar a discussão, creio que vale a pena lembrar a afirmação de Otto Rank segundo a qual a arte é o sonho da humanidade. Citada por Antonio Candido em dois momentos distintos de sua obra (1948 e 1988), essa frase tem estado sempre presente para mim. Ela nos diz que, como os sonhos, a arte representa a realidade, sendo uma forma de conhecê-la, de comunicá-la, mas também cria uma realidade que ela mesma torna passível de expressão. O Renascimento não somente

expressa o surgimento do homem moderno, como o cria. Traz em si os primórdios da representação da subjetividade como objeto central de interesse.

A. Mantegna, A Agonia no Jardim de Getsêmani, c. 1459, têmpera sobre madeira, 63 x 80 cm.

4. RECORTE DE UMA ANÁLISE

Para retornar ao que nos une, nossa prática em comum, trago à discussão um recorte da análise da paciente F. Trata-se de uma mulher de meia-idade, típica executiva de multinacional nos anos de 1990, que me procura com muitas restrições, devido ao que descreve como dificuldades de estabelecer uma rotina para as sessões. Diz que seu trabalho a faria se ausentar muitas vezes e que por isso ela perderia boa parte dos encontros. Apresento-lhe as condições ideais em que gosto de trabalhar, mas aceito uma combinação que atende às suas possibilidades nesse início de análise. Realmente, acredito que ela não poderia fazer diferente e, assim sendo, não cobro as sessões a que não pode comparecer.

Em outros termos, inicio com a aceitação de que não existem ausências. Quando ela não pode vir ou quando eu não posso, a análise não existe. F. supostamente não pode conviver com a falta e acredita que esse é um fator de seu êxito em prosseguir na vida. De minha parte, não considero se tem êxito ou não. Acredito que está numa situação dúbia, na qual recorre à análise ao mesmo tempo em que impõe a esta as suas regras de sobrevivência. Segundo penso, esta é a ética da psicanálise: eu me submeto à alteridade, que se apresenta a mim como excesso. Permito que ela seja, simplesmente. Será de acontecimentos assim que se alimentará a análise de F. Aí se desenrolará, se tivermos êxito, uma história que lhe dará maior acesso à sua humanidade.

Começo a ouvi-la, e os assuntos de sua fala logo começam a formar um patrimônio de símbolos, metáforas, alegorias e outras figuras de linguagem. Nada diferente daquilo que, na análise de crianças, concretiza-se numa caixa de brinquedos. Uma gramática se constitui, uma linguagem nova se impõe. A análise começa a se desenrolar como um sonho.

Desde os primeiros encontros, F. me conta com visível angústia como é difícil para ela vir à sessão. Quando ainda está no trabalho ou se já chegou ao consultório, sente-se tranquila, mas no trajeto é acometida pelo medo de não chegar, como se isso configurasse um abismo onde ela se desfaria, onde não existiria. Essas angústias muitas vezes se apresentam sem palavras que as expressem, dependem do nosso trabalho até para ser nomeadas. Acabamos por encontrar uma palavra que sintetiza a situação: *translado* (ou *traslado*). Quando a caracterizamos, sua aplicação se esparrama para inúmeras situações da vida de F. que aguardavam descrição. No trabalho ela permanece sentada, ocupando a escrivaninha onde dá expediente, faz as refeições etc. Em casa, sua ocupação do lugar se reduz praticamente a um cômodo, afora o banheiro. Ela fica na cama, onde também se alimenta, lê, telefona etc. Raras vezes vai à cozinha. A sala é usada para receber pessoas, o que acontece com sentimento de grande sacrifício e se acompanha de ideias persecutórias.

A adoção da palavra *translado* e a criação de um grupo associativo de imagens ao redor prové a paciente dos primeiros recursos para pensar as angústias que surgem nessa

circunstância. A partir da situação transferencial, da relação constituída entre os dois participantes do encontro analítico, torna-se possível correr o risco de fazer ilações sobre o viver cotidiano de F.

Outro assunto que circula nesse momento é a coleção de arte que ela cultiva. Comento que, pelo que li uma vez, o colecionismo lida com o medo da morte. Digo-lhe que a afirmação não faz muito sentido para mim, mas que ainda assim a compartilho. Como que jogo uma ideia na mesa e espero o que pode ser associado, como que me apresento à supervisão inconsciente do paciente. F. logo me conta que quando era pequena sua mãe saía muito. Nessas ocasiões ela costumava deter o olhar sobre a escultura de um peixe feita em pedra. O peixe lhe trazia paz, ela conta. Talvez tenha sido essa a primeira peça de sua coleção. Em seus relatos aparece também o medo de que, no seu ambiente profissional altamente competitivo, os subordinados mais próximos a abandonem. Comigo a relação tem a dubiedade de um compromisso que é precioso para ela e que exige cuidado para não ocorrer dependência. F. procura manter nossa relação dentro de limites em que supostamente possa ter o controle dos seus sentimentos e da intensidade deles.

Ocorrem pequenas mudanças que a deixam surpresa. Um exemplo: fica muito satisfeita quando, em viagem ao exterior, comparece a uma recepção e contrata o táxi para esperá-la, diferentemente do que já acontecera muitas vezes, quando ficava "na mão" e acabava percorrendo grandes distâncias a pé. F. vai deixando de lado as memórias do desamparo e se encarrega de cuidar de si. Há um grande valor simbólico no episódio, sobretudo porque seu desamparo tem as características do abismo de um desamparo infantil, e não adulto. Ele está sempre ali, prestes a irromper dos espaços da memória, das profundezas de seus alicerces. O peixe se tornou mais um habitante da nossa caixa de brinquedos. Muitas vezes brincamos com ele.

Situações agradáveis começam a surgir na fala de F., sendo inevitavelmente interrompidas e abortadas em função de alguma catástrofe que sempre se esboça no horizonte. Fica à espera do fim do mundo. Tento lhe mostrar a falta de objetividade desses receios, mas ela sempre tem argumentos. Ofereço-lhe um modelo: bem cuidada e satisfeita, uma criança pequena é

colocada de volta no berço pela mãe. Depois do êxito nos cuidados com seu bebê, a mãe vai cuidar dos afazeres cotidianos. Não é difícil imaginar que a criança desenvolva a interpretação de que sempre que está bem sua mãe "morre". Ela pode desenvolver ideias de autoria e de responsabilidade em relação ao infeliz acontecimento, e então, para evitar que se repita, cuida de não ficar bem e não expressa desejo ou avidez – é a sua forma de não desencadear a catástrofe. F. parece não se impressionar com o que falo e insiste na objetividade de seus receios.

Mas aos poucos começa a ter sonhos em que "estranhas catástrofes" ocorrem. F. se sente ainda mais assustada. O que conversamos foi o seguinte: ela estivera vivendo um pesadelo, sua vida transcorria como que num sonho mau, e agora os monstros, bruxas e fantasmas que de fato existem em seu mundo pessoal habitam um lugar próprio: o território dos sonhos e pesadelos, o mundo onírico. Trata-se de um passo essencial no desenvolvimento psíquico: em vez de ser personagem de um sonho criado por ela, F. se torna criadora de um sonho em que os monstros adquirem representação – logo, dimensão e limite –, podendo assim repousar em seu próprio habitat. Dessa forma, o olhar de F. se libera um pouco mais em direção à objetividade e à percepção de sua circunstância.

Espero que estas notas de trabalho teórico e clínico possam contribuir para o nosso esforço coletivo de percorrer o infindável território que Freud nos legou ao inventar o tal complexo de Édipo.

12. Entrevista: Uma Conversa Sobre Formação

Mais que um tema, a transmissão da psicanálise constitui para nós todo um campo de reflexão, tal a quantidade de questões epistemológicas, teóricas e práticas que ela implica. Daí, por exemplo, a impossibilidade de consenso quanto ao acerto da grade curricular adotada nos nossos institutos de formação – teremos sempre bons motivos para defender que todo candidato a psicanalista precisa cumprir uma carga horária maior disso ou daquilo. Daí também a importância de buscar princípios que assentem o nosso terreno comum de debate, de modo que a diversidade de pontos de vista não se torne sinônimo de preferência personalista. Esses são alguns pressupostos que ampararam a reforma curricular implementada pela SBPSP na década de 1990, durante minha gestão como presidente da instituição (1993-1994). Acredito que eles se refletem nesta troca de ideias em que, graças à interlocução atenta da psicanalista

SOBRE ESTE TEXTO: Transcrição de uma conversa entre o autor e a psicanalista Vera Regina Jardim Ribeiro Marcondes Fonseca, então diretora científica da Sociedade Brasileira de Psicanálise de São Paulo e atualmente diretora do Instituto de Psicanálise Durval Marcondes. O encontro se realizou em fevereiro de 2016, como subsídio aos debates sobre a reestruturação do programa de formação da SBPSP.

Vera Regina Marcondes Fonseca, a quem agradeço, pude me reaproximar desse indispensável questionamento institucional.

VERA REGINA J.R.M. FONSECA *Vinte anos depois da última reforma do currículo, perguntamos: e hoje, o que devemos oferecer como formação teórico-clínica ao analista do século XXI? Qual é, em sua opinião, a importância do estudo teórico na formação? Quais fatores considera que devam servir como base para uma mudança de currículo? Os gráficos a seguir mostram a distribuição dos seminários no projeto teórico em vigor. São 356 no total. Vemos que 256 deles – 72% – são obrigatórios e que os restantes 28% são eletivos. Dentre os obrigatórios, 36% correspondem a Freud, 5% a Melanie Klein, 5% a Bion, 4% à técnica e 22% a seminários clínicos. Esse é o panorama.*

Total de Seminários: 356

Obrigatórios: 256
Eletivos: 100

Essa foi a reforma feita na minha época, em outra conjuntura, mas ainda hoje ela me parece bem razoável quanto aos pressupostos. Porém, passados mais de vinte anos, o mundo mudou e nós podemos repensar tudo. Afinal, estamos em outro milênio, e quem não se sente perplexo tanto com o nosso presente como em relação ao futuro? Na época ainda se brigava pela posse da verdade psicanalítica. Demos abertura, ao mesmo tempo em que respeitamos nossa história e nossa tradição. Há um bom balanço entre tradição e renovação, a meu ver, e esse equilíbrio fica assegurado pelo ensino obrigatório de escolas de psicanálise que compõem nossa identidade e pela presença de cursos livres. Isso traduz uma confiança em nossos membros filiados e em nossos professores.

Então você está bem por dentro. Esse é como é para ser. Aí nós temos um outro gráfico de como está sendo. Quanto aos vinte últimos membros associados, observamos algo muito interessante, veja o que acontece, veja a proporção de seminários eletivos em relação aos obrigatórios.

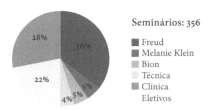

Seminários: 356
- Freud
- Melanie Klein
- Bion
- Técnica
- Clínica
- Eletivos

Isso inclui a formação continuada?

Sim, ela está incluída.

Aí não vale. Como qualquer estatística, essa também é dependente de premissas que necessitarão ser repensadas. É estranho começarmos nossa conversa com dados estatísticos.

De qualquer forma, podemos fazer outro gráfico para separar quais desses se devem à formação continuada e em quanto tempo se está fazendo a formação. Mas essa é a situação, com ou sem formação continuada. Enfim, o que você acha?

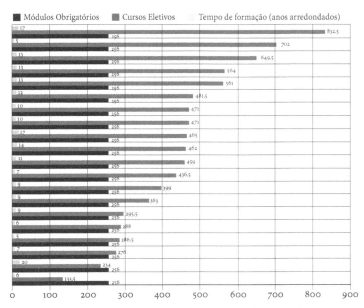

Pela apresentação que me foi feita, recheada de estatística, já vejo que há uma direção meio de crítica à importância dos seminários eletivos e uma direção que encaminharia nossa conversa para um rumo que eu gostaria de evitar. Já que vamos

discutir formação, acho que deveríamos abrir e ampliar a discussão para perguntar o que é formação, o que é o mundo de hoje, o que é a psicanálise no mundo de hoje, e não centrar em descontentamentos setorizados. Afinal, todos concordaremos em que, qualquer que seja a direção adotada, ela sempre conterá insuficiências. Acho que não deveríamos perder esta oportunidade de debate, como já perdemos em outros tempos.

Nós estudamos a vida inteira e, qualquer que seja a área de conhecimento, este nunca será uma totalidade. Em princípio, sou a favor de que todos os cursos sejam incrementados. Aliás, como poderia um curso ser "suficiente"? Todos notamos falhas e carências na formação, mas não deveríamos nos preocupar tanto com os que se prolongam indiscriminadamente nela. Mais importante, sim, é oferecer qualidade a quem a busca. O ensino implica dois polos: o de quem ensina e o de quem aprende. São responsabilidades diferentes e elas não permitem delegação. Nós somos, afinal, bons professores? Psicanálise se ensina? O autoquestionamento precisa ser permanente. Cada um o faz privadamente. Não seria interessante socializar as dúvidas?

Falando em termos pessoais, estou lendo um livro muito interessante, *Os Anos de Aprendizado de Wilhelm Meister*, de Goethe. Foi publicado em 1795, isto é, na passagem para o século XIX. Esse livro narra a formação intelectual de um jovem e é o expoente do que se conhece como "romance de formação" (ou *Bildungsroman*), gênero que depois você vai encontrar, por exemplo, em algumas obras-primas de Thomas Mann, como *A Montanha Mágica* e *Os Buddenbrook*. O relato percorre os anos de formação de Meister, suas paixões, as diferentes influências que recebe de outras personagens, sua participação social etc., e desse aprendizado, desse itinerário no mundo da cultura, resultará a constituição de um caráter e de uma personalidade.

É um romance paradigmático do que entendemos como formação iluminista, uma formação global em artes, ciências e humanidades, com a razão prevalecendo sobre a fé. Nós acompanhamos a inserção de Wilhelm Meister no mundo e a compreensão que adquire de sua própria vida. Por intermédio dos amores que ele vive, das leituras que faz, da paixão pelo teatro, pelas artes, de sua adesão a um grupo social, nós vemos como ele vai se inserindo num mundo marcado pelos valores

do humanismo iluminista. Esse termo alemão que ficou consagrado, *Bildung*, se refere tanto a "construção", a "formação", como a "cultura", e no caso diz respeito aos valores humanistas que foram essenciais para moldar a racionalidade, a cultura de um europeu do século XIX, herdeiro da Revolução Francesa. Temos assim um padrão de formação que corresponde à ideia dos gregos de *paidea* ou à *humanitas* dos latinos.

Veja que estou apenas dando um exemplo pessoal e particular, não imagino de maneira alguma que seja uma área em que todos devessem se envolver. A cada momento, costumo estudar temas clínicos e teóricos que se apresentam como urgência e estudo também temas da cultura. É um recorte totalmente singular, e em outro momento eu certamente discutiria com você a partir de outras leituras, de outros interesses. Penso em nossa herança iluminista e no acervo crítico sobre ela – é um tema sem fim e com consequências em todas as áreas da minha vida.

Então, como se forma um analista? Se tomarmos a ideia de formação analítica de Freud, creio que ela é herdeira dessa noção de *Bildung*, da formação humanística do Iluminismo e da inserção do sujeito no mundo, de um determinado padrão cultural, de uma confiança na racionalidade do homem e de uma inevitável participação social. Apenas como exemplo, a psicanálise hoje radicaliza a discussão sobre a figura do analista como variável no desenvolvimento de uma análise. Como o inconsciente do analista inevitavelmente estará presente, a discussão sobre a formação é essencial. Encarando as coisas com humor, podemos dizer que temos muitas obras de divulgação que apresentam tipologias de pacientes, mas não temos um manual para orientar os pacientes sobre tipologias de analistas...

Já na época do lançamento do livro, Goethe foi objeto de crítica da parte do movimento romântico que se iniciava. Freud é herdeiro do Iluminismo em sua crença na razão, e é também um crítico imediato da potência da razão quando introduz o infinito do inconsciente como fronteira do racional. Adorno, na sua crítica do Iluminismo, diz que o mito já é conhecimento e que quando a razão não é submetida à crítica ela mesma se torna uma fé e passa a se organizar como mito. Bauman vai mais longe ainda, quando diz que o auge do Iluminismo ganha corpo no fascismo e no stalinismo, com seus projetos

de controle racional da organização social. Acho essencial que nós sejamos capazes de reconhecer a herança iluminista e os seus muitos desdobramentos críticos.

Você acha que isso deve ser discutido no congresso interno?

Acho, sim, mas isso é tão pessoal... Tudo o que estou dizendo pode ser objeto de discussão. Aprendi que, quanto mais eu estudo, o conhecimento que adquiro não preenche o vazio que me lançou nessa busca; na verdade, o conhecimento adquirido faz com que eu ganhe altura e, portanto, reconheça mais amplamente as minhas dúvidas e insuficiências. Acho que o que sei serve quando muito como ponto de partida para o desenvolvimento das novas gerações e, com alguma sorte, como ponto de partida para mim mesmo. Nunca vai ser um produto que mereça ser dado como pronto. Todos nós sabemos que cada leitura ou releitura dos clássicos nos traz diferentes associações, que o atual sempre colore o que supostamente estava muito bem estabelecido.

O que se deve discutir é o tipo de formação e não os cursos, ou eventualmente reforma de currículo?

Acho que os cursos serão consequência de uma filosofia da formação. As estatísticas, tanto disso, tanto daquilo, não contemplam a questão essencial – como se forma um psicanalista –, que, em suma, é análoga à questão de Goethe de como se forma um humanista, como se forma um ser da cultura que interfere na sociedade. Esse eixo iluminista acabou gerando dois sub-eixos, o cultural e o científico. Como eles se relacionam em psicanálise? Existe uma resposta única?

Nós somos herdeiros desse Iluminismo, e a psicanálise, particularmente, é uma herdeira especial, na medida em que os judeus – e Freud incluído nesse grupo – tinham um particular apreço pelo Iluminismo. O Iluminismo foi o responsável por ideias que resultaram na emancipação dos judeus, o último grupo a se libertar dos moldes medievais na Europa. Só para lembrar a importância da *Aufklärung* para os judeus, quando a família de Freud teve autorização para se mudar e ir morar em Viena, ele já tinha 4 anos; a lei que autorizava cidadãos do

Império Austro-Húngaro a se instalar em Viena datava de 1860. Então os judeus como grupo social permaneceram muito ligados às ideias do Iluminismo alemão. O Iluminismo na época de Freud já era um dado histórico, e sem dúvida a concepção freudiana de formação tem uma dívida com esse ideário que Goethe representa muito bem nos *Anos de Aprendizado de Wilhelm Meister*.

Hannah Arendt e Bauman ironizam essas ilusões com o Iluminismo alemão, tão cultivado pela tradição intelectual judaica num momento histórico em que o horror do nacional-socialismo já se anunciava na sociedade em que viviam. O que eu queria sinalizar é a necessidade de contextualizar a reflexão sobre a formação. O grupo judeu vivia uma Alemanha que já não existia mais. Amavam a cultura clássica quando tempestades atuais se desenhavam no horizonte. Por analogia, então, eu posso me perguntar: vivo imerso em memórias ou estou lúcido em relação à minha atualidade?

Essa é uma ideia ampla para discussão. O que se espera de um analista? Ele poderia ser considerado um cientista? O que há de propriamente científico na psicanálise? Ou ele é um humanista? Como os meios sociais influem na formação? Há diferenças entre a ideia de *Bildung* e a de *training*? O que foi a guerra das escolas psicanalíticas pela posse da verdade? A forma latino-americana sincrética de apropriação das religiões que vieram por intermédio da metrópole é um ganho ou uma perda quando esse sincretismo se expressa na psicanálise? Ser capaz de ler, por exemplo, em francês, inglês e espanhol faz diferença no exercício da nossa profissão?

Me parece que hoje em dia a ideia humanista da psicanálise sofre uma distorção em função da demanda utilitária dos seguros-saúde, que exigem resultados concretos e mensuráveis. Estamos cada vez mais submetidos a essa demanda por questões de sobrevivência profissional, e esse é um assunto que se encaixaria numa longa discussão acerca das imposições com as quais a sociedade contemporânea nos desafia, cobrando resultados imediatos de consumo. Enfim, pretendemos ainda ser uma instância crítica, humanística, com uma visão de mundo alternativa, de valorização radical das potencialidades humanas?

Acho que a primeira coisa é a gente se posicionar em relação a isso. Que tipo de formação nós queremos? Vamos retornar a um recorte psicopatológico? A psicanálise começou com esse recorte, mas ao longo desses 120 anos nós vimos que o que era considerado exclusividade do território da neurose se revelou como universal em sua presença no sujeito. Acontece a mesma coisa com os ditos mecanismos psicóticos, *borderline* etc., que se mostram universais, parte integrante da condição humana. Eles podem ser mais bem abordados pela vertente poética ou pela vertente científica? E, se ambas são essenciais, como é a relação entre elas no interior da teoria e da prática psicanalítica?

Tenho sempre muitas interrogações e gosto de mantê-las em aberto. Claro que isso é muito pessoal e não pretendo que se tornem uma direção comum a todos. Afinal, a psicanálise passa necessariamente pela individualidade de cada analista. Deve ser por isso que me sinto meio perdido numa discussão que pretende criar normas e regulamentos, e é por isso também que insisto em considerar que o espaço da liberdade é um valor essencial a ser encorajado.

Então, em suma, a primeira questão seria esta: como se forma um ser da cultura, e de uma cultura que no século XX já inclui como forma de pensamento o território do inconsciente. Isso é uma direção: precisamos saber história da psicanálise e história geral. Temos que ser capazes de contextualizar o conhecimento para poder desenvolver o senso crítico. Esse seria um primeiro eixo de uma formação teórica.

Agora outra direção, apenas como exemplo, para uma discussão inspirada em Freud, em *Além do Princípio do Prazer*. Se o primeiro eixo é o da formação humanística, o segundo é como nós aprendemos, como a construímos, como a psicanálise se torna conhecimento, e aí a palavra *Bildung* serve de novo; é como conseguimos a realização, a figuração dos conceitos, ou ainda, o que me agrada mais que tudo, quando os conceitos são encarnados, quando eles deixam de ser apenas racionais e passam a entranhar a pessoa do analista. Esse, no meu entender, é o mais importante e inevitavelmente se relacionará com todas as experiências que temos no trajeto de uma vida. Apreendemos Freud de uma forma diferente da forma como o apreendem os filósofos. Como se aprende isso?

Nós podemos usar uma ideia freudiana que está em *Além do Princípio do Prazer*, de que o consciente não tem memória. Então, aprender é como fazer uma rasura no inconsciente, é necessário fazer uma ruptura com a barreira de proteção contra o traumático, o que é tarefa do consciente e do pré-consciente. Portanto, para aprender alguma coisa em psicanálise, a gente precisa ter uma experiência que resulte em marcas no inconsciente, e essas marcas terão trajetos peculiares. O estudo da psicanálise passa pela supervisão, pela análise pessoal, e a apreensão dos conceitos têm de ter a qualidade de deixar a marca entranhada na pessoa que está em formação. Ou seja, romper a barreira defensiva contra o excesso de estímulos, contra a experiência que deixa marcas e da qual o consciente se protegerá. Nas *Conferências Introdutórias*, no prefácio, Freud fala que vai tratar o leitor como neurótico que terá resistência aos conceitos que ele apresentará. Vai tratar o leitor como seu paciente. Então, um vértice do aprendizado teórico é a experiência vivida dos conceitos. Uma vez, escrevi que os conceitos em psicanálise são conceitos sonhantes, isto é, que eles têm uma face consciente e outra inconsciente. Foi bastante polêmico…

Como isso pode ser alcançado? Acho que até agora compreendi claramente o que você entende por condições necessárias de formação para um analista. Do ponto de vista operacional, apesar de ser "detestável" a estatística, ela mostra uma parte, só uma pontinha do iceberg, como se dissesse: "Olhem o tamanho que tem o iceberg!" Tudo bem. Como isso seria conseguido?

Um mote dos gregos retomado por Freud é que somos produto de talento e sorte. O talento é inato, estamos falando de pessoas vocacionadas. Nesse aspecto não temos como influir. O segundo se refere às circunstâncias, e aí, sim, é que devemos discutir muito. O que de melhor podemos oferecer? Sem contar os primórdios, temos já 120 anos de história. Essa história merece ser conhecida. Crescemos em diferentes países com diferentes tradições culturais e diferentes graus de desenvolvimento social. Sofremos injunções de ditaduras, exílios e migrações. Vivemos em culturas colonizadoras e colonizadas, e sofremos consequências geradas por essas diferenças.

Outro dia li um livro que me surpreendeu. Contava que na Alemanha nazista o Instituto Göring desenvolveu ambulatórios populares e que talvez nunca tenha havido tanta gente com a "alma" sofrendo e recebendo atendimento. É claro que se tratava de uma psicanálise devidamente depurada da ideia de sexualidade, das mulheres e dos judeus. Já nos estados stalinistas, uma vez que o sofrimento era definido como originário de condições sociais externas, a alma foi eliminada como variável digna de exame. Depois da morte de Lênin a psicanálise desapareceu do mapa. Freud chegou a dizer que Moscou era o terceiro centro internacional da psicanálise, seguindo Viena e Berlim.

Não mereceriam uma reflexão, em nosso instituto, as condições do terreno sociocultural em que nos desenvolvemos, os caminhos que a psicanálise toma num meio cartesiano ou num meio em que o pragmatismo ou o positivismo são hegemônicos? E por aí vai... Acho que precisaríamos realmente nos dedicar ao estudo da história, à contextualização, ao exemplo, que são fundamentais para propiciar a reflexão. Mas para isso temos que contar com a inquietação e a curiosidade de quem nos ouve. Sabemos como pode ser poderosa a inquietação que a clínica gera em nós.

Um segundo eixo teórico seria o da análise crítica dos sistemas teóricos, ao estilo do que Petot faz com a obra de Melanie Klein. Poderíamos fazer o mesmo em relação a Winnicott, a Bion, aos autores latino-americanos etc. Lembremos que não sabemos quase nada da escola norte-americana. Nossa tradição é europeia, o que certamente tem a ver com a história da nossa universidade maior, a USP, que foi formada por europeus, e foi assim, creio, que passamos meio incólumes à mudança de direção da década de 1970, quando houve um deslocamento de influências para os Estados Unidos.

Finalmente, a questão mais essencial: de que maneira os conceitos se tornam encarnados. Como se fará a *Bildung* do psicanalista? Como alguém se torna um psicanalista? Não é que eu espere respostas, mas essa será uma pergunta a que poderei voltar todos os dias da minha existência, inclusive de forma autocrítica, num processo permanente de autoescrutínio.

É preciso ter uma experiência teorizada que faça com que o conceito se torne "carne". Nós já temos mais de um século de história, temos diferentes ambientes culturais, diferentes

países, diferentes estruturas conceituais – a psicanálise tem um passado. Acho que o estudo teórico deveria contemplar duas vertentes: essa primeira de que falei – a experiência conceitual vivida – e uma segunda, mais teórica, que implicaria um estudo da história da psicanálise e uma investigação dos sistemas teóricos que a história da psicanálise foi construindo, ao estilo de Petot, como disse antes.

A história da psicanálise não seria obviamente uma história factual, seria uma história conceitual, de sistemas de pensamento? Sistema de pensamento kleiniano, psicologia do ego, sistema lacaniano, freudiano... Ou seja, o que subjaz a cada conjunto de pensamentos, pois cada um deles tem uma estrutura própria.

Isso implicaria um estudo teórico com aulas de caráter quase acadêmico e, numa segunda vertente, um outro tipo de estudo em que a pessoa se dedica à história dos conceitos e à sua estrutura, ao seu encadeamento interno. O essencial do conhecimento encarnado vem da vida, da análise pessoal, das supervisões, da experiência clínica e por fim disso que estamos pondo em discussão, que é o currículo que oferecemos. O problema é que a cobra morde o rabo, o teórico se mescla com a experiência de vida e os seminários não independem da ideologia e da forma como a experiência marca cada um...

Quando nós começamos a Diretoria Científica (DC), a Joanna Wilheim tinha o sonho de organizar um curso de história da psicanálise. Ela apresentou uma proposta, e acabamos resolvendo fazer antes de cada fórum a síntese da história de cada conceito que estava sendo trabalhado. Em outras palavras, essa proposta da história da psicanálise vai e vem. Mas estou entendendo que você está sugerindo uma proposta específica.

Pois é, acho que a ideia da Joanna é boa e estou de pleno acordo com o que vocês fizeram na DC. A história também passa necessariamente pela lente de cada um nós, por nossos pressupostos, nossas ideologias, nossos preconceitos, nossas possibilidades. Passa até pelo que cada um elege como foco de interesse em determinado momento. Então, o que nos resta é debater... Veja como nos afastamos completamente da coisa de cinquenta aulas de Melanie Klein, quarenta de Freud, trinta de Bion, duzentas de...

Entendi, você está se afastando do esquema mostrado nos gráficos.

Estatística não é o nosso forte. Números são em geral inconclusivos, pois cada lado coleta e usa dados que deem apoio aos seus próprios posicionamentos ou ideologias. Acho que deveríamos poder conversar sobre os nossos pressupostos ou sobre os nossos anseios. As estatísticas são muito úteis, mas, como você sabe, passíveis de manipulação (até involuntariamente).

Sim, mas o que você está propondo é que haja algum outro caminho. Se ele vai ser tomado ou não, não sabemos, mas, enfim, seria começarmos a discutir fora da distribuição de autores.

Mas será mesmo possível discutir fora da fronteira da autoria? Duvido um pouco. Uma lei científica prescinde da nomeação do seu autor. Por outro lado, essa nomeação ou autoria é essencial em psicanálise. A discussão é mais ampla, e voltamos a debater se psicanálise é uma ciência ou é uma disciplina derivada da estética... E então: o que fazemos é revelar verdades ou construir narrativas? Penso que poderíamos ter o vértice mais acadêmico e um outro que chamaríamos mais propriamente psicanalítico... Acho impossível um psicanalista hoje não conhecer Freud amplamente, não conhecer Melanie Klein, não conhecer Winnicott, não conhecer Bion, não conhecer a escola francesa em suas estruturas internas e em sua história. Ao mesmo tempo, é preciso contemplar a realização dos conceitos (perdão pelo anglicismo), ter marcas no inconsciente do que são os conceitos. O psicanalista precisa poder interagir com o paciente baseado numa estrutura conceitual que faça parte dele realmente, que não seja uma mera ficha para apoiar seu raciocínio.

Deixe-me ver os dois eixos. Um eixo seria esse histórico-conceitual, que ofereceria os sistemas de pensamento, as estruturas de pensamento...

Esperando-se que o analista que se forma na sociedade tenha uma visão geral da psicanálise... Um segundo seria mais na linhagem da noção de *Bildung*, de como se forma a pessoa do analista e de como esses conceitos são absorvidos por ele de um modo necessariamente solitário, e tem de ser patrocinada

para que a pessoa possa ter seu desenvolvimento individual como psicanalista.

Patrocinada...

O que podemos fazer além de patrocinar... Eu colocaria aí duas palavras em confronto: *training* e *Bildung*. Elas têm origem em diferentes meios e geram diferentes associações. Outro dia, só para dar um exemplo, o Fernando Orduz, que é colombiano, dizia que a psicanálise teve de vencer um aspecto de repressão sexual característico do país e que isso coincidia com uma versão inglesa da psicanálise, porque ali a psicanálise entrou num ambiente vitoriano. O ambiente em Viena era um ambiente de sensualidade e de liberdade de costumes, algo diferente. Se tomarmos a estrutura das grandes cidades em que se pratica a psicanálise, como ficamos? Viena, Berlim, Budapeste, Buenos Aires, Nova York, São Paulo, Rio de Janeiro, múltiplas culturas e múltiplos tempos... Por que se fixou na nossa tradição a ideia de que a psicanálise precisou vencer grandes resistências da sexualidade moralista etc.? Ou seja, será a repressão uma explicação de fato universal? Pertence ao passado ou é atual ainda? E afinal, como nós mesmos encaramos a sexualidade? Talvez seja uma explicação superficial para uma questão que sempre nos aflige e que vem não apenas de fora dos nossos muros, mas também de dentro.

O Fredric Jameson, que é um crítico literário marxista muito simpático, um inglês, ele fala o seguinte, com um humor muito típico: os ingleses são peculiares; onde os outros povos têm a sexualidade, nós temos o senso comum, o bom senso, exatamente com a mesma importância! Nós podemos ser bem--humorados – afinal, o paraíso é aquele lugar em que o humor é britânico, os cozinheiros são franceses, os mecânicos são alemães, a organização é suíça e os amantes são italianos ou talvez brasileiros. Já o inferno é aquele lugar onde o humor é alemão, os cozinheiros são britânicos, os mecânicos são franceses, os amantes são suíços e tudo é organizado por italianos ou brasileiros. Freud disse em dois artigos que o humor tem a mesma importância na organização psíquica que os sonhos. Quem sabe se nessa discussão que vamos fazer não possamos ter um pouco de humor, que é sintoma de tolerância e abertura...

E o senso da adequação. Quero compreender melhor a estrutura do seu pensamento. A proposta de como seria o estudo teórico ficou clara. O treinamento, esse teria que ser patrocinado, pois o analista em treinamento teria de viver os conceitos, mas esses conceitos deixariam de ser conceitos teóricos obviamente, eles passariam a fazer parte "do sistema". Como se costuma dizer (e alguns detestam), os conceitos passariam a fazer parte da memória implícita e não da declarativa. Eles "encarnam", passam a fazer parte de você. É óbvio que depois você vai ter que saber conceituar isso, quando, por exemplo, for dar aula...

Também é um problema a forma como esses dois níveis se articulam. Seria bom se eu tivesse respostas para a sua questão. Eu tendo a pensar que, se você for professor, espera-se que de algum modo seja capaz de articular os dois níveis. Se for um analista atuante na clínica, isso já não seria tão fundamental, a gente poderia até considerar que pensar teoricamente te afasta da experiência. Acho que se espera que isso já esteja entranhado na pessoa do analista. Além disso, eu posso te perguntar qual nível de abstração da teoria seria desejável. As pessoas fazem provas sobre Freud desde o primeiro ano da faculdade de psicologia. Nós aprovaríamos, aqui na sociedade, a apreensão de Freud que nossos colegas têm? E posso perguntar a mim mesmo: acho suficiente a teorização que me considero apto a fazer a partir de Freud e de outros autores? Outra questão: esperamos que nossos candidatos queiram todos ser professores ou analistas didatas? Não é justo que alguns queiram apenas implementar a prática clínica? Temos que formar autores?

Mas numa discussão você nunca vai ser um analista prático, nem num seminário; é bom que tenha essa capacidade, ainda que não seja fundamental.

Ser professor é um desafio em si, essencial. Como analista prático, seria desejável. Por isso eu falo dos dois eixos. O risco é você ter um projeto que defina previamente qual analista deve resultar de uma formação. Aí nós temos institutos pouco criativos e as coisas novas acabam por acontecer sempre à margem da instituição. Sempre vale a pena rever o famoso artigo do Otto Kernberg sobre como alguns institutos podem ser

pouco criativos ["Trinta Maneiras de Destruir a Criatividade dos Candidatos à Psicanálise"] – e acabamos chegando nessa palavra, *criatividade*! Em arte se ensina o consagrado, não há como ensinar o novo, o que algum artista realizará. Passa-se pela academia e ocorre uma ruptura, e o pensamento se torna original. Isso não se ensina. Por outro lado, como pode existir o novo se não for em diálogo e citando a tradição? Quem estuda Guimarães Rosa se assombra com sua originalidade e com as múltiplas inspirações que ele retira de Dante.

Então, seriam de fato três eixos: um humanístico, outro essencial e central – o da realização encarnada da psicanálise – e outro conceitual-crítico. Acho que a gente precisaria pôr um pouco de academia na sociedade... Academia é aula magna, não é seminário.... Temos sempre de fazer face a uma contradição inescapável: a instituição não sobrevive sem leis gerais e a psicanálise tem essencialmente um caráter singular e pessoal. Nas ciências a lei recebe o nome de seu autor como mera homenagem. Já na "ciência" psicanalítica o nome do autor é central na formulação generalizante.

Por exemplo, eu acho essencial estudar o pensamento kleiniano, e se eu quiser fazer um recorte pessoal de Melanie Klein, apenas por gosto eu daria os primeiros textos dela – *Contribuições à Psicanálise* e *Psicanálise da Criança* –, porque aquilo ali é vivo, encarnado, sangrento, e esses são textos pouco vistos no instituto. Já se fosse dar uma visão mais abrangente da teoria kleiniana, eu escolheria outras leituras, o enfoque seria diferente. Cada professor pode preferir um recorte e é legítimo que isso possa ocorrer amplamente. Também seria oportuno se eu estivesse interessado naquele momento no assunto que abordaria como professor, e assim vai...

O que pode abarcar tudo isso é uma formação que ultrapasse a psicanálise. Seria desejável que soubéssemos algo de epistemologia, seria desejável que tivéssemos uma visão crítica social. Seria desejável... Não deixa de haver aqui uma ironia quanto ao que seria desejável. Mas esses são de fato componentes de uma formação crítica, do pensamento crítico, que se alimenta também da liberdade da criação pessoal. Não nos cansamos de dizer que cada paciente é único, cada sessão é única. Não podemos esquecer que cada analista também é único. O instituto precisa

encorajar essa individualização, e isso é complicado, pois passa inevitavelmente por transferências e análises. E aí eu colocaria um quarto eixo, que seria o clima institucional em que essas coisas vão acontecer. Esse clima merece nossa atenção.

Este é o x da questão, como é que se ensina o pensamento crítico...

Novamente, talento e sorte. Nós talvez possamos avançar um passo socializando as dúvidas. O pensamento crítico não é só o pensamento crítico científico, é também da vida em comum, vamos dizer, social, das pessoas. Significaria, por exemplo, nós mesmos, os professores, nos colocarmos em questão. Acredito que no âmbito privado, no foro íntimo, é o que todos nós fazemos, mas seria interessante poder compartilhar os nossos autoquestionamentos. Para que isso fosse possível, não poderíamos ter medo, e a questão aqui é novamente o quarto eixo da formação: o clima institucional.

Você está propondo que um psicanalista...

Que o instituto tenha um quarto envoltório além da instância do pensamento crítico: um clima institucional em que o eixo se deslocaria de preocupações com a transmissão do ensino para uma situação em que os mais velhos pudessem compartilhar as suas dúvidas e perplexidades, o ponto a que chegaram, as insuficiências nessa chegada. Aí eu colocaria uma coisa a meu ver essencial, que é o seguinte: por mais análise que o analista tenha feito, ele tem um inconsciente que é infinito e ele está diante de uma outra pessoa que também é infinita. Isso implica uma ética que precisaria realmente se solidificar na instituição. É um tipo de respeito de que nós não podemos abrir mão. O quarto envoltório, repito, seria o clima institucional em que ocorre a formação. Se as discussões enveredam por uma espécie de disputa de mercado de ideias, com cada um pretendendo a hegemonia, o clima tende a se tornar mais inóspito.

Mas, se está no ar, não é à toa. Não precisamos pôr o chapeuzinho de malvado nos que estão reclamando... Está no ar porque existe. Nós sabemos que existe uma questão de mercado lá dentro, isso faz parte do grande mundo onde nós vivemos.

Você tem razão, a questão existe, e justamente por ser tão premente precisa ser examinada cuidadosamente e sem radicalismos. Cada analista é uma entidade econômica, e isso estimula a radicalização. Mais ainda por estar centrada numa única pessoa: o analista é uma entidade econômica que analisa, faz política, escreve, pretende prestígio profissional, científico, é uma marca; almeja recompensa – por que não? –, seja ela econômica, social ou narcísica. Essa situação radicalmente pessoal, inclusive pelo fato de termos o inconsciente mais exposto na nossa atividade, tende a tornar as discussões mais radicais, tende a fazer com que os preconceitos ganhem hegemonia. É uma pena, tanto porque perdemos a oportunidade de discutir realmente o essencial como por causar sofrimentos desnecessários em nosso convívio institucional.

Você me perguntou sobre propostas concretas diante do quadro atual e vou tentar sugerir algumas no campo do que é mais polêmico:

Penso que, como instituição, nós sempre necessitaremos de leis gerais e teremos sempre de nos preocupar com o equilíbrio entre essas leis e as necessidades de singularidade da nossa prática. Haverá sempre, portanto, uma contradição que será resolvida provisoriamente a cada momento.

Penso também que a experiência de análise pessoal é essencial na nossa formação. Para que funcione é necessário contato intenso, e, portanto, é necessária a frequência elevada. Nosso estatuto contempla isso. É uma lei geral e como tal mereceria reflexão crítica quanto à definição baseada em números, quanto ao preço que se paga por análises ocorrerem debaixo de um guarda-chuva institucional, quanto à migração de transferências para o campo institucional etc. Temos tantos didatas que essa não é mais uma atribuição elitista. A crítica é antiga, mas sem dúvida nossa formação, por ocorrer fora dos muros da academia, é onerosa e faz com que muitos talentos sejam perdidos.

Temos no interior da instituição variadas formas de encarar as supervisões. Por outro lado, há consenso quanto à sua importância. Concordo com isso na medida da presença de relativa independência individual no trato de questões particulares. Creio que esse clima de relativa liberdade é contemplado em nosso instituto, e tanto no âmbito das análises didáticas como no das supervisões.

Em relação ao currículo, acho que seria possível repensar os cursos e a questão da formação continuada. Bem poucos membros filiados terminam a formação em cinco anos, e assim sua permanência pode ser organizada em grade curricular. Do mesmo modo como temos uma proposta de bibliografia e de organização dos cursos de Freud, poderíamos ter esse esquema também nos cursos dos outros autores da nossa tradição. Seria desejável que isso fosse objeto de organização, já que se trata de exigências curriculares.

Por outro lado, o que fazer com Winnicott? E a escola francesa? E André Green, que propõe uma síntese tão interessante, com reflexões que contemplam Lacan, Bion, Winnicott e tantas questões atuais? E onde entram outros autores contemporâneos? Estamos confortáveis em ter um consenso que significa apenas dar um pequeno passo na formação? Veja só, mal começo a tentar dar uma resposta provisória e já estou assolado por perguntas.

Penso que é fundamental mantermos os cursos livres. Eles são essenciais para a criatividade dos professores e a liberdade dos membros filiados.

O debate sobre a formação continuada precisa ser retomado, pois acho que ela se perdeu em meandros burocráticos. A discussão implica necessariamente refletir sobre as razões de ela ser tão frequente entre nós. Que problemas surgem nessa passagem para membro associado? É uma situação que vejo inalterada há trinta anos. Acho que precisaríamos nos deter com muita calma nisso, e não simplesmente encontrar decretos que, sem ir à raiz do problema, sem compreender de fato o que acontece, acabam estabelecendo mudanças insatisfatórias.

Um problema sério que vejo na sociedade diz respeito à formação de grupos fechados e também à visão preconceituosa sobre esses grupos. Como abrir isso? Talvez apenas com a passagem geracional... Por outro lado, com as filiações transferenciais em nosso meio, as gerações não raro se perpetuam em anacronismos.

Essas "soluções", insisto, seriam provisórias e dariam conta muito parcialmente de problemas que se mostram urgentes. Tal como a formação continuada, trariam uma aparência de solução, e nós não aproveitaríamos a crise para crescer como grupo.

Fale mais sobre isso.

Nos últimos anos, estudando Lévinas, cheguei à ética como primeiro passo epistemológico e instante fundador do gesto psicanalítico. Lévinas coloca como eixo essencial da ética a submissão ao infinito da alteridade. Veja bem, tento ser fiel a essa postura, seja quando estou com o paciente, seja quando estou diante da teoria, seja quando estou diante do colega. Confesso que é mais difícil manter essa postura no campo ideológico, mas acho que por isso mesmo o esforço aí deve ser maior. Estudei esse autor alguns anos; Lévinas se tornou um centro de interesse vital para mim, essencial. Como posso pretender que algo assim seja contemplado por uma obrigatoriedade curricular? O pensamento dele chegou a mim tardiamente, antes eu me voltava mais para o vértice estético inerente à psicanálise. Eu mudei, e me pergunto: onde estarei daqui a alguns anos? Veja que sou otimista... Nós não somos permanentes, mas a discussão inevitavelmente será.

Bem, Vera, obrigado por esta conversa, que está me forçando a retomar temas dos quais tenho estado afastado. Mas vou enfatizar de novo: aqui, estou apenas começando a repensar. Espero que no decorrer do debate eu possa evoluir em minhas ideias, em conjunto com o grupo institucional.

São Paulo, 10 de fevereiro de 2016.

13. A Pesquisa Empírica e a Especificidade da Psicanálise

Penso que a grande invenção psicanalítica seja a situação clínica. Duas pessoas combinam conversar livremente. Uma pelejará para dizer o que lhe passa pela cabeça, tentando ser o mais genuína que consiga. A outra a receberá como hóspede e tratará de se abrir também ao traumático que provém dessa acolhida. Ambas se comprometem a abster-se de ações concretas no espaço do encontro, e, nessa arena do não acontecimento, virtualmente tudo poderá ocorrer. Paixões, assassinatos, nascimentos, incestos, amores, traições, dramas e tragédias de todo tipo vão se oferecer à observação. O empírico se transfigurará numa espécie de poesia e esta buscará a abstração do conceito, que para se revelar necessita retornar à realização metafórica. A lente que observa tem os matizes dos conceitos fundadores do campo psicanalítico e os fatos que se desdobram perante o observador impõem um movimento de recomposição teórica. A partir da prática capturada pelo conceito, uma intrincada rede teórica se constitui e colore nossa escuta.

SOBRE ESTE TEXTO: Artigo publicado originalmente na seção Vórtice: Investigar em Psicanálise da revista *Calibán – Revista Latinoamericana de Psicoanálisis*, v. 11, n. 2, 2013 (Excesso). A revista é editada pela Federação Psicanalítica da América Latina.

Estamos então diante de uma disciplina necessariamente crítica que se nutre do empírico – não vivemos sem a mutualidade de prática e teoria. Nossa teoria, por outro lado, se detém sobre o que não tem concretude, sobre o que não pode ser possuído, mensurado ou submetido a testes de laboratório. Assim é com o inconsciente, a sexualidade infantil, o recalque, o conflito pulsional e tantos outros construtos. Quantas vezes, embora perfeitamente compreendidos, eles já não nos escaparam por entre os dedos para em seguida serem novamente intuídos em outra rede associativa, em outras metáforas, alegorias e níveis de abstração?

Mas o espírito do tempo nos impinge certas perguntas: continuamos a acreditar que a plena compreensão da psicanálise implica que o analista viva a experiência de ser paciente e depois aprenda com seus pacientes? Que em psicanálise pesquisa e tratamento integram um procedimento único? Que a psicanálise constitui uma psicologia com direito próprio e que a metapsicologia é uma teorização que, a exemplo da poesia, se desidrata pela repetição, pelo academicismo, pelos manuais de procedimento? Se assim é, por que voltamos outra vez ao campo do empirismo, do positivismo, à suposta necessidade de remodelar a psicanálise em função dos apelos de uma corrente social insidiosamente influente? Se o *Zeitgeist* nos pede *adaptação*, o que fazer com a subversão intrinsecamente associada ao campo da psicanálise?

Render-se a esses apelos será o caminho para uma rede de procedimentos que desaparecerão, como o fazem todas as adaptações – elas não resistem à crueldade do novo com que a história não cessa de nos atingir. Essa é, creio, a raiz de um tema onipresente nas nossas discussões: a dita "crise da psicanálise". Situo nesse terreno o atual debate sobre pesquisa empírica, e esta reflexão proposta pela *Calibán* me autorizará relatar um pequeno trajeto pessoal na história das nossas instituições.

Em 1996, na interface da gestão de Horacio Etchegoyen e a de Otto Kernberg, tornei-me editor do *International Psychoanalysis – The Newsletter of the International Psychoanalytical Association*. Tínhamos na IPA um movimento vibrante de renovação. Como exemplo das mudanças, lembro que Etchegoyen cancelara as decisões secretas (!) no *board* da instituição. Em nome da ética, decisões não eram publicadas e havia, portanto, leis e regras desconhecidas dos membros.

Como pauta principal do primeiro número de uma editoria latino-americana do *Newsletter* (v. 5-1, 1996) – boletim informativo que transformáramos em revista –, escolhemos o debate entre André Green e Robert Wallerstein sobre pesquisa empírica. Green defende ser imprescindível cuidar do que é específico e definidor da psicanálise. Wallerstein, em clara formulação positivista, responde que "a posição de Green é uma questão empírica e a prova de tal pudim estará em comê-lo". Green retruca que, se "a prova do pudim está em comê-lo, uma evidência ainda mais forte estará na indigestão causada". Não vem ao caso reportar toda a longa argumentação dos dois autores. Quero apenas lembrar que houve desde o início essa polarização apaixonada e que as duas posições marcariam como que dois partidos se digladiando em debates científicos e políticos no interior da IPA. Até então a discussão se dava predominantemente entre escolas de pensamento teórico e clínico, mas, com a ruptura de paradigmas e certezas que abala as ciências humanas no final dos anos de 1980, volta ao centro dos debates o confronto entre parâmetros positivistas e especificidade psicanalítica – torna-se essencial discutir como prosseguir quando as convicções não podem mais pretender atingir a "verdade".

Penso que o verdadeiro tema, aí, é a "crise" da psicanálise. Sob o assédio da simplificação dos diagnósticos psicopatológicos e do sucesso de marketing das novas drogas psiquiátricas, o apelo é para que se ofereçam respostas imediatas e pragmáticas. A psicanálise perde espaço e em muitos centros sua prática sofre uma queda dramática. Em países onde analistas são remunerados pela rede estatal de saúde e pelos seguros médicos e sociais, cresce a ideia de que é preciso provar empiricamente a validade e o êxito dos procedimentos analíticos; o *setting* se define pelo número de sessões, a eficácia terapêutica é avaliada segundo a nova nosografia psiquiátrica. Dados estatísticos ganham um *status* jamais atribuído a nenhum autor. Urgências existenciais tornam-se justificativas para recorrer à medicina e à psicologia clínica, das quais a psicanálise se desgarrara em seu nascimento.

Na época a editoria do *International Journal* deixa de publicar o *International Rewiew of Psychoanalysis*, que privilegiava a interface com a cultura e as artes. Essa hegemonia positivista se estenderá pelas administrações seguintes da IPA, e seu sintoma

mais eloquente estará na verba destinada ao Comitê de Pesquisa, que por mais de uma década receberá anualmente 300 mil dólares, enquanto ao Comitê de Psicanálise e Cultura caberão 10 mil dólares – cerca de 3 mil dólares por região! De todo modo, é óbvio, o orçamento da pesquisa que deveria mostrar a relevância da psicanálise no campo da saúde é ridiculamente ínfimo, comparado às imensas quantias manejadas pelos laboratórios farmacêuticos. Assistimos então ao "milagre" das novas medicações e de esquemas psicoterapêuticos que fazem renascer o desacreditado behaviorismo dos anos de 1960. Como exceção nesse período, quero mencionar os esforços, na gestão de Claudio Eizirik, de pôr em primeiro plano a discussão dos diferentes modelos de formação analítica. Respeitando tradições diversas da anglo-saxônica, são acolhidos os ditos modelos uruguaio e francês e o modelo de Eitington na organização. De fato, ocorrerá uma perda no poder de intervenção da IPA nas sociedades.

Se esse esforço empirista será irrelevante para as políticas de saúde, no nosso âmbito institucional será grande a importância do grupo favorável à pesquisa, o que se manifesta nas porções orçamentárias que esse grupo obtém e também na inclinação epistemológica positivista que se espalha pelas publicações, numa volta à visão psicopatológica, nas escolhas que privilegiam a psiquiatria. Cabe perguntar quais desenvolvimentos – respeitando nossa identidade teórica e clínica – teriam resultado de investigação empírica depois de quase quinze anos de esforços. Em contrapartida, é fácil citar, nesse mesmo período, enormes contribuições de autores que partiram da nossa especificidade clínica e metapsicológica: Green, Botella, Ferro e Ogden, por exemplo, entre tantos outros. A psicanálise tem a característica de, a partir de situações extremas, identificar mecanismos que rapidamente percebemos como universais. Foi assim com as neuroses, criando uma psicopatologia da vida cotidiana, e com as psicoses, em que identificamos formas adaptativas ao viver comum. Foi assim com o luto e a melancolia, mostrando como introjetamos imagos que constituirão o que chamamos caráter. Foi assim com o traumático e com as patologias *borderline*. Estamos longe, por definição, da divisão entre normalidade e patologia e também dos mecanismos de adaptação social que essas tentativas de navegar os tempos reintroduzem.

Talvez seja excesso de otimismo meu, mas creio que hoje a dita pesquisa empírica vai perdendo prestígio e terreno; cresce a percepção de que seus defensores falharam em corresponder às soluções que propagandeavam. Temos na IPA uma nova administração, produto da votação ampla de seus membros. Parece que transformações mais de acordo com o que nos é específico ocorrem... E, afinal de contas, quando foi que a psicanálise não se nutriu de crises?

Sua grandeza estará sempre na perturbação que ela introduz no pensamento filosófico, nas artes, na pedagogia, nas disciplinas das humanidades, na cultura, enfim. A tarefa que nos cabe, hoje mais do que nunca, é então reforçar o nosso método e a nossa prática. Manter o foco no poder subversivo de noções como inconsciente, sexualidade infantil ou conflito pulsional, neste original método de pesquisa científica baseado em atenção flutuante, livre associação e campo transferencial, na indiferenciação entre pesquisa científica e prática clínica – aí, sim, a nossa verdadeira pesquisa empírica. Manter o foco na essencialidade da metapsicologia, bruxa evanescente que paira sobre um conjunto de conceitos móveis. Ter sempre presente que, não existindo fatos de observação sem pressupostos metapsicológicos, nossos relatos factuais já nascem impregnados de coordenadas teóricas que definem o que observamos. Ter sempre presente que as memórias e os fatos clínicos com os quais nos importa lidar não são autônomos; são, isso sim, reconstruções erigidas com boa dose de licença inventiva. Ter sempre presente que não contamos com o benefício da estatística nem da prova factual, mas que progredimos, sim, lentamente, no esteio da percepção de toda uma comunidade de pares de que uma nova proposição clínica ou teórica faz sentido.

Nosso conhecimento será sempre incipiente e nosso progresso se fará com a passagem de gerações e com a crítica aos apelos por pragmatismo com que os tempos tentam nos seduzir. A profissão que escolhemos nos impõe a ética da submissão ao estrangeiro, ao novo, ao desconhecido, e isso, por si só, significa que estaremos sempre em crise, em busca do inevitável singular que vez por outra, na intimidade das nossas salas, como numa centelha, nos fará testemunhar a sombra do universal humano. Podemos comemorar.

14. A Primeira Vez?

Talvez o melhor romance já escrito sobre a Schoá, *O Último Justo*, do francês André Schwarz-Bart, inicia com uma prece afinada com a realidade: "Nossos olhos recebem a luz de estrelas mortas." Dessa saga que acompanha uma família judia desde a Idade Média me vem a interrogação que lembrarei aqui: quando começa uma saga, afinal? Como marcamos o tempo? Como definimos nossas datas comemorativas?

Nosso espírito se organiza pela via peculiar da preguiça. Uma obsessão renitente – a repetição – o faz sofrer e ao mesmo tempo o protege. De fato, ele necessita dela, dada a impossibilidade de inventar uma resposta pertinente a cada nova situação. Nosso espírito, enfim, se aquieta nas tradições e no hábito. Contudo, a realidade não é condescendente com essa preguiça e a repetição pode também oprimi-lo.

O humor é uma das formas com que o espírito castiga a estereotipia das respostas. Estereotipada é a ideia que temos do

SOBRE ESTE TEXTO: Publicado em português, inglês, alemão, francês e espanhol como editorial do número zero da revista online *Psychoanalysis.Today*, lançado em maio de 2015. Disponível em <http://www.psychoanalysis.today/en-GB/Editors/Editorial-Notes-on-Issues/1-Editorial-Notes-on-Issue-Zero/Dr-Leopold-Nosek-The-First-Time.aspx> Acesso em 10 de março de 2017.

tempo: comemoramos aniversários, acumulamos efemérides. Por preguiça, recorremos a analogias: mimetizando o corpo, dividimos o tempo em nascimento, maturação e morte. Podemos escolher uma teogonia bíblica e pensá-lo escatologicamente como criação, revelação e redenção. (Não raro essa progressão impregna nossa prática clínica quando nos distraímos...) Podemos levantar os olhos para o céu e pensar o tempo como eterna repetição de dias e noites matizados pela variação da luz nas estações do ano.

O relógio de ponteiros, que sempre volta ao ponto de partida, reproduz esse sentimento. Para evitar fraturas e frustrações, é possível recorrer ao relógio digital, cujo desenrolar infinito confirma nossa ingenuidade. Já a velha ampulheta nos repõe diante da complexidade: tempo quase estagnado no início, vórtice desesperado no escoamento final da areia. Como analistas, além disso, lidamos cotidianamente com a convivência de sincronias e diacronias, em eventos contendo sobrevivências do arcaico, sínteses elaboradas sob a forma de sintomas, desejos que alucinam o futuro etc.

Assim, quando terá sido nossa primeira vez? E primeira vez do quê? Um *journal* internacional? Um *journal* eletrônico? Alguém grava a data de alguma "primeira vez" pessoal do que quer que seja? Do primeiro ato clínico? Do primeiro divã? E a clínica? Obedecerá às leis da sucessão temporal? E existirá mesmo a possibilidade de repetição? Nesse caso, nossa perplexidade se aquietaria? Tivemos revistas internacionais desde Freud e todas, naturalmente, sofreram as injunções da história. Porém, não obstante seus diferentes exílios, os meios psicanalíticos sempre buscaram o diálogo internacional. Dessa vocação somos herdeiros.

Como viverá este nosso projeto, que nasce em meio à globalização e à revolucionária informação em tempo real? O meio eletrônico, ainda pouco familiar a nós, transformará o conteúdo do diálogo? Que desafios nos trará seu manejo? Como trafegar por estes tempos em que testemunhamos a dispersão de escolas, em que os paradigmas e as utopias estão em questão? Saberemos renovar nossos rumos, nossas tradições?

Não há como saber de antemão, mas vale a pena tentar. Aceitar o desafio que nos propõe o espírito dos tempos é um esforço que, acredito, será decisivo para as nossas possibilidades de sobrevivência e desenvolvimento.

15. Violência

Eis o nosso novo debate: livre das amarras de uma definição, o tema violência se abre para um debate específico no campo da psicanálise e, ao mesmo tempo, é amplo o suficiente para que nós, analistas, não nos abstenhamos das discussões que participam do espírito dos tempos. Podemos contribuir para a compreensão de temas como violência política, democracia, ditadura, globalização, terrorismo, fascismo, genocídio, fundamentalismo – enfim, os desafios do nosso cotidiano histórico.

Corro o risco de propor que vale a pena diferenciar a ideia de *violência* da ideia de *mal*. Como analistas, testemunhamos o universo amoroso coexistir inevitavelmente com o agressivo e o destrutivo, e o fazemos longe do viés normativo ou moral. Consideramos crucial o destino simbólico que têm esses impulsos, situando-os no espectro do desenvolvimento civilizatório.

Por outro lado, acompanhando Hannah Arendt, podemos ver o mal como a destituição do humano, aquilo que o coisifica. Essa concepção reforça a crítica à tendência positivista

SOBRE ESTE TEXTO: Publicado em português, inglês, alemão, francês e espanhol como editorial do número 2 da revista online *Psychoanalysis.Today*. Disponível em <http://www.psychoanalysis.today/pt-PT/Home/Issue-2-Intro-Violence.aspx>. Acesso em 10 de março de 2017.

na psicanálise, reconhecível em afirmativas inocentes como "o material que o paciente trouxe", "a dinâmica do paciente" etc.; a pretensão de usar a obra de Freud como tabulação teórica ignora, por exemplo, seu caráter alegórico, pleno de metáforas e poesia. Iríamos por aí na direção do campo do "mal". Mais perto da noção de violência, temos as tentativas tão comuns de adaptar a visão dos pacientes aos nossos pressupostos teóricos e o desrespeito à distância entre a abstração teórica e a singularidade poética que cada um deles nos traz como sua língua.

Contudo, nada mais fácil do que nos atribuirmos a ética do respeito à alteridade sem questionar nossos próprios limites, e fácil também é trazer a discussão da violência e do mal – sem confundi-los – para a nossa intimidade. Mas como encarar o tema da violência sem perder a especificidade radical da psicanálise?

No campo freudiano, pode-se definir violência como o estímulo que ultrapassa as possiblidades elaborativas do espírito. Exemplificando, onde há precária construção psíquica, o amor pode ser experimentado como violência insuportável. A sexualidade será chamada violenta ou não a depender dos traços pessoais, da cultura que circunscreve o sujeito, do narrador e da narrativa que se constrói. Esse paradoxo só poderia surgir da singularidade do campo psicanalítico.

Daí pode vir também uma discussão sobre a relação entre a ética da submissão à alteridade e a violência da tentativa de capturar a alteridade numa definição, de abarcá-la nos limites de uma totalidade (Lévinas). O infinito do nosso objeto – o inconsciente – nos impõe o abismo e o terror. Mas a psicanálise implica também a devoção a ele, e a ética de que devemos nos revestir é a submissão a esse infinito que nos ultrapassa, nos "machuca" e simultaneamente nos impõe um movimento de elevação.

A violência é onipresente. Freud, no *Projeto Para Uma Psicologia Científica*, diz que o prolongado desamparo do ser humano é a raiz de todas as razões éticas. Ao desamparo corresponde necessariamente devoção e submissão ao ser que chega. Mas lembremos que, à parte a violência do excesso da presença do estímulo, há a violência do excesso criado pela falta da presença que acolhe. Do desamparo do ser humano e, portanto,

da violência dessa raiz, nascerão o melhor e o pior da humanidade: a criação, a transformação, a destruição.

A violência origina também a beleza, como quer a conceituação kantiana do sublime. A violência, o excesso, torna-se sublime quando, em vez de produzir dor diretamente, pode ser observada em segurança. Quando ela se torna objeto de representação, quando é capturada pela arte, abre-se a possibilidade do pensamento. Assim, não será arbitrário buscar equivalências entre a criação de sonhos e a construção artística. Perante o demasiado grande, fracassamos em lhe proporcionar uma forma, mas, quando a imaginação dá um passo e intui uma representação, o sublime se nos apresenta. Vulcões, terremotos e, por que não?, nossas pulsões, nossa própria natureza, são fonte de terror. Diante da violência do infinito, nosso espírito se torna de uma pequenez insignificante. O sublime surge ao transformarmos em objetos de observação e resistência aquilo que nos aterroriza. Herdeiro dessa visão, Meltzer dizia que os primórdios do senso do belo aparecem na criança a partir da visão do rosto da mãe que a compreende e que, com esse gesto, o sonhador construirá a arquitetura do espírito e o povoará.

Desse modo, a violência, fruto da relação entre estímulo e elaboração, entrelaça a ética e a estética. Ela está no corpo, nas relações íntimas, nos corpos sociais, na cultura – nosso tema se apresenta a nós como infinito. Aceite o convite para debater, leitor, e também para apreciar a beleza dos primeiros passos, incertos ainda, que nosso *e-journal* ensaia.

16. Psicanálise no Brasil: Uma Fotografia Virtual

1. A HISTÓRIA COMO ABRIGO

A História me assombra e me ultrapassa. Sua presença inevitável propõe que, para cada gesto meu, seu horizonte se mostre numa dimensão que me permitirá apenas manter-me como suspeito de mim mesmo. Suspeito do que imagino serem as minhas convicções, do que pretendo afirmar como fatos, do que se apresenta a mim como questão e das conclusões que eu poderia determinar. Estou num tempo e num lugar específicos, tenho uma ideologia assim como interesses, estou envolto numa ecologia de crenças pessoais e culturais. Nos interstícios dessa complexa trama, procuro minha forma e minha liberdade.

Com essas dúvidas, estou diante do que me pedem para relatar: a história da psicanálise no Brasil. Isso me é solicitado candidamente, como quando as crianças pedem uma história antes de dormir. O que lhes contaremos? Com que finalidade? Ficarão tranquilas se a história não contiver monstros? Estarão pacificadas se não contiver imagens que figurem seus

SOBRE ESTE TEXTO: Artigo publicado originalmente na seção "De Memória" da revista *Calibán*, v. 12, n. 2, 2014 (Realidades & Ficções II.). A revista é editada pela Federação Psicanalítica da América Latina.

amores, seus ódios, suas rivalidades, suas paixões? Será que essas histórias lhes facilitarão as travessias que possibilitam uma tranquilidade sempre efêmera? Inevitavelmente, buscamos essa breve paz, a qual deverá nos ajudar na dura passagem dos dias, nos trajetos cotidianos entre o hábito e o imprevisto, assim como nos saltos abissais da vigília para o sono e deste para outro dia nunca antes percorrido. A História me dará continência.

Calibán, então, docemente me sussurra: "Conte-nos a história da psicanálise no Brasil." Por quê? Com qual finalidade? Para tranquilizar? Para ser instrumento de luta? Para nos conhecermos? Para, ao se revelar a nossa história, podermos dar um passo a mais na direção da apropriação de nossa identidade? Por outro lado, sabemos, como psicanalistas, duvidar de um projeto totalizante e nos contentar com pequenos passos efêmeros e transitórios. Assim, comemoramos o breve êxito de um sonho construído, sabendo que este nos permitirá caminhar apenas para o inevitável e necessário próximo sonho.

Anos atrás, na década de 1990, quando era editor da revista *Ide*, pensei, com um grupo, em recuperar a história da nossa sociedade psicanalítica. Com finalidades comemorativas, pretendíamos contar a saga do nascimento da psicanálise em nosso meio, falar de seus pais, seus antecessores, seus padrinhos. Essa história atingiria o apogeu, é claro, no momento mesmo de seu relato, que então seria como que a conclusão de um percurso exitoso.

Entrevistamos os pioneiros, ouvimos o que tinham para contar, coletamos documentos. O que começou a se esboçar diante dos nossos olhos foi que a história não só não seria recuperada, como teria de conter naquele momento intimidades e interpretações que certamente ultrapassavam os nossos propósitos. A saga se transfiguraria em aspectos trágicos e, como deveríamos ter suspeitado desde o início, seus heróis eram apenas humanos. A peregrinação deles, portanto, caberia apenas no que nos é próprio: no relato que se desenrola somente num templo ou numa alcova sacralizada e sexuada, na sala onde pode ocorrer uma análise. A nossa história, mesmo com sua reduzida possibilidade de revelação, passaria inevitavelmente por relações exacerbadas, paixões, incestos, assassinatos, assim como pelos bucólicos amores e filiações com os quais gostamos

de contar aos mais novos de onde eles vieram. Além disso, a análise crítica do nosso meio sociocultural ultrapassava nossa competência. Naquele momento, então, a opção foi desistir de uma tarefa que ia além das nossas possibilidades.

O que acabamos realizando, com alguma ousadia, foi o *Álbum de Família: Imagens, Fontes e Ideias da Psicanálise em São Paulo*. Lançado em 1995, esse livro, a exemplo das histórias de família oficiais, continha apenas fotografias de momentos da vida dos pioneiros. Combinados com as fotos, alguns ensaios introdutórios revelavam oficialmente a impossibilidade da tarefa implícita naquelas páginas, as quais, entretanto, poderiam ser percorridas com o prazer e a fantasia com que passeamos o olhar por antigas coleções de fotos. Convidávamos o leitor a sonhar a partir das imagens, como se elas fossem meros estímulos para continuar a pensar e a imaginar. Mantivemos a ideia do tempo histórico cronológico, pois aquelas imagens pertenciam a um tempo e a um lugar definidos. Intercalamos fotos de acontecimentos da história brasileira e mundial contemporânea com as imagens pessoais dos pioneiros, outro convite ao pensamento. Mas ignoramos ideologias, interesses; não podíamos nos deter no movimento das ideias, nos embates entre as diferentes escolas psicanalíticas. Apenas um romance familiar, sem a pretensão de alcançar alguma suposta verdade histórica.

2. AS IMAGENS COMO RUÍNAS

Em meados da década seguinte, o filósofo e historiador da arte Georges Didi-Huberman lançaria *Imagens Apesar de Tudo*, uma profunda análise de quatro fotografias remanescentes do campo de morte nazista de Birkenau. Algum membro anônimo do *Sonderkommando* as realizara com o propósito de não deixar sem representação algo que os carrascos pretendiam que se desenrolasse sem marcas e sem o *kadisch*, a oração judaica dos mortos. São quatro fotos bastante precárias, mas a análise que Didi-Huberman faz a partir delas é essencial, assim como a polêmica em que se envolve com Claude Lanzmann, realizador do documentário *Shoah*, para quem o Holocausto

é irrepresentável. Essa discussão é de interesse notável para nós, psicanalistas, que estamos envolvidos na tarefa clínica de criação de representações e de imagens mediante o trabalho do sonho. Aliás, Didi-Huberman se vale do conceito freudiano de *Traumarbeit* em sua obra.

Com base em ideias de Walter Benjamin e de Aby Warburg, Didi-Huberman cria o que chama de método arqueológico. Segundo diz, em cada imagem que olhamos e que relacionamos com outras imagens e textos, podemos descobrir pontos de convergência e múltiplas temporalidades. O filósofo define o olhar arqueológico como a capacidade de comparar o que vemos no presente – o que sobreviveu – com o que sabemos ter desaparecido. Analisar imagens antigas é como analisar ruínas. Quase tudo está destruído, mas resta algo. O importante é como o nosso olhar põe esse algo em movimento. Quem não sabe olhar atravessa a ruína sem perceber.

Por sua vez, Aby Warburg, criador da possivelmente mais importante biblioteca atual de humanidades – a Biblioteca Warburg, ligada à Universidade de Londres –, tem tido sua obra revista e retomada. Criou um método em que todas as disciplinas de humanidades se relacionam umas com as outras. Ocupou-se das imagens como processo civilizador que ainda não é linguagem; ao serem geradas, as imagens estariam a meio caminho entre a magia e o logos, sendo o espaço simbólico assim criado o espaço reflexivo e de ponderação entre o ser humano e seu entorno de natureza e sociedade. Esse movimento não é cumulativo, mas necessitará a cada momento ser recriado. O instituto fundado por Warburg se dedicou, nessa transdisciplinaridade, a uma hermenêutica da cultura.

Foi depois do contato com esses autores que me veio a ideia de novamente recorrer a uma imagem para falar um pouco de como a psicanálise se instalou entre nós – uma imagem que apenas imaginei, que nunca existiu realmente. Agora, mais uma vez, vendo-me diante da História e dada a minha precariedade, o que farei será apenas contar uma história. Como dizemos em nosso dialeto, não podendo capturar o objeto em sua dinâmica, apresentarei uma vinheta clínica, ou melhor, farei um percurso ao redor de uma fotografia imaginária. Passo a ela.

3. UM INSTANTÂNEO DO PASSADO

Virgínia Bicudo gostava de contar que, do grupo liderado por Durval Marcondes, foi ela a primeira a deitar no divã de Adelheid Koch. Aliás, dizia ela, "fui a primeira pessoa a me analisar no Brasil, na América Latina talvez". Poderíamos começar com a difícil pergunta: quem são esses entes definidos por letras maiúsculas? Quem são Adelheid Koch, Virgínia Bicudo e Durval Marcondes? Brasil e América Latina? Posso considerá-los pressupostos? Ou posso prometer que ao final deste relato os conheceremos?

Cortázar, em *Valise de Cronópio*, diferencia o romance clássico do conto fazendo uma comparação analógica entre o cinema e a fotografia. O cinema, como o romance, é uma "ordem aberta", enquanto uma fotografia propõe uma justa limitação prévia. Diz Cortázar:

Fotógrafos da categoria de um Cartier-Bresson ou de um Brassai definem sua arte como um aparente paradoxo: o de recortar um fragmento da realidade, fixando-lhe determinados limites, mas de tal modo que esse recorte atue como uma explosão que abra de par em par uma realidade muito mais ampla, como uma visão dinâmica que transcende espiritualmente o campo abrangido pela câmara. O fotógrafo assim como o contista sentem necessidade de escolher e limitar uma imagem ou um acontecimento que sejam significativos, que não só valham por si mesmos, mas também sejam capazes de atuar no espectador ou no leitor como uma espécie de abertura, de fermento que projete a inteligência e a sensibilidade em direção a algo que vai muito além do argumento visual ou literário contido na foto ou no conto. (p. 151)

Assim, à luz de Cortázar, examinemos nossa foto de Virgínia Leone Bicudo (1910-2003) no divã. Imaginemos uma velha fotografia de família na qual vemos três personagens. Imaginemos que Virgínia se encontra deitada num móvel de expressão europeia e, portanto, estranho ao seu meio de origem. Outro móvel, possivelmente uma *bergère*, é mais familiar a quem se senta atrás dela: Adelheid Koch (1896-1980). A poltrona deve ter sido trazida de navio, juntamente com outros móveis dessa alemã peculiar, em sua viagem de imigração para os trópicos. A cena é observada de um ponto virtual qualquer por um senhor bastante elegante que facilmente reconhecemos como

membro da elite socioeconômica e cultural do Brasil. Trata-se de Durval Marcondes (1899-1981), o patrocinador da cena. Pela decoração, roupas, penteados e jeito da foto, estamos sem dúvida na década de 1930. Estamos na casa de Durval, a qual é também o consultório do proprietário e se tornará a sede da sociedade psicanalítica de São Paulo. Enquanto viverem, as três personagens da foto serão fundamentais para o desenvolvimento dessa organização.

Observando um pouco mais detidamente, vemos que Virgínia Leone Bicudo é mulata. Sua história é uma história brasileira comum. Por parte de pai, ela é neta de uma escrava e de um avô desconhecido – um senhor de escravos, talvez? Algum filho dele? Algum dos agregados da fazenda? Jamais saberemos, assim como permanecerá um mistério a origem de tantas famílias históricas no Brasil. O pai de Virgínia, Teófilo Júlio, é um "empregado de dentro", isto é, trabalha na casa-grande de uma fazenda paulista de café. Ali ele conhece e se casa com Giovanna Leone, filha de imigrantes italianos vindos para o Brasil em 1897. Todos trabalham nas lavouras de café de Bento Augusto de Almeida Bicudo. Este, tipicamente entre os fazendeiros, é filiado ao Partido Republicano Paulista. É senador do Congresso Legislativo estadual e um dos fundadores do jornal *O Estado de S. Paulo*.

Sua propriedade é o modelo paulista da tradicional "casa-grande & senzala", que, tal como ensina Gilberto Freyre, caracteriza-se, entre outros aspectos, por ser uma monocultura baseada em trabalho escravo, voltada para a exportação, com grande independência em relação ao Estado, ou melhor, tendo hegemonia sobre este. Na casa-grande há convivência próxima entre escravos e senhores, a miscigenação é comum. É um regime patriarcal e autocrático. Lembremos que, em decorrência do bloqueio inglês ao tráfico de escravos, será implantada no Brasil uma política de imigração em moldes cruéis, pois o intento é apenas substituir a mão de obra escrava, que se tornara demasiado cara. À diferença da imigração para os Estados Unidos, aqui os imigrantes, conforme leis aprovadas pelos cafeicultores paulistas, são proibidos de adquirir terras e devem pagar as despesas de viagem ao proprietário de terras. O regime é tão despótico que a Prússia proíbe seus cidadãos de imigrar para o Brasil. A ideologia e a própria Constituição são liberais, mas a

forma real não lhe corresponde, já que na prática se trata meramente de suprir a carência de mão de obra escrava. A escravidão tem no Brasil o seu último expoente e, como mostrou Gilberto Freyre, a casa-grande, completada pela senzala, sintetiza todo um regime econômico, social e político.

Ainda sobre o pai de Virgínia, Teófilo, este em algum momento adota o sobrenome Bicudo, conforme o costume após a abolição da escravatura, por não terem sobrenome, os ex-escravos usarem o sobrenome de seu antigo senhor. Vemos na foto que Virgínia tem cabelo "ruim", como diz o povo, incorporando e aceitando o preconceito. É uma jovem linda. Aliás, todos na fotografia são dotados de uma beleza elegante que só costumamos encontrar quando temperada por inteligência e cultura.

Mas Virgínia tem também o nome Leone, italiano de origem, como vimos. Pela inteligência, sua mãe, chamada de início Giovanna, prenome depois abrasileirado para dona Joaninha, atraíra a atenção do liberal Bento Bicudo, que de forma paternalista patrocinara-lhe os estudos. Conhece o filho de escrava Teófilo Júlio, casam-se, mudam-se para São Paulo e têm seis filhos, a segunda dos quais será Virgínia. Esta, premida por suas contradições, estuda sociologia, e na Escola Livre de Sociologia e Política conhece Durval Marcondes, professor de psicanálise que desde os anos de 1920 tentava divulgar essa disciplina.

Voltando à nossa fotografia imaginária, o olhar do observador estranha que uma mulata seja uma das protagonistas da cena que se desenrola nesse ambiente tão refinado e de algum modo europeu. Sabemos pela voz da própria Virgínia que foi a dor de sua situação – ser vítima de preconceito racial – que a levou da pesquisa sociológica para a pesquisa de áreas de seu espírito. Ainda hoje é absoluta exceção encontrarmos negros ou mulatos em nossos institutos de formação, e não nos escandalizamos com essa raridade, que não se inclui entre as preocupações de nenhum instituto. Hoje, oito décadas depois, ainda temos o nosso *apartheid*. Nossas casas possuem quartos para servidores domésticos, herança da casa-grande e dignos representantes atualizados da senzala. Os modernos "empregados de dentro" tiveram de esperar até 1972 para começar a ter algum direito trabalhista e até 2015 para que a legislação os equiparasse plenamente às demais categorias de trabalhadores.

Hoje, 126 anos após a abolição da escravatura, continuamos a professar convicções ideológicas liberais sobrepostas a um enorme atraso das estruturas sociopolíticas.

Outra é a experiência de dor da segunda mulher da foto. Ela é loira, de cabelos lisos e muito bonita também. O relato de Virgínia sempre chama a atenção para o deslumbramento que a figura de Adelheid Koch lhe inspirou numa primeira visão: "Era linda, com seu chapéu maravilhoso." Segundo Flávio Dias (1899-1994), outro pioneiro que também poderia estar oculto neste registro virtual do nascimento da psicanálise em São Paulo, Adelheid lhe contara que viera para o Brasil para praticar psicanálise, mas também havia trazido um pequeno capital e, se a psicanálise não prosperasse, ela abriria uma fábrica de chapéus – alternativa clássica da saga da imigração de refugiados judeus. Prenunciando a destruição dos judeus na Europa em vias de ocupação pelo nazismo, Ernest Jones ajudava os psicanalistas centro-europeus a buscar abrigo em outras partes. Para tal, contatara Durval Marcondes e lhe pedira que arranjasse a vinda da alemã Adelheid Koch, que se analisara com Otto Fenichel e pertencia ao Instituto de Berlim, filiado à IPA. Adelheid deveria vir ao Brasil para ser analista e aqui formaria o que seria o primeiro instituto da América Latina. Acredito, assim, que estamos vendo também, nessa fotografia imaginária, o ato inicial da psicanálise clínica no continente latino-americano.

Adelheid chegou em 1936 e mal falava português quando essa cena acontece. Como episódio anedótico, lembro o que nos conta Flávio Dias: a pedido de Adelheid, ele fez uma lista de palavrões em português para que ela pudesse utilizá-los nas análises que conduziria. Numa foto real da época que consta do *Álbum de Família*, vemos Adelheid e suas filhas atrás de um tanque, lavando roupa, atividade inusitada para as elites que se interessaram pela psicanálise. Não vou aqui recordar o inenarrável drama judaico daqueles anos. Os leitores podem facilmente fazer suas associações acerca dessa época.

Lembro agora que o Brasil vivia na década de 1930 um momento peculiar em que aspectos fascistas do governo Vargas conviviam com a primeira onda de modernização e industrialização. A ideologia do Estado Novo, regime ditatorial que se instala em 1937, oscilará entre simpatias para com o

nazifascismo e o fascínio pelo poderio econômico americano. Somente em 1943 o país definirá seu lado no confronto, optando pelas democracias liberais, não sem antes aprovar uma série de leis antissemitas. De qualquer modo, o país vive uma transição das classes no poder, com a antiga elite agrária sendo abatida pela crise de 1929, sofrendo um choque que atinge em cheio o modelo único da monocultura voltada para a exportação.

A industrialização põe em cena novas elites urbanas e industriais e um operariado educado politicamente na Europa e que aqui chega num novo movimento migratório. Membros das antigas elites concentram-se em profissões liberais e ocupam postos privilegiados no funcionalismo estatal, que no novo modelo também se presta a contribuir para lhes dar sobrevida. Como exemplo, lembremos que até os anos de 1970 as cátedras nas universidades serão ocupadas por membros das antigas elites. Enquanto isso, os novos imigrantes se dedicam a atividades econômicas menosprezadas, sobretudo no comércio, na indústria e na construção. Assim foi com as colônias italiana, judaica, libanesa, japonesa etc. São Paulo é o lugar central para onde se direciona esse novo fluxo imigratório e, como outras regiões do país, assiste a um crescimento relevante da urbanização.

Durval Marcondes integra essa elite de origem agrária que será hegemônica até os anos de 1920. Médico, é próximo dos grupos intelectuais de São Paulo e como tal participa da Semana de Arte Moderna de 1922, considerada o evento inaugural do modernismo no Brasil. Durval interessa-se por psicanálise e inicia correspondência com Freud, a quem envia em 1928 o primeiro número da *Revista Brasileira de Psicanálise*, que será reeditado apenas em 1967. Acredito que um dos pontos de origem desse movimento artístico e cultural é o desenraizamento ligado à transformação de seu lugar social com o qual se defronta a aristocracia rural. É interessante como os participantes do movimento modernista se interessaram por Freud e o leram na época. No final da década, em 1928, o "Manifesto Antropofágico" de Oswald de Andrade menciona Freud três vezes. Esse manifesto critica a forma como as elites lidavam com a cultura que vinha da Europa, sem filtrá-la para a especificidade do nosso meio. Propunha uma apropriação cultural cujo modelo seria a canibalização de que o bispo Sardinha fora vítima

por parte dos índios caetés; devorado por essa tribo antropófaga, o primeiro bispo no Brasil passaria a ser o modelo para a incorporação da cultura trazida do estrangeiro. Canibalizada a cultura, destruída ao se tornar carne do habitante local, ela estaria, desse modo, adaptada ao nosso meio e à nossa verdade.

Há na leitura de Freud por parte dos modernistas um apreço peculiar pelo vértice pulsional, que, unido a outras forças primitivas metaforizadas pelos nossos selvagens, seria o motor da transformação e do progresso do Novo Mundo. Esse modo de pensar é profundamente irreverente e original. Nele encontramos a valorização do primitivo, do espontâneo, do irruptivo, do dessacralizado, traços que posteriormente terão expressão em manifestações culturais como o tropicalismo na música, o cinema novo, a obra de Nelson Rodrigues ou, segundo uma compreensão bastante polêmica, a pornochanchada, que supostamente faria uma oposição escrachada ao moralismo obscurantista e à censura da ditadura militar. Aqueles traços acabam por se tornar parte da nossa natureza, sendo reconhecidos sem dificuldade por um olhar que nos observe de fora.

Penso que, por sua origem, essa intelectualidade aristocrática não poderia adotar o movimento crítico de origem marxista que fora trazido pela segunda onda migratória. Adelheid Koch chega ao Brasil pouco tempo depois da militante comunista Olga Benário. Ambas vêm da mesma cidade, Berlim, e, ainda que frequentassem universos intelectuais extremamente distantes, trazem ambas ideias tipicamente europeias que, misturadas com o que se encontra no país, terão destino peculiar. Adelheid pretende divulgar a psicanálise; Olga vem imbuída de projetos de transformação social, é presa em 1935 e, grávida do líder comunista Luís Carlos Prestes, mandada de volta à Alemanha, onde será morta no campo de extermínio de Bernburg.

A crítica das tradições e do atraso sociocultural no país adota um viés teórico inusitado. Como na Europa, onde a leitura de Freud inspirara o surrealismo, também no Brasil o movimento modernista se vale de Freud como um de seus esteios, numa leitura bastante original. Adelheid Koch nos traz o Freud clínico, enquanto Virgínia Bicudo nos trará mais tarde, após seu período londrino, Melanie Klein e Bion. Em Durval Marcondes teremos talvez uma síntese de como esses fermentos fizeram

nascer o modo da psicanálise em São Paulo. Esses representantes exemplares de diferentes segmentos sociais darão a forma da psicanálise no país. Criarão um grupo com características próprias, das quais algumas são apontadas aqui. Desde os seus inícios, a psicanálise em nosso meio tem caráter não acadêmico e profundamente ligado à cultura. Há um sincretismo cultural que torna o grupo permeável a uma multiplicidade de escolas, e, ainda que se possa criticar esse sincretismo, ele sem dúvida favorece um ambiente de liberdade teórica e clínica. A sociedade psicanalítica de São Paulo nunca sofreu cisão. Até hoje as divergências e crises teóricas e ideológicas encontram abrigo em seu interior, e, no âmbito da IPA, ela é, possivelmente, o único grupo sem cisões numa metrópole. Ainda hoje, creio, somos devedores do encontro de três personagens tão diferentes como as que vemos na nossa fotografia imaginária.

Com variações particulares, a cena que essa associação propõe pode ser estendida; o leitor poderá vinculá-la sem grande dificuldade à descrição dos principais grupos socioculturais brasileiros. Não era o meu objetivo aqui, mas, com um pouco de imaginação, não será impossível relacionar as perplexidades que hoje experimentamos tanto nas sociedades psicanalíticas como na sociedade civil com as sincronias e diacronias ligadas aos grupos dessa foto virtual. Como proposta de percepção, parece-me que ela contém certo poder explosivo e que poderia continuar a espalhar seus estilhaços reflexivos. Contudo, há uma limitação externa: o espaço da revista é bem definido. Já o espaço dos nossos sonhos e reflexões, ao contrário, é infinito. Sempre poderemos voltar a essa imagem virtual e, sob o influxo de estímulos atualizados, permitir que o espírito ganhe asas e voe, ainda que o sonho e a reflexão se mostrem inevitavelmente insuficientes.

REFERÊNCIAS

CORTÁZAR, Julio. Alguns Aspectos do Conto. *Valise de Cronópio.* Trad. Davi Arrigucci Jr. e João Alexandre Barbosa. São Paulo: Perspectiva, 1993. Col. Debates 104.

DIDI-HUBERMAN, Georges. *Imagens Apesar de Tudo.* Trad. Vanessa Brito e João Pedro Cachopo. Lisboa: Kkym, 2012.

FREYRE, Gilberto. *Casa-Grande e Senzala*. Rio de Janeiro: José Olympio, 1966.
MORETZSOHN, Maria Ângela Gomes. Uma História Brasileira. *Jornal de Psicanálise*, v. 46, n. 85, 2013. (Apresentado no Centenário de Nascimento de Virgínia Leone Bicudo. Sociedade Brasileira de Psicanálise de São Paulo, 2010.)
NOSEK, Leopold, et al. *Álbum de Família: Imagens, Fontes e Ideias da Psicanálise em São Paulo*. São Paulo: Casa do Psicólogo, 2002.
WARBURG, Aby. *A Renovação da Antiguidade Pagã: Contribuições Científico-Culturais Para a História do Renascimento Europeu*. BREDEKAMP, Horst; DIERS, Michael (orgs.). Prefácio de Edgar Wind. Trad. Markus Hediger. São Paulo: Contraponto, 2013.

17. Apontamentos de Viagem: Comentário Sobre Supervisões de Bion

As páginas que seguem trazem o relato de uma aventura intelectual. Na década de 1960, por diversas vezes Wilfred Bion visitou o Brasil, em especial São Paulo, encontrando um ambiente de inspiração teórica fortemente kleiniana. Mais de uma centena de supervisões suas, gravadas, transcritas e traduzidas, foram discutidas ao longo de vinte anos por um grupo de psicanalistas brasileiros que se reunia uma vez por mês.

Antes, porém, de esboçar o início dessa aventura e o sentido que tomou, vale recuar no tempo. Os primórdios da SBPSB, na década de 1940, escoravam-se sobretudo no aparato conceitual freudiano – e, de modo bem mais pálido, nas ideias de Otto Fenichel, analista de Adelheid Koch (fugida do nazismo, a psicanalista alemã chegara ao país em 1936). A década de 1950, porém, assistiu a uma grande virada.

Em 1955, Virgínia Bicudo – figura fundamental para a consolidação da psicanálise no Brasil – foi viver um tempo em Londres, onde não só se submeteu à análise kleiniana, como, em companhia

SOBRE ESTE TEXTO: Artigo publicado originalmente em *Bion in Brazil: Supervisions and Commentaries*, coletânea organizada por José Américo Junqueira de Mattos, Gisèle de Mattos Brito e Howard B. Levine. London: Karnac, 2017. Edição de texto: Maria Emilia Bender.

da amiga Lygia Alcântara do Amaral – ambas fundadoras da SBPSB –, frequentou seminários teóricos e clínicos. Virgínia voltou ao país em 1959, trazendo na bagagem uma ortodoxia baseada em Melanie Klein. Como nos demais centros psicanalíticos de então, no ambiente paulistano imperava um arraigado fundamentalismo: as diferentes escolas não tinham pudor em perpetrar verdadeiras guerras santas em nome da palavra final quanto às direções teóricas e clínicas. Em meio a essa conflagração, ocorreu outra reviravolta, quando do retorno de Frank Philips – um dos pioneiros da formação do grupo paulista –, que se analisara em Londres com Klein e posteriormente com Bion.

Convidado por Philips, em 1967 Wilfred Bion aportava entre nós. Os contemporâneos foram unânimes ao descrever a impressão profunda que o britânico causou no meio e a aguda penetração de seu pensamento na SBPSB. Naquele momento, sua obra passou a ser hegemônica, oferecendo um sopro de renovação e de estudos aprofundados. Tal situação perdurou até os estertores dos anos de 1980, quando essa supremacia começou a ser questionada e a ela se seguiu um movimento de abertura para outras escolas, assim como um interesse renovado pela obra de Freud. Bion, porém, nunca deixou de ser estudado – e creio não ser um exagero afirmar que até hoje seus escritos são uma das marcas identitárias da sociedade de São Paulo. A obra de um grande autor instiga novas aventuras intelectuais àqueles que a investigam – e aqui, neste livro, temos o testemunho de um dos produtos desse trajeto compartilhado.

A psicanálise se alimenta de narrativas. Herdeira do patrimônio cultural da humanidade, cria uma nova narrativa, com a qual retorna à cultura. A partir daí, nada lhe escapa: é uma interlocutora onipresente.

Na passagem da modernidade, uma nova aventura se apresenta ao espírito humano: uma aventura pelo espaço subjetivo. A experiência do Ulisses de hoje pode ocorrer no intervalo de um dia, e James Joyce nos permite assistir a ela. Proust nos introduziu às perplexidades e aos meandros da memória, a uma alternativa para encarar a passagem do tempo. Podemos repensar as peripécias por terras desconhecidas e "primitivas"

do início da era moderna: será que elas já não continham esse grande componente subjetivo? O que buscavam os aventureiros? E, ainda antes, o que buscavam os heróis homéricos, da *Ilíada* e da *Odisseia*?

A épica da *Ilíada* não se encerra num triunfo objetivo. Não existe na narrativa de Homero o famoso cavalo de Troia. A história termina num êxito subjetivo. Após inúmeras peripécias, o corpo de Heitor, morto por Aquiles, é devolvido a seu pai, Príamo, e assim podem-se realizar os cerimoniais próprios aos mortos. Nessa entrega do corpo, Aquiles se redime perante os deuses e Heitor pode ser pranteado. O êxito é subjetivo e a *Ilíada* termina com a frase: "E assim foram as exéquias de Heitor, o domador de cavalos." Muitos séculos depois essas palavras fundadoras da cultura ocidental ecoam nas considerações de Freud acerca do luto como organizador da personalidade – e também da civilização que emerge ao domar as pulsões. A *Odisseia* não poderia ser lida como uma aventura de retorno ao lar? A análise do sujeito não poderia ter como resultado desejável o descanso na própria pele? O conforto em habitar um território psíquico único e de algum modo se apropriar do próprio destino? Bem, seria o caso de nos indagarmos: o que querem as personagens de uma aventura psicanalítica?

O encontro psicanalítico, maturado lentamente por Freud, configura uma situação nunca antes vivida: duas subjetividades se põem em contato, tendo como compromisso o relato de associações livres, de um lado, e a escuta com atenção flutuante, de outro. Não há nenhum objetivo moral, nenhuma intenção transformadora, nenhum pressuposto por parte de quem ouve – e segredos começam a aflorar. Seja do território corpóreo, seja de memórias ancestrais ou do mistério do mundo, surgem figurações só possíveis graças à coragem e à ousadia dos participantes. Um drama se reencena numa inevitável criação atual e única. Sonhos se reapresentam a cada encontro, alguém ao se deitar no divã palmilha a infindável aventura de criação do humano. Talvez essa jornada necessite, em seus prelúdios, de um impasse na vida de quem procura o roteiro psicanalítico – e nenhum outro percurso teria a possibilidade de substituí-lo.

A formação de analista passa inevitavelmente pelo périplo de uma aventura dessa ordem. E também abrange seminários

e supervisões que, sem vínculos com a academia, tratam de criar a passagem dos conceitos para sua forma encarnada – são esses instrumentos de navegação que habilitam nosso mergulho, sempre e mais uma vez, em águas improváveis. Penso que é com isso que nos deparamos diante deste peculiar trajeto que os estudiosos brasileiros de Bion aqui nos apresentam.

Não se trata de revolver material morto, mas, sim, ao retomá-lo, de trazê-lo mais uma vez à memória e colocá-lo em movimento. Traduzi-lo para a inevitável linguagem individual e, como talvez dissessem os participantes do grupo, produzir uma experiência emocional com sua possibilidade de figuração. Essa situação, a despeito de sua unicidade e irrepetibilidade, permite que, por acumulação de experiências, se construa um patrimônio individual e coletivo. Como se verá, o que está em curso não é uma homenagem ou aproximação reverencial, mesmo porque psicanalistas inspirados por outras escolas foram chamados a intervir.

Um material falado se torna escrito e como tal espera que novamente se torne fala, que readquira vida ou, como nos lembra Steiner, que atenda ao pedido de Shakespeare e se torne *palavra encarnada*.

Em 1977, entusiasmado pela vivência com Bion, com quem aprendera muito, José Américo Junqueira de Mattos, à época já um psicanalista experiente e pai de cinco filhos, vai a Los Angeles para ser pessoalmente analisado por Bion. É uma aventura radical: Junqueira, que chega a vender sua casa para que isso seja possível, transfere-se com a família para um país estrangeiro onde sua atividade consistiria em se submeter a uma experiência psicanalítica diária. Essa experiência se prolonga por três anos e continua nas diversas vindas de Bion ao Brasil.

Muitos analistas empreenderam essa mesma travessia, fosse em direção a Viena, nos anos de Freud, ou a centros como Paris, Londres e tantos outros. No Brasil, em que as distâncias são inconcebíveis para um europeu, não são infrequentes grandes viagens para completar a formação psicanalítica. Várias gerações percorreram esses itinerários e, de certa forma, as páginas do presente livro prestam uma homenagem a esses "aventureiros".

Com grande sacrifício pessoal, muitos fizeram sua formação em análises pessoais ditas condensadas, ou seja, quatro sessões em dois dias, durante os quais também frequentavam seminários clínicos e teóricos na SBPSB. Para completar sua capacitação, ao longo de anos se afastaram de sua cidade, de sua família e de sua prática profissional. Sua vida pessoal também se tornava "condensada".

Ao voltar ao Brasil, Junqueira torna-se analista didata em São Paulo e um dos fundadores da Sociedade Brasileira de Psicanálise de Ribeirão Preto. A também psicanalista Gisèle Mattos Brito, filha de Junqueira, recolhe a extensa série de supervisões gravadas, transcreve-as e, a cada mês, um grupo de aproximadamente cinquenta analistas de São Paulo se reúne para discuti-las e editá-las. Analistas como Cecil Rezze, Antônio Carlos Eva, Julio Frochtengarten, João Carlos Braga, Evelise de Souza Marra – e tantos outros que a exiguidade deste espaço não me permite nomear – dedicam-se a esse trabalho incessante. São fragmentos clássicos da psicanálise, parte da história universal das ideias e trechos fundamentais do desenvolvimento da psicanálise em São Paulo. Diante da impossibilidade de comentar todo o conjunto de reflexões, vou me ater a algumas considerações sobre o pensamento de Bion.

A partir da ruptura com o meio kleiniano, Bion retoma Freud, e esse movimento vai se refletir em nosso meio. Na ortodoxia kleiniana de seu tempo, o conceito de fantasia inconsciente era onipresente. O que significa que sempre nos deparávamos com um inconsciente construído – e isso, penso, dá continuidade à primeira tópica freudiana tal como definida na *Interpretação dos Sonhos*. Sem dúvida a escola dita inglesa produziu avanços fundamentais na esfera do complexo de Édipo, na pesquisa da sexualidade e de seu componente agressivo – e talvez tenha cometido um equívoco ao equacionar agressão e pulsão de morte. De qualquer modo, sua busca interpretativa se fazia, ao menos entre nós, como se, subjacente ao manifesto, sempre existisse um inconsciente a ser descoberto. Isso a revestia de uma aura de verdade oculta a ser desvelada, com o consequente tropismo por ideários positivistas. A obra de Bion apresenta

momentos que ora esboçam uma ciência positiva, ora permitem uma interpretação mística. Aqui, porém, o que mais me salta aos olhos é o conceito de inconsciente acompanhado pela ideia de desconhecido e de infinito.

O conceito de infinito subjaz à ideia de um psiquismo sempre por se desenvolver, o qual nunca alcançaremos figurar. E isso nos leva ao Freud da segunda tópica, em que a definição de id alude a um inconsciente a ser construído, a um psiquismo que mergulha nos abismos inevitáveis do corpóreo e da realidade que cerca essa individualidade, à enigmática música do mundo e às inevitáveis perguntas que dele surgem: será que o mundo se imprime sobre o psiquismo, oferecendo-lhe uma janela que o convida a entrar? Ou será que, como um espelho, o psiquismo aplicaria ao mundo suas leis internas de funcionamento? São perguntas que a humanidade se faz desde os pré-socráticos.

De qualquer modo, seja como janela, seja como espelho, existe um vidro – e é dele que se ocupa nossa disciplina literária e científica. Na década de 1970, esse aspecto da teoria freudiana de algum modo atrai a atenção de várias escolas ao redor do mundo. Na França, por exemplo, ao refletir sobre as patologias de fronteira, os casos *borderline*, André Green observa a exígua construção psíquica e também o inconsciente a ser construído. E mais: propõe uma correção de rumo do instinto de morte, desvinculando-o da agressão e associando-o à não construção ou mesmo à desconstrução psíquica que ocorre num silêncio psíquico assombroso.

A par de em nenhum momento da análise negligenciar a importância dos fatores agressivos, Bion aprimora uma aguçada audição para os silêncios infinitos da criação psíquica por acontecer e os enigmas que inevitavelmente vão se perpetuar. Nesse ponto, ele me parece operar uma ruptura radical com seu meio de origem, inclusive com os chamados pós-kleinianos. Gosto da ideia de que o conhecimento não é um preencher lacunas, mas um ganhar altura, de tal modo que o desconhecido se amplia à medida que aumentam as apreensões psíquicas.

Emerge daí um outro modo de se aproximar dos sonhos. Se antes eles não passavam de "via régia para o inconsciente", como considerou Freud na primeira tópica, agora, com o inconsciente a ser construído, deixam de ser o passo inicial

do trabalho analítico para se tornar o final grandiloquente de um longo trajeto, atuando mais como um estímulo à produção de novas elaborações. Segundo Bion, os sonhos, com uma face voltada para o manifesto e a outra direcionada ao latente, criam simultaneamente o território do consciente e do que Freud chama, em O Ego e o Id, de inconsciente do ego. Assim, a linguagem do paciente nem sempre reflete a associação livre, funcionando mais como uma ação virtual que conclama a um acontecimento virtual entre os participantes. Aqui se anuncia uma terceira tópica, na qual caberia afirmar: onde havia ação, que possa haver o inconsciente. É nesse reino que ocorrerá a aventura psicanalítica – mas essa aventura se dará num espaço virtual e num tempo isento de linearidade.

Assim, nos primeiros textos de Melanie Klein, pode-se vislumbrar a continuidade de múltiplos acontecimentos psicossexuais que ocorrem simultaneamente. Há uma ruptura com o tempo linear do desenvolvimento ascendente e também com o tempo do permanente retorno. De tal percepção resultou uma escrita de períodos longos, uma sucessão de frases pontuadas por um excesso de vírgulas que muitas vezes rendeu críticas negativas à autora. Não é minha opinião: acredito que à linguagem corresponda a simultaneidade, o sincronismo e o diacronismo dos acontecimentos psíquicos.

Em Bion, a complexidade do tempo é acentuada: todas as camadas se atualizam num impossível tempo presente, que abrange o tempo do acontecimento por vir, o tempo da memória *aggiornata* em seu esparramar pulsional atual, e também o tempo proposto pela situação do momento. Não cabe mais pensar em momentos primitivos anacrônicos, mas em alicerces do ser que emergem e se apresentam como dados *a priori* – ou lentes pelas quais o momento do ocorrido adquire alguma figuração. Em última análise, a lente do *a priori* kantiano será dada pelo mundo pulsional, que está sempre aí.

A ubiquidade do mundo pulsional inevitavelmente levará a reflexão não só para o polo do paciente, mas também para o mundo subjetivo do analista e para o acontecimento que brota do confronto de dois psiquismos. A visão binocular do analista aponta para o mundo interior do paciente e também para o produto que a interação entre ambos revela. Uma nova leitura

do conceito freudiano de transferência se apresenta, não mais a revelação de memórias recusadas, mas, sim, o transbordamento da situação interior dos participantes nesse encontro singular, ou aventura, que a prática psicanalítica propõe. A tempestade atinge os dois participantes, mas do analista se espera um preparo melhor para agir como Virgílio nessa travessia.

Enfim, no conceito de desconhecido ou de infinito, tal como se apresenta no espaço psicanalítico segundo Bion, subjaz uma proposta ética. Por sua essência, o infinito extrapola o conceito, nele não cabe uma definição – caso contrário, já não seria de infinito que estaríamos falando. Não há palavra para Deus, qualquer tentativa já configura uma heresia. Assim, o Outro, o inconsciente – seja do analista, seja do analisando –, se infinito, não cabe na tentativa de definição, de nomeação ou de figuração. O excesso de experiência traz à cena analítica o traumático, mas também a grandeza inalcançável, a epifania do maravilhoso, que também se expressará no âmbito do excessivo que o encontro com o infinito propõe.

Tendo percorrido outros itinerários do pensamento, o filósofo Emmanuel Lévinas diz que o gesto inaugural de todo conhecimento é a submissão ao infinito da alteridade, e isso se configuraria como um gesto ético e não ontológico. Assim, não seria descabido pensar que em nossa área de prática, a psicanálise, a associação livre configure o convite para que o outro seja em sua alteridade radical – e a atenção flutuante sucumba ao traumático e à maravilha que o excesso da presença do outro nos traz.

Enfim, mais uma vez nos lançamos às transições – do território da palavra falada ao da palavra escrita e desta novamente ao da palavra falada. Melhor ainda seria dizer, com André Green, *ao território da palavra encarnada*. Esse local da memória, e não do hábito, é o território de Homero e dos momentos em que Mnemosine figurava no panteão dos deuses gregos, quando a escrita ainda não promovera o destronamento da memória. Dessa época, pedra angular da construção de nossa humanidade, ficou-nos a necessidade de sempre voltar aos clássicos, fazê-los reviver em um novo momento, acompanhados de outra realidade e outras associações.

Que as palavras escritas possam mais uma vez ganhar incandescência. Essa é a nossa aventura.

REFERÊNCIAS

FREUD, Sigmund [1900]. *A Interpretação dos Sonhos*. ESB, v. 5. Rio de Janeiro: Imago, 1987. CAPÍTULOS 17,
____ [1923]. *O Ego e o Id*. ESB, v. 19. Rio de Janeiro: Imago, 1987. CAPÍTULOS 17,
GREEN, André. O Conceito do Fronteiriço. *Sobre a Loucura Pessoal*. Trad. Carlos Alberto Pavanelli. Rio de Janeiro: Imago, 1988. CAPÍTULOS 17,
____. *Conferências Brasileiras: Metapsicologia dos Limites*. Rio de Janeiro: Imago, 1990.
MATTOS, José Américo Junqueira de Mattos. Impressions of My Analysis With Dr. Bion. In: LEVINE, Howard B.; CIVITARESE, Giuseppe (Eds.). *The W.R. Bion Tradition*. London: Karnac, 2015.
STEINER, George. Dez (Possíveis) Razões Para a Tristeza do Pensamento. Revista *Serrote*, n. 12, p. 21-53, 2012.

Parte IV

Dentro da Psicanálise, Dentro da Cultura, Dentro da História

18. Entrevista:
Doutor Freud Vem Aí

Aos 53 anos, o psicanalista Leopold Nosek está com uma missão e tanto nas mãos. Vai coordenar no Brasil a exposição Freud: Conflito e Cultura, que já esteve em quatro cidades (Viena, Washington, Nova York e Los Angeles) e chega ao país em setembro para ser montada em São Paulo e no Rio de Janeiro. Ele fará também a curadoria de uma mostra paralela, sobre a conexão entre a psicanálise e o movimento modernista brasileiro. "A ideia é divulgar a importância de Freud na cultura deste século", diz Nosek, que é diretor cultural da Sociedade Brasileira de Psicanálise de São Paulo, filiada à International Psychoanalytical Association (IPA), fundada por Freud em 1910. Comemorou-se no ano passado um século da publicação do livro básico do pai da psicanálise, A Interpretação dos Sonhos. *"Freud abriu um caminho ainda válido para o homem da virada do milênio", sustenta Nosek. Psiquiatra de formação, casado há 27 anos e pai de cinco filhos, ele nasceu na Polônia e vive no Brasil desde os 4 anos. Nosek falou a* Veja *em seu consultório em São Paulo.*

SOBRE ESTE TEXTO: Entrevista realizada pela jornalista Alice Granato e publicada nas Páginas Amarelas da edição n. 1656 da revista *Veja*, ano 33, n. 27, de 5 de julho de 2000.

VEJA – ALICE GRANATO *Freud explica, realmente?*

Sigmund Freud descobriu uma nova área de conhecimento, que é o inconsciente. Suas descobertas começaram a ser usadas como chaves mestras para abrir qualquer porta. Na época, movidas pelo entusiasmo, as pessoas passaram a achar que todo comportamento humano tinha explicação. Não é verdade. Se tivesse, para que serviria? Freud foi genial por ter desvendado os caminhos do inconsciente. Também deixou inúmeras indicações para novas pesquisas, que continuam sendo feitas até hoje. Não é verdade que ele tenha explicação para tudo.

As pessoas têm uma visão superficial das ideias do pai da psicanálise?

Freud ficou conhecido inicialmente por interpretar sonhos. E isso resultou na imagem popular da psicanálise. De que nós, os psicanalistas, interpretamos sonhos, sintomas e fatos. Sempre digo que, longe de ser um interpretador de sonhos, o psicanalista é, junto com o paciente, um construtor de sonhos. O que coloca o analista mais perto do poeta que do médico.

Como a psicanálise e Freud vão sobreviver no século XXI diante das farmácias abarrotadas de drogas que custam menos e dão resultados mais rápidos?

Os remédios antidepressivos funcionam e temos de comemorar sua chegada. Com certeza, Freud também comemoraria. É claro que a farmácia ajuda quando há patologia, mas é incapaz de resolver o problema como um todo. Ela é específica e imediata, como o remédio para dor de cabeça. Não existe pílula que acabe com a dor da alma. A psicanálise não vai acabar porque sempre vai haver o inconsciente, os desejos insatisfeitos e o sentimento de desamparo. É uma utopia acreditar que o Viagra, o Xenical e o Prozac vão produzir um ser humano sexualmente potente, elegantemente magro e imune à depressão.

A psicanálise está completando cem anos. A fórmula não envelheceu?

Discute-se bastante no movimento psicanalítico se devemos criar instrumentos mais ágeis e rápidos ou se o processo é assim mesmo, requerendo tempo e contato humano frequente.

O mundo atual apresenta alguns desafios novos. As pessoas se tornaram mais concentradoras de renda e conhecimento, a competição entre elas é tremenda, os vínculos familiares estão se afrouxando. Tudo isso torna o convívio psicanalítico cada vez mais necessário. Como a arte é sempre necessária, porque dá expressividade ao povo, ao indivíduo, à História, a psicanálise tende a aumentar sua importância.

É comum ouvir que Freud é um dos pensadores mais influentes do mundo moderno. Por que é assim?

Freud dizia que o narcisismo da humanidade sofreu três abalos: quando descobriu que a Terra não era o centro do mundo; quando soube que não era o centro da criação, mas apenas uma espécie de macaco; e o terceiro, criado por ele, de que não é dono da própria casa, pois o inconsciente comanda sua vida. O grande paradoxo disso é que cada uma dessas descobertas tornou o ser humano mais poderoso. O conhecimento de que a Terra é redonda permitiu navegações mais longas. A teoria da evolução de Darwin abriu caminho para o progresso da biologia. A psicanálise tornou o homem mais senhor de seu destino. Freud permitiu uma aventura no espaço subjetivo. E para isso não há limite.

A imagem popular de quem se submete à psicanálise é a de uma pessoa neurótica e problemática. Isso corresponde à realidade?

As pessoas sabem que Woody Allen está sendo analisado a vida toda e dão risada. É humor, não preconceito. Na verdade, quem diz que está com a cabeça bem resolvida e não tem nenhum problema está em ótimo estado para começar a fazer psicanálise.

Por que os psicanalistas cobram tão caro?

A formação de um psicanalista é cara. É preciso passar por uma análise pessoal prolongada de, no mínimo, cinco anos ao ritmo de quatro sessões por semana, participar de seminários e se submeter à supervisão de outros psicanalistas. Um psicanalista que pertença à Sociedade Brasileira de Psicanálise de São Paulo leva em média oito anos para se formar. É caro porque

a psicanálise clássica exige que o paciente faça quatro sessões semanais. Existem instrumentos de inspiração analítica mais curtos, mas rápidos, mais baratos. São como filhotes de psicanálise: análise de grupo, terapias breves, psicoterapias de toda ordem. Há também serviços que fornecem análises a preços simbólicos. Acho que se vai ter disso cada vez mais.

A psicanálise é, então, para uso de uns poucos privilegiados?

Há problemas sociais e há problemas individuais. Nos últimos anos, 40% da população rural brasileira migraram para a periferia das cidades. As relações sociais a que estavam acostumados desfizeram-se. O pai e a mãe saem para trabalhar, crianças pequenas tomam conta de crianças menores ainda, e tudo isso tem consequência no crescimento individual das gerações seguintes. Trata-se de um fenômeno de massa, que gera quase um genocídio de almas, e não vai ser resolvido pela psicanálise. É um problema social que depende de vontade política. O campo de trabalho da psicanálise é o conhecimento do inconsciente, e não tem acesso a solução de questões do âmbito político.

Há pessoas que fazem oito, dez anos de psicanálise. Por que demora tanto tempo?

Porque o inconsciente é infinito. Na verdade, o processo psicanalítico poderia durar um tempo ilimitado. Se termina, é porque chega um momento em que a relação entre o psicanalista e o paciente chega a um fim. Os casais passam pelo mesmo processo. Muitas relações são férteis até determinado ponto. Depois podem perder o sentido.

Freud teve um impacto tremendo na cultura do século XX. As pessoas adotaram o jargão psicanalítico e até arriscam explicações freudianas para situações do cotidiano. Isso contribui para levá--las ao divã do psicanalista?

A psicanálise está realmente em toda parte. No filme, o chefão da Máfia faz análise, na novela, o personagem faz análise. Na verdade, vivemos em um período de transição. Cada vez há mais espaço para a psicanálise e cada vez mais as pessoas

estão submetidas a pressões que a inviabilizam. Quem consegue trabalhar sessenta horas por semana e ter tempo para fazer psicanálise? As pessoas tendem a entregar tudo ao trabalho e ao processo de competitividade. A pressão social vai em direção contrária. Mas a necessidade humana caminha na direção da psicanálise.

Por que o momento seria especialmente adequado à psicanálise?

As pessoas vão fazer análise porque sofrem. Porque não suportam mais o jeito que estão vivendo. E existe dor maior do que a dor da alma? O momento é especialmente difícil, pois as pessoas se sentem isoladas. Nunca se viu tanta competição e desestruturação familiar. A psicanálise é como a UTI, o último recurso procurado pelas pessoas. Elas costumam achar que sabem porque sofrem e querem alguém que as ajude a mudar isso. Normalmente, querem extirpar uns traços de sua personalidade e colocar outros.

É possível mudar de personalidade?

Todo mundo anseia por transformação e gostaria de ser melhor do que é. De ocupar o lugar de outra pessoa. Essa fantasia tem origem no famoso Édipo, o desejo de possuir um lugar que não é seu. Isso gera contradições e conflitos. Com o tempo, as pessoas percebem que não podem virar outra coisa e que precisam ser cada vez mais elas mesmas. A análise as ajuda a se localizarem em seu próprio lugar. Diferentemente do que ocorre com todas as outras relações, a existente entre o analista e seu paciente não é prática, no sentido de que venha a ocorrer alguma coisa concreta. O que importa é fazer brotar as emoções e dar-lhes sentido.

A falta de resultados concretos não frustra quem faz psicanálise?

O sonho dourado das crianças e adultos é a felicidade permanente. Isso não existe. O que sabemos é que a grande felicidade vem depois de um momento de insatisfação. Freud dizia que não tem nada mais aborrecido do que uma sequência de dias felizes. Até porque perde a oscilação. A vida é para cima e para baixo. A linha reta no eletrocardiograma é a morte.

O que dá prazer é a oscilação: satisfação, insatisfação, amparo, desamparo. Se sexo não tivesse angústia, não teria graça alguma.

O que importa mais na hora do sexo é a cultura ou são os instintos?

Se não houvesse a cultura e o homem fosse puro instinto, ele teria cio. A gente faria sexo em agosto, antes da primavera, o período de reprodução dos mamíferos no Hemisfério Sul. Nós temos uma relação muito ingênua com a cultura e imaginamos que ela é antissexual, que vai contra o instinto. Na verdade, a cultura põe ordem na natureza. Ela dá humanidade ao biológico, cria o homem e educa os sentidos. A cultura pode incrementar o prazer, pode também se contrapor a ele, mas não é obrigatório que seja assim. Para haver cultura, temos de abandonar a satisfação imediata, porque senão atropelamos quem está ao lado. Como eu preciso do conjunto, vou fazendo acordos. A sexualidade é a parte mais difícil de educar.

A ideia de que a psicanálise é capaz de resolver todos os problemas emocionais é verdadeira?

Muita gente acha que existe alguém com poderes suficientes para resolver todos os seus problemas. É como uma criança, que espera que o pai lhe mostre o caminho. Não é assim que funciona. Uma pessoa pode fugir do sofrimento ou enfrentá-lo. É como ver um filme complicado, que faz pensar, ou assistir a uma fita apenas por diversão. Fazer análise é assistir a um filme difícil.

De que forma isso melhora a vida das pessoas?

Elas têm maiores condições de pensar sobre si mesmas e sobre o modo com que se relacionam com o mundo. Freud chamava a isso de abandonar a miséria neurótica em troca do sofrimento real humano. Em outras palavras, significa abandonar soluções equivocadas do cotidiano para enfrentar problemas reais. Não é por causa dos problemas que as pessoas vão ao psicanalista, e sim devido aos sintomas. O que a psicanálise faz é mostrar que o próprio problema é uma solução de uma questão inconsciente. Não vamos solucioná-lo, mas ajudar a montar a equação. Qualquer pessoa que conhece um pouco de matemática sabe que essa é a parte mais difícil.

A felicidade duradoura é possível?

É infantil pensar que certas pessoas, por serem poderosas ou ricas, vivem em estado de satisfação permanente. É compreensível que uma criança imagine que se livrará do sentimento de desamparo quando for grande. Um profissional pode pensar que os seus problemas desaparecerão quando tiver 2 milhões de dólares. Um homem pode crer que se separando da mulher e casando-se com outra mais jovem será plenamente feliz. Nada disso acontece. Todos nós vamos morrer, não temos controle sobre nosso próprio corpo nem sobre nossa alma. Como pode existir a felicidade completa?

A psicanálise permite que as pessoas conheçam melhor a si próprias?

Como a psicanálise trabalha com base no conhecimento do inconsciente, conhecer a si próprio não é ter o conhecimento consciente e intelectual. Senão, bastaria ler nosso teste de personalidade para saber quem somos. O objetivo da psicanálise é o saber do inconsciente. Por isso o processo psicanalítico é tão demorado. É bom que se diga que o conhecimento do inconsciente não é patrimônio dos psicanalistas. Artistas e poetas o conhecem muito bem. Eles dão forma a um conhecimento que não é discursivo e intelectual, mas uma percepção interna.

Como isso funciona?

Uma boa metáfora para a mente humana é a Terra. Vivemos sobre uma crosta muito fina em cima de uma coisa que é pura energia, puro fogo. Nós somos uma crosta de civilização por cima de instinto, impulsão, sexualidade, conflito, prazer. Trata-se de conflito e também de sinergia. Porque, sem civilização, a impulsão vira caos. E, sem impulsão, a civilização é fria e morta.

19. Freud, o Estrangeiro

Ao pensar sobre o espaço de 150 anos desde o nascimento de Sigmund Freud, uma pergunta imediatamente se apresenta. Com a passagem do tempo, as ideias freudianas se deterioraram ou tomaram corpo? O ambiente em que foram produzidas, onde maturaram, sofreu transformações profundas até chegar ao dia de hoje. Um mundo novo desloca o eixo das questões?

Freud nasceu em Freiberg, em 1856. A pequena cidade da região da Morávia, nos confins do Império Austro-Húngaro, tinha 4,5 mil habitantes, dos quais 117 eram judeus. Sigmund e seus pais ocupavam um modesto quarto, em cima de uma ferraria. O decreto permitindo a entrada de judeus em Viena, capital do Império, seria assinado pelo imperador Francisco José somente em 1860, ano da mudança dos Freud para aquela cidade.

O mundo vivia então a crise deixada pela passagem dos exércitos napoleônicos e a vertigem iluminista que os acompanhava. Charles Darwin publicara *A Origem das Espécies* havia apenas três anos. *O Capital* de Karl Marx ainda tardaria onze anos e a *Teoria da Relatividade* de Albert Einstein, outros

SOBRE ESTE TEXTO: Artigo publicado originalmente na seção Ensaio da revista *Bravo*, ano 9, n. 107, de julho de 2006.

cinquenta. Por toda parte os povos buscavam sua identidade e assistia-se ao nascimento das nacionalidades. Estados modernos emergiam de suas origens feudais e a hegemonia do capital acelerava as transformações. Os costumes mudavam rapidamente e a segurança das sociedades tradicionais sofria um abalo crescente e definitivo.

O Estado alemão, lembremos, surge unificado apenas em 1871. O anseio por identidade habitava o universo pensante. Às identidades nacionais, tão inseguras nas suas fronteiras insustentáveis e explosivas, correspondia uma necessidade de definição individual e de ordenação do viver. Essas definições se farão por oposição e semelhança. Florescem ideologias de confronto e de descoberta das raízes. Procura-se chão firme.

1. UMA CIÊNCIA DE ESTRANHOS

Os judeus são o último povo a surgir para a modernidade. Intermediários, durante séculos, entre nobres e camponeses, portadores de ritos e costumes próprios, permanecem nos interstícios dos estados. Sem uma estrutura nacional que os defina, são por excelência os "estranhos" e constituem uma ameaça à segurança da arduamente construída autoimagem dos povos que os abrigam. Estão em uma posição única para protagonizar a crise da modernidade, como paradigma do estranho a ser evitado, demarcado e expurgado. Conflitos nacionais e de classes, disputa por espaços econômicos, perda de modos ancestrais de viver resultam em liberação de energia criativa e busca de saídas. Projetos políticos de várias formas de controle social coexistem com projetos de compreensão e ampliação do expediente individual. Esse mundo de mazelas, por outro lado, detona uma explosão construtiva de riquezas e de domínio da natureza. As ciências acompanham o mesmo paradigma, segundo um ideal classificatório e definidor, da botânica de Carl Lineu (1707-1778) à psiquiatria de Emil Kraepelin (1856-1926). Cada campo busca sua ciência particular e estabilidade, imbuído do ideal de eliminar obscuridades.

Nesse ambiente surge a psicanálise, uma estranha entre as ciências. Seu objeto, o inconsciente, é indefinido, virtual

e carente de concretude. O modo de pesquisá-lo é indireto e o acesso a ele se faz por meio dos sonhos, que são tirados da esfera da magia e da bruxaria. Os conceitos resultam de uma integração entre terapia e pesquisa clínica em que não cabem séries estatísticas. O máximo de conhecimento é acompanhado pelo máximo de singularidade. Os conceitos estão imbricados uns nos outros, e a cultura pessoal se organiza mesclada ao ambiente. Apesar de Freud recorrer à ciência do seu tempo, a psicanálise se lhe impõe. Formula os conceitos fundantes de uma teoria, as pulsões, a sexualidade infantil e as relações primitivas, organizando o ser. Faz a crítica da cultura como se originando dos desejos e a eles se opondo. Sua visão da civilização contém a tragicidade da inexistência de soluções definitivas e de repouso. Em suas mãos se desfez a separação entre loucura e sanidade. Não surpreende o mal-estar que causa.

Sofrerá um assédio permanente das ciências centradas em identidades e classificações. Por outro lado, os conhecimentos gerados estarão presentes na filosofia, na antropologia, na sociologia, na crítica literária, na pedagogia e em tantas outras áreas, inclusive do pensamento cotidiano.

2. CRISE E GLOBALIZAÇÃO

Quando Freud morre, em 23 de setembro de 1939, a crise da civilização aproxima-se do clímax. Vinte dias antes fora declarada a Segunda Guerra Mundial. É o ápice dos nacionalismos, do controle da vida pelos Estados e, presos nas brechas de suas estruturas, os "estranhos" estão prontos para o extermínio.

Hoje o mundo é outro, os nacionalismos se desconstroem. Os Estados decaem em importância por toda parte. A economia se globaliza, as comunicações e a informação abolem as distâncias, em um novo tempo-espaço. A identidade busca novos portos, mas a ancoragem é agora demasiadamente tênue. Riqueza e exclusão se expandem em novas formas. Talvez os judeus não representem mais o estranho que obscurece a segurança das identidades, outros grupos têm esse papel: imigrantes ou estranhas culturas e religiões. O gigantesco acúmulo de

recursos das grandes corporações aplastra nossas individualidades e desnorteia nossa esperança em alternativas grupais e políticas.

A própria psicanálise sofre assédio da justificativa econômica, tendo de provar seu desempenho no conjunto das patologias e sua eficiência terapêutica. A ânsia de demarcação é substituída pelo desejo de êxito. As grandes sínteses se desfazem em propósitos setorizados.

Nesse quadro, a psicanálise matura tendências que já estavam presentes no texto freudiano. A grande questão permanece a mesma: como o ser humano transforma os estímulos do corpo e do mundo em alma e espírito? A reflexão se move da identificação dos elementos constituintes dos sonhos para as condições de sua construção. O viver cotidiano precisa de ritos, mitos, tradições e sonhos que se renovam a cada dia. Esse processo noturno requer relações íntimas e tempo de elaboração.

Num momento em que tudo se deslocou e o novo ainda não se estruturou, as sociedades, fraturadas, não servem de base para os grupos familiares poderem respaldar a construção da individualidade. Encontramo-nos hoje todos judeus, estranhos em um mundo que não é feito à medida do humano. Mas dessa vez não temos mais a ilusão das definições estabelecidas. Ao mesmo tempo em que a liberdade se incrementa, a insegurança prospera. A psicanálise, longe de se tornar anacrônica, atualiza-se para o presente, mas seus temas se deslocam. O centro da cena é ocupado agora pela forma das relações, o acolhimento, a hospitalidade, a coragem de viver situações em que o pensamento ainda não se constituiu. A nostalgia não nos trará respostas. A luz nos chega a partir de explosões. São assim as estrelas, mas a imensidão dos nossos horizontes nos faz ver estrelas que não mais existem.

20. Dor, Forma, Beleza

A política nos proporciona, atualmente, perplexidade, horror e desesperança. O desamparo básico é o da destruição dos anseios e dos sonhos acalentados por todos.

Invocamos horror e sonhos e estamos em território dos analistas. Sabemos que precisamos dormir todos os dias para que o abismo do dia a dia encontre trajeto expressivo em nosso espírito. Toleramos menos a ausência do sono que a sede ou a fome. Torturadores sempre souberam disso e se utilizaram desse expediente. Nesses termos, fome zero é pouco. Alimentação e abrigo são necessidades de uma planta; acresça-se sexo e estaremos no reino animal; um pouco mais de afeto e estaremos no espaço dos bichos de estimação.

Cultura é o recurso essencial para o viver humano. Cultura é o prosaico que nos orienta o vestir, o comer, o trajeto de amor, os ritos de nascimento, de fertilidade e de morte. Cultura é o sonho cotidiano. Sua ausência nos destrói; é a ruptura social e familiar que gera as mazelas de nossas cidades.

Em 1970, éramos 90 milhões, metade vivendo no campo. Em 2002, já somos 170 milhões de habitantes, apenas 20%

SOBRE ESTE TEXTO: Artigo publicado originalmente na seção Opinião: Tendência/Debates do jornal *Folha de S.Paulo* de 30 de agosto de 2005.

morando no campo. Nossas cidades ganharam 90 milhões de novos cidadãos. Como recebê-los e ampará-los, como fornecer-lhes uma ecologia social e cultural? Some-se a isso a mudança no modo de vida que acompanha a enorme concentração de riquezas necessária à produção, a demanda por crescentes recursos pessoais para o trabalho, a perda do Estado de seu papel de protetor e investidor de recursos e temos a moldura para o esfacelamento dos paradigmas do viver cotidiano.

Trauma pode ser definido como excesso de demanda comunicativa acompanhado de insuficiência de recursos expressivos. Para viver, necessitamos de configurações que nos orientem.

Em seus trabalhos "La figlia che piange", de 1948, e "O Direito à Literatura", de 1988, Antonio Candido cita Otto Rank, afirmando que a arte é o sonho da humanidade. Praticamos a arte há quarenta milênios, mas temos agricultura há apenas 10 mil anos. O sonho não é premonitório, simplesmente nos avisa que já temos um conhecimento primordial, ainda não apreendido na esfera do discurso. Necessitamos tanto do sonho como da arte para lidar com as transformações do mundo. Porém, há que se diferenciar sonho de devaneio. Da mesma forma, projetos políticos têm que se diferenciar de utopias. O projeto de poder sem enquadramento político será castigado. Será levado sem defesa pelas forças que supostamente combate, tornando-se não mais que a caricatura delas.

Assim, diante do lamentável espetáculo que ora presenciamos, diante do sonho que desmorona sem deixar restos, precisamos de novas construções. Em que direção vamos nos mover, com quais forças transformadoras contamos? A realidade sempre nos foge. A arte, se por um lado não supre necessidades, é essencial em sua raiz de percepção e figuração do impensável. Nesses termos, é sempre política.

Faz parte dessa pobreza a inépcia de Otelo para viver um amor. Mas seu maior fracasso reside em, como bárbaro ou mouro, encontrar expediente para ascender à aristocracia veneziana e se sustentar em meio às intrigas da corte onde Iagos são a regra. Ele então nada mais pode fazer senão matar seu amor.

O destino do pequeno *serial killer* em *O Vampiro de Dusseldorf*, filme do início dos anos de 1930, pode ainda hoje nos surpreender. O personagem, com sua atividade tosca, estimula

a repressão, "atrapalha os negócios" e impede o exercício da delinquência organizada. Esta precisa eliminá-lo e, em concorrência com o Estado organizado, captura o "estranho". Há a antológica cena da assembleia de bandidos que, num arremedo de legalidade, usurpa a bandeira da ética e conduz o julgamento do crime não lucrativo praticado pelo "vampiro". O filme antevê o triunfo do nazismo.

A arte dá trajetos para os pensamentos e é antídoto para o horror do inominado. Somos herdeiros de Hiroshima, holocaustos, final de utopias burocratizadas. Quanto tempo é necessário para construirmos uma reflexão?

A falta de reflexão conduz o diagnóstico e a crítica da falha ética a respostas morais. Fica-se devendo a resposta política. Não são apenas as ditaduras que entranham a intimidade das pessoas. O imaginário reservou à psicanálise o lugar de intérprete de significados. Um fato reportaria sempre a outro que o explicaria. Mas desde o início vemos que a obra de Freud se debruça sobre os questionamentos de como um processo se transforma em produto cultural, de como os estímulos que nos atingem a partir do corpo ou do mundo se transformam em imagens, sonhos e pensamento.

Seria mais próprio definir a função da psicanálise na passagem da natureza para a cultura. Assim, se no sentimento de angústia podemos figurar fantasmas, no horror, na dor, há o vazio representativo, vazio de forma, vazio onírico. Donald Meltzer dizia que os primórdios do sentimento de beleza estão na emoção do bebê ao ver o rosto da mãe que o compreende. Configurar a beleza de um projeto que corresponda à dimensão de nossos recursos e nossos impasses torna-se hoje condição de sobrevivência.

21. Surfar a Onda dos Tempos

Tenho um anseio: adoraria ser capaz de surfar a onda do meu tempo, da minha época, da minha idade. Sobre essa onda eu gostaria de poder me equilibrar. Gostaria de ter o espírito suficientemente alerta para antever sua origem e captar sua formação. Necessitaria ter a paciência para esperar o instante favorável. Teria de contar com a força trabalhada em tempos passados e o engenho desenvolvido em ondas que há muito se desfizeram. Todo esse patrimônio – que, aliás, não é pequeno – será inútil se a natureza não me for favorável. O mar pode estar calmo e a onda ser inexistente, ou ele pode estar demasiado agitado e a onda ultrapassar as minhas possibilidades. A oportunidade nunca se repete, e devo esperar que, ocorrendo a onda, ela tenha certa regularidade e relativa duração.

Mas ainda não estão dadas todas as condições para que eu possa surfar essa onda: necessito da educação dos que estão, tal como eu, pacientemente flanando sobre uma prancha. Necessitaremos de certa provisão de cultura em comum para que não nos atropelemos sobre a mesma onda, para que possamos

SOBRE ESTE TEXTO: Artigo publicado originalmente na edição temática *Onda* da revista *S/N*, n. 19, lançada em dezembro de 2015.

conviver no mar. Se tudo isso ocorrer, por instantes eu orgulhosamente me erguerei soberano na natureza. Senhor de mim e do meu tempo, terei um momento de glória antes de repousar num pedagógico caldo que não me deixará esquecer minha precariedade e o efêmero deste breve tempo que domino.

Esses instantes são suficientemente épicos para que eu me aventure no frio do Pacífico, na hospitalidade de novas paragens do Atlântico, no exótico Índico, no aparentemente familiar Mediterrâneo ou mesmo no Caribe. Chegarei a praias de sonoridades impensadas – Itamanbuca, Prumirim, North Shore, Snapper Rock, Pipeline, Sunset Beach – e às românticas *hispano hablantes* – Hermosa, Señoritas, Caballeros. A rotina não me será atraente nem mesmo sendo de fato impossível. A onda não volta, sua passagem será única e irreversível. Tal como a vida, a onda será sempre nova e não me permitirá – ao contrário do que pensávamos na infância – passar a vida "a limpo".

Vejo, afinal, que pensar não será tão diferente da prática do surfe. A questão será: como podemos nos pensar hoje? Como apreender a circunstância atual e nela agir? Aprendi com Freud que o histérico se caracteriza por permanecer preso a reminiscências, ou seja, é alguém que pensa e age informado por memórias. Usufrui de facilidades por possuir convicções, pois para ele o mistério do atual se transfigura em repetição de experiências passadas. Os novos amores repetem padrões de amores já mortos, novos dilemas não angustiam nem desesperam: basta recuperar soluções que repousavam em merecido esquecimento. Outro mestre já havia ensinado que a história se repetirá não como tragédia, mas como farsa.

Por outro lado, o conjunto de memórias constitui a tradição, a cultura, o expediente acumulado, e, ao final, é o hábito o grande organizador do viver cotidiano. Como dispensá-lo se, em nossa precariedade, não somos capazes nem de identificar as novas situações e, menos ainda, de responder a elas com a astúcia original que o novo vai pleitear? Apresentamo-nos a quem queremos que nos conheça mostrando-lhe velhas canções e poemas que apreciamos. Num show, nunca nos entusiasmamos com músicas que nos são desconhecidas. As que aplaudimos de fato são aquelas que nos são familiares. Satisfeitos, pensamos: "Essa eu conheço!" Aplaudimos a música ou aplaudimos a nós mesmos?

Teríamos motivo para invejar outros mamíferos: estão melhor do que nós. Apenas nascem e já se põem de pé, atingem rapidamente a plenitude amorosa e a praticam sem que neles se vislumbrem traços ínfimos das angústias, perplexidades e medos que nos acometem nesses estados. Parece também que, para eles, envelhecer e morrer não constituem mistério que mereça uma quebra na rotina. Já no meu caso, ainda hoje, com mais de seis décadas de práticas de convívio, a rotina não me traz respostas. Quando adolescente, convenceram-me de que aquela seria uma fase de crise e me prometeram o descanso da maturidade. Conjecturo se não atravessei diretamente da adolescência para a chamada terceira idade. Aqui, outro mistério: por que o número 3? Por que não quarta, quinta, décima ou sexagésima sexta idade? Como cheguei a me definir por um número?

Lamentamos ter perdido o que seria a supremacia do hábito: o instinto. Não comemos, não nos reproduzimos ou nem sequer dormimos informados e conformados pelo instinto. Todavia, consolo-me com o meu mestre de hoje: o surfista em sua onda! Se subir na prancha com a memória da onda anterior, o momento épico de ver sua humanidade domar por um instante a natureza não acontecerá. Acontecerá, em vez disso, apenas uma queda humilhante. Ele não contará com o expediente de um mero peixe ou mesmo de um tosco pato. Não passará de um ser inepto que não soube destruir, transformar ou rearranjar a tradição, a cultura e o hábito numa centelha de pensamento novo apropriado àquela onda que nunca houve e que nunca mais haverá.

Por outro lado, se, como faz a histérica de maneira sublime, não contamos com as rememorações, encaramos outro abismo, como mais uma vez o mestre Freud – sempre ele – nos mostrou. Assim, se não temos o instinto a nos orientar, pois desse paraíso herdamos apenas a expulsão bíblica, e se também não contamos com a eficácia do hábito, estaremos inevitavelmente diante do excessivo, do traumático. O que nos impacta não conta com trajetos de sonhos, de histórias e relatos prévios para lhe atribuir alguma forma que nos oriente para a ação, que nos possibilite agir. Como alternativa, eu precisaria, com fragmentos e restos da tradição, operar uma reorganização que de algum modo correspondesse ao que me impacta agora.

Será inevitável: alternaremos momentos em que navegamos na onda – e nela nos apropriamos de sua força – com momentos em que caímos, em que nos perdemos, submersos pelas águas, humilhados, em nada diferindo do ridículo pelicano quando pousa em terra firme. Já repararam como esse bicho não dispõe de uma boa aparelhagem para a descida? Sua aterrissagem deve lhe parecer sempre um acontecimento! O pelicano, como se sabe, não desenvolveu um "trem de pouso". Mas não estará justamente aí a sua grandeza? Dominar as águas quando foi feito à semelhança de um mísero terráqueo, bípede e implume?

Em junho vi passar uma onda. Preparei minha prancha e, feliz convidado, compareci. De início pensei que era uma onda esquerda. Me decepcionei, era uma onda direita. Os surfistas, ao contrário dos pós-modernos, mantêm as classificações que os orientam nas ondas. Veem se o mar está mexido ou não, se a onda é gorda, cavada, tubo, e sem dúvida se é de matiz de esquerda ou de direita. Pensei com minhas memórias que era como a UDN batendo no PTB ou o velho discurso da honestidade contra o caos, ou ainda a Marcha da Família Com Deus Pela liberdade, pedindo respeito à tradição, à propriedade e ao cuidado com a pátria. Me vi em reuniões com velhos políticos que me fizeram considerar se as classificações de Lombroso (1835-1909), o médico italiano que se pretendia capaz de identificar criminosos pelos traços faciais, não deveriam ser recuperadas do descrédito.

Mas também vi algo novo: uma possibilidade comunicativa que eu não imaginava. Uma jovem tinha 40 mil seguidores de passeata em seu Twitter. Eles eram imunes ao velho costume de primeiro fazer uma análise estrutural, em seguida uma análise conjuntural e só depois estabelecer o projeto de ação. Cada grupo tinha um projeto parcial ao qual dedicava seus esforços. Circulação urbana e transportes, voto distrital, combate à corrupção, saúde e outros tópicos faziam do conjunto das ondas um aparente projeto idílico. Faltava como levar adiante os projetos, ainda mais que da política se tinha uma grande desconfiança. É claro, esta vai capturar para seus propósitos bandeiras que são em si justas.

A política representa os setores sociais e estes são a história – o mar, portanto. Somos 200 milhões hoje, éramos 90 milhões em 1970, quando fomos tricampeões mundiais. Na

época, metade da população vivia no campo, onde atualmente não vivem mais de 15%. Numa conta aproximada, as cidades brasileiras receberam 125 milhões de novos participantes, à parte as profundas transformações sociais, políticas e tecnológicas a que assistimos nesse tempo em nosso meio e no mundo. Ainda há sinais de escravatura em nossas cidades: apartamentos não dispensam sua senzala, temos um *apartheid* tão eficaz que dispensa repressão explícita. As marcas do nosso trajeto estão vivas e atuantes, mantemos sinais de nossa tradição extrativista. A modernidade é desigual e chega ao conjunto das nações com bastante atraso. Dentre as mudanças, uma ainda me traumatiza com sua peculiar inversão: quando vejo o ser humano caminhar respeitosamente um passo atrás de um cão, não consigo deixar de perguntar se somos mesmo o ser supremo da criação ou se passamos essa carga adiante. Terá sido a solidão, a ausência de laços comunitários, de solidariedade, que nos levou a tamanho desespero? E aí?

Sabemos o que pedir, é fácil: esperamos tempo bom, uma onda adequada às nossas possibilidades, que o mar não esteja com gente demais, equipamento adequado para o caso de a água estar fria, boa alimentação, boa saúde, boa forma física etc. Mas a onda é gigantesca e é pequeno o expediente para vê-la em sua singularidade e enfrentá-la. Como não duvidar das soluções que todos apregoam possuir? O mar ensina a prudência. Temos de respeitá-lo, ou ele me engolirá e não haverá alternativa à política, que será a arte do possível em meio ao conflito. Mas como identificar o possível e os sujeitos do conflito social? Enfim, as manifestações são essenciais, é essencial ir às ruas e pegar a onda, mas como prosseguir? Como reagrupar nossas tradições de pensamento para ver a fulguração do presente que nos desafia?

Agora que passamos a arrebentação – que exige, como sabemos, um "trampo" –, imagino que o leitor, da mesma forma como faço diante da palavra impressa, da imagem na tevê ou da tela do computador, espera uma conclusão e um norte. Pois bem, devo confessar que, na verdade, de surfe não entendo nada e que tudo o que disse a respeito veio da orientação de meu filho Rafael – é ele quem realmente tem a coragem. Também aprendi com a psicanálise que a demanda é infinita e os

recursos são limitados. Assim, humildemente me declaro sem respostas a contento para o leitor. Além disso, para ser de fato sincero, devo dizer que tenho medo de água e de correntezas e que diante da onda que se aproxima farei como sempre fiz nos tempos que se seguiram aos da escuridão armada da minha juventude. Sem imaginar que minha afirmativa possa ser útil a alguém, exponho minha direção: quando solicitado, visto que não acredito em príncipes e princesas, apoiarei e votarei, com a devida licença poética surfista, no menos pior ou no "mais bom" profissional da política. Por outro lado, se for eleito o "mais pior" ou o menos bom, cogito fazer o que a turma dele sempre ameaçou fazer e que afinal não cumpriu: prosseguirei meu trajeto pegando onda em Miami.

22. Desaparecidos:
Uma História de Dor (II)

Nossos olhos recebem a luz de estrelas mortas. Atravessando distâncias abissais, o brilho de corpos celestes que já desapareceram continua a chegar até nós. Assim é a figura de Homero, cujas palavras, inscritas na memória da humanidade, guardam o substrato do que no século IV a. C. culminaria na cultura grega clássica, na qual se desenvolveriam a poesia, o teatro, a filosofia, a ética, enfim, os valores e as práticas que ainda hoje alicerçam as narrativas com as quais desenhamos os trajetos de nossa vida.

Devo dizer que hoje, assombrado pela extensa lista de desaparecidos que as ditaduras latino-americanas impingiram a pais, mães, filhos, irmãos e companheiros, descubro na *Ilíada* uma beleza peculiar que se apresenta como enigma: por que, como relata Homero, gregos e troianos lutam furiosamente para reaver o corpo de seus mortos? Por que todos os guerreiros se dispõem a morrer pela matéria apodrecida de uma anatomia?

Heitor, príncipe de Troia, mata em combate Pátroclo, companheiro do herói primordial grego, Aquiles. Este, tomado de

SOBRE ESTE TEXTO: Texto publicado originalmente na revista *Brasileiros*, n. 107, de junho de 2015. Trata-se de uma versão condensada do artigo de mesmo título publicado no *Jornal de Psicanálise* (ver supra, p. 173).

ira, vinga-se matando Heitor, mas não sem antes disputar com ferocidade a posse do cadáver de Pátroclo – suprema desonra seria abandoná-lo à sanha dos inimigos, aos "cachorros e abutres de Troia". Cego de dor pela perda do amigo, Aquiles leva o cadáver de Heitor para o acampamento grego e por nove dias exercita-se em humilhá-lo, arrastando-o repetidamente em volta do túmulo de Pátroclo.

Os deuses a tudo observam e se indignam. É por intervenção deles que, embora ultrajado, o corpo do troiano permanece incólume, e é também por ação divina que Príamo, pai enlutado, consegue se aproximar de Aquiles para lhe suplicar de joelhos que o corpo do filho lhe seja devolvido. Aquiles assente e vai além: oferece a Príamo doze dias de trégua, de modo que as exéquias de Heitor sigam o cerimonial devido. Troia pode então chorar seu filho e lhe render homenagem, costume que constitui sintoma de civilização, não importa o grau de violência com que se pratique a guerra.

E assim termina a *Ilíada*, não no triunfo do célebre e inexistente cavalo de Troia (essa passagem não consta de nenhuma narrativa homérica, como se descobriu), mas no êxito dos rituais de reverência e dor que acompanham o exercício do luto.

Um ensaio de Freud, *Luto e Melancolia*, nos ajuda a compreender por que razão, tal como nossos antepassados remotos, precisamos reaver o corpo dos nossos mortos. A premissa é que, não existindo representação da morte no inconsciente, o medo da morte se desloca para outros territórios. Manifesta-se, por exemplo, como sentimento de desamparo, solidão e abandono – lembremos o costume de nos agruparmos como família nos cemitérios, próximos dos que amamos, ou as concepções de vida eterna e reencarnação, tão variadas quanto são as culturas e as religiões.

Contudo, se a ideia da morte nos é insuportável, como se dá o luto? Freud o confronta com o fenômeno da melancolia. Nesta, há uma recusa a abandonar o objeto amado que perdemos; por meio de rememoração contínua, insistimos em mantê-lo presente. A melancolia é essa disfunção do luto que torna o objeto uma presença eterna. Já no processo de luto o objeto que se perdeu no mundo exterior torna-se uma presença no espírito de quem sofreu a perda. O ódio iniciado com

a perda se acomoda, desenvolvemos uma identificação com o que perdemos.

Nesse percurso, um paradoxo: o espírito se enriquece, e o faz por via de trajetos trágicos. Necessitamos do corpo para apoiar essa quase impossível tarefa do luto. Como que damos vida ao corpo presente para poder repetir a experiência da perda e nos conformarmos com ela. Para que, libertos da sombra daquele que se foi, a vida possa prosseguir seu trajeto.

Quando o que temos não é o morto, mas o desaparecido, nem sequer a melancolia pode se instaurar. Cria-se um vazio em nós, um buraco negro que, como parasita, atrai para si o pensamento e os afetos, introduz deformações nos caminhos da alma. No plano da cultura e da história ocorrerá a mesma deformação que se abate sobre os destinos individuais. A cultura como que se paralisa, empobrece, pode mesmo gerar monstruosidades.

Hoje, na América Latina, familiares e companheiros dedicam a vida a buscar os restos de um ser cuja existência é recusada no mesmo momento em que se recusa sua morte. Nessa busca, tornam-se testemunhas não só da verdade de um sujeito singular, mas também de um momento trágico da história coletiva.

Não é outro o âmbito desta reflexão, suscitada também por conversas informais com entrevistadores da Comissão da Verdade. Uma das perguntas que afloraram ali foi esta: por que até agora não se produziram no Brasil obras literárias ou cinematográficas relevantes sobre o período da ditadura militar? A nosso juízo, a maioria das obras que já veio a público teria caráter jornalístico ou catártico, o que se explicaria sobretudo por não ter ocorrido uma ruptura real com a ditadura; um acomodamento ignorou os elementos potencialmente traumáticos daquela transição.

Aqueles que a ditadura representou recusaram a dor e a perda. Não quiseram a ruptura e conseguiram escamoteá-la dos que necessitavam dela. Os que se opunham não tiveram força para se fazer valer ou cederam à acomodação – e os nossos desaparecidos ficaram impossibilitados de existir até mesmo como desaparecidos. Tornaram-se sintoma exemplar de um acordo político que se fez impedindo o luto ou mesmo uma possível melancolia. Não se registraram perdas. A história teve de continuar calada. Como não pensar que esses restos autoritários,

retrógrados, tingiram os pactos de silêncio que se seguiram e estão na raiz de deformidades que hoje explodem como distopias em nossa sociedade?

Os buracos de pensamento, as maquiagens, as recusas da verdade afetam o conjunto da sociedade. Pode bem ser que essa crise se encaminhe para outras figuras e setores sociais, à espera apenas de uma falência para entrar em cena. Teremos outros movimentos históricos, é certo, mas nossos desaparecidos continuarão a nos assombrar. De modo semelhante, nosso passado escravagista é um fantasma cotidiano que nos assola no mais íntimo dos nossos lares. Recusar a narrativa do trágico da história alimenta inevitavelmente os fantasmas. Aproveitando-se das nossas obscuridades, eles não perderão a oportunidade de reaparecer.

23. Schumann e a Possibilidade de Sonhar: Sinfonia n. 2 em Dó Maior, Opus 61

As biografias de Robert Schumann costumam oferecer um panorama romântico em que aspectos da subjetividade do compositor se mesclam com características de sua produção. Nascido em 1810, na Saxônia, temos nele um gênio problemático que cresceu num lar altamente disruptivo. O pai, tradutor de Walter Scott e Byron, tinha uma personalidade conturbada; a mãe era uma mulher violentamente apaixonada. Aos dezesseis anos, Robert perde o pai, no mesmo mês em que a irmã se suicida. Por essa época estuda piano com Johann Friedrich Wieck, cuja filha Clara, então com nove anos, viria a desposar. Em 1830, aos vinte anos, abandona o direito, que fora obrigado a cursar para fazer jus à herança paterna. Já sabe que não será um virtuose. Tem problemas com a mão direita, talvez por causa do mercúrio usado no tratamento da sífilis, doença que parece estar no centro de seus futuros padecimentos psíquicos.

Os anos de 1830 se marcam por disputas com Wieck, opositor ferrenho de seu relacionamento com Clara. Em paralelo à

SOBRE ESTE TEXTO: Publicado originalmente na *Revista Osesp*, n. 3, de maio de 2014, que abordou os programas daquele mês da Orquestra Sinfônica do Estado de São Paulo na Sala São Paulo. Na ocasião, a *Sinfonia n. 2* foi executada pela Osesp sob a regência de Marin Alsop.

militância como crítico de música, escreve o *Carnaval*, os *Estudos Sinfônicos*, as *Cenas Infantis* e a *Kreisleriana*, entre outras obras obrigatórias da literatura pianística. Em 1841, casa-se com Clara – ela, sim, virtuose do piano –, depois de um tempestuoso processo legal contra o sogro. Compõe cerca de 140 canções belíssimas e, sempre em estado de celebração, passa às obras sinfônicas. Em 1844 o casal se instala em Dresden, onde ele terá uma crise das mais severas e criará a *Sinfonia n. 2*. Dez anos depois, no inverno de 1854, a insanidade se manifesta nele dramaticamente, culminando um longo histórico de hipomania, melancolia e alucinações. Schumann ouve vozes angélicas que logo se tornam ruídos infernais de tigres e hienas. Depois de tentar o suicídio no Reno, passa dois anos num sanatório. Só revê Clara uns dias antes de morrer.

Eis o habitual terreno de introspecção e sofrimento em que se define o gênio romântico. Biógrafos de Schumann dirão que todo o seu ser respira música e que nesta se entranham fantasias, sonhos e delírios. Nos dois primeiros movimentos da *Sinfonia n. 2*, por exemplo, costuma-se ouvir uma luta titânica contra a insanidade. Thomas Mann não resistiu a esse apelo quando, no *Dr. Fausto*, associou o adoecimento do protagonista do romance, Adrian Leverkühn, à genialidade de suas composições. A loucura sifilítica (frequente até o advento da penincilina, em 1942) era um acontecimento dionisíaco, propiciador de originalidade. À parte incitar suicídios, o *Treponema pallidum* da sífilis e o bacilo de Koch da tuberculose agiam para que Mefistófeles, profeta da criação e da consciência, ocupasse a cena.

T.S. Eliot nos diz que a linguagem do poeta e a linguagem de seu tempo devem se imbricar a ponto de o ouvinte ou leitor dizer algo assim: "Assim é que eu falaria se pudesse falar em verso." Por esse caminho, descobrem-se correspondências entre a subjetividade de Schumann e o drama de uma época, mas eu não tentaria uma impossível paráfrase da *Sinfonia n. 2* neste texto que quer apenas fazer alguma companhia enquanto os músicos não chegam. Melhor aproveitar o breve momento para sonhar – não será o que todos fazemos quando nos deixamos impregnar de música (em vez de capitular à preguiça de um devaneio embalado em sonoridades)?

Ouvimos acordes, os metais ecoam, começa o primeiro movimento. Começa o sonho, a matéria de que é feita a arte. Nessa lenta evolução surge o espectro que assombrava Schumann: Beethoven! Há como que o chamado à grandeza do humano, mas a crença já não contém a força de uma ideia que acaba de vir ao mundo. A decepção, por sua vez, não traz a indignação que fizera Beethoven rasgar a dedicatória da *Eroica* a Napoleão Bonaparte, que traíra a revolução e se coroara imperador. Uma enorme aventura fora anunciada: a secularização do mundo – Deus exilado, quando muito habitando o foro íntimo, a Razão expandindo-se firme, a Ciência como nova avalista da Verdade, a História no rumo de sua realização triunfal. A esperança recuperaria o tempo perdido. Rasgada a dedicatória, contudo, Beethoven mergulhará mais e mais em territórios que dali a cem anos serão palco da maior de todas as aventuras: o Ulisses de Joyce fará seu périplo no espaço de horas, nos domínios do mundo interno.

Outro é o tempo de Schumann. Em breve, num novo 18 Brumário, a coroa será usada por Luís Bonaparte, sobrinho de Napoleão. Tempo não mais de tragédia que arrebata, mas de farsa que despedaça a alma. Conduzidas pelas cordas, loucas e sombrias sonoridades avançam rápido por sobre os metais. O artista se retrai diante de promessas que não se cumprirão e seu isolamento tem como corolário um sentimento novo, uma nostalgia de tempos que supostamente existiram, um estado de espírito em que todo projeto é "esperado", "ansiado" no passado – foi aí que nos tornamos agudamente melancólicos. Cada época faz isto: cria novos estados de alma. Hoje somos contemplados com o estado "antideprimido". Quem o conheceu no passado?

O segundo movimento, em vez do andamento lento habitual, traz um *scherzo* em que Schumann evoca Bach, retomando os estudos que escrevera antes dessa sinfonia e que haviam sido relevantes quando se recuperava da grande crise de 1845. Com traços virtuosísticos importantes, o movimento encerra-se em triunfo.

Chegamos ao terceiro movimento, ao célebre adágio cuja melancolia de beleza sublime não cessa de nos afetar. Soa como se tivéssemos sido construídos sobre ele. Não é o passado. É a raiz do presente, pois continuamos a esperar. Depois da criação

e da revelação, ainda e sempre nos faltará a redenção. Esse sonho religioso alicerça o nosso mundo *quase* desencantado. Somos nostálgicos da fraternidade que nos prometíamos na *Nona* de Beethoven. Nostálgicos dos amores que se realizarão plenamente.

O quarto movimento, que retoma trechos do primeiro e do terceiro, geralmente é comentado como expressão de recuperação mental e vitória sobre o sofrimento. A esperança talvez não tenha se perdido, afinal. Apenas se tornou recordação do que ainda virá. Somos reféns da invenção grandiosa que é a ideia de redenção e da decepção inescapável que ela engendra.

A *Sinfonia n. 2* nos lê hoje, nos ajuda a atribuir uma forma ao presente – e essa atribuição de forma se chama saúde. É como sonhar, sem o que o pensamento não se move. Eliot nos diz: "O poeta está às voltas com as fronteiras da consciência, além das quais as palavras definham, embora os significados continuem a existir." Inevitavelmente, deixaremos a sala de concerto com a sensação de que demos um passo a mais em nossa humanidade.

24. Entrevista: Entre Amigos

Algum tempo atrás, quando comecei a escolher os textos que fariam parte deste livro, imaginei de início que não incluiria nenhuma entrevista. Não as considerava trabalho propriamente. Estas conversas com meu velho amigo Moisés Lemlij, publicadas em 2012 no Peru, incomodavam-me particularmente, por sua extensão e sobretudo por me darem uma sensação de excessiva exposição pessoal. Digo "sensação" porque não sabia o que fora aproveitado dos nossos encontros, e, devo confessar, ao receber o livro eu mal passara os olhos por aquelas infindáveis 67 páginas. Foi só depois de ler a tradução que tive a real dimensão do conteúdo autobiográfico que havia ali. Foi uma surpresa (para o bem e, aqui e ali, para o mal).

Moisés Lemlij é nome histórico na Sociedade Peruana de Psicanálise (da qual foi um dos fundadores), na Fepal e na IPA.

SOBRE ESTE TEXTO: Entrevista publicada em *Cara a Cara: Entrevistas Profanas II*, Lima: Sidea, 2012. Moisés Lemlij reúne nesse livro suas conversas com outros três psicanalistas além de Nosek: Ana Maria Andrade de Azevedo (SBPSP), Néstor Goldstein (Associação Psicanalítica Argentina) e Estela V. Welldon (Associação Internacional de Psicoterapia Forense). No volume I, de 2011, foram entrevistados os argentinos Horacio Etchegoyen e Andrés Rascovsky, o mexicano Luis Féder, o peruano Max Hernández e o uruguaio Marcelo Viñar. Tradução de Denise Pegorim.

Fez sua formação na Sociedade Britânica de Psicanálise. Integramos o *Board* da IPA na gestão de Horacio Etchegoyen (1993-1997), estivemos juntos quando fui *chair* do Comitê de Psicanálise e Cultura da instituição (2004-2009), na Casa de Delegados da IPA e em muitas outras atividades científicas e organizacionais. Mais experiente, encorajou-me desde o início de minha participação em entidades internacionais. Para dar uma ideia do que é o seu projeto de "entrevistas leigas", peço licença para uma citação longa do psiquiatra e psicanalista Eduardo Gastelumendi, que, em resenha na *Revista de Neuro-Psiquiatría* (v. 74, n. 4, Lima, 2011), escreveu sobre o primeiro volume de *Cara a Cara*:

Trata-se de um volume de entrevistas extensas, profundas, de uma intimidade e honestidade por vezes inquietante [...]
A psicanálise é mais que uma profissão e especialidade clínica. A intensa e prolongada formação que exige (a análise pessoal, as supervisões semanais, as leituras, a identificação com os mestres etc.) conduz a um compromisso com o próprio movimento psicanalítico que por vezes não se distingue da vida pessoal. Isso se percebe claramente em cada um dos personagens entrevistados. [...]
Mas Lemlij consegue algo ainda mais interessante: abre e sustenta o espaço para que na conversa cada um de seus colegas, com os quais mantém também uma relação de amizade, recorde, associe e reflita sobre eventos pessoais íntimos. Vão aparecendo no diálogo, para surpresa deles mesmos, os pais, avós e irmãos, a família, os amores, as amizades e inimizades, os gostos privados, os dramas pessoais, as paixões, os acertos e erros. Invariavelmente vemos a biografia entretecer-se com o fazer psicanalítico. (p. 311)

Penso que o comentário de Gastelumendi se aplica também ao segundo volume, no qual Moisés teve a generosidade de me incluir. Nossos encontros transcorreram sempre com espírito desarmado, num clima de grande afinidade, de camaradagem desinteressada. Em Londres, na Cidade do México, em São Paulo ou em Lima, durante eventos programados pela IPA, achamos tempo para dedicar à nossa amizade, sem que eu me desse conta de que Moisés realizava o que nenhum entrevistador profissional teria conseguido. Jornalistas elaboram uma pauta e preparam perguntas que cerquem tanto quanto possível o tema predefinido. Nós, ao contrário, podíamos nos perder à vontade nos afetos do momento. Se as conversas acontecessem

hoje, então, é certo que outras seriam as lembranças, as opiniões e os juízos, e essa certeza, justamente, me fez resistir à tentação de "corrigir" alguma coisa aqui e ali. Limitei-me a pequenas correções factuais. De resto, como observei aqui em mais de um momento, todos nós sempre carregamos todas as nossas idades e é ao sabor de uma circunstância que tecemos nossas narrativas biográficas. Assim são as histórias: criam figuras efêmeras como num caleidoscópio no girar do mundo; seu sentido repousa inevitavelmente no momento de sua construção.

MOISÉS LEMLIJ *Nós nos conhecemos há muitos anos e calhou de nos encontrarmos em diversas cidades. Tem ideia de quanto tempo faz?*

Mais de vinte anos. Nos conhecemos quando eu era presidente da Federação Brasileira de Psicanálise (*Febrapsi*). São coisas surpreendentes: às vezes você conhece uma pessoa e estabelece uma familiaridade imediata com ela; em compensação, pode conhecer uma pessoa por muitos anos e não sentir nenhuma proximidade. Acho que nós temos muitas coisas em comum: a ascendência judaico-europeia, a participação em movimentos políticos, o amor pelo social, e parece que compartilhamos também a missão de organizar coisas e fazê-las ir em frente. De qualquer forma, queria assinalar que é muito difícil que uma conversa como esta que vamos ter aqui seja um relato preciso. Será, sim, uma conversa entre amigos que combinam bem e uma história dos nossos diversos encontros, um recorte deste nosso momento. Enfim, vamos ver no que vai dar...

Muitos colegas na América Latina que têm ascendência judaica e um passado de esquerda mais ou menos radical acabaram passando por um aggiornamento. *O que pensa a respeito?*

Acho que há uma mudança de paradigma. Nós crescemos quando todo movimento artístico, estético, tinha uma fórmula, um manifesto e uma maneira de ver o mundo e achar a solução para ele. Isso acabou nas décadas de 1980 e 1990, quando inclusive houve uma crítica muito forte em relação a isso. Por outro lado, apareceu também uma corrente mais realista em

política. Mas acredito ainda hoje que a existência tem uma base material que determina o que somos. Estamos vivendo um momento de crescimento capitalista, de prosperidade. Não sei o que acontecerá quando tivermos uma crise real, verdadeira, como periodicamente acontece. Mas creio que hoje está se gestando uma crise; o capitalismo se tornou excessivo, tem de haver uma destruição para que ele continue a crescer. O capitalismo está cada vez mais forte e sua crise também. Mas que bom que nada seja muito radical por enquanto.

Talvez a crise do capitalismo tenha sido a queda da União Soviética.

Na minha opinião, o que aconteceu na União Soviética nunca foi socialismo, foi um capitalismo de Estado. E não é que o socialismo tenha caído. Houve uma quebra, como nas empresas, uma falência econômica em meio a uma grande concorrência, o sistema não funcionava e caiu, como caem as empresas no sistema capitalista.

Agora que já estou com 64 anos, vejo que todos esses anos não são nada, que eles passam muito rápido, que o tempo de uma vida é muito curto, e muito mais curto ainda quando se pensa em termos históricos. Vão ocorrer mudanças, mas a perspectiva do tempo é outra. Veja, eu comecei a vida numa cidadezinha destruída da Europa, de lá viajei com minha família para Paris e imaginava que íamos para a terra prometida, para a América, para os Estados Unidos. Era uma vida cheia de destruição se olhávamos para trás e cheia de esperança se olhávamos para a frente. Acho que aconteceu alguma coisa parecida no seu caso, e acho que você e eu nos encarregamos de levar adiante a construção de uma nova vida.

Como seus pais se conheceram?

Meus pais se conheceram em Cracóvia, na estação de trem, depois de 1945. Eram ambos poloneses. Ambos tinham ido para a União Soviética quando a Alemanha invadiu a Polônia e estavam voltando para casa, ou para o que restava dela. Cada um vinha de um trajeto muito diferente e se conheceram na plataforma de desembarque. Os parentes de minha mãe não conseguiram sobreviver, ela foi a única sobrevivente da família. Com meu

pai foi a mesma coisa. Meus pais sobreviveram porque fugiram para a União Soviética no início da guerra. Começaram a vida juntos depois de um grande luto. Eu passei os primeiros anos da infância ouvindo falar o tempo todo de familiares mortos. Até o início da década de 1960, o assunto primordial em casa eram os mortos, os mortos do Holocausto. Nunca houve uma festa de aniversário na minha casa. Claro, eu fiz o *bar mitzvá*, mas comemoração por um simples aniversário ou alguma data do tipo nunca houve. Eu achava que era porque nos mantínhamos num certo isolamento, éramos um pouco diferentes das outras crianças da comunidade e também dos colegas de escola, mas devia ser porque minha mãe estava de luto.

Uma das raízes da minha inclinação para a psicanálise é o interesse por ela. Minha mãe era muito dedicada a mim e inspirava cuidados, eu tinha de cuidar dela, era muito sofrida. Quando eu estava na faculdade de Medicina, levei-a a um psiquiatra que me disse o seguinte: "Isso é uma lição para você, para você ver que um tratamento equivocado pode ser muito prejudicial." Nunca esqueci isso. Ele, que era um psiquiatra, fez uma coisa muito simples que a ajudou muito mais do que anos de análises e tratamentos malfeitos. Então, uma das razões pelas quais me tornei psicanalista imagino que tenha sido a preocupação com a saúde de minha mãe, o luto por ela.

Às vezes um psiquiatra consegue compreender melhor a realidade psíquica do que um psicanalista...

Sim, claro. Olhe, existe a questão do talento do analista, da personalidade e do compromisso dele com a instituição e com a teoria. Ele era um psiquiatra muito estudioso, chefe de serviço público, imigrante também, teve a sensibilidade que outros não tiveram. Conseguiu ajudá-la muito tomando uma medida bem simples: interrompeu aquele exagero de medidas terapêuticas inúteis e até deletérias.

E por que seus pais escolheram o Brasil?

Porque minha mãe tinha um tio que estava estabelecido numa cidade do interior, onde era dono de um cinema e de um bom estabelecimento comercial. Então, era uma referência.

Quanto ao meu pai, que na época era um dirigente sindical social-democrata e anticomunista, eles o obrigaram a entrar para o Partido Comunista e por isso ele decidiu que devíamos emigrar, aproveitando um momento em que os judeus podiam sair da Polônia e ir para Israel. Primeiro nós ficamos um ano em Paris, porque havia dificuldade para conseguir o visto, havia restrições. Estou falando da década de 1950, ainda sob as leis da ditadura de Getúlio Vargas. Viemos para o Brasil como cristãos. Eram os anos do pós-guerra, era claramente uma vida de adaptação na sequência do Holocausto. Eu não tinha parentes, não tinha tios, não tinha primos, nada. Hoje eu vejo os meus netos, que têm os primos, vejo como eles brigam e como brincam – isso dá uma sensação de segurança interna que não me lembro de ter tido quando era criança.

Você se lembra de quando chegaram ao Brasil?

Tenho recordações de quando saímos de Paris para o Rio que são falsas. Na véspera de embarcarmos no transatlântico em Marselha para vir para o Brasil, na terceira classe, fomos visitar o Castelo de If, que é uma fortaleza que fica numa ilha. Tenho uma lembrança muito viva de que meus pais estavam me deixando naquela ilha e de que no último momento um marinheiro me pôs na lancha em que eles estavam, o que é absolutamente impossível. Mas eu tenho a memória viva de que por um triz não fiquei na Europa enquanto eles partiam para a América. Nós viajamos na terceira classe, num navio muito velho chamado *Florida*, foi a última viagem dele. Lembro de quando chegamos a Dacar, do meu espanto ao ver como os negros eram gigantescos, foram os primeiros que vi na minha vida.

Me lembro também de Paris, da cor da parede da minha casa e do pátio. Voltei várias vezes à França, a trabalho ou a passeio, mas recentemente, na quarta ou quinta vez, fui procurar o lugar onde havíamos morado. A casa ficava numa zona que hoje se tornou um bairro de imigrantes predominantemente muçulmanos. Antes era periferia, um bairro comunista que recebia muitos refugiados do Leste. Agora há muitos prédios e eu não reconheci a fachada, mas acabei encontrando depois de passar por outra casa, consegui reconhecê-la pelo pátio onde eu brincava. Foi muito emocionante.

E como foi sua infância no Brasil?

Nós morávamos num bairro meio afastado onde havia uma pequena comunidade judaica, umas quinze ou vinte famílias cujos filhos frequentavam uma escola da comunidade. Meus pais se reuniam com eles, mas eu não tinha muita relação com os filhos, meus amigos eram os da escola pública que eu frequentava. Acho que eu era a única criança judia da escola e a única que tinha conflitos peculiares de lealdade. Por exemplo, no colégio – fiz em escola pública também –, quando subíamos a escada para ir para as salas de aula, havia um crucifixo. Todos faziam o sinal da cruz e eu não, não sabia o que fazer. Tinha um conflito de lealdade muito grande. Uma vez veio um bispo e todos fizeram fila para beijar o anel dele, eu não entrei na fila, fiquei de fora, foi muito difícil.

Já na infância, o impacto de ser judeu.

Já na infância, e, como bom menino judeu, eu era bom aluno e percebia que isso não era uma coisa intencional, simplesmente acontecia. Mais tarde tive um período de rebeldia na adolescência, não queria mais ser bom aluno e parei de estudar música. Depois, na universidade, acho que comecei a me adaptar, comecei a sentir que pisava em terra firme. Um fato curioso é que até a faculdade eu nunca havia estudado em classes mistas, só com meninos. Eu era muito tímido. Depois conheci minha mulher, ela ia fazer 18 anos, nos conhecemos numa festa. Raquel me chamou para dançar na frente de todos os amigos, era impossível recusar um convite daquele. Contou que ia participar de um concurso de dança na semana seguinte, me convidou para ir vê-la e lá fui eu. Foi o concurso para a constituição do Balé da Cidade de São Paulo, ligado ao Theatro Municipal. Fiquei muito impressionado, ela era muito talentosa. Começamos uma relação que no início era bem tempestuosa, nós namorávamos e depois rompíamos.

Que idade você tinha?

Tinha 21 anos. Estava começando a militar seriamente, então dizia assim a ela: "Se você quer casar e formar uma família, não é comigo porque eu tenho um compromisso que não posso te contar." Ela só soube dessa situação de clandestinidade

quando me prenderam e foi muito solidária. Na época ela tinha conseguido os primeiros papeis como bailarina e toda quarta-feira interrompia os ensaios para me visitar. Passava do *Lago dos Cisnes* para a prisão. O coreógrafo ficava indignado, mas isso nos aproximou muito.

Uns meses depois que me soltaram nós nos casamos e fomos mobiliando o apartamento. Lembro que a primeira coisa que fizemos foi comprar uma cama enorme – devo confessar – e uma mesa enorme com oito lugares. Nós brincávamos: "Vamos encher a mesa." No primeiro ano nasceu minha primeira filha, Julia, e havíamos planejado que depois iríamos para a Europa, eu queria fazer a formação psicanalítica. Eram tempos muito difíceis no Brasil, tínhamos muito medo, houve um período em que toda manhã ficava um carro da polícia estacionado na porta de casa, eu tinha que me apresentar a cada quinze dias na polícia e precisava tirar um salvo-conduto se quisesse ir a outro estado. Então arranjamos as coisas e fomos para a Europa.

A ideia era que eu faria a formação em Paris ou em Londres e que minha mulher ia fazer balé, ela poderia conseguir um lugar, era muito boa. Mas quando voltamos vimos que ela estava grávida, e na hora do parto nasceu um bebê que pesava pouquíssimo. Eu corri para vê-la na sala de recuperação com o pediatra, que era um colega meu, e começou uma gritaria na sala de parto: "Tem mais!" Acontece que tivemos gêmeas, Andrea e Heloisa – foi uma surpresa enorme. Então, acabávamos de completar dois anos de casados, eu era médico fazia dois anos e tinha três filhas. Os amigos vinham e traziam presentes para os bebês e propostas de trabalho. Premido pela necessidade, eu militava no sindicato dos médicos, trabalhava numa comunidade terapêutica e no Hospital das Clínicas da Universidade de São Paulo (no Instituto de Pediatria, onde fazia assistência psiquiátrica e psicológica), e comecei também com o consultório, que naquele momento significava para mim uma rendição ao capitalismo. Como éramos jovens! Foi uma época extremamente feliz.

Isso te fez ficar no Brasil para a formação, em vez de ir para a Inglaterra ou para a França.

Claro, com essa situação acabaram-se todos os planos. Não demorou e tivemos nossa quarta filha, Helena, e o quinto filho,

Rafael. Acabamos enchendo a mesa! Na verdade, queríamos ter seis filhos, mas não se pode ter tudo...

Quatro filhas mulheres e um filho homem.

Quatro mulheres e um homem. Hoje os cinco estão casados e temos oito netos. Acho que foi um processo de enraizamento. Percebemos uma enorme diferença quando começamos a ter netos.

Eu tenho só uma netinha, estou começando bem tarde...

Não mudou a sua vida?

Sim, claro, mas você diz que não tinha primos, tios, nada, e que de alguma maneira os seus filhos – e os netos mais ainda – se transformaram na família que você não teve.

Acho que essas coisas não acontecem por acaso. Lembro que, quando tivemos as gêmeas, fazia muito pouco tempo que minha mãe havia falecido. Nunca na minha vida eu chorei tão profundamente, de pena por ela não ter visto, porque era um renascimento, porque aquilo era ter uma família: construí-la, cuidar dela. Mas também não quero fazer uma interpretação muito simplista de coisas como essa, porque tudo pode ter inúmeras interpretações. Com os netos, é como se a missão estivesse cumprida: agora meus filhos já estão na vida. Eu me sinto muito responsável por eles.

Me explique: é assim com todos igualmente, com uns mais do que...

Com todos igualmente. Uns eu sentia que tinha de ajudar a assentar a vida, como se fosse uma missão. Agora que eles estão casados e têm seus próprios filhos, é como se eu pudesse olhar à distância e ter um pouco de tranquilidade, como uma coisa que dá voltas. Eu tenho dessas coisas que dão voltas. Por exemplo, uma vez fiz uma mostra de artes plásticas, fui curador de uma exposição numa prisão política, o DOPS, Departamento de Ordem Política e Social.

Na prisão em que você ficou...

Em uma delas, porque houve várias. Em uma acontecia o processo, em outra acontecia a tortura e depois tinha a prisão

onde você ficava mesmo. Nós fizemos essa exposição, uma mostra de artistas brasileiros sobre a dor física, a dor da violência política urbana, sobre a paisagem do trauma em forma de arte, isso ao mesmo tempo em que estávamos discutindo o trauma no Congresso de Psicanálise da IPA no Rio, em 2005. O nome era "Dor, Forma, Beleza". Participou um amigo que é curador profissional, o Olívio (*Tavares de Araújo*). Foi uma exposição muito bem-sucedida, durou três meses. Fazer essa exposição que tinha obras de crítica política da época da ditadura e as formas de causar dor, naquele lugar onde havia algumas celas ainda, foi muito importante para mim. Tirei um monte de fotos em frente ao DOPS. Não lembro por que não pude ir no dia da inauguração do museu que existe ali agora. Fiquei desolado, porque as pessoas que foram escreveram o nome nas paredes. Anos depois, um dia eu estava olhando aquelas paredes e vi que alguém tinha escrito o meu e me senti muito comovido. Levei minhas netas lá para elas verem, porque é uma coisa de que tenho um orgulho enorme. Tirando minha família, é disso que mais me orgulho. Então, essa exposição me deu a sensação da vida que tinha se tornado redonda – uma reparação, um sentido...

Transformar a dor da sua prisão em...

Não, eu não diria que houve dor. Diria que foi um fato esperado da militância, que era parte da luta. Fiz ali amigos para toda a vida e aprendi muito. Houve medo, terror, mas também um grande aprendizado.

Reparação, kleiniana ou não.

Não, gosto mais da ideia de que tudo ficou redondo, que adquiriu um sentido.

Então a ideia é que você chegou ao Brasil sem raízes e fincou as raízes para seus filhos e netos.

É como o que acontece com uma planta. Quando você semeia, não sabe se a semente vai vingar, se vai se enraizar. Essa é a imagem que tenho. Hoje eu sinto que há um enraizamento e isso traz uma paz muito interessante, um senso de harmonia.

Isso veio com os nascimentos, com os casamentos, de um modo muito semelhante ao que aconteceu com a exposição naquele lugar que tinha sido um presídio, e semelhante a muitas outras coisas também. Mas há coisas que eu nunca tive coragem de fazer ou que nunca tive vontade realmente. Por exemplo: nunca tive vontade de voltar à Polônia.

Por quê?

Não tenho amor pela Polônia; meu pai e minha mãe tinham um amor muito maior pela União Soviética, onde passaram a juventude. Nunca os ouvi falar muito sobre a Polônia. Bialystok não tinha grande significado para eles, era simplesmente a cidade onde eu havia nascido, não era a cidade deles. Em compensação, no ano passado estive em São Petersburgo, que para mim tem mais significado porque meu pai esteve na batalha de Leningrado. Mas também posso te dizer que nunca tive coragem de ver um campo.

Você nunca foi a um campo de concentração? Eu também não.

Não, é demais.

Acho que eu não poderia suportar, foi muito difícil para mim ir ao Museu do Holocausto em Washington. É mais do que consigo suportar.

Para mim é demais. Embora eu tenha lido tudo o que encontrei a respeito. Como foi possível? Como compreender aquilo? Como prosseguir a vida depois?

Para mim ainda hoje é muito difícil ouvir alguém falar alemão, mesmo que eu tenha muita gente querida que é de nacionalidade alemã. É pesado ver um Volkswagen ou um Mercedes-Benz, tenho um sentimento de humilhação, de dor e de raiva.

Olhe, eu acho que os judeus precisavam da psicanálise porque precisavam refletir sobre as raízes. Quando se está enraizado, essa necessidade não existe: você se adapta, tem um parceiro, toma um remédio... Por exemplo, hoje no Brasil nós vemos muito menos judeus nos institutos de formação, as novas gerações de judeus se enraizaram e se dedicam mais

ao *business*. Quem são os que vêm agora? Tenho visto muitos sobrenomes de famílias tradicionais brasileiras que empobreceram e passaram a estar numa espécie de exílio interno. Como antes acontecia com os judeus, são pessoas muito bem-educadas que ficaram à margem da sociedade, de seus costumes. A geração dos meus filhos está até mais adaptada do que eu, que sou um imigrante tardio, um imigrante do pós-guerra. Há poucos assim no Brasil, em geral os judeus migraram no final da Primeira Guerra ou pouco antes da Segunda.

Sim, meus pais fugiram da Europa e migraram na década de 1930.

Em 1951 praticamente não havia imigração. Então, quando meus pais chegaram ao Brasil, tinham uma imagem de heróis entre as famílias judias, porque tinham sobrevivido. Como meu pai havia lutado no exército soviético, era diferente dos outros da colônia judaica brasileira. Então, para os meus pais, tudo se centrou em construir a família.

A família é central. Eu não estaria no lugar em que estou hoje se não tivesse uma parceira como a que tenho. É inimaginável pensar em Leo sem Raquel, não me imagino. Desde que ela começou a trabalhar como analista, nós dividimos tudo, inclusive profissionalmente: as discussões clínicas, o orçamento doméstico, enfim, tudo na vida. Eu sou meio amalucado. Ela diz que sou como uma pipa, que ela me dá linha e segura a pipa com os pés na terra. Acho que é assim mesmo, porque quando a pipa perde a linha ela vai caindo em espiral. Isso poderia ter acontecido comigo se eu não tivesse tido ao meu lado alguém com um realismo tão forte. Você conhece a Raquel, é uma mulher extraordinária. Somos muito diferentes e muito complementares. Olhando para trás, devo dizer que temos uma vida muito feliz. Nós dois nos orgulhamos de ter um casamento misto, porque Raquel é de origem cristã.

Você fez uma carreira institucional a partir da comunidade judaica, então é como se existisse isso em você, outra família que estava te inventando...

Assim é o mundo, você não pode passar pelo mundo sem cumprir determinadas tarefas. Eu devo a você um *insight* muito

importante sobre minha filiação. Em relação ao meu pai, não tanto em relação à minha mãe. Eu acreditava ingenuamente que tinha mais ligações com minha mãe do que com meu pai, mas ter essas obrigações com o mundo vem pelo lado do meu avô e do meu pai, que eram militantes da social-democracia. O lema deles era que tinham obrigação de lutar em qualquer lugar em que estivessem. Eles não eram sionistas. Meu avô foi um dos fundadores do Bund, que, como você sabe, era uma organização que acreditava que a emancipação dos judeus viria junto com a emancipação da humanidade. Então, havia o lema do *doykait* (*os judeus devem lutar por seus direitos no local onde vivem, aqui e agora*), como você me lembrou, quer dizer, a sua terra é onde você vive. Você luta aqui, onde você está. Eram socialistas democráticos.

Veja, eu tenho duas análises, mas a minha biografia não teve uma grande participação em nenhuma delas. Meus dois analistas eram profundamente influenciados pela teoria kleiniana e bioniana, então falávamos muito pouco de casos e enredos biográficos. Hoje, no entanto, penso muito naquela época – por exemplo, como explicação da minha ideologia. Em casa tínhamos de fazer com que a vida tivesse sentido, um sentido social. Nunca se falou em ganhar a vida por ganhar, meu pai sempre quis construir alguma coisa.

O que Raquel acha de você viajar tanto? Porque você viaja muitas vezes por ano, não é? E sozinho.

Está cada vez mais difícil, porque agora meu filho se casou e estamos só ela e eu em casa. Muita gente pergunta como é que ela tem paciência, e ela responde que já me conheceu assim, que não é que eu tenha mudado...

Claro, porque vocês se conheceram e pouco tempo depois te puseram na prisão por vários meses. Ela pelo menos já sabia o que tinha pela frente.

Nós temos uma relação de muita confiança. Pensava que, agora que estamos mais velhos e vamos ficando sozinhos, ela fosse se aborrecer com minha atividade institucional, mas talvez não seja só isso. Ela sente que, em situações como esta, em

que estou organizando o congresso da Fepal e há muitíssimo o que fazer, eu fico elétrico. É como se eu entrasse numa rotação que me tornasse incômodo aos olhos dela. Não é muito bom se relacionar comigo nessas situações.

O que acontece, imagino, é que você já não é apenas o marido de Raquel que mantém com ela o seu vínculo fundamental, mas que se dá conta de que está casado também com as instituições a que se dedica, e ela tem ciúme.

Não, não sei se tem. Eu me converto num tipo que não agrada a ela. Se eu me olhasse de fora, acho que não me agradaria também. É que me solicitam muito, tenho sempre muitas coisas para combinar, muitas conversas, o que me obriga a concentrar um mundo de atividades em dois ou três dias. Exagerando um pouco, é como se fosse para mim uma espécie de esporte.

Como assim?

As instituições. Porque o meu maior prazer é quando estou no consultório, mas Raquel acha, e eu também, que isso seria impossível sem essas atividades que me dão equilíbrio. Mas eu estou mudando, não sei em que direção. Estou ficando velho.

Te pergunto porque comigo e minha mulher, Mimi, acontece mais ou menos a mesma coisa. Muitas vezes ela me pergunta por que eu me dedico às atividades institucionais se elas me trazem tantas dificuldades e problemas. E me dá a impressão de que ela não entende que as dificuldades que você tem são parte integrante do que você tem de fazer. Acho que é como se a pessoa se cindisse. Então, no seu caso, não é que Raquel deixe de ser o mais importante, mas, quando você está numa reunião institucional, está cem por cento ali. Às vezes os parceiros não aguentam isso.

Não, é insuportável, porque você está falando de uma pessoa que é muito familiar a você, muito próxima, mas que naquele momento está em outro plano. Aliás, a viagem que nós fazemos depois de um congresso não é uma viagem normal.

Mimi não aceita mais viajar depois dos congressos, porque diz que é como se eu lhe oferecesse propina. Se quero viajar com ela,

tem que ser só com ela, deve ser uma viagem só para nós dois, ela diz. Isso às vezes pode ser uma complicação, porque, se eu vou a Praga, por que não vou passear uns dias com ela depois? Fizemos isso uma vez, mas ela se ressente de ser um extra.

Sim, é um problema. Raquel diz que quer viajar sem paletós e gravatas na mala. Isso é totalmente compreensível. Só que nós temos um grande prejuízo econômico com esse trabalho de que gostamos e que fazemos como se fossem férias. Precisamos saber que nós somos também muito chatos e que temos de saber quando parar. Espero alcançar essa maturidade, mas nós gostamos do que fazemos.

Claro. Ao longo desses anos todos, inclusive, tivemos oportunidade de conhecer muita gente interessante.

Sim, sim. Conheci o Peter Wegner, por exemplo, um alemão de uma cidade pequena. Ele tem dois metros de altura, o que não é um tamanho normal para um analista e seria menos ainda para um judeu... Desde o primeiro momento em que nos encontramos, numa mesa do congresso da IPA em Chicago (1999), surgiu uma familiaridade especial, como se tivéssemos crescido juntos. E é um prazer conversar com ele, fazemos política juntos e temos interesses parecidos nas instituições. Isso gera alguma contradição em relação à vida familiar.

Uma coisa que acontece comigo é que eu nunca pus em risco o meu trabalho em consultório particular com os pacientes. Em quarenta anos, só faltei dois dias e meio por causa de uma cirurgia, quando tive aquele câncer, acho que comentei com você. E não faltar ao trabalho no consultório às vezes me custou um esforço especial. Por exemplo, muitas vezes viajei na quarta-feira à noite para Londres, chegava lá na quinta depois do almoço. Deixava a mala no hotel, via as exposições da Tate Gallery e ia ao teatro à noite. Na sexta, começava a trabalhar direto até domingo de manhã, com pausa para almoçar num bom restaurante e caminhar um pouco. E no domingo à tarde embarcava de volta para o Brasil, para estar na segunda de manhã no consultório. Você sabe como é, fizemos isso juntos muitas vezes. Já perdi a conta de quantas vezes fiz isso. Agora acho que estou meio velho, não pretendo fazer de novo.

Em resumo, o trabalho institucional é muito importante, mas o trabalho no consultório é especial. Acho que é preciso estabelecer uma hierarquia, a instituição é devedora do trabalho no consultório e o consultório é devedor da vida que cada um constrói para si. O trabalho institucional, que é tão importante, é como a cereja do bolo que é construído cotidianamente. Então, em certos momentos, é como aquelas máquinas de fazer pipoca: na quarta ou na quinta-feira estou no congresso da IPA em alguma cidade interessante, passo três ou quatro dias mergulhado em trabalho e conversas, no domingo viajo de volta para São Paulo, descanso um pouco e na segunda estou trabalhando no consultório. Às vezes me pego pensando sobre o que aconteceria se tudo mudasse, sobre o que aconteceria com a minha vida se houvesse uma grande mudança no mundo. O mundo é sempre um mistério.

Não há como saber.

Digamos que a China parasse, porque é muito interessante que tenha sido um país comunista a salvar o capitalismo global. Eu estive na Ásia para um evento que ajudei a organizar, uma bienal de artes em Gwangju, na Coreia do Sul. Conheci um chinês que estava asilado, por causa das manifestações na praça Tiananmen em 1989, e ele me contou que aqueles manifestantes não eram estudantes comuns, eram os filhos da velha guarda comunista. Era uma oposição de esquerda, não um oposição liberal. Me contou com muita tristeza que Pequim estava destruída, que tinha sido substituída por outra cidade. Era um intelectual que vivia em depressão profunda porque a China estava salvando o capitalismo mundial.

Acha que gente como Lula e Dilma no Brasil, Mujica no Uruguai ou muitos europeus – os trabalhistas ingleses, por exemplo – tentam salvar esse mundo utópico em que eles e nós acreditávamos?

Não se trata de salvar o mundo utópico, mas de lidar com o mundo real, é assim que funciona. É preciso fazer o mundo funcionar um pouco melhor. O Lula não fez nada de esquerda. O que ele fez foi uma pequena redistribuição de renda, o que já é importante, e mais ou menos uns 40% da população saíram da pobreza. Quando essa gente sai da pobreza, está em condições de consumir. Não é um gesto nobre, humanitário. Eles começam

a comprar televisão, carro etc. Sabe quantos carros foram vendidos no Brasil de janeiro a junho deste ano (2011), em apenas seis meses? Foram fabricados e vendidos 2 milhões de carros!

Quando estive em Pequim, os chineses falavam dos sete pequenos milagres. O que eram esses pequenos milagres? Todos deviam ter ar-condicionado, eletrodomésticos etc. Esses eram os sete pequenos milagres que um habitante de Pequim devia ter. Então, ao mesmo tempo em que se abre uma janela de consumo, o que se está fazendo é beneficiar os que fabricam esses produtos, não é?

E o que pensa então do desenvolvimento capitalista brasileiro guiado por antigos líderes de esquerda?

Lula é um líder sindical, nunca havia pertencido a nenhum partido de esquerda. Criou um partido novo, o Partido dos Trabalhadores, o PT, que é a união dos sindicalistas com grande parte dos esquerdistas que se opunham ao modelo soviético ou chinês. Eu participei do congresso de fundação, mas nunca quis me filiar, gosto de ser independente.

A rigor, o grande desenvolvimento brasileiro atual teve início quando o país se abriu para o mundo, e quem começou isso foi alguém totalmente de direita, o Fernando Collor de Mello. Depois, quando o Fernando Henrique Cardoso, que é um pensador social-democrata, se tornou presidente, começaram as privatizações e o desenvolvimento do mercado. O Lula, por sua vez, graças a uma pequena mas bem-sucedida redistribuição de renda e a um momento internacional bastante favorável, colocou 30 milhões de pessoas no mercado. Imagine, é toda uma França ou uma Espanha ou uma Alemanha, é como incorporar outro país! Acho que o grande mérito do Lula é a política que permitiu a inclusão desses 30 milhões de novos consumidores.

Nada disso tem uma tradição de esquerda. Os grandes milionários, os grandes produtores, os grandes agricultores, estão muito contentes com o Lula. O povo, que melhorou seu padrão de vida, está muito contente com o Lula. E a classe média? É um fenômeno muito interessante. Por exemplo, mais de 90% dos psicanalistas estão contra o Lula, que é um homem que tem 80% de popularidade. Isso deve ter uma razão que precisa ser pensada.

Enquanto melhorou o nível de vida de uma parte tão importante da população, o da classe média não melhorou ou até

piorou. A classe média não tem mais antigos privilégios porque todo mundo tem carro e o trânsito é terrível, há mais congestionamentos, as ruas estão mais cheias. Então, não há uma melhoria de vida para a classe média, ao contrário, e a classe média é uma classe que anseia ser rica e tem pavor de se proletarizar, é oscilante e tem medo. No Brasil ela perdeu o lugar na mesa da casa-grande, os verdadeiros privilegiados.

Dilma parece que tem hoje uma boa relação com Fernando Henrique. Embora Lula também tenha uma relação amistosa com Fernando Henrique, é preciso ver que há uma grande diferença, porque ele tem um projeto de poder, é um político. O Partido dos Trabalhadores vai fazer agora um grande esforço para tirar a hegemonia do partido do Fernando Henrique na cidade de São Paulo, tem boas chances de conseguir. Fico contente de que haja um progresso, mas não é um progresso de esquerda, é um progresso no interior do capitalismo que vai na contracorrente, porque o capitalismo é concentrador e agora temos um momento em que é concentrador e distribuidor ao mesmo tempo. Não creio que essa situação dure no longo prazo; independentemente de quem seja o presidente, o desenvolvimento vai voltar a ser concentrador porque esse é o caráter do sistema. São opiniões pessoais, essas, mas inevitavelmente trabalhamos dentro de um mundo que nos afeta e sobre o qual formamos ideias.

Passando da política internacional para a política psicanalítica institucional, o que acha da situação atual da IPA?

Acho que somos um grupo em decadência por tentar fazer uma psicoterapia positivista que nos torna uma espécie de paramédicos, mais ou menos como fisioterapeutas ou optometristas, e que portanto perdeu a grandeza humanística que está no centro da psicanálise.

Esse é o centro da crise institucional da psicanálise, o abandono da psicanálise em busca da parte mais técnica. Essa é claramente a linha da IPA há muitos anos, uma linha conduzida por presidentes que, preciso dizer, você apoiou.

Não, eu apoiei Horacio Etchegoyen. Veja, não creio que seja possível fazer algo revolucionário com a IPA e o pouco que faço

já me custou bastante. Em determinado momento apoiei Claudio Eizirik, que promoveu uma abertura em relação a vários modelos, o que não é quase nada, mas esse quase nada levou oito anos de discussão.

Penso que Horacio Etchegoyen fez coisas muito boas, denunciou como éramos, que existiam atas secretas. Na época, tentei mostrar que a IPA podia ter uma boa revista internacional, mas isso é muito pouco. A grande maioria quer procedimentos, condutas, então, como sempre, a psicanálise está condenada. Não sei se é uma maldição ou uma bênção – acho que uma bênção –, mas a psicanálise tem de ser uma disciplina subversiva e marginal. Não creio que a psicanálise vá crescer no interior da IPA. Ela vai crescer à margem.

Como você diz, a IPA está levando a psicanálise a se tornar quase uma profissão paramédica adaptativa. Mas o interessante é que muitas lideranças, como você ou Marcelo Viñar, vão contra a IPA e estão tentando fortalecer as instituições regionais e locais. Acha que o conflito vem em parte do fato de as regiões não terem força na organização de poder da IPA? O que pensa disso?

A Fepal decidiu se opor às tentativas da IPA de criar uma teoria única. Tem de haver uma abertura em relação a diferentes práticas teóricas, clínicas e de formação. Isso foi aprovado por aclamação na assembleia da Fepal, como diretiva para os representantes. Acha que vai funcionar? Não, não vai.

Vou te dizer por que não. Um dos motivos é administrativo. Eu não separo a administração da ideologia, a administração é um reflexo da ideologia e esse reflexo, por sua vez, é criador de ideologia. E, quando digo que um dos motivos é administrativo, estou me referindo ao sistema de eleição dos membros da Junta de Representantes da IPA. Por causa das regras das eleições, eles não têm nenhuma responsabilidade em relação àqueles que os elegeram; os eleitores não têm possibilidade de exercer nenhum tipo de controle sobre eles. Então, os representantes fazem o que bem entendem, de acordo com as suas necessidades pessoais ou políticas. Não há uma responsabilidade institucional.

Não há força para isso.

O sistema é assim.

O sistema é assim porque a maioria se adapta a ele.

Penso que é fundamental que as sociedades e as regiões estejam representadas na ipa, como acontecia quando existia a Câmara de Delegados. Penso que é a única maneira de haver transparência e mais democracia na ipa.

A meu ver, é preciso abrir tudo. A história e seus andamentos é que vão dizer o que é bom, o que é útil. Vão se passar várias gerações até isso acontecer. Hoje cada um vê a si mesmo como um verdadeiro psicanalista e os demais como incompetentes. Isso fica evidente na hora de escolher um analista para os filhos, para os netos, para quem quer que seja. Não há analistas disponíveis para essa preciosa tarefa porque ninguém é suficientemente analista, não é?

Então, a questão é pensar como podemos fazer a diferença: os currículos mais abertos que implantamos em São Paulo, talvez algumas coisas na Fepal... Poucas coisas, mas são como cerejas. A maior parte da nossa existência, da minha, da sua, passa ao largo disso. Mas você tem razão, para você e para mim é uma parte essencial. Não sei como seria me aposentar completamente; quando penso em fazer isso, sempre aparece alguma solicitação e logo estou no meio da tempestade de novo. Acho que você e eu deveríamos agradecer a Mimi e a Raquel, porque de certa forma elas nos protegem de nós mesmos. A atividade institucional psicanalítica poderia nos subjugar a tal ponto que perderíamos o sentido da vida, do cotidiano, das coisas pequenas. Acho também que nós temos modelos muito míticos na cabeça, muito heroicos, a gente acha que tem de fazer coisas muito especiais. Nossas mulheres são diferentes.

São heroicas em outro terreno.

Sim, claro, em outro terreno. O heroísmo mais autêntico está em como você leva a vida.

Bem, mas te digo que elas também precisam que nós sejamos assim, porque senão seríamos uns maridos chatíssimos. E quando terminar o período como presidente da Fepal, o que está pensando em fazer?

O que quero fazer? Quero fazer política. No mínimo, ser eleitor do próximo presidente latino-americano da IPA. Tenho vontade de fazer alguma coisa que valha a pena. Gosto de estar presente nas coisas, mas não sei se gosto de estar no centro do poder. Por exemplo: agora, como presidente da Fepal, tenho que ter tudo na cabeça e me sinto responsável por tudo. Não sei se quero isso, mas também não sei se existe alguma coisa intermediária.

Ou você está presente ou não está.

Exato, estou ou não estou. Essa possibilidade é muito nova para mim, porque eu sempre estive.

Mas você foi presidente da sociedade de São Paulo, da Federação Brasileira de Psicanálise (Febrapsi) *e, claro, da Fepal, que é muito maior.*

O mais difícil são as sociedades, porque tudo é muito próximo, é como a sua família, é como ter problemas com os amigos, os problemas estão no seu círculo mais estreito. Por isso as brigas, as disputas, as invejas, o ciúme, tudo é muito mais intenso. Para mim, é muito mais fácil apresentar um trabalho em inglês, num congresso internacional, do que na minha sociedade. No congresso internacional, não tenho grande relevância; na minha sociedade, ao contrário, estão os rivais, os amigos, os que te compreendem, os que têm preconceitos... É uma coisa mais congestionada, o tráfego é mais congestionado.

Já vão sacando a faca...

É, sacam. As brigas nas sociedades são mais duras.

Foi essa a sua experiência como presidente?

Não quando estava na presidência, mas depois. Porque quando eu era o presidente, eu era o presidente, mas quando ocupei instâncias diretivas posteriores e já não estava em posição de poder, houve um ataque muito forte.

Era a vingança contra quem já não tinha força?

Não creio. O que aconteceu é que havia uma forte pressão contra. É como se me achassem presente demais. Fiz a exposição "Psicanálise e Modernismo", que teve 300 mil visitantes em São Paulo, 150 mil no Rio, 50 mil em Porto Alegre, foi algo que me deu muita projeção. Fiz revistas, dei uma entrevista para as "Páginas Amarelas" da revista *Veja* (supra, p.275), que é uma coisa muito importante. É impossível fazer as coisas sem se expor, e essa exposição entra em contradição com a nossa prática intimista. É um problema insolúvel. O engraçado é que isso não traz nada para o consultório. Depois daquela entrevista, recebi dois telefonemas: de uma pessoa psicótica de Minas Gerais e de um senhor judeu que queria saber se o filho esquizofrênico dele estava sendo bem tratado, porque se eu estava na revista eu era um grande médico. Mas tudo isso cria muitos preconceitos. Também promovi uma grande transformação no currículo, fizemos a sede da sociedade de São Paulo que você conhece, a compra do terreno, o contrato com a construtora, a forma de pagamento etc. Fizemos tudo em equipe e muitos participaram. Tive muito apoio de muitos amigos, mas houve um momento em que o choque foi muito forte.

Você se expõe e as pessoas pensam que te conhecem. Nós sabemos que devemos duvidar daquilo em que acreditamos sobre nós mesmos. Será que eu daria essas mesmas respostas daqui a um ano? Certamente não. Esta conversa é uma ficção deste momento, em outro eu sem dúvida reuniria as respostas numa ficção diferente. Não sei, mas vamos em frente...

E como compreende isso? Nós, analistas, supostamente não deveríamos ter essas paixões mesquinhas. Foi uma surpresa?

Foi uma surpresa. Por exemplo, uma vez houve um problema com a cadeira de psiquiatria da Santa Casa, com a qual íamos implantar um programa conjunto: a Sociedade ofereceria supervisão aos alunos antes de entrarem na residência e eles nos abririam o hospital. O pessoal da Sociedade foi contra; eu era o diretor de Comunidade e Cultura na época e disseram de tudo: que eu ia dar emprego para a minha família, que ia ganhar dinheiro... Enfim, uma série de coisas totalmente tolas. Uma pena, porque perdemos uma oportunidade que

provavelmente não se repetirá, pois o professor de psiquiatria que tinha essa abertura, o Eduardo Iacoponi, foi para Londres e não voltou mais. Isso aconteceu no momento em que havia uma forte oposição a esse projeto.

Houve outra coisa também: quando postulei a presidência, eu representava a nova geração e esse trânsito não se realiza sem conflito. Além disso, sempre tive uma posição contrária a acreditar numa verdade única, e muitos de nós se tornaram adeptos de uma escola específica. Tenho muito medo das teorias únicas porque elas dão lugar às maiores violências. Então, esse outro grupo com o qual estou sempre brigando é o grupo dos que querem ser os controladores da qualidade de todos os livros. Eu sempre me pergunto quem os pôs nessa posição, porque uma eleição política não dá direito a ser detentor da verdade, só dá direito a governar por um período. Então, estou sempre brigando com esses grupos. Também brigo na IPA, mas nas sociedades as brigas são mais duras, mais pessoais, mais carregadas de emoção.

Minha impressão é que esses grupos se recolhem, mas na primeira oportunidade voltam a atacar e muitas vezes tomam o controle.

Claro, é assim mesmo. E, quando tomam o controle, em pouco tempo percebem o que é exigido, porque muitos não participam e logo já querem sair. Sempre digo que o nosso grupo, o grupo de que faço parte, é um grupo que só se une nas crises porque todos nós somos orgulhosamente independentes. Quando há uma crise, nós nos juntamos, fazemos uma votação dos independentes e nos separamos de novo, porque não queremos ser parte de um grupo. Acho que a maioria dos analistas quer ser independente, ter seu próprio caminho. Nossa atividade é muito pessoal, então qualquer ataque à nossa atividade é sentido como um ataque pessoal.

Quando nós apresentamos um material clínico, isso implica questões autobiográficas, não há como fugir disso. Num congresso europeu, por exemplo, participei de um painel em que Jean-Claude Rolland apresentou duas vinhetas clínicas sobre abandono. Como Jean-Claude é muito meu amigo, eu olhava aquele material e tinha a impressão de que era autobiográfico, então me perguntava como veríamos o mesmo material

se soubéssemos se o analista era adotado ou não, se era órfão ou não, ou sei lá o quê. Nossa atividade profissional é muito pessoal e reagimos vigorosamente, com uma loucura interior, diante de qualquer crítica.

O que você está dizendo é que os únicos que não sabem que os psicanalistas são loucos são os próprios psicanalistas, que se consideram em seu perfeito juízo.

Sim, porque se soubéssemos que somos loucos já não precisaríamos ser sábios, bastaria saber que somos loucos. Não somos melhores do que nenhum grupo profissional, a não ser na percepção da nossa própria loucura... Por exemplo, conversando há pouco com o tesoureiro da IPA, perguntei como fazer para que a IPA pagasse uma parte da revista da Fepal. Ele me respondeu que era muito difícil, porque agora a IPA é contra as publicações impressas, querem fazer tudo eletrônico. Então eu disse: "Vamos modificar a pergunta: como fazemos para que a IPA pague a parte eletrônica da revista da Fepal?" Será que temos de fazer uma versão em inglês da nossa revista?

Eu fui tesoureiro.

Mas você não se comporta assim. Acho que isso faz parte da política da IPA desde a presidência do Otto Kernberg. Eles se preocupam muito em fazer economia, podam tudo o que conseguem dos gastos dos comitês e de outros projetos que são de interesse, mas gastam com advogados, reformas de estatutos e coisas que não servem para nada. Groucho Marx dizia: "Jogar xadrez é muito bom porque desenvolve a sua capacidade de jogar xadrez." Eu tenho a mesma visão sobre economizar: economizar é muito bom porque desenvolve a sua capacidade de economizar. O problema é que não se pode criar nada economizando. Temos que diferenciar investimento de gasto.

Você fala da economia de Otto, mas os gastos iam em outra direção. Ele economizava em publicações – e a IPA continua a fazer isso –, mas usava o dinheiro em pesquisa e esse tipo de coisa.

Veja, há uma ideologia, porque gastar 300 mil dólares por ano em pesquisa é uma ninharia, não é nada. As pesquisas em neurociências, em psiquiatria, têm um orçamento

astronomicamente maior do que isso. É apenas um carimbo de poder dentro da organização analítica, uma direção ideológica, não impulsiona realmente nenhum tipo de pesquisa.

Você está dizendo que é uma marca de poder e que não contribui com a pesquisa.

Porque pesquisa exige muito mais dinheiro.

Então, como explicar que isso aconteça na IPA*? Você fez parte da Junta de Representantes.*

É verdade, fiz parte da Junta de Representantes, do Comitê de Cultura, fui editor da revista, participei até do Comitê de Finanças... Fiz parte de mil coisas! Creio que há um grupo que se beneficia desse controle. Quando estive numa posição de poder, eu doei o meu tempo, minha intimidade, meu empenho. Tenho talvez um pouco da vaidade de ser conhecido, mas isso não se traduz em benefícios para a prática pessoal; ao contrário, é muito custoso.

Porque eles detêm o poder, estão no poder há quatro presidentes.

Não podemos equiparar todos os presidentes, em geral há acordos e compromissos. Alguns grupos lutam até a morte. Na prática, a instituição está sob o poder de quem depende dela, dos grupos que favorecem a pesquisa empírica e que têm pretensões positivistas. Para a grande maioria e para mim também, o vital é a prática clínica. Nesse campo a briga é importante. É por isso que as brigas nas sociedades são tão duras, porque é como se as sociedades fossem também uma reunião de empresas familiares. Cada um é uma empresa, então não se admitem críticas, não se admite pôr em questão a prática analítica, e aí, sim, a briga é radical.

Vamos ver se entendo: você está dizendo que na sua sociedade o conflito determina quem vai ter pacientes didáticos, quem vai ter supervisões...

As brigas são mais duras entre os que vivem da instituição, eles não admitem perder o controle.

Por isso as brigas com você?

Não creio, ou melhor, não sei. Não devemos esquecer que há posições e visões divergentes que são legítimas, mas não deveria haver briga. Por outro lado, em nenhum momento o movimento psicanalítico fez uma autocrítica. Nós temos uma teoria geral, uma disciplina das humanidades, podemos estar na psiquiatria, na teoria literária, na educação, na obstetrícia. Se você é um psicanalista positivista que quer fazer psicoterapia científica, você se torna um cientista do tipo paramédico, um psicoterapeuta auxiliar numa cátedra de psiquiatria. Nós não somos isso.

Mas você está me dizendo que os inimigos são aqueles que precisam ganhar a vida com uma prática semelhante à de um dentista.

"Inimigos" é forte demais. Minha divergência não é com os que precisam ganhar a vida. Nós somos trabalhadores e isso nos honra. Minha divergência é com os que querem uma disciplina de procedimentos claros que não gere inseguranças para eles, uma disciplina que tenha diagnóstico, que tenha o certo e o errado muito bem delimitado, uma ciência positiva.

Um DSM-IV psicanalítico, essa é a linha que está triunfando na psicanálise.

Não tenho a menor dúvida de que eu e você fazemos parte de um grupo minoritário.

Mas, apesar de ser presidente da Fepal, de ser um grande eleitor, você vai acabar elegendo essas pessoas que agora critica.

Não sei, vou fazer o que tenho feito a vida toda como bom bolchevique: eu sempre votei como oposição, não pelo que eu realmente queria. Fiz isso a vida toda, nunca consegui votar em ninguém pensando que era de fato o candidato que eu escolheria, sempre votei pensando no possível. Isso se chama "voto útil".

Eu chamo de "voto de compromisso".

Nós chamamos de "voto útil" no Brasil. "Voto de compromisso" é um bom nome porque minha posição não tem nenhuma chance de vencer.

De algum modo, isso faz de você um cúmplice.

Sim, o voto útil é isso, eu voto no menos ruim.

Você não limita as suas possibilidades com esse voto?

Claro que limito, mas votar no outro candidato seria suicídio. Algumas vezes na vida eu tentei fazer diretamente o que pensava e foi uma catástrofe. Por isso fui preso, por isso sofri na IPA, por causa da política editorial da *Newsletter* – você sabe, criaram um comitê para investigar se eu era o editor apropriado e esse comitê fez investigações pelo mundo, uma coisa muito louca. Você me dizia que eu deveria renunciar porque não tinha nenhuma chance e eu dizia que não renunciaria, que ia obrigá-los a me mandar embora. Me puseram em crise, mas não conseguiram me tirar imediatamente. Foi um sofrimento terrível, não levei em conta as questões políticas reais, fiz aquilo sem ter apoio suficiente, não tinha um grupo de apoio. Pensava que a qualidade com que eu fazia a revista era o bastante.

O problema estava na qualidade da sua edição, que era muito boa, e o que eles não queriam, é claro, era que aparecesse uma boa revista.

Sim, essa é a política até agora. Mas eu não desisto, quero fazer uma revista da Fepal com um modelo que não seja o do *International Journal of Psychoanalysis*, e vamos ver se vai dar para fortalecer cada vez mais uma política de interfederações regionais.

Jonathan Sklar foi derrotado na eleição para a presidência da Federação Europeia de Psicanálise porque era a favor de estimular uma política de convergência das federações psicanalíticas regionais. Veja quanta força tem a posição contrária.

Foi uma pena, porque ele é uma excelente pessoa. Perdeu por um erro de cálculo. Creio que esta é a sabedoria política: tentar fazer o que é possível. Eu não deveria ter tentado fazer uma *Newsletter* maravilhosa se isso ia fracassar, deveria ter feito alguma coisa dentro do que se podia fazer – isso é político.

Como vê o doloroso fracasso de quando você foi editor da Newsletter*?*

Não considero um fracasso, entendo aquilo como se eu tivesse entrado na briga de um modo meio imaturo. Não houve uma falha de qualidade. Tive de brigar contra forças muito mais fortes que me quebraram ao meio, mas aqui estou eu de volta.

Brigar contra quem?

Acho que fui provocador demais. No primeiro número, todas as ilustrações artísticas eram de negros, de um fotógrafo brasileiro muito importante, Mario Cravo. Foi muito inusitado. Também publiquei um artigo sobre pesquisa empírica dando a palavra a Robert Wallerstein, mas também a André Green, que dizia coisas muito violentas contra Wallerstein. Green teve direito a réplica. Então, desde o primeiro número cutuquei o inimigo mais poderoso e fiz isso sozinho, sem discutir com ninguém, decidi fazer e fiz. E a verdade é que começaram a cortar minha cabeça ali mesmo, imediatamente. Recebi uma carta do Robert Tyson, que era o secretário da IPA, dizendo que a revista era muito cara porque eu fazia uma edição muito artística e imprimia em papel bom. Eu disse que estava custando o mesmo que as revistas anteriores haviam custado e ele me respondeu uma coisa assombrosa: "É que não basta ser barato. Tem que parecer barato, senão os membros se rebelam."

Acho que ele tinha um pouco de razão. Creio que o conjunto dos membros não queria qualidade, e isso quer dizer alguma coisa.

Não creio. Acho que todos nós reagimos diante do novo.

Estou apenas sugerindo uma possibilidade...

Veja, nós falamos do novo o tempo todo, mas se não dizemos que o novo aterroriza não estamos sendo mais do que charlatães. O novo não é o que queremos, nós queremos naturalmente o velho. O que nos empurra em direção ao novo são as contradições e os conflitos que tornam insuportável uma situação. Outra coisa defensiva é transformar a psicanálise numa profissão meio santa, num sacerdócio. Nós lidamos com a sexualidade, mas ela assombra a todos nós.

Estava pensando em como as cartas de Freud para a mulher dele, Martha, se transformaram num discurso chatíssimo na plenária do congresso da IPA *no México.*

    Parecia uma cerimônia evangélica, com aqueles três telões enormes e duas mil pessoas... Mas nem isso, porque o pastor evangélico pelo menos levanta as massas e ali as massas estavam dormindo. Para mim, é um mistério o que leva as pessoas a ficarem sentadas um dia inteiro ouvindo coisas aborrecidas. Não suporto ficar uma hora ouvindo uma leitura para depois fazer uma pergunta que vai ser respondida em dois minutos. Não existe debate. Por que precisamos desse cerimonial? Por que esse cerimonial não acaba? Pessoalmente, quando faço uma conferência, prefiro não ler. Uma vez, fui fazer uma e me deu um branco, não conseguia falar nada. Foi uma experiência mais viva do que se eu tivesse lido um texto. O público teve a experiência de ver um analista em pânico, algo se aprende com isso. Quando o palestrante lê, a experiência de quem ouve se afasta da experiência analítica, porque há uma distância muito grande entre a palavra falada e a palavra escrita, são experiências muito distintas.

Acho que foi um milagre conseguirem transformar um material interessantíssimo num discurso chatíssimo, mas nunca tinha pensado naquilo como um discurso evangélico, com seus ícones... Era, digamos, a juventude de Cristo e Maria Madalena...

    Pois é, assim como existem os de "Jesus Cristo dos Últimos Dias", os mórmons, nós parecíamos os de "Sigmund Freud dos Primeiros Dias"...

Se juntar isso com o comentário do Bob Tyson sobre a Newsletter *que você editava, então fica bem claro que não podemos fazer coisas boas e bonitas.*

    Sim, às vezes nós somos como os sacerdotes. Temos de ser pobres, temos de nos despojar da sexualidade, como os santos, e aí, sim, podemos tratar a patologia, o pecado...

Mas isso é uma extensão do que havíamos falado sobre por que atacaram a sua revista.

No segundo número da *Newsletter* que editei havia um debate sobre a instituição psicanalítica e abri espaço para os que a criticavam. É óbvio que não podiam me deixar ser o editor de uma revista subversiva dentro da IPA, seria suicídio político. Quando reapareci na IPA foi uma surpresa para todos.

Você se arrepende do que fez?

Não, de maneira nenhuma. Não estou arrependido, mas hoje faria diferente, faria de uma maneira que tivesse possibilidade de ganhar. Não me arrependo de maneira alguma, tudo aquilo foi lindo. E, quanto às críticas que recebi em relação à sede de São Paulo, foi uma ingenuidade minha pensar que não haveria resistência à mudança. Pensei que, como era melhor, todo mundo ia gostar, mas não, não é assim. Para alguns ficou longe, outros tiveram que mudar seus hábitos, coisas desse tipo. Essas coisas aparecem, e acho que vão aparecer na Fepal porque é uma instância diretiva que está em construção. Hoje acredito que todos nós oscilamos entre o hábito tranquilizador, impossível de manter, e o novo, que se impõe a nós sem ser chamado e nos traumatiza. Eu não sou diferente de maneira nenhuma, também tenho que lutar contra os maus hábitos do pensamento.

Mas a direção da Fepal dura pouco, dois anos.

É, só dois anos, talvez não dê tempo. Inclusive, se esse congresso da Fepal em São Paulo for muito bem, alguma coisa ruim vai acontecer... Acho que vai ser bom, temos uma boa equipe.

Não vai ser um tempo curto para você?

Claro que é curto.

Não permite uma continuidade, mas te vacina contra a inveja.

Não existe vacina contra a inveja porque a vacina é autodestrutiva. Para se proteger da inveja você tem de cortar as próprias pernas, não existe vacina contra a inveja. A rivalidade não é um grande problema, mas a inveja sim, e contra isso não há vacina. De todo modo, há coisas muito interessantes para fazer fora da instituição psicanalítica. Uma vez me convidaram para participar da organização de uma bienal de arte em Gwangju, uma

espécie de cidade das artes na Coreia do Sul, pode imaginar? E passei duas vezes pela China, onde fiz supervisões. Também fiz na Índia. Encontrei colegas muito interessantes. Se uma porta se fecha, outra se abre. Há muitas coisas que me divertem: aprecio a música, a leitura. Imagine, me telefonaram um dia e perguntaram: "Quer ir a Gwangju?" Eu respondi: "O que é isso?" Me explicaram e eu aceitei, praticamente sem saber o que era. Foi muito divertido, eu até convidei pessoalmente o artista brasileiro que foi e ganhou o prêmio da bienal (2004), o Waltercio Caldas. Nos tornamos amigos.

Então, há muitas coisas que podemos fazer para nos divertir na vida, Moshe, meu velho amigo, meu querido amigo. Nós somos dois velhos fodidos que encontramos maneiras de nos divertir em qualquer lugar. Você, por exemplo: se não pode trabalhar na sociedade, vai para a universidade ou é convidado a dar uma palestra para imigrantes peruanos nos Estados Unidos. Sabe? É a coisa de ter talentos. É diferente de quando a pessoa só tem um lugarzinho e vai brigar por esse lugarzinho até morrer. Não é o seu caso nem o meu, porque não é vida ou morte. Aprendi isso com a Virgínia Bicudo. Ela me dizia: "Nunca brigue com um paciente porque você vai perder, sempre vai perder. Não importa se está certo ou errado, sempre vai perder. Se já perdeu logo no primeiro momento, fale sobre isso, porque para o paciente aquele momento é de vida ou morte." O centro da vida de trabalho, eu insisto, é a atividade clínica, e para a intimidade nós temos a família, os amigos e nosso envelhecimento. Já é bastante coisa.

Mas voltando à IPA: o atual presidente, Charles Hanly, supostamente acabou ganhando a eleição por ser antissistema.

Não, não acho. Eu o vi em atividade, estava com ele na Junta de Representantes. Durante todo o tempo ele estava com o grupo que se opunha à pluralidade de modelos proposta por Claudio Eizirik. Três modelos não bastam; de fato, continua vigorando a ideia de que certos procedimentos devem ser contemplados. O que é preciso é disposição para desenvolver o pensamento metapsicológico, mas será que a instituição psicanalítica vai ter talento para isso? De todo modo, os três modelos já são um progresso em relação ao modelo único. Por outro lado,

será que atualmente a IPA tem legitimidade para intervir nas sociedades? Será que o papel da IPA não deveria ser estimular a prática e a reflexão analítica? Já não terá passado a época em que a IPA era "proprietária" da psicanálise?

Hanly é uma pessoa bem-intencionada, é um homem correto, honesto, que tem suas crenças e compromissos políticos. Pessoalmente, sou amigo dele. Uma vez lhe mandei um trabalho meu do qual ele discordava e ele me disse: "Você sabe, eu sou um filósofo positivista. Não temos compatibilidade teórica, filosófica." Bob Pyles, que concorreu com ele, era a favor da diversidade de modelos de formação, enquanto Hanly era a favor da centralização. Para você ter uma ideia, os três modelos ganharam por uma votação de treze a doze, ou seja, foi uma vitória bem apertada. A Junta de Representantes se dividiu em dois grupos, os que eram a favor da diversidade de modelos e os que eram a favor da centralização. Hanly tinha uma imagem de honrado, honesto e bom, ganhou a eleição porque parecia "mais analista" do que Bob Pyles. Na eleição seguinte para a presidência, Stefano Bolognini, que apoiava os três modelos, derrotou Jorge Canestri por mais de mil votos de diferença. Isso quer dizer que os membros da IPA não querem o modelo único, que temem quem acredita possuir a verdade analítica.

Então você acredita que o candidato que ganhou vai favorecer a abertura.

Creio que sim.

Voltando um pouco, me conte como se sentiu quando tiraram você da revista da IPA, da Newsletter, *na gestão do Otto Kernberg. Foi lá por 1996, 1997...*

Foi. Fiquei deprimidíssimo. Já havia chegado deprimido à reunião da IPA, não tinha uma voz amiga – um pouco você, mas todo o resto era a favor de me tirar. Foram tempos difíceis, mas eu tinha amigos na Federação Brasileira de Psicanálise e me dediquei ainda mais ao consultório. Também participei do Centro Cultural São Paulo e da Cinemateca Brasileira. Por isso me convidaram para participar da organização da Bienal de Artes na Coreia do Sul.

Depois das coisas que fiz na Ásia, começaram a me convidar de novo para participar de comitês. Fui diretor de publicações da Fepal na gestão do Marcelo Viñar. Fiquei quatro anos afastado da minha sociedade por um tempo, mas voltei com Luiz Carlos Menezes e comecei a ser convidado para integrar comitês da IPA mais uma vez. Voltei como integrante do Comitê sobre Terror e Violência Política, que foi muito interessante, embora formado em sua maioria por gente que tinha um pensamento de direita. Fizemos uma conferência na Turquia e outra em Berlim. Também fizemos um livro com o qual estou quase totalmente em desacordo, mas ele me permitiu elaborar um texto ("*O Terror na Vida Cotidiana: Revisitando Mr. Kurtz*") que para mim foi muito importante. Depois criaram a Junta de Representantes no *board* da IPA, a SBPSP e a Febrapsi apresentaram minha candidatura e fui eleito. Na segunda vez que me candidatei fui eleito com a maior votação da América Latina. Foram anos de muitas viagens e encontros em vários lugares do mundo. E agora sou presidente da Fepal.

Você é um eleitor individual pela sua influência, mas o problema central é como conseguir a representação das sociedades e das regiões na estrutura de poder da IPA. Essa é a batalha. Penso que os presidentes das sociedades sob a liderança das federações regionais têm de fazer pressão para mudar os estatutos.

Olhe, você faz críticas, mas ficou muito próximo do Joseph Sandler, que eliminou um movimento muito rejuvenescedor, a Assembleia de Presidentes. Sandler a transformou na Câmara de Delegados.

Eu entrei depois disso.

E depois Horacio Etchegoyen implementou a Câmara de Delegados, para surpresa e ódio de Sandler, que se aliou a Otto Kernberg para acabar com ela. Você se alinhou com Otto.

Eu participei ativamente da criação da Câmara de Delegados.

Mas se alinhou com as pessoas que acabaram com ela.

Foi o Bob Tyson.

Bob Tyson e Otto Kernberg.

Sim, Bob Tyson e Otto Kernberg, mas a prova de que eu não estava com eles é que logo no início eles fizeram uma campanha muito forte contra mim quando postulei a presidência.

Você não foi presidente porque Sandler morreu e você não se deu conta de que eles não te apoiariam porque você não é confiável para esse sistema, você tem origens de esquerda. A pequena ideologia desse grupo é de controle e centralização, é a micro-ideologia deles, seu modo de viver o dia a dia.

Isso me lembra uma anedota. Uma vez, quando discutíamos a utilidade da Câmara de Delegados, não me recordo por quê, eu disse que gostava das Internacionais socialistas – gostava da Terceira, não tanto da Segunda, e tinha uma pequena simpatia pela Quarta, mas eu já não queria militar e tinha vindo parar na Internacional Psicanalítica porque gostava das Internacionais. Um americano imediatamente falou assim: "Mas o que você está dizendo?!" E outro me olhou e disse: "É coisa de comunista!" Nós demos muita risada!

A coisa é que você era incompatível com eles, como eu sou também. Veja, eu tinha uma posição no extremo oposto à deles, mas você e eu éramos amigos porque somos compatíveis, como Jacqueline Amati-Mehler, e, ainda que Jacque também se incline para a centralização, ela tem uma grandeza que aquele grupo não tem.

Lembre-se de que Jacque também foi atacada e destruída por esse grupo. Eles apoiaram em peso o Daniel Widlöcher contra ela.

Eu falo muito com Peter Wegner e com Bob Pyles. Bob não é minoritário nos Estados Unidos, mas Peter e eu somos meio *outsiders*. Já me falaram muitas vezes que eu sou a pessoa mais anti-institucional que já viram, o que é um diagnóstico equivocado. Eu sou muito institucional.

E teria, então, a possibilidade de pressionar para mudar os estatutos da IPA *e para que as regiões e as sociedades passassem a fazer parte da estrutura de poder?*

Eu comecei na Fepal com um projeto claro de trabalhar para que as federações psicanalíticas regionais, que são federações de sociedades, tivessem uma possibilidade melhor de se tornarem mais democráticas e mais representativas do que a IPA.

Como associações de sociedades.

Como associações de sociedades e não como associações de membros, porque uma associação de membros está acima das sociedades e sempre aparece um grupo que se perpetua no poder. Uma federação de federações poderia ser algo parecido com a Câmara de Delegados, teria uma representação das sociedades de todo o mundo. Como os presidentes das sociedades mudam a cada dois ou quatro anos, então sempre fariam parte dessa federação de federações aqueles que estivessem à frente das sociedades, e não pessoas que já não estivessem ou que quisessem se pôr acima das instituições.

Comecei a trabalhar essas ideias, que compartilhava com Peter Wegner, presidente da Federação Europeia, e com Bob Pyles, que será o próximo presidente dos americanos. Naquele momento a IPA vivia uma grande crise, houve um tumulto na Junta de Representantes, uma grande oposição à administração de Charles Hanly. Assim, nós das três federações discutimos e elaboramos um documento de crítica ao sistema institucional, incluindo nossas propostas. Isso teve certa repercussão na hora, mas gerou uma oposição muito grande. Na Federação Europeia surgiu um movimento que sustentava que a Federação não devia participar dos assuntos políticos da IPA, devia se ater aos assuntos científicos. Então, Jonathan Sklar, o candidato que deveria suceder o Peter Wegner, foi derrotado por adotar a nossa posição de intervenção na política da IPA. Já na Federação Americana, que tem uma grande tradição de olhar para dentro dela mesma, o documento não teve repercussão. O resultado é que as federações regionais estão agora mais próximas, mas só no plano das instâncias diretivas. Essa proximidade não se estendeu às sociedades, tudo parou numa proposta que havia apenas começado. Vamos ver se a próxima geração de presidentes abraça a ideia de que é interessante estimular uma união de federações como representação de suas sociedades.

Um deles será Abel Fainstein.

Não sei o que ele pensa a respeito, não sei se vai caminhar nessa direção, porque uma administração não necessariamente segue a anterior, não sei que programa vai adotar, mas outra

ideia que me guiava era a comparação da Fepal com as outras federações regionais, que são muito mais fortes. A americana tem uma tradição antiga, tem sua própria organização e seus próprios padrões para o modelo de reprodução de analistas e não obedece à IPA. A Federação Europeia, por outro lado, como vimos na última eleição (*2010*), tem um programa de debate científico, mas não está inclinada a participar do debate organizativo institucional. Eles lidam com outros tipos de problema porque têm muitas línguas e a discussão passa pelas diferenças culturais nacionais. Já na Fepal, nós temos só duas línguas, português e espanhol, mas não somos fortes em termos de centralização. Promovemos um único evento grande, o congresso latino-americano, a cada dois anos, mas continuamos a ser o setor mais frágil da IPA. Eles vêm conversar conosco a cada quatro anos porque a América Latina tem um terço dos votos na instituição e somos decisivos na eleição para presidente. Terminada a eleição, continuamos a ser latino-americanos, somos tratados sempre como irmãos menores, menos maduros, com uma psicanálise menor.

Por isso, um objetivo muito importante na minha administração era criar uma revista da Fepal forte, e para isso fizemos uma mudança nos estatutos. Retiramos a revista da alçada da diretoria, porque isso significava que haveria um novo editor a cada dois anos e que a cada dois anos se criaria uma nova revista. Criamos então a revista latino-americana, a *Calibán*, que deve estrear neste congresso em São Paulo e que tem três editores, um do norte, um do centro e outro do sul, os quais permanecem no cargo durante seis anos. Se a revista da Fepal for forte, isso vai trazer permanência científica. Dos três editores, um muda a cada dois anos e os outros se mantêm no cargo, para dar continuidade e renovação permanente à revista. Depois de seis anos, todos terão sido trocados, mas nunca todos de uma só vez; é uma maneira de estabelecer uma continuidade em termos de política editorial, o que esperamos ser um fator de união, pois há uma espécie de divisão entre os falantes do espanhol e os falantes do português.

Uma coisa que acontece na Fepal é que, pela questão do idioma, nos congressos latino-americanos os brasileiros assistem à apresentação de trabalhos dos brasileiros e os hispanofalantes

vão à apresentação dos hispanofalantes. Isso faz com que o intercâmbio do Brasil com os demais países latino-americanos não seja muito forte, situação que esperamos que comece a se reverter. O Brasil olha muito mais para a Europa, particularmente para França e Inglaterra, do que para os Estados Unidos e o restante da América Latina.

Além disso, há uma coisa que acontece na América Latina que, se soubermos aproveitar neste momento, pode ser muito interessante. Até algum tempo atrás as escolas se queriam detentoras da verdade psicanalítica – os kleinianos, os winnicottianos, os franceses etc. –, mas isso veio abaixo junto com as certezas das utopias, com a crise do Iluminismo, a crise da razão e o fim das ideologias. Agora nenhuma escola tem a pretensão de afirmar que possui a verdade. Nós, latino-americanos, sempre tivemos como que um kleinianismo deformado, um winnicottismo *aggiornato*, mais ou menos como os nossos movimentos religiosos, que têm um pouco dos negros, outro pouco dos índios e outro pouco dos brancos, um sincretismo teórico. Esse sincretismo – que tem a ver com ser capaz de ler inglês, francês, português e espanhol, o que é comum na América Latina – pode ser um fator para impulsionar uma qualidade clínica muito interessante.

Então, acho que as nossas publicações poderiam trazer uma contribuição muito interessante para o movimento psicanalítico internacional. A América Latina tem coisas muito importantes a oferecer: a capacidade de caminhar por diversas escolas e a forte inserção nas culturas locais, como ocorre em Lima, em Buenos Aires, em São Paulo, em Porto Alegre. Muitos psicanalistas são considerados intelectuais em seus países, o que não acontece em outros lugares. Você mesmo, ou Max Hernández, para ficar apenas com um exemplo peruano, são pessoas que participam do debate cultural de seu país. Essa tradição latino-americana muitas vezes é vista como uma delusão da psicanálise, mas a mim parece central à psicanálise, como era para Freud. Textos freudianos como *Psicologia das Massas e Análise do Eu*, *O Mal--Estar na Civilização* ou *Moisés e o Monoteísmo* são chamados equivocadamente "culturais" porque são textos psicanalíticos em que aparecem outras alegorias e que incursionam pela cultura para falar do inconsciente. Em geral se faz uma leitura reducionista deles. Como eu te dizia, isso que acontece espontaneamente

nas sociedades latino-americanas é uma grande contribuição que podemos fazer chegar ao âmbito internacional, ao âmbito da cultura inglesa – que é hegemônica na divulgação da cultura psicanalítica –, por meio da revista latino-americana, e isso fará com que os psicanalistas latino-americanos se tornem mais conhecidos. Vamos editar a versão impressa em português e em espanhol e teremos também uma edição eletrônica em inglês. Mas isso acarreta problemas de dinheiro, de recursos.

Queria justamente te perguntar isso: como vão financiar esse projeto?

A parte econômica é política. Então, ao contrário do que acontece em muitas organizações em que o tesoureiro manobra o dinheiro para economizar, parte fundamental da política é decidir que destinação nós vamos dar ao dinheiro, em que vamos investir o pouco dinheiro que temos na Fepal. Se a revista é um projeto fundamental, então é fundamental investir nela.

Sim, mas sabe se Abel Fainstein, o próximo presidente da Fepal, vai continuar com isso ou se vai tomar medidas para que a revista tenha financiamento e siga seu próprio caminho?

Veja, isso está nos estatutos, não há como eliminar a revista. Também está nos estatutos que é preciso publicar três números por ano. E há outras medidas que podem ser tomadas. Por exemplo, houve um momento em que a sociedade de São Paulo quis apoiar a edição do *Livro Anual da Psicanálise* em português, e o que se determinou foi que todos os membros deveriam ter um exemplar e pagar por ele. Então, nos últimos quinze ou vinte anos, a SBPSP deu uns 250 mil dólares para o *Livro Anual*. Se as sociedades latino-americanas desenvolverem uma vontade política de divulgar sua produção científica, então vão precisar investir nisso, mas se não há vontade política... Eu não posso olhar além do horizonte da minha administração, mas tenho confiança em que isso terá prosseguimento. Tenho certeza de que Abel compartilhará esse projeto.

É, mas estamos vendo, por exemplo, que o tesoureiro latino-americano da IPA se opõe a projetos latino-americanos ou os bloqueia, por causa dessa ânsia de economizar.

O argumento dele é que, se der dinheiro para a América Latina, vai ter que dar dinheiro para outras federações.

E haveria algum mal nisso?

Não, mas existe outro movimento para conseguir que as publicações das três federações sejam postas em inglês no site da IPA, então tanto faz se a revista em inglês da nossa federação estiver no site da Fepal ou no site da IPA. A IPA tem uma dinâmica própria. Não importa de que nacionalidade ele seja, quando um tesoureiro chega ele se converte num patriota da IPA, passando por cima da federação a que pertence – é assim que ele se sente. A IPA tem grupos hegemônicos e uma burocracia que tornam todo movimento muito lento e muito difícil. Veja, faz só quatro anos que reconheceram o modelo francês de formação, que existe há mais de cinquenta anos.

Por que isso acontece? Será um conservadorismo burocrático que leva a instituição a se "stalinizar"?

Acho que a única saída para as instituições é elas serem antipsicanalíticas, e isso por uma razão muito simples: a psicanálise acontece em situações muito particulares. Cada analista é único, cada análise é única, cada sessão é única, singular e irrepetível; se você repete, é antiético, é como se um artista que fez sucesso com um quadro o repetisse. Então, de um lado está a universalidade singularizante da psicanálise e, de outro lado, as instituições, que não têm alternativa a não ser estabelecer regras. Elas precisam fazer isso. Daí existir uma contradição intrínseca entre a psicanálise e a instituição.

As instituições psicanalíticas têm um papel muito importante que consiste em dar sustentação à insegurança trazida por essa individualidade e singularização extremas e esse objeto tão incandescente que é o inconsciente. O melhor papel que as instituições podem desempenhar é dar suporte à originalidade dos analistas, mas as instituições, pela sua própria dinâmica, se perpetuam, têm de dar segurança, assumir posturas de defesa da psicanálise, ainda que a psicanálise não necessite ser defendida. Os analistas, talvez sim, mas a psicanálise não. A psicanálise está na cultura, nós não somos proprietários da psicanálise,

nem a IPA nem ninguém. Ela está no mundo. Mas é uma disciplina que traz insegurança, as situações são sempre novas. Uma forma de enfrentar isso é a institucionalidade. A outra praga que invade o movimento psicanalítico internacional é a redução positivista da psicanálise, que acredito ser majoritária neste momento e talvez sempre seja, porque é mais segura, mais concreta, tem regras, tem procedimentos.

É, mas o problema com o positivismo psicanalítico é que ele quer ser hegemônico ou mesmo único e que desnaturaliza e pretende eliminar outras maneiras de compreender a psicanálise. De fato, estão conseguindo isso com o controle econômico e o controle institucional. Não percebem que qualquer coisa escrita por um maluco como o Slavoj Zizek ou por qualquer outro vai ser levada muitíssimo mais a sério pela cultura do que a linha positivista, que só serve para as companhias de seguro.

O positivismo não tem alternativa a não ser querer o poder, na medida em que acredita que possui a verdade, que é o correto, o científico. A intolerância com outras correntes é intrínseca ao positivismo, mas, embora ele seja majoritário nas instituições, há sempre um grupo que se opõe, que é anti-*establishment*, que sobrevive, e é esse grupo que vai trazer os avanços. O positivismo vai continuar a ser a trincheira da defesa do estabelecido, o que é antianalítico. O estabelecido é memória, e a loucura e a neurose são a submissão à memória. Os loucos e os neuróticos sofrem de reminiscências.

Acredita que essa postura positivista será bem-sucedida nessa pretensão de eliminar as demais perspectivas?

Não creio, porque a partir de determinado momento o progresso da psicanálise não precisa das instituições. Talvez precise delas no início. Se eu pudesse aconselhar alguém que esteja começando agora, diria que deve manter uma relação contraditória com a instituição, deve aproveitar o que ela tem de bom, porém mantendo um espírito crítico, não pode se perder no institucional, principalmente numa disciplina tão radicalmente anti-institucional como é a psicanálise. Nós criamos um *setting* não pelo *setting*, não por criar, mas para permitir

que aconteça o inesperado, o novo, o que nunca havia acontecido. Esse é o papel do estabelecido, não sua perpetuação em si mesma. Veja, uma das grandes discussões institucionais é sobre quantas sessões por semana você deve fazer. Consegue imaginar uma discussão mais chata e mais sem sentido do que tentar definir se devem ser cinco, quatro ou três sessões de 45 minutos, cinquenta ou uma hora?

Bom, mas isso passou a ser um pilar central.

É claro que para fazer análise você precisa de alguns pilares: frequência, distanciamento, local, a atitude do psicanalista, tudo isso é fundamental, mas o importante é entender o porquê. Não posso acreditar que todos os franceses sejam tontos ou que sejam inimigos da psicanálise porque fazem três sessões por semana, não posso imaginar isso. É uma tradição, uma forma de fazer. Eu não digo aos meus pacientes quantas vezes devem vir. Quando aceito um paciente, digo que estou disposto a trabalhar com ele todos os dias úteis e pergunto quantas vezes ele quer vir. Sugiro que venha três ou quatro vezes, isso quando o aceito como paciente, mas quando surge a transferência alguns pacientes querem vir mais vezes. A situação nos leva a compreender que assim é melhor e eles oscilam durante a análise, há momentos em que trabalhamos três vezes por semana, em outros momentos trabalhamos cinco. O paciente escolhe quantas vezes. Escolhe conforme seus recursos de tempo, seus recursos materiais (nisso a gente dá um jeito de se entender) e, fundamentalmente, seus recursos psíquicos – esse é o ponto-chave.

Como posso ser dogmático com um número? Não suporto isso. Como na minha sociedade a lei para a análise didática diz que devem ser quatro sessões semanais e como não posso fazer as minhas críticas mas obedeço à lei, então não faço muitas análises didáticas. Em todas as sociedades os didatas têm um tremendo aspecto doutrinador, enquadram os candidatos em alguma escola. Os kleinianos, os winnicottianos ou os lacanianos são como partidos políticos dentro da instituição, e os grupos se organizam de acordo com as suas análises, por grupos de escola ou por grupos de poder institucional.

Muitos analistas acreditam que possuem a verdade.

Essa é uma das taras da psicanálise. Divido o mundo psicanalítico em dois grupos: os independentes e os que possuem a verdade. É interessante que os independentes, como nós, não têm nenhum peso, mas, quando surge uma grande força que pretende se apoderar do mundo analítico, eles aparecem, conseguem seu objetivo e em seguida desaparecem. Para a instituição, é muito difícil acolher a necessária subversão da disciplina, os sujeitos disruptivos, os que não se enquadram. Uma das maiores loucuras das instituições psicanalíticas é que elas têm a fantasia de controlar a reprodução dos analistas. Um dos principais motivos de disputa nas sociedades psicanalíticas é o controle dos institutos de formação, é uma coisa louca. Virgínia Bicudo dizia que os institutos deveriam ser completamente separados das sociedades, que uma coisa não deveria ter nada a ver com a outra.

Há outro grande problema nas análises didáticas, e esse problema é que o paciente não vai desaparecer como um paciente comum. Nas análises didáticas, o paciente passa a conviver com seu analista na instituição, onde compartilhará suas ideias teóricas e suas posições políticas. O paciente perde sua percepção de desamparo e individualidade radical.

Ficam com você, o analista.

Ficam comigo, dentro da minha casa. É uma fantasia de filiação das mais poderosas, que cria para o analisado o compromisso de ter a mesma escola de pensamento que você, de fazer parte do mesmo grupo político. Os didatas não resistem a usar politicamente seus pacientes, em todos os níveis: na sociedade, na IPA, nas revistas. O analista didata faz uso desses pacientes e o paciente faz uso de seu analista – e se criam famílias loucas.

Mas a maioria dos conflitos não são conflitos entre escolas, são conflitos entre grupos de poder, por outra coisa.

Sim, o problema das sociedades é que as pessoas não se organizam só por escolas. Por exemplo, a sociedade de São Paulo tem setecentos analistas. É um agrupamento científico, é um agrupamento clínico, é um agrupamento profissional,

mas, além disso, cada um desses setecentos membros é uma empresa que sustenta uma família, que tem interesses, que tem pacientes e gente sob supervisão. Muitos são melindrosos com o problema econômico: um quer ter seu curso cheio de alunos e briga com o outro que tem um curso cheio e o acusa de sedutor, outro diz que seus cursos são tão sérios e difíceis que é por isso que o procuram... Há todo tipo de racionalização, são brigas que afetam o bolso e o estômago do analista. São brigas que estão além do científico, do poder institucional, e muitas, inclusive, são por sobrevivência econômica.

Sobretudo agora que se tornou mais difícil para as novas gerações ganhar a vida como psicanalista.

Claro, as posições se tornam mais radicais. Quando há dinheiro sobrando ou comida sobrando, não se briga, mas quando falta dinheiro ou falta comida há sangue nas ruas, as pessoas lutam para sobreviver.

Agora, para encerrar o tema Fepal, como vê o futuro, independentemente do lugar para onde você vá? A ideia de formar uma associação das federações regionais parece que foi congelada.

Não muito. Por exemplo, há um encontro clínico a que compareciam os europeus e os americanos e que agora vai começar a ter a participação dos latino-americanos. Além disso, os presidentes se reúnem três vezes por ano nos congressos regionais.

Mas tudo isso acontece fora da IPA. *É como se houvesse duas instituições psicanalíticas internacionais: a* IPA *e, em paralelo, quase clandestinamente, as federações regionais.*

As federações não existem nos estatutos da IPA. Uma instituição tão forte como a Federação Brasileira, que congrega dezesseis instituições, não existe.

O que me parece espantoso é que a Federação Europeia não tenha tentado se legitimar e que vá contra seus próprios interesses.

É que há muitas divisões. Veja, nos países em que os analistas baseiam sua prática clínica no seguro social ou nos seguros privados, eles precisam se diferenciar dos outros grupos

psicanalíticos ou psicoterapêuticos porque para as seguradoras é tudo a mesma coisa. Então, o que podem fazer para ter pacientes? Têm de fazer pesquisa empírica positivista para comprovar resultados terapêuticos, têm de pôr nos estatutos quantas sessões devem ser feitas e outras coisas que os diferenciem rapidamente de outros grupos. Nós, os latino-americanos, que não temos esse problema, muitas vezes os imitamos como se fosse uma coisa doutrinária – e não é, deriva de um interesse particular imediato. Por exemplo, no Brasil nunca houve pesquisa empírica em psicanálise, não havia essa tradição, mas começaram a fazer na Europa e na IPA e imediatamente se formaram grupos de investigação empírica no país. Está começando a haver uma discussão, mas as federações regionais têm muito pouco poder, são muito fracas diante do poder da IPA, porque é como se ao falar "IPA" você falasse "Freud". Existe esse fantasma transferencial. Freud criou a IPA e o presidente da IPA é como se fosse o papa. Existe essa ilusão.

Outra coisa interessante que torna mais pesadas as brigas nas instituições psicanalíticas é que se trata de instituições de pessoas muito velhas, e com a idade as brigas se tornam mais maduras ou mais agudas. É como se fossem a última oportunidade para a imortalidade...

Vamos mudar de tema e retroceder no tempo. Me conte como você se formou, quem foram os seus mestres, que coisas aprendeu com eles e que coisas quer esquecer.

Eu me casei quando tinha 25 anos e faltavam uns meses para terminar a faculdade de Medicina. Terminei o curso e comecei a residência em psiquiatria. Desde a faculdade já fazia a formação em psicodrama, o que é interessante porque uma das formas que tenho de ver a psicanálise é como um psicodrama. Vejo o que acontece entre o analista e o paciente como uma dramatização virtual de uma cena interior. Minha formação em psicodrama foi bastante importante para mim, foi inclusive a primeira vez que tive uma experiência concreta das forças que estão fora do meu controle e do controle do paciente, fora do que se pode saber.

Fiz a residência em psiquiatria numa época fortemente marcada pela antipsiquiatria. Eu trabalhava numa comunidade terapêutica para crianças e até hoje, no consultório, tenho um

grupo que participava daquela comunidade, já são mais de 35 anos trabalhando com eles. Antes de terminar a residência, fui contratado como assistente na clínica da Faculdade de Medicina da USP, era coordenador do setor de orientação dos pediatras e enfermeiros de crianças internadas ou atendidas em ambulatório. Dou um exemplo da utilidade desse trabalho: fazíamos grupos com as mães e os filhos, era uma atividade de apoio na clínica que depois passou a ter um lugar próprio no Instituto de Pediatria. Fazíamos também grupos com enfermeiras e todas se queixavam de que os médicos não falavam com as famílias. Fazíamos grupos com os residentes e eles se queixavam de que as mães repetiam sempre as mesmas peguntas e de que eles tinham excesso de trabalho, estavam inconformados. Percebemos logo que os médicos respondiam, sim, às perguntas das mães, não era o que pensavam as enfermeiras. Acontece que, como para as mães era muito difícil receber a notícia sobre os filhos, depois de falar com o médico elas iam falar com a enfermeira e depois de falar com a enfermeira iam falar com o assistente, então cada um pensava que o outro não fazia o seu trabalho. Quando descobrimos essa situação, as relações entre os profissionais no hospital mudaram muitíssimo.

Tenho muitos outros exemplos de coisas que fizemos na época. Lamentavelmente, quatro ou cinco anos depois um grupo adversário nos tirou do campo de trabalho, então esse setor da pediatria foi transformado num espaço ambulatorial de psicoterapia de orientação normal e eu saí. Foi durante esses anos que comecei minha formação psicanalítica. Naquele momento havia treze analistas didatas em São Paulo e era preciso esperar muitos anos até ser aceito para análise.

Era uma máfia...

Não digo que fosse uma máfia, mas eram poucos didatas. Houve um tempo em que eu conhecia todos os "psicoprofissionais" de São Paulo, todos iam ver o mesmo filme no mesmo cinema todos os sábados. Havia um punhado de analistas, um punhado de psicodramatistas e de terapeutas junguianos. No início da década de 1970 começou um *boom* da psicoterapia. Fizeram um congresso de psicodrama num museu que teve um público espantoso, e começou a haver uma demanda mais

ampla. Meu grupo de ingresso na SBPSP foi o primeiro a ter cerca de vinte candidatos; até ali eram três, quatro ou cinco por ano, não mais.

Quando comecei a formação, o número de didatas se ampliou e tudo começou a mudar. Fui entrevistado pelo Gecel Szterling, que eu supunha ser também um imigrante polonês e que recentemente se tornara didata. Houve uma transferência imediata. Era uma pessoa muito boa, muito generosa e muito dedicada, inclusive à instituição. Fiz nove anos de análise com ele.

Comecei a atender com dois pacientes, duas crianças, um menino e uma menina de seis anos. Preparei a caixa de jogos para eles, revisei toda a bibliografia e segui todas as recomendações da melhor maneira possível. Veio o menino primeiro, olhou aquilo tudo, pôs todos os brinquedos de volta na caixa, jogou a caixa pela janela e me disse: "Eu tenho coisas muito melhores na minha casa." Eu gelei, não sabia o que fazer. Era um menino bastante agressivo, passava o tempo fazendo uma destruição absoluta da minha pessoa. Era espantoso como uma pessoa tão pequena se mostrava capaz de tanta destruição. Eu não sabia o que fazer, aceitava aquilo, tentava responder com o que sabia, era uma situação muito difícil. Para minha surpresa, no final do semestre recebi os pais e eles me agradeceram pelo filho ter melhorado muito. A única hipótese que me ocorreu era que ele havia melhorado às custas do meu fígado, na época não podia ter outra compreensão.

Para a segunda criança, que começou no mesmo momento, também arrumei a caixa com todo o cuidado exigido pela ortodoxia de Arminda Aberastury. A menina se aproximou da caixa, em seguida foi para junto da parede e começou a se coçar, primeiro as pernas, depois os braços e assim com o corpo todo, e aí começou a se tocar nos genitais. Eu olhava espantado para ela e comecei a falar para ver se parava de fazer aquilo. Depois ela entrou embaixo da escrivaninha e ficou durante meses ali. Eu também não sabia o que fazer nesse caso, mas uns meses depois, quando já tinha tentado todas as interpretações que conhecia, comecei a falar com ela usando uma linguagem inventada por acaso: eu dava batidinhas na parede e ela respondia da mesma maneira. Era uma menina que ia à escola e aprendia, mas comigo acontecia isso. E, no final do ano, os pais dela também vieram me agradecer.

Não eram pacientes, eram um castigo, eu tinha pesadelos. Esse foi um fator que me empurrou para buscar algo que eu não tinha. Eu não tinha condições para fazer frente à cena que se desenrolava diante de mim. Devo muito a esses dois pacientes, que ficaram comigo por cinco ou seis anos.

Na época eu pensava que não ia trabalhar muito em consultório. Via meu analista trabalhar o dia inteiro fechado no consultório e achava que só podia ser por dinheiro. Eu o tratava como se ele fosse o pior capitalista que eu já tinha visto e ele ria. Acho que hoje trabalho mais do que ele trancado no consultório, que para mim é como um grande reino. Estou sentado no meu consultório e o mundo se desenrola, se abre à minha frente.

Antigamente os jovens faziam uma grande viagem, iam à Itália ver os clássicos, ver as raízes da civilização. Hoje essas aventuras se dão no mundo interior. A psicanálise é a possibilidade de descer aos infernos e de ascender ao paraíso na companhia de alguém, é uma aventura no mundo interior, tanto quanto as aventuras exteriores de Ulisses, dos jovens que iam para a Itália ou dos que navegaram nas caravelas do século xv. Eu me considero um privilegiado porque diante de mim se abre um continente interior fantástico e opressor que minha formação me permite explorar tanto nos outros como em mim mesmo.

Dentre todos os professores e supervisores que tive, a pessoa que mais me ensinou foi uma grande mestra: Virgínia Bicudo. Tive outros bons mestres, mas foi ela quem me marcou realmente. Anos depois, quando já era membro da Sociedade, me analisei com Frank Philips, que era um mito na sbpsp. Ele se apresentava como o único que tinha feito análise com Melanie Klein e Wilfred Bion, isso o tornava mítico. Praticamente todo mundo queria se analisar com ele. Foi uma experiência curta, houve benefícios, mas não houve um vínculo suficiente para um desenvolvimento mais amplo, mais profundo. Foi uma oportunidade de voltar a me analisar que de certa forma se perdeu. Por outro lado, foi também uma oportunidade de viver e elaborar fatores agressivos – e isso se mostraria inesperadamente muito útil. Apareceu em mim uma agressividade que não conseguimos elaborar o suficiente, era uma análise muito agressiva.

Você queria desmitificá-lo?

Não, no início eu o mitifiquei, mas o que encontrei não servia para mitificar e também não havia muita elaboração. A resposta não era interpretativa, era agressiva. Minha mulher me disse que não sabia se eu estava melhorando ou piorando e me ajudou a sair, porque as relações conflitivas te prendem mais do que as relações amorosas, então não foi fácil romper.

Foi uma desilusão?

Sim, foi uma desilusão.

Esse é o problema quando se mitifica.

Claro, mas era uma mitificação grupal. Para mim, duas coisas foram úteis: a agressividade, que se desenvolveu como nunca, o que me permitiu elaborar minha competitividade, e a desilusão. Anos depois, quando me candidatei à presidência da SBPSP, competi com pessoas que estavam sob a influência de Philips. Eu tinha 46 anos. Foi a primeira vez que houve dois grupos disputando a direção da sociedade, e não foi uma disputa entre os candidatos, mas entre os grupos que os apoiavam. Ficaram cicatrizes, não de minha parte, mas sinto que no outro grupo ficaram ressentimentos que são como que preconceitos daquela época. Há inclusive uma disputa implícita entre os bionianos: os que estudam Bion sob a influência de Frank Philips, os bionianos independentes, há de tudo... Creio que isso teve uma influência muito grande na minha sociedade e também na minha forma de ver a psicanálise.

Outra coisa que me influenciou e que é bem divertida é que eu vivia perseguido pela pergunta sobre como fazer psicanálise corretamente, como conversar sobre isso na minha análise. Por exemplo, quando eu dizia alguma coisa muito versada, meu analista não podia deixar de rir, o que era como sair da função de neutralidade. Ele se permitia um interjogo para depois interpretar, para depois recuperar o que havia acontecido. Ele dava risada, e foram momentos muito importantes da análise. A isso se somou que, depois de termos nosso quinto filho, Raquel, minha mulher, que havia sido bailarina desde muito jovem, deixou o balé, voltou para a universidade, começou a fazer análise com Virgínia Bicudo e, ao terminar a faculdade,

começou a atender pacientes. Ela é uma pessoa muito presente nas relações, muito mais do que eu, e se via que tinha uma grande coragem, que não tinha compromissos com "o correto", com o que está na moda. Para mim, o que acontecia no consultório dela era muito mais rico e intenso do que o que acontecia no meu. Quando eu a "supervisionava", digamos assim, eu tinha a teoria, mas comecei a ver nela uma qualidade de presença. Eu tentava buscar o máximo possível no consultório dela. Então, sem que eu falasse nada sobre isso, houve uma mudança em mim em termos profissionais. Passei a ter uma presença mais livre e a dar mais licença aos acontecimentos.

Agora eu permito a cena, não me comprometo tanto a atuar como analista e o outro como paciente. Para mim, o olhar deve estar focado no paciente, e é um olhar que deve penetrar no intercâmbio entre mim e ele. O inconsciente vai se apresentar na transferência, não na fala, mas na sessão terapêutica; a fala é apenas um elemento que faz parte dessa cena. É preciso ter poder imaginativo para ver o que se passa entre os dois participantes, e quanto maior for a capacidade do analista para permitir que a cena se desenvolva, mais fértil será a análise. Tudo isso eu devo em grande parte ao fato de ter acompanhado os primeiros passos do trabalho profissional de Raquel.

Ela estava em análise com Virgínia Bicudo, que, como você diz, também foi uma grande influência para você. Virgínia é muito conhecida no Brasil, mas não tanto fora do país. Claro, é de outra geração. O que pode me contar sobre ela?

Veja, a psicanálise brasileira tem uma origem muito interessante. Houve um primeiro interesse da parte de alguns psiquiatras que não chegou a se desenvolver, mas também da parte dos modernistas brasileiros, que tinham uma posição crítica e de renovação social, mas que por suas origens na aristocracia do café não podiam ter influências marxistas nem anarquistas. Na década de 1920, os comunistas e os anarquistas eram predominantemente imigrantes italianos. Os modernistas recorreram de uma forma muito interessante a Freud, que é até citado várias vezes por Oswald de Andrade no "Manifesto Antropofágico". Para ele, Freud era alguém que tinha visto a força originária capaz de mudar o mundo. Uma das primeiras

analistas que vieram para o Brasil, em 1938, foi uma imigrante alemã, Adelheid Koch, e, como boa imigrante, dizia que tinha vindo para desenvolver a psicanálise aqui, mas se isso não funcionasse ela abriria uma fábrica de chapéus, um pequeno comércio, como quase todos os imigrantes judeus.

Virgínia Bicudo fazia parte desse primeiro grupo. Era assistente social, muito interessada, muito viva, muito reta, muito feminina, não mitificava ninguém, a não ser, talvez, um pouco, Melanie Klein, mas era uma pessoa muito livre, e em suas supervisões o que mais a preocupava era a liberdade. Ela participou muito do Instituto de São Paulo, foi sua diretora por uns quinze anos, quando a Sociedade ainda era pequena. Ela me influenciou muito.

Por outro lado, quanto mais amplo é o olhar que lanço sobre a psicanálise, mais liberdade eu tenho. Tenho um olhar que pode alcançar a psicanálise internacional, a psicanálise europeia, a psicanálise latino-americana. Esse olhar mais do alto, mais panorâmico, me permite ser muito mais livre na sessão, permite melhor uma dialética entre as duas partes, porque uma alimenta a outra, não?

Quando se pensa em São Paulo, pensa-se em suas figuras míticas: Melanie Klein, Bion e, a uma distância prudente, Frank Philips.

Eu tinha também Virgínia Bicudo como figura mítica, tinha os pioneiros. Bion também trouxe coisas muito boas para São Paulo; foi essencial, creio, para reintroduzir Freud na escola kleiniana.

Qual é então, agora, a sua ideia da psicanálise?

Como poderia resumir uma coisa tão complexa? Comecei com uma forte influência de uma leitura particular de Melanie Klein, característica da época. Para dizer de um modo bem simplificado, tinha a ver o tempo todo com a angústia, com a fantasia inconsciente e com a defesa, o que me fazia correr como uma máquina polaroide para fotografar o inconsciente instantaneamente e mostrar a fotografia ao meu paciente. Era uma tarefa muito persecutória e cansativa. Em pouco tempo pude fazer a crítica dessa visão, um pouco pela influência francesa,

um pouco pela influência de Bion, da crítica feita por ele, que acredito ser radical. Bion não é simplesmente um pós-kleiniano, ele fez uma ruptura.

Acho que o principal da ruptura de Bion, e que faz parte da minha maneira de ver a psicanálise, é que a angústia, a fantasia e a defesa pressupõem um inconsciente construído, ou seja, é a primeira tópica. É um trabalho de primeira tópica, assim como o lacanianismo é primeira tópica quando fala do inconsciente estruturado como linguagem. Faz muitos anos já, comecei a ver a psicanálise por partes e essa é apenas uma parte, a parte neurótica, e outra parte é a parte psicótica, que vem com o *splitting*, com a cisão do eu. Mas há também uma parte da qual só teremos as consequências a partir da década de 1970, que é a radicalização da percepção da segunda tópica. Não se trata do desenvolvimento do superego como o da escola kleiniana ou do desenvolvimento do instinto de morte, mas, sim, da presença de um inconsciente por construir.

Para mim, a tarefa principal da psicanálise, ao lado de trabalhar a parte neurótica e a parte psicótica, é permitir que aquilo que ainda não ganhou forma ou que existe como marcas corporais, como protocriações, algo que aparece com o pulsional, possa ser representado ou dramatizado virtualmente na sessão. No meu modo de ver, o trauma é o cotidiano: eu nunca tive a idade que tenho hoje, então amanhã, ao acordar, começo de novo, e eu nunca pensei, nunca me angustiei, nunca fantasiei com isso, nunca me defendi disso – está tudo por construir. Creio que há um trauma da vida cotidiana e que a tarefa da psicanálise é construir um psiquismo que seja capaz de lidar com meu corpo, meu sexo, minha vida, minha geração e meu ambiente.

A tarefa principal não é interpretar sonhos, isso qualquer junguiano faz. A tarefa é construir sonhos onde eles ainda não existem. Então criamos um *setting*, trabalhamos as memórias, e eu tenho a experiência de que, quando se elabora uma paixão que pode ser reatualizada na sessão, não existe ali uma pessoa que está com algo resolvido, mas alguém que cai imediatamente no traumático. Quando você trabalha a neurose, vai ter um paciente com manifestações psicossomáticas ou algo assim, porque cai no traumático – não existe mais o recurso da tradição ou das memórias. Aí começa um trabalho que torna

a análise interminável, que parte do fato de eu nunca ter tido essa idade, do fato de que depois de ter filhos eu nunca mais tive uma casa vazia, de que nunca tive a perspectiva mental que tenho agora, de que nunca tive como hoje a nostalgia dos amigos que se foram. Para isso, não tenho alternativa a não ser utilizar memórias – que não servem para nada –, lidar com a tradição – que me dá alguma segurança ou algum controle da situação – ou enfrentar esse novo e tentar criar representações para ele.

A meu ver, essa criação de sonhos é mais vital até do que a comida, porque você pode ficar semanas sem comer, mas, se deixa de sonhar por dois dias, deixa de viver. Isso os torturadores sabem muito bem. A pior tortura é a tortura psicológica que te impede de sonhar. A raiz da tortura está na destruição dos sonhos. É vital sonhar, e diante disso creio que não há crise nenhuma na psicanálise, porque a psicanálise lida com algo totalmente vital que é originário da estética da arte.

Outro argumento muito interessante é que a arte existe há 30 mil anos e a agricultura tem apenas 8 mil anos. Costumo dizer que a arte na psicanálise não é necessária, mas essencial. Não se pode viver sem uma construção de sonhos. Um índio não é capaz de fazer simplesmente uma flecha, que seria o utilitário; ele faz uma flecha com enfeites. Isso sempre foi assim. Por isso não há crise da arte que sempre se renova; a crise é da arte que nunca se renova, que se torna tradicional, acadêmica.

Também mudei outra coisa no meu modo de ver a análise. Eu sou muito próximo da visão crítica da escola de Frankfurt, que é uma tradição marxista que lia Freud, mas nos últimos anos descobri Emmanuel Lévinas, um discípulo de Martin Heidegger. Para Heidegger, o ser se revela numa *clareira*, numa abertura, numa figura ou presença estética. Eu tinha uma ideia muito próxima disso, mas duvidava que um filho da puta como Heidegger pudesse ter uma posição acertada, havia uma intensidade que eu não conseguia ver porque não sou filósofo. Mas Lévinas diz que o ser não se revela na estética. O ser, o objeto de conhecimento, não pode ser capturado, porque conhecer algo é torná-lo seu, e, quando você transforma o outro em seu, você destrói a alteridade. Lévinas diz que conhecer é permitir que o objeto fale a sua verdade, então o primeiro passo do

conhecimento não é estético, é ético. É permitir que o outro exista em toda a sua especificidade. E aqui há um ponto de encontro com a minha visão da clínica: permitir que o outro exista não é um ato de boa vontade ou de bondade; permitir que o outro exista é permitir que o outro te traumatize, e na reelaboração desse trauma você tem algo a dizer sobre o outro pelo trauma que ele te inflige. Estar na sessão analítica é permitir que de alguma maneira o paciente te traumatize e, junto com ele, elaborar essa representação. O paciente te traumatiza porque o que acontece na sessão é o que não pode ser falado ou representado. Além da fala do paciente, há um acontecimento na sessão que se passa como coisa virtual por detrás das palavras, e esse acontecimento sem palavras tornado palavra, tornado representação, creio que essa é a tarefa tal como a concebo.

Minha posição é próxima de Bion, de Laplanche, mas há vários outros autores que trabalham a construção do informe para que ele adquira forma. Então não é uma posição idiossincrática, eu simplesmente a expresso nas palavras da minha tradição, da minha memória, da minha personalidade, mas ela tem parentesco com muitas outras. Quanto à escola americana, conheço menos, mas se tivesse de escolher alguém da escola inglesa escolheria Bion; da escola francesa ficaria com Laplanche e talvez as coisas que Ferenczi começou a estruturar. A rigor, também Klein e Winnicott e, de maneira proteiforme, tudo o que li e vivi.

E na América Latina?

Creio que na América Latina há mais facilidade para incorporar esse tipo de visão.

Conhece alguém que tenha feito isso?

Isso me custou um trabalho de pensamento solitário tão grande que não procurei ver se alguém mais pensava de maneira similar. Veja, eu tive vários grupos de estudo no consultório durante mais de quinze anos e li muitos textos com eles, e discutimos muito independentemente dos textos. O centro do trabalho sempre foi nos perguntarmos o que é a psicanálise, e foi assim que desenvolvi minha visão teórica. É a primeira vez

que me faço a pergunta que você está me fazendo, sobre se há mais alguém que pensa como eu. Olhe, eu tenho uma história de origem marxista, me interessa a escola de Frankfurt, o cultural, a música, a arte, então o que penso traz todas essas influências. Com certeza há muitas pessoas que pensam assim, possivelmente com outras linguagens, e que fazem na clínica uma coisa semelhante à que faço, mas partindo de outros pressupostos.

O que já escreveu sobre isso?

Tenho alguns escritos dos últimos anos. Escrevi "Corpo e Infinito: Notas Para Uma Teoria da Genitalidade" (p. 3, supra), que é um artigo de que gosto muito porque esboço a ideia de que conhecer a si mesmo é incorporar algo a si, diria que é um modo oral de conhecer. Para voltar aos positivistas, diria que alguém que quer depurar os conceitos, limpá-los de impurezas, tem um modo anal de conhecer. A sexualidade também está na função de conhecer; a única posição sexual que cria algo diferente do criador é a genitalidade, então há um modo genital de conhecer que cria um conhecimento independente do conhecedor. Isso está dito de uma maneira mais complexa nesse artigo, mas é uma ideia que me agrada muito. Tenho outro trabalho em que digo que o que fazemos não é tanto metaforizar, mas usar alegorias, no qual me baseio no conceito de Walter Benjamin (p. 31, supra). Há pouco apresentei também um trabalho em Madri sobre a música, as formas musicais e as formas psicanalíticas, um trabalho que compara a forma sonata e a música dodecafônica com as formas neuróticas e traumáticas na clínica (p. 65, supra).

Me parece que para você há um significado especial em usar a música como alegoria.

Veja, Freud é contemporâneo da segunda escola de Viena, a de Arnold Schönberg, Alban Berg e Anton Webern, mas não gostava de música, não conhecia música.

Mas ele foi terapeuta de Gustav Mahler.

Mahler é a interseção do século XIX e do século XX. Os outros já estão no século XX. Tomemos a forma sonata, que tem dois

temas: um na tonalidade da dominante e outro na tonalidade da tônica; portanto, há uma contradição que ganha um desenvolvimento e ambos os temas chegam na tônica, na mesma tonalidade – há um descanso aí, e essa é uma estrutura de totalidade. Há um certo conflito, você experimenta o prazer do movimento do pensamento, da elaboração, e há o descanso em que essa elaboração finaliza e todos batem palmas, porque você tem uma sensação de resolução do conflito. Adorno, que é citado indiretamente por Thomas Mann no *Dr. Fausto*, analisa a última sonata de Beethoven, que tem um primeiro e um segundo movimentos e não tem o terceiro. A maior parte das sinfonias, dos concertos do século xix, têm a forma sonata. A analogia com a forma do sonho é que são temas em conflito que encontram um descanso na forma manifesta do sonho, e daí aquela sensação de êxito que se tem ao relatar um sonho. Isso acontece, por exemplo, quando a sua mulher acorda e diz: "Você não sabe o que eu sonhei…", e te conta uma bobagem que para ela é uma obra de arte. Isso é porque chegou ao final, porque é uma estrutura de totalidade. Com Beethoven, a forma sonata chegou ao fim, já não era possível continuar a escrever daquele modo. A crise que teve Beethoven foi a crise do Iluminismo, porque as religiões que davam sentido ao mundo entraram em crise e o lugar delas foi ocupado pela razão, que atinge o auge com a tentativa de formar Estados racionais como o nazismo e o fascismo. Isso é muito bem descrito por Zygmunt Bauman.

Adorno diz uma coisa muito interessante, que as estruturas musicais guardam correspondência com as leis do Estado; Platão já havia dito isso na *República*. Por quê? Porque a música não se organiza espontaneamente, é uma forma de pensamento que transcorre no tempo, não se pode voltar atrás. Você pode olhar um quadro de novo, mas não pode voltar na música, ela já se foi. Por isso acho estranho que haja tão poucas alegorias musicais para a psicanálise; há muitas literárias, poéticas, plásticas, escultóricas e o que for, mas alegorias musicais, muito poucas.

Para concluir essa ideia, no dodecafonismo não há tonalidade, não há um ponto de descanso. Então essa música que é tão difícil de ouvir, que você não sabe quando aplaudir, que é a música que começa no século xx e que é sintomática da crise do século xx, essa música se aproxima muito mais da concepção de

Freud a partir da segunda tópica. No entanto, nós continuamos na tradição do século xx que consiste em que nosso pensamento deve abarcar a totalidade e encontrar um ponto de descanso no qual possamos aplaudir, e a coisa já não pode ser pensada assim.

Como diz Bauman, estamos num momento em que não é que haja uma crise momentânea no paradigma, não se trata de encontrar um novo para pôr no lugar. O que há é um fim dos paradigmas, e o que vai existir é o caos, com ilhas de sentido momentâneas e efêmeras nas quais organizaremos nossa vida. Compartilho essa ideia no que diz respeito à psicanálise; em relação à vida, a coisa ainda é bem trabalhosa, ainda estou pensando, mas na disciplina clínica é assim: caminhamos pelo desconhecido, pelo caos, pelo infinito, pela impossibilidade de abarcar o objeto e chegamos a pequenas e efêmeras ilhas de sentido. Esses pontos de chegada são vitais.

Veja, eu estava pensando que para fazer música é preciso ter estudado muito. É assim também se você quer ser neurocirurgião, é preciso um treinamento longuíssimo. Mas há quem pense que pode ser terapeuta depois de ter tido algumas sessões de psicoterapia...

Segundo Adorno, Beethoven esgotou a forma sonata, levou-a até o limite, mantendo a disciplina da forma total. Chega um momento na forma sonata em que ela se desfaz sem perder a disciplina de sua forma, é uma coisa notável. Então, para se mover nesse espaço que estou descrevendo, você tem de ser um analista muito experiente. Estou falando de coisas que penso agora, quarenta anos depois de começar a trabalhar, mas é preciso dizê-las a quem está começando, porque quem está começando deve ouvir o ponto a que chegamos. É preciso saber a história, não se começa só com Bach na música ou com Tintoretto na pintura. Hoje nós vemos Tintoretto com o olhar de quem viu o impressionismo, o expressionismo, as instalações. Então, isso que estou dizendo deve ser dito desde o primeiro dia à pessoa que começa, devemos dizer a ela que estude toda a história.

Não só Freud.

Não só Freud, toda a história e também os pontos de ruptura de Freud. Para nós, Freud é um problema porque é um

sujeito muito raro e genial. Por exemplo, no *Projeto Para Uma Psicologia Científica*, há uma frase absolutamente genial que diz que a dependência prolongada do ser humano é a raiz de todas as razões morais, porque necessitamos de alguém que se deixe traumatizar pelo novo ser para ajudar a dar forma ao que ainda não tem forma. Isso põe em relevo a ideia de que a ética, a moralidade, não são superegoicas e não são de origem paterna. A dedicação à alteridade, a permissão para que a alteridade te traumatize, é de origem materna. Uma mãe é um ser enlouquecido por um bebê, não é alguém que pode enlouquecer o bebê; é alguém que se deixa enlouquecer pelo seu bebê.

Alguém que deixa que chupem seu sangue.

Alguém que deixa que chupem o seu sangue. A raiz ética é de origem materna e também paterna, nada a ver com a teoria de que a mãe é psicotizante e de que o pai é aquele que estabelece a lei. Isso é em parte verdadeiro, mas a ética, a moralidade, começa muito antes, com essa dedicação da mãe. Então, o nascimento do conhecimento é ético.

Isso não significa um parentesco seu com Winnicott e com John Bowlby?

Significa de início um parentesco com Freud, que enunciou essa frase em 1895. Bowlby eu conheço pouco, mas Winnicott acho que conheço bastante bem. Winnicott diz que não acredita no instinto de morte, mas por outro lado postula uma fase de indiferenciação absoluta. Melanie Klein concorda com a ideia de pulsão de morte, mas a equipara à destrutividade. É preciso ter cuidado com as palavras e suas infinitas possibilidades. Há algumas coisas da teoria de Winnicott que se afastam de Freud e eu não estou de acordo. Mas existem tantos Freuds... Eu tenho muitos parentes. Bowlby eu não li muito, Winnicott sim, e acho que há partes da teoria dele que me serviram muito, sobretudo na prática clínica. Aproveitei muitas coisas de Winnicott, e muito importantes, mas tenho também uma raiz kleiniana, tenho uma raiz bioniana, li muito Laplanche e os franceses em geral.

Estava pensando nos seus colegas no Brasil: quem é um criador? Estava pensando na influência de Isaías Melsohn, e não

sei se no mesmo plano, mas também em Fabio Herrmann e nas ideias dele sobre mudança.

Acho que Fabio tinha uma grande qualidade: era original. Fabio Herrmann era Fabio Herrmann; os que são como Fabio Herrmann não me parecem legítimos. Fabio era genial e radicalmente Fabio Herrmann, tinha uma clareza e uma luta pela democratização, um desenvolvimento de pensamento, uma crítica ao misticismo, uma crítica ao dogmatismo, ao positivismo. Foi uma pessoa essencial da nossa sociedade. Talvez Fabio tenha podido aparecer por se tratar de um momento em que o kleinianismo já não era hegemônico e a abertura trazida por Bion ainda não havia se tornado uma tradição.

Quem é um pensador? Não acho que nós possamos responder, quem vai poder dizer são as gerações futuras. Por enquanto, o que é possível é ser original e leal a si mesmo. Também acredito que se pode ser um pensador sem ter escrito, mas tendo transmitido coisas essenciais através de suas análises. Claro, pode-se transmitir pelos escritos, mas não sei se Freud transmitiu mais por meio das suas análises ou dos seus textos. Sem dúvida houve analistas contemporâneos a ele que foram melhores, que transmitiram, que tiveram analisandos mais férteis do que os de Freud. Não conheço suficientemente da história para afirmar isso, mas há muitas formas de ser criador. A clínica é uma delas. Fabio foi original, provavelmente um criador, não saberia dizer. Desconfio de quem dá veredictos.

Mas até que ponto ele foi importante? Porque, em termos políticos, Fabio foi um dos que forjaram a psicanálise latino-americana. A gestão dele como presidente da Fepal foi central. Além de ser uma figura política, era um analista que impressionava por suas ideias teóricas. No entanto, perdeu quando se candidatou à vice-presidência da IPA; *ganhou uma outra candidata do Brasil, e isso aconteceu duas vezes. Ele tinha seguidores e detratores. Estabeleci uma boa amizade com Fabio, e sempre me chamou a atenção ele dizer que tinha sorte de não ter se dado bem politicamente, porque isso lhe permitira se dedicar ao trabalho científico. Mas não acredito que tenha sido assim porque nele não havia uma contradição entre o científico e o político. Talvez eu me identifique um pouco com ele, embora com isso não pretenda dizer que tenha um*

talento equivalente para produzir ideias. Eu me pergunto o que faz com que alguém com essas qualidades seja rejeitado com tanta hostilidade pela maioria.

Você descreveu uma pessoa que tinha clareza política e que fazia política não por interesse particular em ocupar um cargo, mas porque tinha algo a dizer sobre a psicanálise. No caso dele, a política era consequência da ideia que tinha da psicanálise, que era uma ideia de originalidade, de possibilidade de criação própria. Isso não encontra abrigo numa instituição fortemente burocratizada, tem êxito às margens da instituição, e quando se aproxima do centro é destruído, pois vai de encontro à força maior da burocracia e da tradição, da defesa do *status quo*. É como se as instituições tivessem anticorpos contra a originalidade.

Ele era acusado de ser narcisista, mas não duvido que todos nós sejamos também, em alguma medida.

Claro, não é um problema ter ambições, o contrário é que seria estranho. Para Fabio, a política era uma forma de levar e divulgar suas ideias, então o acusavam de fazer política personalista, quando, ao contrário, acho que a política é consequência das ideias. A política pela política é para autoperpetuação. Fabio queria ter responsabilidades como um modo de divulgar suas ideias, o que é legítimo. Tinha uma intenção psicanalítica e ideias psicanalíticas para levar para a política. Acho que não perdoavam isso nele e nem perdoam em você ou em mim. Suas ideias eram vistas como anti-institucionais, daí o ataque violento.

Isso está evidente e eu concordo, mas acho que estão equivocados.

Claro que estão equivocados. É uma forma de proteger o conservadorismo dos membros. Veja, a idade média dos membros da IPA é assombrosa.

Há cada vez mais velhos, mais mulheres, mais psicólogas. O perfil mudou. Não estou dizendo que seja ruim, mas houve uma mudança de perfil. Conversei sobre isso também com Marcelo Viñar. Concordamos em que é preciso haver uma certa quantidade

de médicos nas sociedades, para incorporar a visão deles. Marcelo dizia que é preciso ver gente morrer num hospital para ter determinado tipo de ideia que, se você for psicólogo, não vai conseguir entender.

Precisa ver morrer, ver nascer, ver sangrar e ver sofrer muito cedo. Aos dezoito anos, um estudante de Medicina recebe um cadáver com o qual vai se relacionar todos os dias por um ou dois anos. Mas também é verdade que, quando você restringe uma sociedade psicanalítica apenas aos médicos, cria uma regra catastrófica, porque não se pode dizer que ser médico significa ter a experiência de um médico, e não é porque alguém não é médico que não viu o sofrimento. Um médico tem uma melhor experiência vital para a psicanálise do que um psicólogo, concordo, mas, quando isso se institui como regra, cria-se uma catástrofe, como ocorreu com as sociedades que fizeram isso. Minha sociedade nunca foi restrita a médicos.

A peruana também sempre foi aberta, mas aqui no Brasil havia uma que era fechada. Qual era?

A de Porto Alegre.

Houve um período em que a Associação Psicanalítica Argentina foi restrita, mas isso mudou. Mas o que você acha que vai acontecer? Porque se a média de idade dos analistas aumentar, diminuirá mais o crescimento da IPA. É o que traz o empirismo naïf.

Esses não têm pacientes. Quando um dos principais pesquisadores empíricos veio a São Paulo, disse que tinha sete pacientes em análise, e cinco deles eram presidiários que tinham recebido a liberdade condicional com a condição de se submeterem a uma análise. Quando o ouvíamos falar, nós brincávamos e dizíamos que, na verdade, vinte presidiários tinham preferido continuar na prisão a fazer análise com ele, só cinco tinham aceitado. Antigamente, alguns condenados recebiam o perdão se fossem para a Austrália, exatamente como esse psicanalista e seus cinco pacientes. O paradoxo é que esse tipo de psicanalista é recompensado pela instituição, mas o mundo os castiga. A crise que existe é dos psicanalistas, não da psicanálise. Não há filósofo, esteta ou gente da cultura que não valorize a psicanálise,

porque é preciso ter uma paixão para ser contra. É preciso ter uma paixão enorme, como Mario Bunge, para escrever setecentas páginas contra a psicanálise. Não há uma crise da psicanálise. Há uma crise das associações psicanalíticas e dos psicanalistas, e creio que é merecida.

É curioso que alguém que é presidente da Fepal, que foi presidente da Federação Brasileira de Psicanálise e de uma das maiores sociedades que existem, a de São Paulo, seja um anti-institucionalista.

Eu vivo esse paradoxo... O que vai acontecer no futuro? Se eu pudesse pensar com mais calma, diria que isso de acreditar que o futuro depende de uma decisão nossa caiu junto com o muro de Berlim. Nós temos intenções, mas o mundo não é regido pela razão, esse mito do Iluminismo foi decididamente posto em questão. Eu posso me empenhar muito em determinada direção, mas há forças maiores que norteiam o desenvolvimento das instituições psicanalíticas, dos pacientes, das patologias psicanalíticas, das demandas dos planos de saúde, da previdência social, das ditaduras, das crises econômicas, que sei eu... Mas nós temos um papel. Eu mesmo comecei a trabalhar com essa diretiva na Fepal, com intenções muito maiores do que as possibilidades reais de concretizá-las.

Nas nossas conversas você mencionou mais de uma vez o período em que ficou preso. Me conte a história.

Olhe, eu cresci num ambiente em que a política era importante. Meu avô, como eu disse, foi um participante ativo do Bund, uma facção judaica do movimento menchevique, da social-democracia, que acreditava numa revolução social por meios pacíficos e não concordava com a ideia de que a solução para o problema dos judeus na Europa passasse pelo sionismo. Tenho fotos do meu avô e do meu pai em manifestações operárias em Lodz, é uma marca de origem. Meu pai com o pai dele, meu avô, fugiram para a União Soviética na década de 1930. Meu pai se apresentou aos dezessete anos como voluntário para combater na Guerra Civil Espanhola, mas não o aceitaram porque era muito novo. Quando completou dezoito anos ele se alistou no exército soviético. Foi ferido em Leningrado,

no cerco dos novecentos dias. Então, eu tenho essa coisa que vem do meu pai e do meu avô e que ficou muito clara assim que falei com você: o lema de que em qualquer lugar onde eu esteja eu tenho que entrar na luta, participar, tentar fazer com que as coisas melhorem. Você não tem ideia de como está sendo importante esta conversa, porque eu gostava muito da minha mãe e tinha razões para gostar um pouco menos do meu pai, e achava que era objetivo. Você me fez ver essa ascendência paterna a que eu não dava tanta importância e que está tão entranhada em mim.

Veja só, desde menino eu já participava de um movimento da esquerda sionista, um grupo radical que era contra que os judeus fossem para a universidade, achavam que os judeus deviam sair da intelectualidade, que deviam ser proletários, trabalhadores do campo. Imagine, nós tínhamos doze ou treze anos e discutíamos sobre a burguesia, o proletariado, o sexo burguês, o matrimônio burguês, o sexo livre. Era um movimento que lia Freud assim como lia Marx, e é muito interessante como nós, garotos, discutíamos esses assuntos. Nos sentávamos ao redor da fogueira, discutíamos teoricamente sobre liberdade sexual e eu não tinha coragem nem de olhar para a menina do meu lado! Depois, na adolescência, enjoei um pouco de tudo aquilo e saí quando ficou claro que queria seguir uma carreira universitária, que queria ser médico. Me afastei para sempre da visão sionista.

Na faculdade, comecei a militar num grupo muito interessante que se chamava POLOP, Política Operária (*Organização Revolucionária Marxista Política Operária*), intelectuais de esquerda que também vinham de uma cisão do Partido Socialista, um grupo que tem a mesma origem do grupo da Dilma Rousseff e de muitas outras pessoas que agora estão na política oficial, e de uma dissidência do Partido Comunista no Rio Grande do Sul. Trabalhei com eles alguns anos num esquema clandestino, primeiro como simpatizante, depois como militante e membro da organização. Tínhamos uma visão distinta, uma visão de trabalho em marcha, e observávamos a revolução bolchevique, a revolução chinesa, a revolução cubana com uma distância crítica.

Em 1971, um pouco antes de me pegarem, fui ao Chile com um pessoal nosso, montar um grupo de apoio para o trabalho

no Brasil. Nos reunimos na casa de Marco Aurélio Garcia (*1941-2017*), que depois seria o assessor de relações internacionais de Lula, e com o ministro do Interior, que na época era o Carlos Altamirano, para criar um centro de treinamento guerrilheiro no Chile, porque naquele momento a organização começava a falar em mandar seus quadros para o campo, achávamos que havia um caráter diferente na revolução brasileira – estávamos nos preparando para a guerra revolucionária no campo. Mas veja que não éramos tão loucos, porque naquele momento havia movimentos no mundo inteiro: tínhamos como retaguarda a guerra do Vietnã, onde os americanos estavam cercados, havia o Chile, havia Cuba, havia um nacionalismo radical no Peru com Velasco Alvarado.

Um dia, quando eu estava terminando o sexto ano de Medicina, depois de um plantão numa comunidade terapêutica, fui trabalhar no pronto-socorro do hospital da faculdade de Medicina. Estava em serviço fazia uma meia hora quando dois caras enormes se aproximaram de mim e disseram: "Somos do Exército. Acompanhe-nos!" Pedi que me dessem um momento porque tinha de guardar o estetoscópio – o que foi um modo de avisar ali que eu estava sendo preso. Eles me levaram para uma prisão onde eu vi, de passagem, a única pessoa que poderia dizer quem era eu na clandestinidade – totalmente destroçada pela tortura. Quando a vi, soube que tipo de história podia contar a eles.

Me deixaram sozinho e pelo canto da janela eu via uma cela onde havia mulheres que me faziam um sinal da cruz, coisa que eu não entendia. Você não imagina o medo que se pode sentir num lugar desses! Era um cubículo de 3 metros por 1, fechado, com uma janela minúscula de 10 centímetros por 20, de onde dava para ver uma parte das outras dependências. Como eu tinha uma história muito boa para contar, isso me tranquilizou por um instante.

O sinal da cruz que as mulheres me faziam era porque um jornalista do *Estado de S. Paulo* tinha sido assassinado na véspera, como se fosse um acidente de trabalho, e isso foi uma sorte tremenda para mim, porque no dia seguinte eles suspenderam a tortura. Isso, além do fato de eu ser o último da organização, conforme o organograma que eles tinham, me salvou de ser submetido a uma tortura sistemática. Houve violência, claro, mas não sofri as torturas terríveis que eram a regra naquele tempo.

Passei pelos interrogatórios e eles não tinham muitas perguntas, porque viram logo que minha história correspondia ao que sabiam de mim e que não era uma história de muita responsabilidade. Fiquei vinte dias incomunicável num organismo militar de tortura chamado "Operação Bandeirantes", OBAN, que era famoso por ser o centro de tortura de São Paulo. Minha família não sabia onde eu estava, só sabiam que estava preso porque os amigos do hospital tinham ido a minha casa avisá-los. Era o Dia dos Pais e meu irmão foi buscar meu pai, que estava jogando tênis no clube. Quando meu irmão contou, ele disse: "Filho da puta. Falei para não se meter nessas coisas!" Ele voltou para o jogo e, depois de dois ou três pontos, atirou a raquete no chão e foi me buscar.

Depois me mandaram para o DOPS. Ali eles confirmavam o que você tinha dito durante a tortura e te torturavam de novo, e faziam a simulação de um depoimento para futuro julgamento. Eu estava com 23 anos. Passados uns dez dias, me puseram num carro. Não sabia se iam me libertar ou me levar de volta para o centro de tortura. Acabei voltando para a OBAN porque alguém que tinha sido preso no Rio Grande do Sul havia contado sobre o meu contato com os chilenos, sobre os preparativos para o centro de treinamento guerrilheiro. Quando entrei na OBAN, o coronel Ustra, um torturador famoso, me disse assim: "Filho da puta, você mentiu!" Eu disse que não era verdade que tinha mentido, eu tinha apenas omitido, o que era muito diferente, e que se quisessem eu podia contar o que faltava. Eles me puseram numa cela e mais uma vez eu dei muita sorte: no momento em que iam me interrogar, chegou alguém muito importante e eles me deixaram ali sozinho, e aí eu consegui ler rapidamente a declaração de quem tinha me denunciado. Quando eles voltaram, eu disse: "Olha, eu vou dizer a verdade e vocês não precisam nem me tocar porque vou contar a parte que omiti." Quando contei, eles não acharam contradições em relação ao que o outro prisioneiro havia dito. Quando achavam contradições, as duas pessoas eram penduradas num pau apoiado em dois cavaletes, amarradas com umas grilhetas conectadas a um aparelho de choque elétrico. Eles davam choques enquanto rodavam a pessoa nesse pau, a sensação era de que a circulação nos membros se interrompia e era terrível a dor. Muita gente morreu com esse

método de tortura que era o modo deles de entender o debate epistemológico: quando encontravam uma contradição, punham as duas pessoas no pau, ficavam dando choques e quem aguentasse mais era quem tinha a versão correta.

Bom, a coisa é que, como não tinham mais nada para me perguntar, eles me mantiveram um tempo ali e me levaram de volta para o DOPS. Foi nesse momento, depois de 45 dias, que recebi a primeira visita de meu pai e de minha mulher, a Raquel, que na época era minha namorada, minha companheira. Eu os vi por uns minutos e quando os dois foram embora eles começaram a me bater, porque queriam saber sobre os alunos que tinham sido expulsos da sala de aula pelo professor de radiologia, por mau comportamento, pois esse sujeito tinha tido a brilhante ideia de denunciá-los como subversivos. Me deram umas pancadas quando me interrogaram sobre esse caso, uma bobagem, para você ter ideia do que era a repressão, o medo na rua, os professores ou gente na universidade que te delatava.

Isso criava oportunidade para vinganças...

Sim, muita gente foi denunciada na faculdade de Medicina, havia infiltrados. Agora temos acesso a muitos arquivos da ditadura, mas uma das coisas a que não temos acesso é a identidade dos infiltrados, quem eram eles; isso desapareceu, e seria bem interessante saber porque há muitos infiltrados que seriam uma grande surpresa.

Bem, de lá me levaram para o Presídio Tiradentes, onde ficávamos em celas com quinze pessoas e dormíamos em beliches. Uma conquista dos presos políticos era que eles não recebiam mais a comida dos presos comuns e então as famílias podiam mandar alimentos. Tínhamos também um fogão elétrico de duas bocas e um banheiro. Você não imagina como a vida podia ser organizada naquele lugar. Cada cama tinha uma cortina que fechava, nos pés da cama havia uma caixa para guardar algumas peças de roupa, num canto havia duas prateleiras com livros e uma lanterna para ler à noite, quando as luzes se apagavam. À meia-noite apagavam a luz para todos e era como se você estivesse num quarto particular: se não queria conversar, era só fechar a cortina que a sua intimidade estava preservada. De manhã, tínhamos uma rotina de ginástica e depois, grupos de

discussão de que todos participavam. Fiquei preso na mesma cela em que estava o Jacob Gorender (1923-2013), que tinha sido secretário do Luís Carlos Prestes, o ex-secretário do Partido Comunista Brasileiro. Jacob virou um grande amigo. Era um dos poucos quadros com formação teórica e se tornou um pensador fundamental para entender o Brasil. Também estavam presos comigo líderes camponeses, o padre Alípio (um sacerdote que já tinha sido guerrilheiro na África), líderes estudantis, guerrilheiros urbanos, arquitetos... Tínhamos uma vida muito ativa e muito interessante, eu poderia falar horas sobre aquela época.

Já escreveu sobre isso?

Não, depende só de mim escrever uma memória do que foi. Porque destruíram essa prisão, o Presídio Tiradentes, que poderia ter sido um memorial fantástico daquele período. Derrubaram por causa das obras do metrô, só deixaram o portal de pedra. Éramos os únicos que lutávamos contra a ditadura da década de 70; a ditadura era tão fechada que não havia nenhum outro bloco de oposição além de nós.

Mas vou continuar a contar sobre o presídio. Saíamos para o banho de sol duas vezes por semana durante três horas, e ali, num espaço de 15 metros por 15, metade dos presos jogava futebol contra a outra metade. Era muito divertido, mas era um jogo bem pesado! Em outro dia saíamos três horas para a visita. No resto do tempo ficávamos trancados na cela, mas havia uma pequena corrupção com os carcereiros e podíamos ir a outras celas para discutir com os outros prisioneiros, já que tínhamos de planejar movimentos, elaborar manifestos e discutir muito sobre política no interior do presídio.

No começo, como eu estava no último ano de Medicina, o diretor da prisão me pediu que organizasse uma farmácia com medicamentos para os presos. Então, durante o primeiro mês e meio eu andei solto por todo o presídio, distribuindo remédios, e conheci todo mundo. No centro da OBAN, inclusive, tinha gente que sofria de úlcera, e havia um medicamento que continha benzodiazepina, então, como médico, pedi esse remédio para dar a tal pessoa, mas o distribuía na cadeia como se todo o pessoal precisasse de remédio para úlcera. Tudo ia bem até que um dia o diretor me chamou e disse: "Queremos

que você faça atendimento clínico no presídio. Nós vamos te dar um telefone livre, visita livre e você vai voltar para a cela só à noite." Eu me dei conta de que minha interação com eles havia chegado ao limite e disse que queria voltar para a cela, que eu não podia fazer nenhum trabalho porque ainda não era médico formado e que a farmácia já estava organizada. Assim, no resto do tempo fiquei na cela junto com os outros, porque a pior coisa que eu poderia fazer seria me diferenciar dos meus companheiros, que eram o único apoio, a única resistência e a única possibilidade de achar sentido para estar ali.

Durante o tempo em que estive na prisão, aprendi a cozinhar, fiz ginástica, comecei a escrever alguma coisa... Então não foi tão ruim. Mas um amigo me disse que o primeiro ano era assim mesmo, que quando você passa na prisão o segundo Carnaval, o segundo Natal, o segundo aniversário, aí começa a se sentir destruído. Tenho amigos que ficaram cinco, sete, oito anos e que têm marcas muito severas. Acho que saí razoavelmente bem dessa experiência, mas no total só fiquei preso uns dez meses.

Eu fazia muitas brincadeiras e por isso me deram o apelido de "Fradinho", que era o nome de uma história em quadrinhos de um caricaturista muito famoso, o Henfil. Eram dois personagens, um baixo e gordinho que só fazia maldades e um magrela e alto que era muito espiritual. Uma das brincadeiras que provocaram mais gargalhadas foi uma gozação com um torturador. Os torturadores eram pessoas muito ignorantes, muito pouco instruídas, e como eu havia chegado ao centro vestido de branco, como médico, isso me tornava relativamente importante diante deles. Um dia, já no final da minha temporada ali, um torturador chegou para mim e começou a falar dos problemas da mulher dele, das dores ginecológicas que ela sentia. Depois de ouvir a história toda, fiz perguntas clínicas e disse que provavelmente era uma avitaminose, que ela tinha de seguir uma dieta especial e que ele devia seguir também. Disse que precisava comer alimentos ricos em vitamina B12 e B14 e que o alimento mais rico nessas vitaminas era o alpiste. Ele me agradeceu muito. Os companheiros que estavam ouvindo a conversa comemoraram essa pequena vitória da revolução: eu tinha feito um torturador se alimentar com comida de passarinho! Fiz muitas gozações desse

estilo com eles. Até hoje, quando encontro alguém daqueles tempos, ainda me chamam de Fradinho.

Eu tinha um companheiro de prisão, o marinheiro Cláudio, que tinha sido uma das pessoas mais procuradas do Brasil. Um dia, num ataque de ciúmes, ele deu um tiro na cabeça da mulher e se entregou na delegacia. Os policiais não conseguiam acreditar. Nós sabíamos que ele estava ali sendo torturado e que tinha tentado se suicidar. Depois dos interrogatórios, quando estava isolado porque não tinha muito mais o que contar, eles o mandaram para o presídio. Como ninguém o queria em nenhuma cela, nós da nossa cela fizemos uma reunião e votamos a favor de recebê-lo. Tínhamos um costume: cada vez que chegava alguém novo, nós nos reuníamos ao redor de uma mesa para a pessoa contar a história dela. O Cláudio contou que estava ali simplesmente para encontrar forças para se suicidar. Percebemos que, se ele se suicidasse na cela, seria muito fácil nos acusarem de assassinato, estávamos correndo um risco sério. Então, fizemos patrulha durante várias semanas para vigiá-lo de madrugada, até que eu diagnostiquei que ele estava mais para histérico do que para suicida e aí conseguimos dormir. Depois o mandaram para outra cela, não sei como terminou.

Ao final do dia de visita, à noite, nós tínhamos um sentimento de solidão terrível. O presídio inteiro era um desastre, ficávamos todos na cama, tristes, melancólicos, e começávamos a melhorar só no dia seguinte. Todos nós tínhamos medo de voltar para o centro de tortura, porque todos nós tínhamos sido torturados, uns no centro, outros nos tribunais. No período em que fiquei preso a ditadura começou a matar os militantes. Até aquele momento, não tinham adotado uma política de assassinato sistemático. Alguns morriam, como o preso que tinha sido torturado no dia em que cheguei, mas foi a partir de 1971 que começaram a matar sistematicamente. Recebíamos as notícias de fora e o impacto em nós era enorme.

Um belo dia me chamaram e me levaram ao tribunal. Inesperadamente, no meio da semana, me autorizaram a responder ao processo em liberdade. Voltei para a prisão, empacotei minhas coisas e me despedi de todos na cela enquanto o presídio inteiro cantava a *Internacional*. Tinham me perguntado se eu queria que avisassem minha família para virem me buscar,

eu disse que não e continuei ali, demorei a me despedir. No fim, a porta se abriu e eu me vi sozinho com minha mala no centro da cidade de São Paulo. Peguei um táxi, fui conversando com o taxista durante o trajeto e aí parei na frente da casa da Raquel. Entrei correndo, Raquel estava fazendo as unhas dos pés, a mãe dela estava lá também. Aí eu disse a elas: "Me escondam, eu fugi!" Foi pânico geral, óbvio. Eu disse que não, não era isso, e nós fomos para minha casa e fizemos uma festa.

Preciso dizer que minha temporada na prisão foi traumática pela intensidade da experiência, em todos os sentidos: medo, terror, companheirismo, solidariedade, enfrentamentos, pôr a inteligência para funcionar... Durante anos me reuni com um grupo de ex-presos para contarmos as nossas histórias, são amigos que fiz para a vida toda. Nos últimos tempos eu os tenho visto pouco, porque ando muito ocupado, mas a solidariedade e o companheirismo com os que passaram pela mesma experiência são extraordinários.

O que aconteceu depois?

Fui terminar o curso de Medicina e comecei a residência. Nessa época, fizemos uma coisa que não está na história oficial porque tudo foi clandestino... Não sei como somos médicos! Fizemos uma greve de médicos que paralisou o Hospital das Clínicas. Convocávamos as assembleias, mas nunca falávamos, sempre discutíamos tudo antes e fazíamos com que outras pessoas falassem. Lembro que em uma dessas assembleias fizemos um grande amigo nosso, um psiquiatra, apresentar a proposta de greve. Ele começou assim: "Estou pensando aqui que nós poderíamos propor..." – e passou a enumerar uma, duas, três, quatro propostas, e aí alguém que estava atrás dele comentou: "Olha que profissional, está tudo escrito à máquina..."

Nessa mesma greve, houve uma assembleia geral que o secretário de Segurança do Estado de São Paulo, que era um liberal, pediu para assistir. Ele foi, ouviu todos os discursos e em seguida nós votamos pela continuidade da greve. Ele então acabou pedindo a palavra e disse: "Olhem, se vocês vão continuar a greve, não é assunto meu, passa a ser assunto do Exército. Mas antes de ir eu queria dizer que, se eu fosse um de vocês, também votaria pela greve." Foi ovacionado como herói, mas

no dia seguinte veio a cavalaria, deram umas pauladas e nós logo encerramos a greve.

Creio que essa foi uma das primeiras greves na ditadura, simultânea às greves de São Bernardo, onde estava o Lula. Depois fizemos outra, mas aí o governador paulista já era o Paulo Maluf, e esse era muito pior. Quando entramos em greve, ele nos disse: "Vocês não têm nenhuma importância e as pessoas do povo que vocês atendem também não têm importância nenhuma." Nos deixaram três meses em greve sem discutir, sem ouvir propostas. Nós realmente não tínhamos nenhuma importância para eles. Quantas histórias eu poderia te contar! Por exemplo, que tomamos o sindicato médico ou que ganhamos a eleição do Conselho Regional de Medicina e conseguimos condenar e cassar a licença dos médicos que apoiaram a tortura, tudo isso durante a ditadura.

O que aconteceu com a sua militância política?

Em 1972, quando saí, já estava claro que havíamos sido derrotados, mas um não sabia do outro. Eu não era mais militante, mas imaginava que os outros continuavam a militar e os outros provavelmente imaginavam a mesma coisa. Eu não militava, mas tinha uma culpa por não militar. Então me juntei ao movimento sindical, foi com eles que fizemos as greves do Hospital das Clínicas, que tomamos o sindicato dos médicos, o Conselho Regional de Medicina. Um grande amigo meu dizia que eu ia me tornar um mero sindicalista e não um militante. No meu consultório, junto com um militante de outra origem política chamado José Rocha, fundamos o movimento de oposição médica que se chamou Renovação. Havia uma ânsia por liberdade e os médicos eram um setor muito combativo. Havia muita gente democrática, participativa, socialista no corpo médico. Fiquei alguns anos com eles. Ganhamos a eleição do Conselho Regional de Medicina e, entre outros fatos importantes, conseguimos a condenação dos médicos que foram cúmplices e colaboraram com a tortura de opositores políticos.

Depois participei do congresso que fundou o Partido dos Trabalhadores (*em 1980*), mas não quis me filiar... Faz pouco tempo, descobri no *Facebook* uma fotografia em que apareço com um grupinho ouvindo o Lula falar no congresso, eu não tinha nenhuma foto daquela época... Então, houve um tempo em que

estive mais próximo do partido, conheci o Lula, jantei com ele várias vezes. Foi a época em que você organizou a conferência "No Umbral do Milênio", em Lima, e eu levei o vice-prefeito de Porto Alegre, Tarso Genro, porque o Lula não pôde ir.

E não pensou em voltar para a política? São muito poucos os analistas que se envolvem com política, como Max Hernández no Peru ou John Alderdice na Irlanda do Norte.

Olhe, quando a Marta Suplicy ganhou a prefeitura de São Paulo (2001-2005), teve gente do grupo dela que me consultou se eu queria ser secretário de Cultura. Isso me tentou muito, essa possibilidade de participar de uma administração do PT na maior cidade do país. Perguntei à minha família o que eles achavam, porque íamos ficar muito mais pobres, e todos foram a favor. Mas um dia minha filha queria não sei o quê e eu disse assim: "Olha, nós não vamos ter dinheiro." Ela me contestou: "Mas você pode vender um quadro." Aí eu liguei para o Marco Aurélio (*Garcia*), que era meu amigo e estava no Chile, e pedi que ele me aconselhasse. Minha tendência era mesmo aceitar, e eu não sabia que ele era o outro nome que estavam sondando. No fim, nunca recebi uma proposta formal, o que foi uma sorte, porque creio que não teria me saído bem. A política demanda muitas coisas que vão muito além do que eu poderia dar.

O que quer fazer depois de terminar a presidência da Fepal?

Olhe, o meu último filho se casou e levou embora até o cachorro, então agora eu e minha mulher estamos sozinhos em casa. Estamos meio perplexos, porque vamos fazer quarenta anos de casados e você já sabe que tivemos nossa primeira filha no primeiro ano. Ando meio preocupado sobre como vamos viver, preocupado em vários sentidos, no pessoal-amoroso, no pessoal-profissional, porque está muito claro que o tempo que cada um tem é limitado. Eu vou fazer 65 anos, preciso lembrar que a eternidade não está lá na frente. Vários amigos meus morreram. Fabio Herrmann morreu muito cedo, no ano passado morreu um colega de faculdade que esteve muito próximo de mim durante todos esses anos, então vai se criando um grande vazio ao redor.

A doença, a morte, estão por perto...

Estão por perto, sim. Houve um tempo em que nós todos estávamos nos casando e tendo filhos, depois houve outro tempo em que quase todo mês tínhamos um casamento dos filhos dos amigos. Os presentes de casamento dos filhos dos amigos faziam parte do orçamento familiar. Agora as festas de casamento são muito mais raras, já estão todos casados, é muito mais comum ir ao hospital para visitar um amigo. Felizmente ainda não estou frequentando o hospital, mas esse dia vai chegar, não? Então, isso dá o que pensar.

Eu sempre fazia tudo: a casa, a família, o consultório, a política, os amigos. Vivia muito rapidamente. Mas agora as coisas estão mais claras: há coisas que preciso terminar de fazer, não quero trabalhar tantas horas no consultório, não tenho necessidades econômicas prementes. Fiquei contente com as ideias que foram aparecendo nos últimos trabalhos que fiz, acho que resultaram interessantes. Sei que todo mundo diz a si mesmo: "Um dia vou escrever..." Eu também tenho esse desejo. Algum dia vou escrever, e tenho a fantasia de escrever sobre o período da ditadura a partir de um ponto de vista subjetivo. Essa é a minha fantasia no momento, mas o principal é que tenho de começar a me acostumar com uma nova forma de vida, já não tenho que cuidar dos meus filhos.

Tenho que me destinar um tempo para envelhecer. Creio que preciso de tempo para olhar meu envelhecimento, espero ter tempo para fazer isso com minha vida. Não me vejo assumindo um compromisso institucional importante no futuro, não quero isso, e também não acho que meus esforços tenham o poder de promover grandes mudanças. Então, tenho que ter um olhar egoísta. O mundo é enorme, há muitas coisas que me interessam. Eu gosto de música.

Você tem um Steinway.

Eu tenho o meu Steinway de três quartos de cauda que é um animal raro de 1895. Queria saber tocar muito bem uma sonata de Beethoven. Estou preparando uma, depois vou tocar um trechinho para você ver como estou indo. Eu gosto de literatura, gosto de viajar, gosto das pessoas, as relações são amplas.

Uma coisa fica martelando na minha cabeça: eu nunca tive a idade que tenho hoje – essa é uma idade assombrosa que eu nunca tive. Tenho que achar tempo para olhar a mim mesmo e, a partir desse olhar, olhar o mundo, porque agora eu o vejo diferente, porque o vejo com as memórias que tenho. Preciso de um tempo para passear sem destino pelas ruas da cidade, sem programação, sem intenção política, sem intenção doutrinária.

Sem memória nem desejo?

Não, não é assim. É Walter Benjamin, é como o *flâneur*, vagar pelas ruas de Paris... O problema com o Bion é que, se você quiser ser bioniano, tem de ser completamente diferente de Bion. Então, se tenho alguma influência bioniana, tenho de usar outras metáforas.

Gosto muito de falar com você, Moisés. Conversar com você é muito agradável porque se tem a chance de falar das próprias ideias e é muito raro surgir uma oportunidade assim. Espero que nós continuemos a nos encontrar neste planeta, que rememoremos outras histórias e façamos outras construções. Obrigado, meu amigo.

Londres, março de 2010;
México, agosto de 2011;
São Paulo, fevereiro de 2012.

Índice Remissivo

...olher; acolhimento XVIII, 20, 24, 27, 29, 47, 48, 66, 70, 83, 102, 126, 128, 211, 237, 246, 284
...aptação; adaptar; adaptativo 15, 50, 92, 163, 238, 240, 246, 308, 313, 321
...olescência; adolescente 10, 24, 72, 97, 291, 309, 364
...lorno, Theodor 8, 18, 19, 39, 49, 69, 71, 77, 78, 80, 81, 198, 221, 357, 358
...ulto 21, 72, 214
...gamben, Giorgio 54
...gostinho, santo 102, 108, 123, 195
...ressividade, agressivo 56, 174, 245, 265, 266, 349, 350
...itken, Doug 149
...corão 51, 212
...lderdice, John 373
...egoria; alegórico XVII, 33, 39, 41, 81, 88, 92, 97, 108, 111, 148, 150, 152, 153, 213, 238, 246, 339, 356, 357
...lemanha 121, 223, 226, 258, 282, 306
...lípio de Freitas, padre 368
...llen, Woody 275
...ma 47, 129, 149, 159, 169, 175, 185, 195, 226, 274, 276, 277, 279, 284, 297, 301
...lmodóvar, Pedro 76

Altamirano, Carlos 365
alteridade XVIII, 18, 19, 20, 22, 23, 39, 60, 68, 83, 101, 102, 121, 125, 128, 131, 160, 164, 203, 213, 235, 246, 268, 354, 359
Amaral, Lygia Alcântara do 262
Amati-Mehler, Jacqueline 336
América Latina; latino-americanos 48, 104, 181, 199, 201, 226, 253, 256, 297, 305, 323, 335, 338, 339, 340, 341, 345, 346, 355
amor 11, 23, 32, 39, 42, 47, 48, 76, 89, 90, 142, 154, 156, 180, 209, 245, 246, 285, 286, 290, 313
anal; analidade 21, 53, 124, 125, 158, 356
análise, fazer 24, 26, 28, 36, 41, 42, 73, 52, 56, 57, 58, 72, 73, 77, 94, 95, 97, 98, 106, 126, 132, 149, 156, 159, 208, 212, 213, 221, 232, 233, 250, 276, 277, 278, 307, 341, 343, 348, 351, 354, 362
análise de grupo 276
análise didática; analista didata 230, 233, 265, 327, 343, 344
análise pessoal 199, 225, 227, 232, 233, 264, 265, 275, 304
Andrade, Oswald de 200, 257, 351

angústia 7, 9, 10, 14, 26, 31, 32, 33, 35, 36, 37, 42, 46, 55, 57, 58, 59, 67, 73, 75, 126, 128, 156, 157, 158, 166, 213, 278, 287, 291, 352, 353
anorexia 51
anseio metapsicológico 4, 5, 60
anseio 23, 28, 41, 60, 66, 68, 186, 193, 196, 289
antidepressivos; antideprimido 274, 301
Antígona 183
antropofagia 200, 258
Anzieu, Didier 87, 113, 156
Aquiles 175, 176, 177, 178, 179, 181, 186, 263, 295, 296
Araújo, Olívio Tavares de 312
Arendt, Hannah 121, 223, 245
Aristóteles 197, 203
arte 186, 354, 356, 357
arte e conhecimento 116, 118, 119, 279, 287
arte e linguagem 132, 142
associação livre; associações XVI, 9, 27, 39, 41, 60, 107, 109, 121, 134, 160, 191, 203, 222, 241, 263, 267, 268
assombro XVII, XVIII, 13, 57, 59, 68, 180
atenção flutuante 28, 39, 75, 107, 121, 160, 192, 203, 241, 263, 268
Aufklärung (v. tb. Iluminismo) 222
autismo 171, 172
autobiografia 303, 325
autoconsciência; consciência de si 165, 166, 167, 168, 169, 208
autor; autoria 228, 230, 231, 262

Bach, Johann Sebastian 83, 301, 358
Baltasar 173
Bauman, Zygmunt 27, 49, 51, 67, 68, 119, 203, 221, 223, 357, 358
bebês 207, 215, 287, 359
Beethoven, Ludwig van 27, 52, 71, 77, 78, 79, 80, 81, 83, 301, 302, 357, 358, 374
beleza; belo 247, 285, 287
Bellini, Giovanni 210, 211
Benário, Olga 258
Benjamin, Walter; benjaminiano 33, 39, 40, 41, 46, 59, 81, 88, 92, 108, 117, 148, 152, 182, 252, 356, 375

Berg, Alban 69, 80, 356
Bergson, Henri 33
Bicudo, Bento Augusto de Almeida 2
Bicudo, Virgínia Leone 199, 253, 2⁹ 255, 256, 258, 261, 333, 344, 349, 3⁵ 351, 352
Bienal das Artes de Gwangju (Core do Sul) 318, 332, 333
Bildung 221, 223, 224, 226, 228, 229
Bildungsroman 220
Binswanger, Ludwig 150, 202
Bion, Wilfred Ruprecht; bioniano 13, 16, 27, 52, 53, 54, 69, 81, 87, 1⁰ 104, 105, 106, 108, 109, 110, 113, 1¹ 115, 116, 118, 120, 122, 124, 125, 153, 1⁵ 155, 156, 157, 158, 207, 209, 218, 2² 227, 228, 234, 258, 261, 262, 264, 2⁶ 266, 267, 268, 315, 349, 350, 352, 3⁵ 355, 360, 375
Bloom, Harold 51
Bolognini, Stefano 148, 334
Bonaparte, Luís 301
Bonaparte, Napoleão 301
borderline (caso-limite) 51, 87, 111, 1² 155, 224, 240, 266
Borges, Jorge Luis 54, 109
Botella, César e Sara 159
Boulez, Pierre 80
Bowlby, John 359
Braga, João Carlos 265
Brahms, Johannes 79
Brassai, Gyula 253
Bredekamp, Horst 147, 151, 201
Brito, Gisèle de Mattos 265
bulimia 51
Bund 315, 363
Bunge, Mario 363
Byron, Lord 299

Cage, John 80
Caldas, Waltercio 333
Calibán, revista 199, 238, 250, 338
campo de Auschwitz-Birkenau 152
campo de Bernburg 258
campo de Birkenau 251
campo de concentração e extermí nio 313
campo de Treblinka 154
canção; canções 23, 48, 89, 154, 290, 3⁰

ÍNDICE REMISSIVO

ndido, Antonio 86, 185, 211, 286
nestri, Jorge 334
os 66, 67, 68, 81, 82, 279, 292, 358
pitalismo; capital 49, 50, 76, 164, 306, 310, 318, 319, 320, 349
rdoso, Fernando Henrique 319, 320
rtier-Bresson, Henri 253
ssirer, Ernst 152
nsura 200, 258
ntelha 54, 60, 81, 88, 110, 158, 164, 180, 191, 241, 291
ina 318, 333
cero 126
ncia; ciências; científico 4, 5, 18, 19, 23, 32, 53, 81, 88, 102, 105, 106, 107, 150, 151, 167, 169, 175, 196, 197, 198, 220, 222, 223, 224, 228, 231, 338, 239, 342, 344, 345, 266, 282, 283, 301, 328, 337, 360
nema 76, 93, 184, 253, 286, 287, 297, 334
nema novo 200, 258
rcunstância 46, 49, 66, 67, 90, 149, 163, 169, 192, 195, 202, 209, 214, 215, 225, 290, 305
vilização; civilizacional 11, 252, 263, 279, 283
ndestinidade 309, 364, 365, 371
ássicos 107, 108, 129, 174, 175, 222, 268, 349
nica psicanalítica 4, 7, 14, 17, 25, 29, 32, 36, 47, 49, 50, 55, 66, 71, 72, 75, 81, 83, 86, 87, 88, 92, 93, 94, 97, 102, 106, 110, 111, 116, 118, 119, 121, 131, 142, 151, 155, 156, 157, 158, 159, 160, 194, 196, 198, 201, 226, 230, 237, 239, 240, 241, 244, 321, 327, 333, 339, 345, 347, 355, 356, 358, 359, 360
omissão da Verdade 184, 186, 297
omitê de Psicanálise e Cultura 240, 304, 327
omitê Sobre Terror e Violência Política 335
mpetição 275, 277
munismo; comunista 258, 308, 318, 336, 351, 364, 368
nceitos sonhantes 225
ngressos de psicanálise 3, 45, 85, 91, 201, 222, 312, 316, 317, 318, 323, 325, 331, 332, 338, 345

conhecer, modos de 4, 6, 7, 8, 13, 15, 17, 18, 19, 20, 22, 23, 27, 28, 29, 39, 41, 53, 54, 60, 78, 83, 103, 118, 120, 121, 122, 125, 132, 160, 161, 164, 166, 198, 203, 206, 207, 208, 211, 220, 266, 268, 279, 283, 290, 354, 355, 356, 359
conhecimento 5, 7, 8, 18, 19, 39, 40, 51, 52, 114, 120, 151, 197, 220, 221, 222, 224, 266, 275, 279
conhecimento consciente/inconsciente 6, 8, 115, 279, 286
conhecimento encarnado; palavra encarnada 6, 7, 83, 115, 158, 174, 224, 226, 227, 230, 231, 264, 268
conhecimento psicanalítico 15, 26, 27, 82, 83, 87, 90, 102, 103, 106, 107, 115, 116, 119, 120, 121, 193, 194, 197, 222, 224, 227, 228, 241, 274, 276, 283, 360
Conrad, Joseph 3, 127
consciente 7, 15, 16, 32, 87, 88, 106, 110, 113, 114, 115, 127, 155, 156, 159, 168, 171, 182, 183, 185, 225
constelação de sentidos 8, 12, 23, 39, 81, 92
construção onírica XVII, 7, 8, 13, 50, 53, 65, 70, 81, 87, 89, 96, 111, 114, 115, 118, 122, 125, 126, 127, 133, 135, 148, 156, 158, 274, 132, 182, 183, 201, 202, 207, 215, 247, 250, 274, 284, 286, 353, 354
corpo; corporal; corpóreo 6, 8, 11, 12, 18, 19, 21, 23, 25, 37, 42, 43, 46, 47, 48, 49, 53, 60, 66, 70, 71, 74, 81, 87, 89, 96, 114, 123, 129, 133, 149, 155, 156, 166, 173, 176, 177, 178, 180, 181, 184, 185, 195, 263, 266, 244, 279, 295, 296, 297, 348, 353
Cortázar, Julio 253
costume 56, 74, 75, 125, 129, 178, 184, 282, 292, 296 (*v. tb.* hábito)
cotidiano traumático 50, 51, 53, 60, 87, 93, 129, 250,, 278, 286, 290, 353
Cravo, Mario 330
criatividade 231, 234
crise da psicanálise 15, 83, 91, 200, 238, 239, 241, 320, 354, 362, 363
cristãos 308, 314
Cristo 51, 96, 331
crítica da cultura 283

cultura 4, 13, 16, 27, 48, 51, 52, 54, 66, 69, 83, 88, 107, 108, 123, 150, 160, 163, 171, 174, 180, 181, 183, 184, 185, 186, 193, 195, 196, 197, 200, 201, 202, 221, 222, 224, 225, 229, 239, 241, 247, 252, 257, 276, 278, 289, 290, 291, 295, 296, 297, 339, 340, 341, 342, 362

cultura grega 107, 174, 175, 176, 177, 178, 179, 180, 181, 182, 184, 196, 221, 225, 268, 295

Dante Alighieri 148, 231
Darwin, Charles 275, 281
Deleuze, Gilles 69
democracia; democratização 164, 186, 245, 257, 322; 336, 360, 372
depressão; depressivo 9, 11, 23, 58, 174, 274, 318
desamparo 20, 21, 23, 35, 46, 52, 55, 179, 180, 206, 214, 246, 274, 278, 279, 285, 296, 344
desaparecidos 175, 181, 185, 186, 295, 297, 298
Descartes, René; cartesiano 19, 29, 120, 159, 226
desejo 4, 13, 22, 23, 28, 29, 51, 52, 57, 73, 78, 87, 95, 96, 165, 166, 181, 192, 206, 208, 215, 274, 374, 375
desejos 22, 27, 66, 167, 180, 191, 244, 283
dessexualização 108, 123
Deus 19, 40, 51, 52, 120, 159, 168, 292, 301
devaneio 286, 300
Dias, Flávio 256
Didi-Huberman, Georges 152, 153, 202, 251, 252
Diers, Michael 147, 151, 201
direita 292, 319, 335
ditaduras 48, 181, 184, 186, 200, 225, 245, 256, 258, 287, 295, 297, 308, 312, 363, 367, 368, 370, 372, 374
DOPS (Departamento de Ordem Política e Social) 311, 312, 366, 367
dor 247, 277, 312
drogas 239
Durkheim, Émile 51

Eagleton, Terry 104
edição 199, 238, 239, 250, 257, 329, 331, 332, 334, 338
Édipo 108, 159, 165, 183, 205, 206, 2, 209, 215, 265, 277
ego 10, 18, 53, 56, 77, 111, 155, 156, 158,
Einstein, Albert 281
Eitington, Max 240
Eizirik, Claudio Laks 240, 321, 333
elaboração; elaborar 11, 16, 21, 25, 34, 47, 54, 57, 59, 66, 67, 74, 75, 7 79, 81, 82, 87, 92, 111, 117, 118, 124, 1. 131, 155, 156, 165, 185, 202, 207, 2(209, 244, 246, 247, 267, 284, 349, 35 353, 355, 357
Elias, profeta; Eliahu Hanavi 20
Eliot, Thomas Sterne 7, 52, 86, 300, 3
empírico; empirismo 160, 237, 23 240, 362
enraizamento 257, 311, 312, 313
ensino de psicanálise 220, 231, 232 transmissão da psicanálise)
envelhecer; envelhecimento 9, 291, 3
epistemologia; epistemológico 10 107, 120, 217, 231, 235, 367
escolas psicanalíticas 26, 51, 103, 12 155, 156, 192, 200, 201, 208, 218, 22 226, 228, 234, 239, 244, 251, 259, 2€ 264, 265, 266, 339, 343, 344, 352, 3: 355
escravidão; escravos 254, 255, 256
escuta 71, 72, 116, 120, 263
espírito dos tempos 86, 195, 238, 24 245
esquecimento; esquecer 16, 17, 90, 1(119, 150, 165, 175, 184, 194, 202, 29
esquerda 200, 292, 305, 318, 319, 32 336, 364
Estado de S. Paulo, O 254
Estado Novo 256
Estados Unidos 71, 196, 200, 226, 30 333, 336, 337, 339, 345, 365
estética; estético XVII, 17, 34, 51, 69, 8 91, 116, 118, 119, 124, 131, 132, 133, 13 151, 157, 160, 178, 179, 183, 228, 23 247, 305, 354, 355
estímulo; estimulação 21, 225, 24 247, 284
estrangeiro, o XVIII, 4, 17, 18, 19, 20, 2 27, 49, 59, 60, 83, 121, 131, 164, 241
estranho 5, 18, 19, 60, 66, 68, 119, 12

121, 282, 283, 284, 287
:hegoyen, Horacio 238, 304, 320, 321, 335
:a; ético XVII, XVIII, 20, 21, 27, 29, 39, 51, 60, 84, 107, 118, 120, 121, 124, 125, 128, 131, 159, 160, 164, 174, 175, 179, 182, 183, 194, 203, 207, 213, 235, 238, 241, 246, 247, 268, 287, 295, 355, 359
ropa; europeus 26, 32, 151, 199, 200, 306, 308, 310, 314, 318, 325, 339, 345, 346, 363
a, Antônio Carlos 265
angelho de Marcos 51
:esso; excessivo 31, 32, 41, 47, 51, 52, 55, 59, 70, 117, 120, 125, 128, 156, 160, 164, 183, 205, 213, 225, 241, 246, 247, 268, 286, 291
odo 51
periência XVII, 6, 11, 13, 14, 17, 21, 22, 29, 32, 40, 46, 47, 49, 53, 67, 69, 70, 80, 89, 90, 92, 94, 95, 96, 102, 103, 104, 109, 110, 111, 113, 114, 118, 119, 120, 122, 156, 157, 159, 169, 170, 182, 183, 184, 185, 194, 196, 201, 224, 225, 230, 238, 264, 297, 323, 331, 349, 353, 362, 371
posição Dor, Forma, Beleza 285, 286, 287, 312
posição Freud: Conflito e Cultura 273
posição Psicanálise e Modernismo 324

instein, Abel 337, 340
le Com o Analista 92, 94
nília 18, 24, 56, 73, 97, 98, 150, 184, 222, 243, 251, 254, 296, 304, 309, 311, 312, 314, 315, 323, 333, 344, 345, 374
miliar 4, 47, 206, 275, 277, 284, 285, 297, 307
ntasia 10, 11, 51, 55, 56, 74, 86, 95, 96, 156, 157, 171, 184, 277, 300, 344, 353, 374
ntasia inconsciente 156, 158, 184, 265, 352
ntasma; fantasmatização 31, 35, 36, 126, 186, 298, 346
scismo 221, 245, 256, 257, 357
104, 160, 220, 221
:deração Brasileira de Psicanálise (Febrapsi) 305, 323, 334, 335

Federação Europeia de Psicanálise 329, 337, 338, 345
Federação Psicanalítica da América Latina (Fepal) 201, 303, 316, 321, 322, 323, 326, 328, 329, 332, 335, 338, 340, 341, 345, 360, 363, 373
felicidade; feliz 65, 82, 277, 279
Fenichel, Otto 256, 261
Ferenczi, Sándor 28, 355
Ferro, Antonino 102, 103, 104, 105, 108, 109, 110, 111, 114, 115, 116, 118, 119, 120, 121, 122, 124, 126, 127, 128, 132, 159, 209, 240
ficção; ficcional 71, 153, 154, 324
figuração; figurar 28, 263, 267, 286, 287
Figura, Starr 135
filosofia 106, 107, 224
flâneur 8, 375
Fliess, Wilhelm 150
Fonseca, Vera Regina Jardim Ribeiro Marcondes 205, 218
formação em psicanálise 104, 106, 197, 199, 209, 218, 219, 220, 221, 222, 223, 224, 225, 230, 231, 232, 233, 234, 240, 263, 264, 265, 275, 304, 310, 321, 334, 341, 346, 347, 348, 349, 353
fort-da 42
fotografia 6, 48, 152, 199, 253, 352
Freud, Martha 331
Freud, Sigmund; freudiano XVI, XVII, 5, 6, 8, 10, 11, 12, 15, 20, 21, 26, 31, 33, 36, 37, 47, 49, 51, 52, 53, 66, 107, 108, 110, 111, 115, 117, 122, 123, 124, 125, 131, 134, 150, 152, 154, 156, 159, 165, 170, 172, 175, 182, 184, 185, 195, 198, 199, 200, 201, 202, 207, 209, 215, 218, 221, 223, 224, 225, 226, 227, 228, 229, 244, 246, 257, 258, 261, 262, 263, 264, 265, 266, 273, 274, 275, 276, 277, 278, 281, 283, 287, 290, 291, 296, 331, 339, 346, 351, 352, 354, 356, 358, 359, 360, 364
Além do Princípio do Prazer 92, 99, 143, 172, 182, 187, 224, 225, 256
Análise Terminável e Interminável 5
Conferências Introdutórias Sobre Psicanálise 47, 61, 107, 117, 134, 143, 170, 225
Ego e o Id, O 10, 31, 110, 111, 172, 267
Estudos Sobre a Histeria 11

Formulações Sobre os Dois Princípios de Funcionamento Mental 170
Fragmento da Análise de um Caso de Histeria (O Caso Dora) 36, 108
Interpretação dos Sonhos, A 8, 66, 110, 154, 168, 171, 273
Luto e Melancolia 172, 184, 187, 296
Mal-Estar na Civilização, O 108, 156, 339
Moisés e o Monoteísmo 108, 339
Projeto Para Uma Psicologia Científica 12, 16, 20, 30, 31, 43, 125, 143, 246, 359
Psicologia das Massas e Análise do Eu 339
Sobre os Sonhos 111, 143
Totem e Tabu 12, 108
Três Ensaios Sobre a Sexualidade 53
Freyre, Gilberto 254, 255
Frochtengarten, Julio 265
fulguração; fulgurar XVII, 17, 42, 81, 191, 293
fundamentalismo 49, 196, 245

Gabbard, Glen 29
Galleria degli Uffizi 86
Garcia, Marco Aurélio 365, 373
Gastelumendi, Eduardo 304
Gênesis 51, 114
genitalidade; genital 5, 12, 13, 14, 17, 19, 21, 22, 23, 26, 28, 29, 32, 53, 54, 95, 122, 125, 126, 128, 157, 158, 356
genocídio 245
genocídio de almas 276
Genro, Tarso 373
Georges Didi-Huberman 202
globalização 49, 134, 164, 186, 244, 245, 283, 318
Goethe, Johann Wolfgang von 27, 207, 220, 221, 222, 223
Goldberg, Steven H. 103, 104, 109
Gombrich, Ernst 152
Gorender, Jacob 368
grade curricular 105, 175, 217, 218, 227, 234, 235, 322, 324
Green, André 6, 52, 81, 87, 105, 108, 111, 113, 116, 154, 155, 156, 158, 234, 239, 240, 266, 330
greves 371, 372

Grotstein, James S. 114
Grünewald, Matthias 210, 211
Guarnieri, Gianfrancesco 193
Guerra Civil Espanhola 363
Guerra Fria 164
guerras mundiais 92, 283, 314

hábito, habitual 9, 37, 47, 48, 49, 50, 58, 59, 60, 65, 68, 74, 75, 78, 79, 83, 91, 92, 102, 105, 113, 128, 129, 1 147, 243, 250, 290, 291, 300, 301, 3
Hanly, Charles 333, 334, 337
Hegel, Georg Wilhelm Friedrich 165, 166, 167, 208
Heidegger, Martin 20, 119, 159, 160, 3
Henfil 369
Heráclito 197, 198
hermenêutica 68, 86, 252
Hermes 177, 179
Hernández, Max 339, 373
Herrmann, Fabio 108, 200, 360, 3 373
Hilberg, Raul 154
histeria 290, 291
história 13, 40, 41, 46, 48, 49, 59, 66, 83, 148, 149, 164, 168, 181, 185, 18 196, 197, 207, 250, 252, 265, 275, 29 292, 297, 298, 301
história da arte 69, 147, 148, 150, 1 170, 197, 201, 202, 203, 210, 213, 2 275, 358
história da psicanálise 102, 105, 1C 107, 115, 154, 200, 201, 218, 224, 2: 226, 227, 228, 322, 238, 244, 249, 35 360
história da psicanálise no Brasil 24 250, 254
história das ideias 69, 80, 83, 107, 1ç 358
história pessoal 7, 25, 35, 38, 42, 46, 4 56, 93, 97, 98, 103, 108, 109, 117, 12 129, 165, 167, 181, 356, 370, 371
Holocausto 27, 153, 154, 251, 307, 30 313
holocaustos 287
Homero 102, 109, 173, 174, 175, 176, 17 181, 263, 268, 295
homossexualidade 73, 76
Horkheimer, Max 18, 19, 49, 198

rror 23, 27, 223, 285, 287
spitalidade 17, 20, 284
manidades 7, 26, 115, 152, 193, 196, 197, 198, 201, 207, 220, 241, 252, 328
manismo; humanista 221, 222, 223, 224, 231, 320
sserl, Edmund 192

oponi, Eduardo 325
111, 155, 171, 266
ologia; ideológico 34, 49, 52, 121, 123, 163, 195, 196, 200, 227, 228, 235, 249, 251, 254, 259, 315, 321, 326, 327, 339
da 174, 175, 176, 177, 178, 180, 181, 263, 295, 296
, 199, 200, 347, 352
, 255, 256, 313, 344
minismo, iluminista XVII, 5, 18, 19, 26, 67, 107, 151, 198, 200, 220, 221, 222, 223, 281, 339, 357, 363
agem, imagens 75, 89, 41, 97, 107, 115, 129, 131, 133, 147, 148, 151, 152, 153, 154, 157, 159, 160, 161, 164, 166, 168, 169, 201, 202, 203, 209, 213, 249, 251, 252, 253, 287, 314, 334
aginário 26, 32, 116, 155, 206, 287
consciente do ego 155, 267
consciente por construir 31, 42, 52, 86, 110, 111, 114, 124, 131, 155, 156, 159, 183, 265, 266, 353
consciente XVII, XVIII, 6, 7, 15, 16, 17, 26, 27, 32, 51, 76, 80, 81, 83, 87, 88, 89, 90, 106, 107, 113, 115, 119, 127, 129, 168, 170, 171, 182, 184, 185, 202, 214, 221, 224, 225, 228, 233, 238, 241, 246, 265, 266, 267, 268, 274, 275, 276, 278, 282, 296, 339, 341, 351, 352, 353
dividualidade; individualização 224, 232, 266, 284
fância 45, 97, 165, 174, 179, 180, 195, 209, 290, 307, 309
fantil 111, 122, 124, 135, 179, 214, 238, 241
finito XVII, XVIII, 5, 6, 8, 10, 11, 12, 13, 14, 15, 16, 18, 19, 20, 23, 27, 28, 29, 32, 35, 39, 42, 46, 60, 67, 68, 83, 120, 121, 131, 150, 155, 158, 159, 160, 161, 171, 180, 205, 206, 244, 246, 247,

266, 268, 358
instinto 266, 278, 279, 291
Instituto Durval Marcondes 105, 152, 162, 191,
Instituto Inhotim 149
institutos de formação 95, 200, 217, 226, 230, 231,
Internacional Socialista 370
interpretação; interpretar 8, 9, 11, 14, 25, 28, 32, 37, 42, 53, 65, 66, 68, 69, 72, 73, 74, 78, 81, 82, 87, 92, 98, 106, 110, 111, 114, 121, 122, 134, 135, 136, 156, 157, 158, 168, 171, 200, 202, 209, 215, 265, 266, 274, 287, 348, 350, 353
intimidade; intimista 10, 35, 135, 241, 246, 250, 287, 304, 324, 327, 333, 367
IPA (International Psychoanalytical Association) 148, 199, 238, 239, 240, 241, 256, 259, 273, 303, 312, 320, 321, 322, 323, 325, 326, 327, 329, 330, 332, 333, 334, 335, 336, 337, 338, 340, 341, 342, 344, 345, 346, 360, 361
Israel 308

Jameson, Fredric 229
Javé 51
Jones, Ernest 256
Joyce, James 90, 109, 262, 301
judeus; judaico 20, 26, 27, 107, 123, 174, 199, 200, 222, 223, 226, 243, 251, 256, 257, 281, 282, 283, 284, 305, 308, 309, 313, 314, 315, 317, 324, 352, 363, 364
Judt, Tony 196
junguiano 72, 347, 353

kadish 251
Kafka, Franz 91
Kant, Immanuel; kantiano 27, 53, 206, 247, 267
Kernberg, Otto 230, 238, 326, 334, 335, 336
Klee, Paul 40, 59
Klein, Melanie; kleiniano 103, 105, 106, 108, 124, 157, 158, 192, 200, 209, 218, 226, 227, 228, 231, 258, 261, 262, 265, 267, 312, 315, 339, 343, 349, 352, 353, 355, 359

Koch, Adelheid 199, 253, 256, 258, 261,

300, 352
Kojève, Alexandre 165, 208
Kraepelin, Emil 282
Kubo, Yutaka 193
Kurz, Robert 49

laboratórios farmacêuticos; farmácia 15, 49, 196, 238, 240, 274
Lacan, Jacques; lacaniano 51, 85, 105, 165, 208, 227, 234, 343
Lampedusa, Giuseppe Tommasi di 168, 169
Lanzmann, Claude 153, 251
Laplanche, Jean 21, 41, 49, 69, 81, 113, 114, 124, 155, 156, 355, 359
lembrar; lembranças 34, 39, 47, 67,119, 131, 173,
Lemlij, Moisés 303, 304
Lenin, Vladimir Ilitch 226
Leonilson, José 102, 112, 117, 123, 130, 132, 133, 134, 135, 136, 137, 138, 141, 142
34 Com Scars 123
Ilha, O 156
Jogos Perigosos 123
José 137
Leo Não Consegue Mudar o Mundo 123
Perigoso, O 156
Pescador de Palavras, O 156
Pescador de Pérolas 137
São Tantas as Verdades 134
Lévinas, Emmanuel xvii, 13, 18, 19, 20, 23, 29, 39, 60, 68, 84, 119, 120, 159, 160, 164, 203, 235, 246, 268, 354
Levine, Howard B. 102, 103, 104, 109
liberalismo 256, 318
liberdade xviii, 67, 104, 105, 199, 224, 229, 231, 233, 234, 249, 259, 284, 352, 364
Lineu, Carl 282
linguagem; linguagens 6, 7, 16, 23, 32, 33, 37, 39, 54, 68, 69, 73, 81, 88, 95, 102, 106, 109, 115, 124, 128, 129, 132, 133, 134, 156, 201, 206, 213, 252, 300, 353, 356
literatura 46, 69, 72, 84, 86, 91, 111, 167, 168, 169, 175, 185, 194, 200, 300, 374
logos 147, 198, 201, 252
Lombroso, Cesare 292
Losey, Joseph 76

Lukács, György 90
Lula, Luiz Inácio Lula da Silva 318, 3 320, 365, 372, 373
luto 59, 174, 176, 177, 178, 180, 181, 1 185, 186, 240, 263, 296, 297, 307

madeleines 41
mãe; materno 16, 21, 26, 51, 58, 75, 2 125, 128, 206, 207, 214, 215, 247, 2 287, 295, 299, 306, 307, 311, 313, 3 359, 364
magia 8, 147, 198, 201, 252, 283
Mahler, Gustav 356
mal 121, 245, 246
Maluf, Paulo 372
Manifesto Antropofágico 257, 351
Mann, Thomas 46, 71, 167, 169, 17 220, 300, 357
Buddenbrook, Os 220
Dr. Fausto 71, 77, 169, 214, 300, 3
Montanha Mágica, A 46, 71, 77, 7 137, 167, 169, 170, 220
Mantegna, Andrea 211, 212
Marcondes, Durval 199, 200, 253, 25 255, 256, 257, 258
Maria Madalena 331
Marra, Evelise de Souza 265
Marx, Groucho 326
Marx, Karl; marxista 166, 167, 174, 17 192, 200, 258, 281, 351, 354, 356, 36
Mattos, José Américo Junqueira de 2
maturidade 48, 105, 291, 317
medicina; médicos; medicamentos 58, 74, 175, 239, 240, 274, 346, 3· 362, 365, 367, 368
medo 11, 23, 24, 25, 37, 147, 152, 165, 18 201, 214, 208, 232, 294, 296, 310, 3) 320, 365, 367, 370, 371
Medusa 150
melancolia 41, 59, 88, 155, 184, 185, 18 240, 296, 297, 300, 301
Mello, Fernando Collor de 319
Melsohn, Isaías 359
Meltzer, Donald 53, 107, 124, 171, 17 247, 287
memória; memórias 7, 11, 13, 16, 22, 2 29, 32, 33, 37, 47, 48, 49, 50, 51, 53, 5 55, 59, 60, 67, 70, 76, 77, 81, 82, 11 128, 129, 149, 153, 171, 173, 174, 17

180, 181, 182, 185, 191, 192, 202, 207, 214, 223, 225, 241, 262, 263, 267, 268, 290, 291, 292, 295, 308, 342, 353, 355, 368, 375
enezes, Luiz Carlos 335
ercado 15, 50, 108, 164, 232, 319
erleau-Ponty, Maurice 165, 208
essias 5
etafísica; metafísico 4, 9, 13, 15, 21, 23, 29, 60, 68
etáfora, metafórico XIX, 7, 16, 31, 32, 33, 36, 39, 48, 66, 97, 110, 111, 113, 115, 116, 126, 148, 153, 154, 157, 168, 172, 207, 213, 238, 246, 279, 375
etapsicologia, metapsicológico XVII, 4, 5, 15, 16, 21, 26, 27, 28, 29, 52, 123, 154, 155, 198, 238, 240, 241, 333
étodo; metodológico 8, 36, 48, 65, 49, 69, 71, 87, 88, 151, 207, 241, 252, 367
etonímia XVII, 33, 39
ilitância; militante 300, 310, 312, 315, 364, 372
ito; mitologia XIX, 18, 19, 96, 179, 198, 205, 206, 221, 284, 349, 363
nemosine 173, 174, 268
odelos de formação 240, 341
odernidade 27, 48, 49, 134, 168, 169, 262, 282, 293
oney-Kyrle, Roger 105, 106
orte; morrer 9, 28, 35, 67, 68, 142, 154, 156, 164, 166, 170, 171, 172, 175, 177, 180, 181, 183, 184, 186, 208, 214, 244, 277, 285, 296, 297, 327, 333, 353, 359, 374
ortos 154, 173, 181, 184, 251, 263, 295, 296, 307
ozart, Wolfgang Amadeus 76, 83
ujica, José 318
úsica 69, 70, 71, 72, 78, 79, 80, 81, 83, 84, 88, 91, 98, 122, 149, 160, 170, 290, 300, 309, 333, 356, 357, 358, 374

arcisismo; narcísico 36, 51, 58, 155, 171, 172, 233, 275, 361
arrador; narrar 33, 34, 37, 40, 41, 76, 88, 92, 108, 117, 128, 202, 246
arrativa 17, 32, 33, 40, 41, 43, 51, 68, 92, 101, 102, 103, 109, 111, 114, 116, 124, 126, 127, 129, 131, 154, 173, 174, 175, 176, 178, 183, 185, 186, 195, 228, 246, 262, 295, 296, 298, 305
natureza e cultura 5, 13, 18, 48, 52, 70, 101, 125, 147, 151, 152, 164, 166, 171, 198, 201, 208, 210, 252, 278, 282, 287, 289
nazismo; nazista 67, 121, 150, 199, 203, 223, 226, 251, 256, 257, 261, 287, 357
neurociências 326
neurose; neurótico 13, 31, 48, 49, 55, 59, 74, 82, 107, 111, 129, 132, 155, 224, 225, 240, 275, 278, 342, 353, 356
Nosek, Raquel 309, 310, 314, 315, 316, 317, 322, 350, 351, 367, 371
nostalgia 33, 50, 59, 284, 301, 354
novo 17, 20, 53, 55, 59, 68, 70, 83, 101, 102, 103, 125, 126, 128, 131, 231, 238, 241, 284, 290, 292, 330, 332, 343
Números 51

Oban; Operação Bandeirantes 366, 368
Odisseia 80, 109, 263
Ogden, Thomas 114, 157, 240
ontologia; ontológico 19, 20, 27, 60, 120, 164, 268
oral, oralidade 21, 22, 53, 96, 122, 125, 356
Orduz, Fernando 229
Ortega y Gasset, José 192
outro; recepção do; submissão ao XX, 13, 14, 18, 19, 20, 21, 23, 24, 27, 29, 35, 39, 58, 60, 83, 120, 121, 122, 124, 125, 127, 128, 158, 160, 164, 165, 166, 191, 203, 206, 208, 268, 355

pacientes 4, 8, 9, 10, 11, 14, 17, 26, 27, 28, 32, 38, 39, 41, 51, 53, 55, 56, 57, 60, 68, 75, 82, 83, 84, 90, 94, 96, 98, 102, 106, 108, 116, 119, 121, 127, 128, 129, 132, 133, 151, 155, 160, 201, 202, 212, 213, 214, 221, 228, 231, 235, 238, 246, 267, 274, 276, 277, 317, 333, 343, 344, 345, 346, 348, 349, 351, 352, 355, 362, 363
pai; paterno 16, 38, 51, 58, 96, 125, 177, 178, 205, 206, 276, 278, 307, 313, 314, 315, 359, 363, 364, 366, 367
Panofsky, Erwin 152
Parmênides 197
Partido Comunista Brasileiro 364, 368

Partido dos Trabalhadores; PT 319, 320, 372
Páscoa 20
patologias contemporâneas 51, 52, 87, 111, 113, 132, 155, 240, 266, 274
Pegorim, Denise 153
personalidade 4, 58, 67, 68, 167, 168, 220, 263, 277, 279, 299, 307, 355
pesquisa em psicanálise 150, 238, 239, 240, 241, 274, 283, 326, 327, 330, 346
Petot, Jean Michel 226, 227
Philips, Frank 262, 349, 350
Píndaro 182
Platão 69, 357
Plotino 123
poética; poema; poesia 7, 20, 48, 52, 84, 86, 107, 151, 153, 174, 175, 177, 180, 182, 192, 224, 237, 238, 246, 274, 279, 290, 295, 300
política 48, 69, 175, 179, 196, 201, 240, 285, 286, 287, 292, 293, 294, 305, 306, 312, 317, 319, 320, 321, 323, 325, 326, 329, 337, 340, 344, 360, 361, 363, 364, 368, 370, 373, 374, 375
Polônia 48, 273, 306, 308, 313
positivismo; positivista XIX, 15, 18, 19, 87, 89, 107, 114, 226, 238, 239, 240, 245, 265, 320, 327, 328, 334, 342, 346, 356, 360
pós-kleinianos 103, 266, 353
pós-modernidade 196, 203, 292
pragmatismo 15, 28, 226, 239, 241
prática clínica; prática e teoria 3, 4, 5, 7, 8, 10, 12, 15, 17, 19, 21, 26, 29, 50, 52, 55, 73, 80, 86, 88, 89, 90, 92, 102, 104, 108, 110, 111, 118, 119, 121, 131, 158, 168, 192, 193, 194, 196, 198, 202, 203, 205, 212, 217, 224, 229, 230, 233, 237, 238, 239, 241, 244, 268, 277, 295, 324, 327, 328, 334, 345, 359
prazer 9, 14, 35, 56, 79, 170, 179, 209, 278, 279, 316, 357
pré-consciente 15, 111, 155, 225
pré-socráticos 197, 266
Prestes, Luís Carlos 258, 368
Príamo 177, 178, 181, 296
prisão 311, 367, 368
Proust, Marcel 33, 46, 47, 65, 74, 75, 83, 91, 262

psicanálise como arte 17, 36, 118, 20
psicanálise como subversão 15, 1, 238, 241, 321, 344
psicanálise e arte 69, 85, 86, 87, 88, 90, 91, 92, 93, 94, 97, 98, 118, 181, 1 194, 201, 207, 209, 211, 214, 231, 2, 275, 286, 312, 354, 356
psicanálise leiga 200
psicodrama 346, 347
psicologia do ego 227
psicologia XVII, 4, 5, 185, 238, 239
psicopatologia; psicopatológico 26, 185, 207, 224, 239, 240
psicose; psicótico 111, 132, 155, 224, 2
psicossomática 28, 76, 82, 83, 353
psicoterapia; psicoterapeuta 60, 7 114, 196, 240, 276, 320, 328, 34 347, 358
psiquiatria; psiquiátrico 92, 94, 15 155, 239, 240, 282, 304, 307, 324, 3, 326, 328, 346, 351
psiquismo 21, 31, 41, 51, 52, 113, 114, 1 156, 158, 182, 206, 266, 267, 353
pulsão; pulsional 6, 18, 21, 22, 28, 32, 41, 53, 103, 110, 114, 116, 117, 12 128, 131, 155, 158, 165, 192, 200, 20 207, 238, 241, 258, 263, 265, 267, 2 353, 359
Pyles, Robert 334, 336, 337

Rank, Otto 70, 86, 89, 132, 185, 211, 2
razão; racionalidade; racional 18, 69, 70, 77, 80, 83, 123, 181, 220, 2 224, 296, 301, 319, 322, 330, 339, 3 357, 363
recalque; recalcado 111, 119, 238
recordação; recordar 33, 34, 35, 37, 14 175, 302
Reed, Gail S. 103, 104, 109
relações objetais 18, 22, 110, 192, 207
religião; religioso; religiosidade XIX, 1 21, 52, 60, 67, 151, 159, 164, 184, 22 283, 296, 302, 339, 357
rememoração 41, 175, 184, 291, 296
reminiscências 13, 40, 52, 74, 76, 8 129, 191, 290, 342
Renascimento 118, 151, 180, 209, 21 211
reonirização 102, 113, 115, 131

ÍNDICE REMISSIVO 387

)etição 4, 7, 17, 28, 53, 67, 68, 89, 92, 125, 154, 160, 170, 238, 243, 244, 290
)ouso; repousar 8, 14, 74, 78, 83, 119, 131, 149, 183
)resentação; ausência de; precariedade da 6, 10, 11, 15, 16, 17, 23, 24, 28, 31, 32, 37, 38, 39, 41, 42, 45, 46, 47, 48, 54, 82, 87, 89, 95, 96, 102, 110, 111, 113, 116, 117, 118, 122, 124, 128, 142, 153, 157, 158, 161, 184, 197, 215, 247, 251, 252, 287, 296, 353, 354, 355
:istência 106, 107, 134, 225, 229, 247
)erie 125, 126, 127
volução Francesa 221
zze, Cecil 265
)cha, José 372
)drigues, Nelson 200, 258
)lland, Jean-Claude 325
mance 24, 71, 90, 91, 108, 159, 167, 165, 168, 175, 179, 243, 253
mance de formação (*v.* Bildungsroman) 220
mance familiar 251
)sa, João Guimarães 231
)ssini, Gioachino 65, 66
)usseff, Dilma 318, 320, 364
inas 41, 42, 59, 60, 88, 137, 252

fatle, Vladimir 69, 70
lvador 5
ndler, Joseph 335, 336
ussure, Ferdinand de 6
hoá (*v. tb.* Holocausto) 251
hönberg, Arnold 69, 79, 83, 356
humann, Clara 299, 300
humann, Robert 299, 300, 301, 302
hwarz-Bart, André 175, 243
:ott, Walter 299
guros-saúde; seguro social 196, 223, 239, 342, 345, 346
nso comum 32, 49, 69, 75, 104, 107, 192, 206
ntido, construção de; busca do XVI, XVII, 4, 8, 9, 10, 11, 12, 13, 14, 17, 22, 23, 24, 25, 28, 29, 32, 38, 39, 40, 46, 50, 54, 56, 60, 66, 67, 68, 73, 76, 79, 81, 82, 89, 90, 91, 111, 116, 126, 127, 128, 134, 148, 154, 156, 183, 186, 195, 277, 305, 312, 322, 357, 358

sessão de análise 4, 12, 25, 32, 33, 34, 36, 37, 38, 39, 42, 56, 58, 72, 73, 76, 77, 84, 96, 102, 108, 116, 131, 194, 212, 213, 231, 239, 275, 276, 341, 343, 346, 351, 352, 353, 355, 358
setting 17, 122, 149, 157, 159, 202, 239, 342, 353
sexual, ato; sexual, vida 9, 10, 12, 35, 36, 38, 56, 57, 123, 274, 278, 285, 364
sexualidade infantil 111, 122, 238, 241, 283
sexualidade, modos da XVIII, 6, 11, 13, 21, 22, 23, 53, 114, 122, 124, 125, 126, 356
sexualidade; sexo; sexual XVIII, 12, 14, 21, 22, 23, 24, 38, 42, 68, 76, 103, 104, 106, 108, 110, 111, 116, 122, 123, 124, 125, 126, 127, 128, 153, 154, 157, 158, 226, 229, 238, 241, 246, 250, 265, 267, 278, 279, 283, 285, 330, 331, 353, 356
Shakespeare, William 51, 101, 102, 182
Shoah, documentário 153, 162, 175, 243
sincretismo 91, 104, 200, 223, 259, 339
sintomas 28, 51, 131, 164, 165, 178, 244, 274, 278
Sklar, Jonathan 329, 337
social-democracia 308, 315, 319, 363
socialismo 164, 306, 364, 372
sofrimento; sofrer 11, 15, 52, 65, 66, 68, 74, 82, 106, 179, 195, 226, 243, 277, 278, 300, 302, 307, 329, 342, 362
solidão XVI, 126, 137, 184, 293, 296, 370
Sonderkommando 251
sonhar; sonhador 13, 70, 89, 114, 131, 132, 149, 247, 300, 302, 354
sonho como arte 131, 247, 286, 301, 354
sonhos 34, 35, 36, 37, 42, 51, 59, 65, 66, 68, 69, 73, 74, 75, 78, 82, 86, 90, 102, 107, 113, 118, 128, 131, 132, 133, 142, 150, 157, 161, 168, 185, 186, 198, 209, 211, 213, 263, 266, 267, 285, 287, 291, 300, 301, 302, 357 (*v. tb.* construção onírica)
sono 34, 39, 47, 70, 75, 91, 125, 250, 285
stalinismo 221, 226, 341
Steiner, George 109
Stomersee, Alexandra Wolff 169
Stravinsky, Igor 79
subjetividade; subjetivo XVII, 12, 13, 14,

21, 22, 91, 126, 127, 131, 135, 147, 164, 165, 167, 169, 170, 174, 206, 210, 212, 262, 263, 267, 275, 299, 300
sublimação 108, 122, 123, 124, 195
sublime XVII, 247
sujeito 18, 23, 70, 81, 83, 121, 161, 163, 164, 166, 171, 172, 182, 195, 209, 224, 263, 293, 297, 344, 359, 367
supervisão; supervisor 116, 199, 214, 225, 227, 233, 261, 264, 265, 275, 304, 324, 327, 333, 345, 349, 352
Suplicy, Marta 373
surrealismo; surrealista 39, 91, 258
susto XVIII, 13, 57, 60, 131 (*v. tb.* assombro)
Szterling, Gecel 193, 348
Szymborska, Wislawa 65

talking/listening cure 20, 94
Tarkowska, Elzbieta 67
Tate Gallery 317
tempo; temporalidade XVI, 4, 7, 9, 10, 11, 32, 33, 36, 40, 42, 46, 48, 50, 53, 54, 68, 70, 79, 84, 107, 131, 148, 149, 155, 157, 158, 161, 163, 164, 165, 167, 168, 169, 170, 171, 172, 173, 175, 179, 180, 202, 203, 206, 207, 229, 240, 241, 243, 244, 251, 252, 262, 267, 283, 290, 300, 301, 306, 327, 357, 374, 375
Teófilo Júlio 254, 255
teoria; teórico 3, 4, 6, 8, 12, 15, 31, 32, 34, 52, 55, 60, 69, 70, 71, 81, 86, 87, 103, 106, 107, 108, 110, 114, 118, 124, 132, 155, 158, 160, 169, 185, 197, 198, 201, 202, 205, 206, 224, 225, 226, 238, 307, 321, 325, 328, 351, 359
terceira idade 291
terror 13, 25, 96, 245, 246, 247, 312, 371
Testamentos 6, 102, 120
Tintoretto 358
tópica 6, 16, 52, 69, 86, 110, 111, 114, 116, 154, 155, 156, 159, 353, 358
tópica, primeira 86, 111, 116, 154, 155, 156, 159, 265, 266, 353
tópica, segunda 6, 16, 52, 69, 86, 110, 111, 155, 266, 353, 358
tópica, terceira 267
tortura; torturador 285, 311, 354, 365, 366, 369, 370, 372

totalidade; totalizante 27, 66, 78, 82, 91, 92, 98, 109, 120, 150, 160, 164, 1 220, 246, 250, 357, 358
tradição; tradicional 5, 6, 13, 19, 20, 27, 32, 53, 70, 74, 78, 80, 82, 102, 1 113, 119, 120, 125, 129, 131, 147, 1 149, 164, 174, 175, 194, 196, 198, 1 200, 218, 226, 229, 231, 243, 244, 2 284, 290, 291, 338, 339, 343, 353, 3 358, 360, 361
tragédia; trágico 17, 36, 90, 91, 98, 1 119, 181, 183, 185, 186, 202, 237, 2 283, 290, 297, 298, 301
transferência; transferencial 11, 27, 47, 73, 74, 75, 81, 82, 116, 121, 193, 2 214, 232, 233, 234, 241, 268, 343, 3 348, 351
transmissão da psicanálise 6, 102, 1 217, 232, 338, 360
trauma; traumático; traumatizar XVI 7, 13, 20, 21, 27, 28, 29, 32, 39, 41, 48, 49, 51, 52, 55, 57, 59, 60, 67, 6 69, 74, 75, 76, 81, 83, 82, 87, 92, 1C 111, 117, 120, 121, 124, 128, 129, 131, 1 182, 183, 184, 203, 225, 237, 240, 2 286, 291, 293, 297, 312, 332, 353, 3 356, 359
tropicalismo 200, 258
Tyson, Robert 330, 331, 335, 336

Ulisses 80, 91, 109, 128, 176, 262, 3 349
Ungar, Virginia 103, 104, 109
Unheimlich 18
União Soviética 306, 307, 313, 314, 3 363
universais; universal 4, 7, 17, 27, 1C 104, 118, 132, 160, 164, 185, 194, 19 207, 240, 241
Ustra, Carlos Alberto Brilhante 366
utopia; utópico 29, 49, 50, 164, 180, 1 244, 286, 287, 318, 339

Vampiro de Dusseldorf, O 286
Vargas, Getúlio 256, 308
Veja, revista 273, 324
Velasco Alvarado, Juan 365
Verbo 114, 125, 126
verdade 19, 24, 26, 66, 86, 103, 106, 1C

119, 127, 134, 148, 153, 160, 164, 179, 181, 186, 195, 196, 197, 198, 200, 218, 223, 228, 239, 251, 258, 265, 297, 298, 301, 325, 334, 339, 342, 344, 354

iagra 274

gília 47, 75, 91, 118, 125, 250

iñar, Marcelo 321, 335, 361

olência xviii, 19, 83, 106, 178, 245, 246, 247, 296, 312, 325, 335

isconti, Luchino 93

Wagner, Wilhelm Richard 79

Wallerstein, Robert 239, 299, 330

Warburg, Aby 147, 150, 151, 152, 158, 160, 197, 201, 202, 203, 252

Warhol, Andy xvii, 150

Webern, Anton 69, 356

Wegner, Peter 317, 336, 337

Widlöcher, Daniel 336

Wieck, Johann Friedrich 299

Wilheim, Joanna 227

Williams, Raymond 183

Wind, Edgar 147, 151, 201

Winnicott, Donald; winnicottiano 105, 114, 128; 155, 192, 206, 226, 228, 234, 339, 343, 355, 359

Wittgenstein, Ludwig xvii

Xenical 274

Zizek, Slavoj 342

PSICANÁLISE E PSICOLOGIA NA PERSPECTIVA

Distúrbios Emocionais e Anti-Semitismo
   N. W. Ackerman e M. Jahoda (D010)

LSD
   John Cashman (D023)

Psiquiatria e Antipsiquiatria
   David Cooper (D076)

Manicômios, Prisões e Conventos
   Erving Goffman (D091)

Psicanalisar
   Serge Leclaire (D125)

Escritos
   Jacques Lacan (D132)

Lacan: Operadores da Leitura
   Américo Vallejo e Ligia C. Magalhães (D169)

A Criança e a Febem
   Marlene Guirado (D172)

O Pensamento Psicológico
   Anatol Rosenfeld (D184)

Comportamento
   Donald Broadbent (E007)

A Inteligência Humana
   H. J. Butcher (E010)

Estampagem e Aprendizagem Inicial
   W. Sluckin (E017)

Percepção e Experiência
   M. D. Vernon (E028)

A Estrutura da Teoria Psicanalítica
   David Rapaport (E075)

Freud: A Trama dos Conceitos
   Renato Mezan (E081)

O Livro dIsso
   Georg Groddeck (E083)

Melanie Klein I
   Jean-Michel Petot (E095)

Melanie Klein II
   Jean-Michel Petot (E096)

O Homem e Seu Isso
   Georg Groddeck (E099)

Um Outro Mundo: A Infância
   Marie-José Chombart de Lauwe (E105)

A Imagem Inconsciente do Corpo
   Françoise Dolto (E109)

A Revolução Psicanalítica
   Marthe Robert (E116)

Estudos Psicanalíticos Sobre Psicossomática
   Georg Groddeck (E120)

Psicanálise, Estética e Ética do Desejo
   Maria Inês França (E153)

O Freudismo
   Mikhail Bakhtin (E169)

Psicanálise em Nova Chave
   Isaias Melsohn (E174)

Freud e Édipo
   Peter L. Rudnytsky (E178)

Os Símbolos do Centro
   Raïssa Cavalcanti (E251)

Violência ou Diálogo?
   Sverre Varvin e Vamik D. Volkan (orgs.) (E255)

Cartas a uma Jovem Psicanalista
   Heitor O'Dwyer de Macedo (E285)

Holocausto: Vivência e Retransmissão
   Sofia Débora Levy (E317)

Os Ensinamentos da Loucura: A Clínica de Dostoiévski,
   Heitor O´Dwyer de Macedo (E326)

O Terceiro Tempo do Trauma: Freud, Ferenczi e o Desenho de um Conceito
   Eugênio Canesin Dal Molin (E346)

A "Batedora" de Lacan
   Maria Pierrakos (EL56)

Memória e Cinzas: Vozes do Silêncio
   Edelyn Schweidson (PERS)

Acorde: Estratégias e Reflexões Para Atualizar Habilidades de Relacionamento em Tempo de Inovações
   Abel Guedes (LSC)

A Grande Mentira
   José María Martínez Selva (LSC)

COLEÇÃO ESTUDOS
(últimos lançamentos)

297. *A Fragmentação da Personagem*
    Maria Lúcia Levy Candeias
298. *Judeus Heterodoxos: Messianismo, Romantismo, Utopia*
    Michael Löwy
299. *Alquimistas do Palco*
    Mirella Schino
300. *Palavras Praticadas: O Percurso Artístico de Jerzy Grotowski, 1959-1974*
    Tatiana Motta Lima
301. *Persona Performática: Alteridade e Experiência na Obra de Renato Cohen*
    Ana Goldenstein Carvalhaes
302. *Qual o Espaço do Lugar: Geografia, Epistemologia, Fenomenologia*
    Eduardo Marandola Jr., Werther Holzer, Lívia de Oliveira (orgs.)
303. *Como Parar de Atuar*
    Harold Guskin
304. *Metalinguagem e Teatro: A Obra de Jorge Andrade*
    Catarina Sant'Anna
305. *Apelos*
    Jacques Copeau
306. *Ensaios de um Percurso: Estudos e Pesquisas de Teatro*
    Esther Priszkulnik
307. *Função Estética da Luz*
    Roberto Gill Camargo
308. *Interior da História*
    Marina Waisman
309. *O Cinema Errante*
    Luiz Nazario
310. *A Orquestra do Reich*
    Misha Aster
311. *A Poética de Sem Lugar: Por uma Teatralidade na Dança*
    Gisela Dória
312. *Eros na Grécia Antiga*
    Claude Calame
313. *Estética da Contradição*
    João Ricardo C. Moderno
314. *Teorias do Espaço Literário*
    Luis Alberto Brandão
315. *Haroldo de Campos: Transcriação*
    Marcelo Tápia e Thelma Médici Nóbrega (orgs.)

316. *Entre o Ator e o Performer*
     Matteo Bonfitto

317. *Holocausto: Vivência e retransmissão*
     Sofia Débora Levy

318. *Missão Italiana: HIstórias de uma Geração de Diretores Italianos no Brasil*
     Alessandra Vannucci

319. *Além dos Limites*
     Josette Féral

320. *Ritmo e Dinâmica no Espetáculo Teatral*
     Jacyan Castilho

321. *A Voz Articulada Pelo Coração*
     Meran Vargens

322. *Beckett e a Implosão da Cena: Poética Teatral e Estratégias de Encenação*
     Luiz Marfuz

323. *Teorias da Recepção*
     Claudio Cajaiba

324. *Revolução Holandesa, A Origens e Projeção Oceânica*
     Roberto Chacon de Albuquerque

325. *Psicanálise e Teoria Literária: O Tempo Lógico e as Rodas da Escritura e da Leitura*
     Philippe Willemart

326. *Os Ensinamentos da Loucura: A Clínica de Dostoiévski*
     Heitor O´Dwyer de Macedo

327. A Mais Alemã das Artes
     Pamela Potter

328. *A Pessoa Humana e Singularidade em Edith Stein*
     Francesco Allieri

329. *A Dança do Agit-Prop*
     Eugenia Casini Ropa

330. *Luxo & Design*
     Giovanni Cutolo

331. *Arte e Política no Brasil*
     André Egg, Artur Freitas e Rosane Kaminski (orgs.)

332. *Teatro Hip-Hop*
     Roberta Estrela D'Alva

333. *O Soldado Nu: Raízes da Dança Butō*
     Éden Peretta

334. *Ética, Responsabilidade e Juízo em Hannah Arendt*
     Bethania Assy

335. *Alegoria em Jogo: A Encenação Como Prática Pedagógica*
     Joaquim Gama

336. *Jorge Andrade: Um Dramaturgo no Espaço Tempo*
     Carlos Antônio Rahal
337. *Nova Economia Política dos Serviços*
     Anita Kon
338. *Arqueologia da Política*
     Paulo Butti de Lima
339. *Campo Feito de Sonhos*
     Sônia Machado de Azevedo
340. *A Presença de Duns Escoto no Pensamento de Edith Stein: A Questão da Individualidade*
     Francesco Alfieri
341. *Os Miseráveis Entram em Cena: Brasil, 1950-1970*
     Marina de Oliveira
342. *Antígona, Intriga e Enigma*
     Kathrin H. Rosenfield
343. *Teatro: A Redescoberta do Estilo e Outros Escritos*
     Michel Saint-Denis
344. *Isto Não É um Ator*
     Melissa Ferreira
345. *Música Errante*
     Rogério Costa
346. *O Terceiro Tempo do Trauma*
     Eugênio Canesin Dal Molin
347. *Machado e Shakespeare: Intertextualidade*
     Adriana da Costa Teles
348. *A Poética do Drama Moderno*
     Jean-Pierre Sarrazac
349. *A Escola Francesa de Geografia*
     Vincent Beurdoulay
350. *Educação, uma Herança Sem Testamento*
     José Sérgio Fonseca de Carvalho
351. *Autoescrituras Performativas*
     Janaina Fontes Leite
353. *As Paixões na Narrativa*
     Hermes Leal
354. *A Disposição Para o Assombro*
     Leopold Nosek

Este livro foi impresso na cidade de Cotia,
nas oficinas da Meta Brasil,
para a Editora Perspectiva.